중동은 왜 싸우는가?

중동은 왜 싸우는가?

정체성의 투쟁, 중동사 21장면

박정욱 지음

지식프레임

들어가는 글

'중동'이란 말을 들으면 무엇이 떠오르나요? 유전에서 치솟는 검은 불길, 모스크에 모여 무릎을 꿇고 예배를 드리는 무슬림들, 히잡을 두른 여성들… 그리고 전쟁, 테러, 시위. 우리가 뉴스에서 접하는 중동 관련 뉴스는 아마도 난민, 전쟁, 인권 유린, 테러 등과 관련된 어두운 소식들이 주를 이룰 것입니다. 언제부터인가 지구상의 많은 사람들이 중동을 '화약고'로 표현합니다. 제3차 세계대전이 일어날 가장 유력한 지역으로 꼽히기도 하지요. 도대체 왜 중동은 화약고가 된 걸까요? 왜 중동 사람들은 자꾸 피를 흘리며 싸우는 걸까요? 궁금해하던 저에게 국내의 신문이나 TV에서는 그 이유를 분명하게 알려주지 않았습니다. 국내에는 중동과 관련된 서적도 많지 않았습니다. 답답함에 언제부터인가 해외 뉴스와 서적을 뒤적이면서 중동 역사를 공부하게 되었습니다. 이 책은 그 질문에 대한 대답입니다. 그리고 대답을 풀어가는 키워드는 '정체성'입니다.

인간은 어느 집단에 소속감을 가진 채 살아갑니다. 태어나면서부터 주어진 소속감이 죽을 때까지 지속된다면 별 문제가 없습니다만, 어떠한 이유로든 세상은 변하고 기존의 질서는 새로운 질서로 대체되게 마련입니다. 이렇듯 혼란의 시기가 도래하면 인간들은 미래가 불확실해졌다고 느끼고 불안감을 해소하기 위해 새삼스레 자신의 소속감을 확인하려는 경향이 강해집니다. 그러면서 묻습니다. '나는 누구이며 어디에 속해 있는가?' 개인의 정체성에 대한 질문입니다. 하지만 이러한 질문을 한 사람이 아니라 사회 전반에서 집단적으로 던질 경우 질문은 다음과 같이 바뀝니다. '우리는 누구이며, 우리가 아닌 이들은 누구인가?' 집단적으로 던지는 정체성에 대한 질문은 누구를 우리 집단에 포함할 것이고 누구를 배제할 것인지를 결정하는 정치적 행위입니다.

유럽도 오랫동안 혼란스러운 시대를 겪었습니다. 황제와 교황이 싸웠고, 군주와 군주가 충돌했으며, 농민들이 귀족에 대항해 일어났고, 구교와 신교가 대립했습니다. 길고 격렬한 분열의 시대를 거치면서 유럽인들은 강력한 소속감을 가질 수 있는 국가 형태를 발명해냈습니다. 18세기 후반 서유럽에서 등장한 '국민국가(Nation State)'가 그것입니다. '하나의 민족이 하나의 국가를 이룬다'는 민족주의 이데올로기가 이러한 국민국가의 등장을 뒷받침했습니다. 사실 한반도 안에서 오랫동안 하나의 국가를 이루고 살아온 우리 민족에게는 유럽의 민족주의가 그다지 새로울 것 없는 이념처럼 느껴집니다. 그러나 유럽과 서아시아에서는 그렇지 않았습니다. 고대 로마 제국과 페르시아 제국 시기부터 유럽과 서아시아를 지배하는 보편적인 국가형태는 '제국(Empire)' 혹은 '다민족 국가(Multiethnic State)'였습니다. 하나의 왕권이 여러 민족 혹은 문화권을 지배하는 형태의 국가를 말합니다. 비잔틴 제국과 서아시아의 이슬람 제국은 물론 서유럽의 왕국들까지 모두 이러한 성격을 지녔습니다. 반대로 봉건 영주가 지배하는 국가들은 하나의 민족이 여러 통치자들의 영토로 나뉜 채 이어져오기도 했습니다. 하지만 18세기 후반 프랑스에서 시작되어 19세기 전 유럽으로 번진 '국민국가'의 등장은 기존의 질서를 완전히 무너뜨렸습니다. 제국은 민족 단위로 해체되었고, 나뉘어 있던 동일 민족국가들은 하나로 뭉치는 이합집산이 시작되었습니다. 이렇게 등장한 유럽의 국민국가는 효율적으로 국민들을 동원해 빠르게 국력을 신장시켰고 다른 문화권과의 경쟁에서 압도적인 우위를 나타냈습니다. 유럽 국민국가의 위력을 목도한 다른 문화권에서도 국민국가를 건설하려는 움직임들이 나타났습니다. 그리고 민족주의가 이러한 시도의 이념적 근거가 되었습니다. 제국의 신민(Subjects)으로 살던 사람들이 국민국가의 국민(Nation)으로 살겠노라며 자신들의 정체성을 바꾼 것입니다.

집단적 정체성은 '창날이 달린 방패(spiked shield)'와도 같습니다. 방패 안쪽은 외부의 공격으로부터 든든한 보호를 받지만 방패 바깥쪽에 있는 상대에게는 무시무시한 위협이 되는 것과 마찬가지로 집단적 정체성 또한 동일한 소속감을 지닌 집단 내부에서는 단결과 협동을 이끌어내는 원심력이 되지만 소속이 다른 집단에 대해서는 배타적인 공격성을 드러내기 쉽습니다. 여러 민족과 집단이 어우러져 살았던 제국과 다민족 국가에 민족주의가 번지자 이제껏 이웃처럼 지내던 집단들이 각기 창날이 달린 방패를 두르고 서로를 겨냥하기 시작했습니다. 이 책에서 주요하게 다루는 중동의 19세기 중반 이후 지금까지 경험하고 있는 혼란의 시작도 그러한 모습이었습니다.

'하나의 민족 하나의 국가'라는 이념은 21세기에도 커다란 영향력을 지닌 정치적 이념입니다. 특히 중동의 아랍인들은 하나의 아랍 국민국가를 이루지 못하고 여러 국가로 쪼개진 탓에, 그것도 자의에 의해 나뉜 게 아니라 유럽 국가들에 의해 인위적으로 국경이 결정되는 바람에 현재까지도 많은 아랍인들이 이 질문에 답하기 위해 투쟁하고 있습니다. '우리는 누구이며, 우리가 아닌 이들은 누구인가?' 한 국가 내에서도 수니파와 시아파가 '우리'가 아닌 '외부자들'로 서로를 규정하고 있고, 국경 내의 쿠르드인들은 자신들이 그 나라의 국민이 아니라 별개의 정체성을 가진 집단이라고 주장하며 독립된 나라를 세우려 합니다. 이슬람주의자들은 세속주의자들을 '적'으로 치부하고 극단적인 공격을 서슴지 않습니다. 서구 열강에 의해 그어진 현재 아랍국가들의 국경을 인정하지 않으려는 이들도 종종 등장합니다. 누가 보더라도 유럽의 국민국가와 중동의 아랍권 국가는 다른 성격의 국가인 셈입니다. 아랍국가들은 동시에 터키와 이란 등 인근 타민족 국가들과도 대립하고 있습니다. 민족 대

민족의 갈등이지요. 쿠르드인의 문제는 아랍국가들만이 아니라 터키와 이란에서도 갈등의 배경이 되고 있습니다. 사실 중동에서 이러한 정체성의 갈등이 가장 심각한 곳은 이스라엘-팔레스타인입니다. 누가 봐도 융합 불가능해 보이는 두 개의 정체성이 끊임없는 대립과 충돌을 반복하고 있습니다. '하나의 민족 하나의 국가'라는 관념이 유령처럼 중동 국가를 떠돌고 있고 지금까지 뾰족한 해결의 실마리를 찾지 못한 채 '창날이 달린 방패'를 서로에게 겨누고 있습니다.

세계에서 정체성의 투쟁이 가장 격렬하게 벌어지는 중동을 들여다보면 우리나라가 보입니다. '하나의 민족 하나의 국가'라는 관념은 한국인들의 현대사 전체를 짓누르기도 합니다. 수천 년 동안 한반도 안에서 하나의 주권 국가를 이루며 살아온 역사를 기억하는 한국인들은 남과 북으로 갈린 채 대립하는 분단 현실을 미완성의 과제처럼 여깁니다. "우리나라 지도를 그리시오"라는 문제를 받아든 한국인들 가운데 휴전선 이남의 지형만을 그리는 사람을 본 적이 없습니다. 모두 한라에서 백두까지를 당연한 우리나라 지도라고 여기며 살아갑니다. 이는 대한민국 국민들만이 아니라 북한의 사람들도 마찬가지입니다. 여기서 문제가 발생합니다. 상대가 나머지 절반의 영토를 '우리나라'라고 여기는 한, 누구도 자신이 완성된 국민국가에서 안정적으로 살아가고 있다고 안심할 수 없습니다. 상대가 우리를 무너뜨리고 영토를 합병하려 든다고 의심하기 때문입니다. 남과 북의 사람들은 서로에게 위협을 느끼는 동시에 끊임없이 서로를 통합의 대상으로 여기고 있습니다. 분단은 불안정한 체제인 것입니다. 그리고 분단은 각기 자기 나라에서 개인의 자유와 민주주의를 제약하는 조건으로 작동하기도 했습니다. 물론 막대한 군사비를 지출함과 동시에 주변 강대국들에게 커다란 영향을 받으며 살아가도록 만드는 조건이 되기도 했지요. 하지만 한국은 이러한 제약에도 불구하고 발전과 도약에 성공한 반면 중동은 대체로 그러하지 못했습니다. 그 차이를 낳은 변수는 여러 가지가 존재하지만 한국인과 중동인 들이 가진 정체성의 차이도 중요한 변수입니다. 중동의 정치-종교의 관계에서 기인하는 독특한 정체성은 종교 전쟁을 역사적으로 경험해보지 않은 한국인들이 이해하기 어려운 부분이기도 합니다. 국가가 과거로부터 물려받은 정신적 관념으로부터 자유로울 수 있었던 한국은 중동 국가들에 비해 근대화에서 유리한 위치에 있었습니다.

지금 한반도는 다시 새로운 시대를 열고자 모색하고 있습니다. 남과 북이 화해와 협력의 길을 찾고 있는 시대에 다시 우리는 정체성의 문제에 대한 질문을 마주할 수밖에 없습니다. '우리는 누구이며, 우리가 아닌 이들은 누구인가?' 저와 여러분은 이 질문에 대한 대답을 진지하고 심각하게 찾아야 합니다. 어떠한 대답을 찾느냐에 따라서 한국인들이 맞이하게 될 미래의 모습은 완전히 달라질 것이기 때문입니다.

이 책은 중동이 겪고 있는 정체성의 갈등을 이해하는 것을 목표로 합니다. 이를 위해 각 정체성의 갈등이 시작되는 21개의 역사적 장면들을 살펴보았습니다. 저는 이 책이 부족하나마 중동 현대사의 커다란 축을 이해하는 데 길잡이가 되기를 소망합니다. 그리고 더 나아가 한반도가 맞이하고 있는 정체성의 질문에 대한 해답을 모색하는 데에도 도움이 되었으면 좋겠습니다. 영국의 시인 러디어드 키플링(Rudyard Kipling)이 "오직 잉글랜드만 아는 사람이 잉글랜드에 대해 무엇을 알겠는가?"라고 말한 것처럼, 오직 한국만 아는 사람 역시 한국을 제대로 알지 못할 수 있기 때문입니다.

2018년 가을, 상암동에서

Contents

정체성의 투쟁, 중동사 21장면

일러두기

• 이슬람 초기 시대 인물들(주로 본문 1~2장 소개)의 생몰 연대는 정확히
  알 수 없는 경우가 종종 있어 여러 자료에 근거한 추정치임을 밝힌다.
• 본문에 등장하는 인물, 지명의 일부는 '국립국어원 외래어 표기법' 대신
  현지어(아랍어, 터키어 등) 발음을 따랐으며, 표기의 경우 현지어가 아닌
  일반적으로 많이 사용하는 영문 표기를 따랐다.

무함마드, 신의 계시를 받다

이슬람 국가의 탄생

"이슬람이 일어나기 1세기 전의 중동은 비잔틴 제국(동로마 제국)과 사산조 페르시아 제국 두 초강대국이 치열하게 경쟁하는 지역이었다. 자연스럽게 비잔틴 제국의 국교 기독교와 사산조 페르시아의 국교 조로아스터교(Zoroastrianism, 배화교), 두 세력이 중동 지역의 종교를 양분하고 있었다. 비잔틴 제국의 영역은 시리아, 이라크, 팔레스타인, 레바논 등 레반트 지역과 소아시아(아나톨리아)였고 사산조 페르시아는 이란과 이라크 일부 지역, 그리고 중앙아시아 일부 지역을 지배했다. 당시 아라비아 지역에는 기독교와 조로아스터교뿐 아니라 유대교와 마니교 등을 따르는 사람들도 상당수 존재했으며 토착종교인 다신교도 널리 퍼져 있었다."

권능의 밤

40세의 한 중년 사내가 산속 동굴에서 날마다 깊은 명상에 빠져 있었다. 그곳은 메카(Mecca)[01] 인근의 히라 산(山)이었다. 이슬람력(曆)[02]으로 라마단월(月)[03] 하순 어느 날, 그는 걷잡을 수 없는 힘에 붙들려서는 어디로부턴가 들려오는 음성을 듣게 된다.

"읽어라!"

사내는 대답했다.

---

01 '고결한 도시'라는 의미. 아랍어로는 마카(Makkah)라고 부른다. 이슬람을 창시한 예언자 무함마드의 고향이며 해마다 많은 무슬림 순례(巡禮)객들이 이곳을 방문한다.

02 무함마드가 메카 꾸라이시족의 박해를 피해 야스리브(Yathrib, 훗날 메디나라고 이름이 바뀜)로 도주한 해를 원년으로 삼는 이슬람의 력(曆)이다.

03 이슬람력으로 9월, 무함마드가 천사 가브리엘(Gabriel)로부터 신의 계시를 받은 달. 아랍어로는 '무더운 달'이라는 뜻이며 가브리엘이 전달한 신의 뜻이 《코란》으로 옮겨졌기에 이슬람에서는 신성한 달로 여긴다. 이슬람 신자들은 라마단 기간 중 해가 떠 있는 동안 금식해야 한다. 이러한 '라마단 금식'은 무슬림이라면 꼭 실천해야 하는 5가지 의무 중 하나이기도 하다.

"저는 읽고 쓸 줄 모릅니다."

그러자 다시 목소리가 들려왔다.

"읽어라. 창조주이신 네 알라(하나님, 신)의 이름으로, 알라께서
는 한 방울의 응혈로 인간을 창조하셨다."《꾸란》**04** 96:1-2)

사내는 훗날 이 목소리의 주인공이 천사 가브리엘이라는 사실을
알았지만 처음 그 목소리에 사로잡혔을 때에는 자신에게 무슨 일이
일어나고 있는지 깨닫지 못한 채 덜덜 떨기만 했다. 그 사내의 이름
은 무함마드.**05** 메카에서 무역상을 하면서 부유한 삶을 살던 그는
언제부터인가 히라 산에서 명상에 빠져 들었다. 그러다가 서기 610
년 라마단월 하순 어느 날, 천사를 통해 알라의 계시를 받게 된 것
이다. 천사의 목소리를 듣게 된 무함마드는 몸을 떨며 기어가다시

04　꾸란(Quran) : 영어식 발음 '코란(Koran)'이 더 익숙하지만 아랍어로 표기, 발음하면 '꾸란
　　　(Quran)'이다. 무함마드가 천사의 입을 통해 20년 이상 계시 받은 내용들을 무함마드 사후
　　　그의 추종자들이 문서로 기록한 이슬람의 경전, 총 114장 6,300여 개의 구절로 이루어져
　　　있다. 아랍어로 '꾸란'은 '읽어야 한다'라는 뜻이며 이슬람을 따르는 무슬림이라면 '반드시
　　　읽어야 하는 경전'이다. 다른 언어들로 번역된 꾸란도 있지만 무함마드가 아랍어로 계시를
　　　받았기 때문에 아랍어로 된 꾸란만 그 권위를 인정받는다.

05　무함마드(Muhammad, 570~632년) : 꾸라이시족 하심가에서 태어났다. 무함마드의 생몰 연
　　　대는 정확하지 않다. 다만 여러 가지 자료들을 고찰, 유추하여 570년에 태어나 632년에 사
　　　망했을 것으로 추정한다. 무함마드가 40세 되던 610년 히라 산에서 신의 첫 계시를 받았
　　　다. 그는 아라비아 반도 곳곳에 분열해 있던 아랍민족을 이슬람이라는 사상으로 빠르게
　　　통합했으며, 그의 사상을 따르는 무슬림들은 중세 이슬람제국이라는 거대한 세력을 만들
　　　었다.

피 해서 겨우 집에 도착했다. 놀란 그의 아내 카디자[06]는 남편에게 담요를 덮어주며 어찌 된 영문인지 물었다. 무함마드는 자신에게 일어난 일들을 아내에게 이야기하면서도 자신이 정신이상이 아닌지 스스로 의심했다.

천사를 통한 신의 계시는 이후 반복적으로 일어났다. 알라는 무함마드를 신의 뜻을 대신 전하는 '예언자'로 발탁했다. 그리고 알라를 알지 못한 채 다른 신을 섬기는 인류에게 올바른 길을 전하고 그들이 알라에게만 예배하도록 이끄는 역할을 맡겼다. 카디자는 남편에게 일어나는 일이 실제 상황이라는 것을 알아채고는 남편에게 자신감과 용기를 북돋워주었다. 그리고 자발적으로 신의 뜻에 복종했다. 카디자는 역사상 최초의 무슬림(이슬람을 따르는 사람)으로 기록됐다. 훗날 이슬람에서는 무함마드가 천사의 음성을 듣고 《꾸란》의 첫 번째 구절을 전달받은 그날 밤을 '권능의 밤[라일라트 알-카드르(Laylat al-Qadr)]'이라고 일컫는다. 또한 모든 무슬림들은 바로 그날을 기려 라마단월 한 달 동안 금식을 하면서 지낸다. 지금도 라마단(Ramadan)은 이슬람 문화권에서 가장 큰 행사로 여겨진다. 한편

---

06 카디자(Khadijah, 555?~ 619년) : 부유한 메카의 상인으로 무함마드의 첫 아내. 무함마드는 그녀보다 15살 연하였고 카디자가 운영하던 대상(隊商)에서 무함마드가 일을 했었다고 전해진다. 두 사람은 595년에 혼인했는데, 초혼인 무함마드는 25세, 당시 부유한 미망인이던 카디자는 40세였을 것으로 추정한다. 카디자는 이슬람교를 받아들인 첫 무슬림이며 남편 무함마드의 정신적 · 재정적 후원자였다. 그녀는 무함마드와 추종자들이 메카를 떠나기 전인 619년에 사망했다. 카디자의 죽음은 무함마드 입장에서는 든든한 버팀목이 사라짐과 같았다. 둘 사이에 6~7명의 자녀들이 있었다는데, 모두 일찍 죽었다고 전한다.

무함마드는 사람들에게 천사로부터 계시받은 신의 메시지를 전했다.

"알라는 모세와 예수를 예언자로 보내 자신을 알리셨지만, 여전히 알라를 잘 모르는 불행한 인류를 위하여 마지막 예언자로 나 무함마드를 보내셨다!"

"모세의 가르침을 따르는 유대교나 예수의 가르침을 따르는 기독교 모두 알라의 가르침을 부분적으로만 알고 따르는 것이니, 온전한 알라의 가르침을 믿고 따라야 한다!"

처음에는 무함마드의 외침을 들은 대부분의 사람들이 그를 박대하고 무시했다. 그러나 시간이 지날수록 조금씩 무함마드를 따르는 제자들이 생겨났다. 메카의 가난한 계층 출신들이 추종자의 주를 이루었지만 무리 중에는 급진적인 사회 변화를 갈망하는 부유한 가문의 젊은이들도 포함되어 있었다. 무함마드는 자신이 전하는 종교를 '복종'이라는 의미를 가진 '이슬람(Islam)'[07]으로 칭했고 자신을 따르는 공동체를 '움마(Ummah)'라고 불렀다. 당시 아라비아 중개

---

07 이슬람(Islam) : 무함마드가 창시한 이슬람교는 기독교, 유대교와 함께 대표적인 일신교(一神教)다. 무함마드교, 마호메트교, 회교 등으로도 불린다. 현재 이슬람을 믿는 신자는 약 18억 명으로 추산하는데, 이들은 주로 이슬람이 발현한 아라비아 반도를 비롯해 소아시아, 아프리카, 인도, 그리고 동남아시아를 중심으로 퍼져 있다. 이슬람이라는 말에는 '유일신에게 절대적으로 복종한다(알-이슬람, al-Islam)'는 의미가, 이슬람을 믿는 사람들, 즉 무슬림이라는 말에는 '절대적으로 복종한다'는 의미가 깃들어 있다.

무역의 중심지였던 메카에는 빈부격차가 심했는데, 일부 권력자들이 가난한 이들을 착취하고 억압하는 광경이 흔한 모습이었다. 예언자 무함마드는 이에 맞서 무슬림들 간의 평등을 강조하고 정의로운 사회를 부르짖었다. 무함마드의 가르침은 유목민들의 수평적인 부족 문화와 맞물려 메카 사회 전반에 커다란 반향을 일으켰다. 나아가 무함마드는 메카에 만연하던 다신교 전통을 강력히 비판했다.

"오직 유일신이신 알라에게만 예배하라!"

이러한 무함마드의 설교에 메카 사람들은 반감을 가졌고 눈살을 찌푸렸다. 메카의 기득권층 입장에서는 기존의 사상과 질서를 위협하는 신흥세력이 반가울 리 없었다. 무함마드가 중심이 된 무슬림 집단은 종교공동체였지만 그들의 존재만으로도 기존의 지배세력들은 위협을 느꼈다. 예언자를 따르는 세력이 날로 커지자 메카의 귀족들은 무함마드와 움마를 박해했다. 이처럼 어려운 상황 속에서도 무함마드는 10년 동안 메카에서 알라의 말씀을 전했다. 하지만 핍박은 날로 심해져갔다. 그러다가 무함마드의 아내 카디자를 포함해 무함마드를 지지하고 보호해주던 이들이 하나둘, 세상을 떠나면서 무슬림들은 목숨이 위태로운 지경에까지 이르렀다. 결국 622년 무함마드는 자신을 따르는 무리를 이끌고 메카의 북쪽에 자리한 오아시스 도시 야스리브(Yathrib)로 근거지를 옮겼다. 이슬람에서는 무함마드가 추종자들과 함께 메카에서 야스리브로 이주한 사건을 '헤지라(Hegira)'[08]라고 부르며 거룩하게 기념했다. 야스리브는 나중에 '도시'라는 뜻을 가진 메디나(Medina)로 이름이 바뀐다. 훗날 이슬람 제국은 무함마드와 그 일행이 메디나에 도착한 날인 622년 7월 16일을 기원으로 삼아 이슬람력을 만들었다.

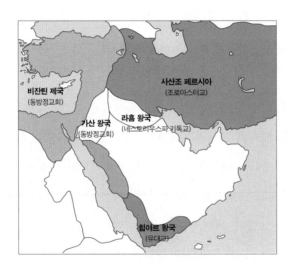

이슬람 발현 이전의 6세기경 중동 지도(라흠 왕국은 사산조 페르시아의 위성국가, 가산 왕국은 비잔틴 제국의 위성국가임).

---

08 아랍어 발음으로는 히즈라(Hijrah). 메카에서 포교 활동을 하던 무함마드가 당시 그곳의 기득계층 꾸라이시족의 박해를 피해 야스리브로 이주한 사건을 말한다. 헤지라가 발생한 해를 이슬람의 원년으로 삼을 만큼, 이슬람에서 헤지라는 매우 중요한 사건이다.

이슬람 이전의 중동

이슬람이 일어나기 1세기 전의 중동은 비잔틴 제국(동로마 제국)[09]
과 사산조 페르시아 제국[10] 두 초강대국이 치열하게 경쟁하는 지역
이었다. 자연스럽게 비잔틴 제국의 국교 기독교와 사산조 페르시아
의 국교 조로아스터교(Zoroastrianism, 배화교),[11] 두 세력이 중동 지
역의 종교를 양분하고 있었다. 비잔틴 제국의 영역은 시리아, 이라

---

09 비잔틴 제국(Byzantine Empire, 330?~1453년) : 비잔틴 제국의 기원을 두고 몇 가지 견해가
있다. 우선 기독교를 공식적으로 인정한 인물로 잘 알려진 콘스탄티누스 1세(306~337년
재위)가 비잔틴 제국의 첫 번째 황제라는 견해, 그리고 테오도시우스 1세(379~395년 재위)
사망 이후 로마 제국이 동로마와 서로마로 나뉜 시점이 비잔틴 제국의 시작이라고 보는
견해도 있다. 어쨌든 콘스탄티누스 황제는 비잔틴 제국의 수도를 자신의 이름을 따 '콘스
탄티누스의 도시'라는 뜻을 가진 콘스탄티노폴리스라고 명명했다. 훗날 오스만 제국의 술
탄 메흐메드 2세(Mehmed II, 1444~1446년 재위)에 의해 멸망당할 때까지 1000년이 넘는
시간 동안 로마 제국이라는 이름으로 존속했다.

10 사산조 페르시아 제국(Sasan Dynasty, 226~651년) : 오늘날 이란 지역에서 세력을 키운 사산
가문의 아르다시르 1세(Ardashir I, 224~241년 재위)가 세운 왕조. 아르다시르는 자신의 가
문 이름 '사산'과 과거 '페르시아 제국'의 영광을 재현하겠다는 의지를 함께 엮어 '사산 페
르시아 왕조'라고 명명했다. 이들은 조로아스터교를 국교로 삼았고 중동과 소아시아 지역
을 두고 오랫동안 비잔틴 제국과 라이벌 관계를 유지했다. 6세기 호스로 1세 치세 시 전성
기를 누렸지만 7세기에 들어 아라비아 반도에서 발기한 신흥 이슬람 세력에 의해 정복당
했다(651년).

11 아후라 마즈다(Ahura Mazda)라는 유일신을 섬기는 고대 페르시아의 종교. 이 종교의 창시
자 조로아스터(Zoroaster)라는 이름을 현대식으로 표기하면 철학자 니체의 저서 덕분에 유
명한 '자라투스트라(Zarathustra)'가 된다. 이들이 불을 신성시했다고 하여 '배화교(拜火敎)'
라고도 불린다. 조로아스터교의 경전은 《아베스타》인데, 이 교리에 따르면 선과 악 두 신
의 싸움에서 선한 신이 승리하고 선한 신을 믿은 이들은 천국으로, 악한 신을 믿은 이들은
지옥에 간다고 보았다. 이처럼 '선과 악', '천국과 지옥', '구원', '최후 심판' 등의 사상과 믿
음은 유일신 종교인 유대교, 기독교, 이슬람교에 큰 영향을 미쳤다.

크, 팔레스타인, 레바논 등 레반트 지역과 소아시아(아나톨리아)[12]였고 사산조 페르시아는 이란과 이라크 일부 지역, 그리고 중앙아시아 일부 지역을 지배했다. 당시 아라비아 지역에는 기독교와 조로아스터교뿐 아니라 유대교와 마니교 등을 따르는 사람들도 상당수 존재했으며 토착종교인 다신교도 널리 퍼져 있었다.

하지만 중동의 기독교 세계가 모두 비잔틴 제국을 따른 것은 아니었다. 당시 소아시아와 시리아 등은 비잔틴 제국의 속주였는데, 이들 지역 주민들 중 상당수가 지배 세력인 비잔틴에 큰 거부감이 있었다. 이 지역은 과거 로마 제국이 정복한 땅으로 이후에도 유럽에서 건너온 그리스·로마 세력의 정치적 지배에 저항하는 기운이 강했다. 중동 지역의 교회들 역시 비잔틴 제국으로부터 독립하기를 원했다. 이들은 비잔틴 제국의 기독교인 동방정교회(Eastern Orthodox Church)를 따르는 사람들을 가리켜 '멜키파(왕당파)'[13]라고 부르며 경멸했다. 이는 비잔틴 교회와의 교리상 충돌로 나타났다.

451년 비잔틴 제국의 마르키아누스(Marcianus, 396~457년) 황제는 칼케돈(Chalcedon)에서 각 지역의 교회 대표들을 소집해 기독교

---

12 아시아 대륙의 서쪽 끝 반도를 일컬으며 흑해, 지중해, 에게 해, 마르마라 해 등으로 둘러싸여 있다. 그리스어 아나톨리아(Anatolia)는 '태양이 뜨는 곳', '동방의 땅'이라는 의미를 갖는다.

13 비잔틴 황제가 지지하는 교리를 따른다고 해서 왕당파라는 의미의 멜키파(Melkites)라고 불린다. '멜키(melki)'는 히브리어로 '왕'을 의미한다.

의 정통 교리를 결정하는 공의회를 열었다. 일명 '칼케돈 공의회'[14]
라고 알려진 이 회의에서 '양성론'과 '성모사상'이라는 정식 기독교
교리가 확정됐다.

- 양성론 : 예수 그리스도의 신성은 하나님과 동일한 실체이고 인
  성은 인간과 동일한 실체이며 두 개의 본성은 분리될 수 없다.
- 성모사상 : 참 하나님이자 참 인간인 예수를 낳은 마리아는 하
  나님의 어머니이다.

이 같은 교리의 확정은 비잔틴 제국의 공식 이데올로기가 만들어
졌음을 의미한다. 마르키아누스 황제는 '칼케돈 공의회'의 결정을
따르지 않는 기독교 세력을 탄압했는데, 탄압 대상은 크게 둘이었
다. 하나는 '예수는 신성과 인성을 결합한 하나의 본성만을 지닌다'
고 주장한 단성론파였다. 주로 이집트와 시리아의 교회들이 단성론
을 따랐다. 또 다른 하나는 '예수의 신격과 인격은 완전히 구분, 분
리되는 본성으로 마리아가 예수를 낳을 당시 예수는 (신격이 없는)
인격이었기 때문에 하나님의 어머니로 부를 수 없다'고 주장한 네

---

14 칼케돈 공의회(Council of Chalcedon, 451년) : 오늘날 터키의 '칼케돈'에서 열린 기독교 공
식회의. 이 회의에서 예수가 완전한 인간이자 완전한 하나님이라고 공식 선포한다(양성
론). 또한 예수의 어머니 마리아의 신분이 '하나님의 어머니'로 인정된다(성모사상). 이런
정통 교리에 따라 단성론을 따르던 이들과 예수의 인성을 강조하던 네스토리우스파가 이
단으로 몰렸다. 특히 그리스도의 신성과 인성이 나뉜다고 주장한 네스토리우스파는 더욱
심한 압박을 받았다.

스토리우스(Nestorius)파였다. 네스토리우스파는 시리아와 이라크 등에 널리 퍼져 있었다. 이라크 지역의 기독교 국가였던 라흠 왕조[15] 역시 네스토리우스파였는데, 비잔틴 제국의 탄압을 피해 사산조 페르시아의 편에 붙었다. 486년 사산조는 네스토리우스파를 페르시아의 공식 기독교로 선포했다. 이후 네스토리우스파는 페르시아의 영향권인 중앙아시아 지역에 기독교를 전파했다. 훗날 이슬람이 빠르게 확산된 중앙아시아 지역에 네스토리우스파 기독교가 이슬람보다 앞서 일신교 신앙을 전한 것이었다.

이슬람이 시작되던 시점에 비잔틴 제국의 황제와 사산조 페르시아의 샤한샤('왕중왕'이란 뜻으로 페르시아 황제를 일컫는 칭호)는 수십 년 동안 대를 이어 치열한 전쟁을 벌이고 있었다. 오랫동안 진행된 두 강대국 간의 전쟁은 결국 두 나라를 모두 약화시켰다. 두 나라 모두 경제는 황폐해졌고 인구도 크게 줄었다. 결과적으로 비잔틴 제국의 헤라클리우스(610~ 641년 재위) 황제가 사산조 페르시아를 물리치고 아시아에서도 패권을 잡는 듯했다. 바로 그즈음에 히자즈(Hijaz)[16] 지역에서 이슬람 세력이 일어났다.

아라비아 반도 남부 지역은 사실상 권력 공백 상태였다. 한때 예

---

15 라흠 왕조(Lakhmid Dynasty) : A.D. 3세기 초 타누흐족이 유프라테스 강을 낀 히라(Hira) 부근에 세운 왕조. 타누흐족은 아랍민족이지만 이슬람이 전파되기 전부터 이미 기독교를 수용했다. 비잔틴 제국의 영향을 받은 탓이다. 같은 아랍계인 가산 왕조와 라이벌 관계에 있었다고 전하며(24p 지도 참조) 623년 이슬람에 정복당함으로써 소멸했다.

16 이슬람의 성지로 여겨지는 '메카'와 '메디나'가 포함된 지역. 이슬람이 발현한 곳이다.

이슬람의 성지 메카

멘의 힘야르 왕국[17]이 남부 아라비아에서 위세를 떨쳤으나 에티오피아의 침입으로 멸망했다. 초강대국들도 아라비아 남부 지역에 큰 관심을 두지 않았다. 서로 전쟁을 벌이느라 정신이 없었던 비잔틴 제국과 사산조 페르시아의 입장에서는 정복해봤자 지키기도 어렵고 사막이 많아 별로 쓸모없는 아라비아 남부 지역으로까지 눈을 돌릴 여유가 없었다. 따라서 초강대국들의 전장이 되어버린 소아시아와 레반트 지역과 달리 아라비아 남부는 상대적으로 평화로웠다. 특히 히자즈 지역의 중심도시 메카는 상업이 크게 발달해 물자

17　힘야르 왕국(Himyarite Kingdom, B.C. 110~A.D. 525년) : 남부 아라비아의 사바 왕국이 멸망한 후 그 지역에서 새롭게 등장한 힘야르족이 세운 왕국. 오늘날 예멘 지역을 중심으로 한 왕국이었다. 힘야르족은 농업과 상업을 기초로 정착생활을 했다고 전한다. 이들은 4세기경 유대교를 받아들여 유대교 왕국을 건설해 크게 발전했다. 하지만 기독교 세력인 비잔틴 제국의 사주를 받은 악숨 왕국(에티오피아)의 침공으로 멸망했다.

가 풍족했다. 당시 메카의 권력과 부를 좌지우지한 집단은 꾸라이시(Quraysh)족[18]이었는데, 예언자 무함마드 역시 꾸라이시족의 일파인 하심(Hashim) 가문 출신이었다. 하지만 꾸라이시족의 상류층은 신흥세력인 이슬람을 경계했다.

이슬람 국가의 시작

예언자 무함마드가 박해를 피해 도착한 메디나에는 유대인 부족들이 제법 큰 세력을 형성하고 있었다. 처음에는 무함마드와 그 일행들이 유대인들과 잘 어울렸다. 이때까지만 해도 무함마드와 그의 추종자들은 작은 종교공동체에 불과했다. 그러나 무함마드는 메디나에서도 계속 알라의 뜻을 전하며 추종자들을 늘려나갔다. 이슬람으로 개종하는 사람들이 늘자 유대인들은 무함마드를 경계하기 시작했다. 급기야 무슬림과 유대인 사이의 충돌이 빈번했고 유대인 부족들은 무슬림에게 점점 위협적인 존재가 되어갔다. 무함마드를 위협하는 세력은 메카에도 존재했다. 바로 동족인 꾸라이시족이었다. 무함마드의 세력이 커지는 것을 두려워한 꾸라이시족이 군대를

---

18 무함마드의 출신 부족. 이들은 원래 유목생활을 했으나 무함마드가 이슬람을 창시하기 전인 5세기 초부터 메카에 정착해 살았다. 예언자가 이슬람을 창시하자 모든 부족이 이슬람으로 개종했고 이슬람의 기득세력으로 남았다. 칼리파를 자칭한 왕조들(우마이야, 아바스)과 시아파의 시조 알리 모두 꾸라이시족이다.

이끌고 메디나로 공격해 들어왔다. 무함마드는 추종자들과 함께 메카의 꾸라이시족과 맞서 싸웠다. 처음에는 무슬림들이 전투에서 패해 많은 사상자를 내기도 했지만 무함마드와 이슬람 공동체는 전혀 위축되지 않았다. 이에 유대인과 메카의 꾸라이시족은 연합하여 메디나의 무슬림들을 공격했다. 다른 아랍 부족까지 합세해 무려 1만 명의 대군이 메디나를 포위했다. 그러나 무슬림들은 곳곳에 참호를 파고 탄탄한 방어전을 전개해 연합군에 승리했다.

꾸라이시족과 유대인의 공격을 물리친 무함마드는 여세를 몰아 유대인 부족에 대한 보복에 나섰다. 유대인 부족 마을을 공격한 이슬람군이 전투에서 승리했고 무함마드의 명령에 따라 많은 유대인 남자들이 처형을 당했다. 이제 무함마드는 사실상 메디나의 지배자가 됐다. 종교공동체의 수장이던 무함마드가 전투에서 승리함으로써 한 도시의 정치적 지배자로 위상이 바뀐 셈이다.

메디나를 손에 넣은 무함마드의 다음 목표는 메카였다. 메카의 꾸라이시족 역시 무함마드가 자신들을 공격할 것이라는 사실을 잘 알았다. 메카와 메디나 사이에 다시 전운이 감돌았다. 그러나 무함마드는 자신의 고향이자 친척들이 살고 있는 메카를 피로 물들일 생각이 없었다. 장차 아라비아를 넘어 온 세상을 알라의 이름 앞에 무릎 꿇게 하고자 했던 예언자는 메카의 꾸라이시족을 적이 아닌 우군으로 삼으려 했다. 그는 메카의 부족들에게 오랜 공을 들였고 결국 꾸라이시 부족장들이 자진하여 예언자에게 문을 열어주기로 결정했다. 이렇게 메디나의 지배자 무함마드는 메카로 무혈입성을 했다. 무함마드는 메카의 우상들을 파괴했고 꾸라이시족은 알라에게 복종하기로 맹세했다.

　메카와 메디나를 포함한 히자즈 지역의 지배자가 된 무함마드는 여러 부족들과 종교공동체들 사이에 발생하는 갈등을 중재하고 조정했다. 또한 각 부족들로부터 세금도 거두었다. 신도들이 자발적으로 내는 헌금은 무함마드가 이끄는 이슬람 공동체의 주요 재원이었다. 무함마드는 자신을 따르는 신도들 중 젊은 남성들을 병사로 선발해 군대도 만들었다. 비록 규모는 크지 않았지만 종교적 열정이 더해져 이들의 사기는 드높았다. 그럼에도 불구하고 아직 이슬람 공동체는 국가라기보다는 종교공동체의 성격이 더 강했다. 움마의 결속을 다지는 일은 국가 상징물이나 왕권에 대한 충성이 아닌 무슬림들이 공통으로 행해야 하는 종교의식이었다. 하루에 다섯 번 같은 시간에 메카를 향해 기도하고, '알라 외에 다른 신은 없으며 무함마드는 알라께서 보낸 예언자다'라는 동일한 신앙고백을 하며, 매년 라마단월에 함께 단식을 수행하는 것. 이러한 공통의 종교의식을 통해 무슬림들은 일체감과 연대의식을 만들어나갔다. 역사에 처음 등장하는 이슬람 국가의 싹은 이런 모습으로 돋아나고 있었다. 종교공동체 움마가 먼저 존재했고 이후 종교가 주변 지역을 정복하는 과정에서 이슬람 국가가 탄생했다. 움마가 확대되어 국가가 된 셈이다. 20세기 이전까지 이슬람권에서는 국가와 종교가 분리되지 않은 채 한 몸으로 발전해왔다.

이슬람 국가가 세워질 때 주권은 군주나 국민에게 있는 것이 아니었다. 움마가 확대되어 만들어진 이슬람 국가의 주권은 신에게 있었다. 신의 계시를 기록해놓은《꾸란》이 곧 헌법이나 마찬가지였다. 이슬람 국가는《꾸란》과 무함마드의 언행을 기록한 책《하디스》에서 국가 운영과 백성들의 삶에 필요한 법을 도출해냈다. 문제는 무함마드 사후 더 이상《꾸란》이 변경되지 않는다는 사실이었다. 알라가 한 번 계시한 말씀은 영원불변하다. 이슬람 법학자들이 경전 해석을 통해 시대에 맞는 유연성을 발휘할 따름이다. 따라서 이슬람 국가에서는 '주권이 신에게 있다'는 관념이 계속 이어졌고 근대 유럽에서 등장한 '인민 주권'의 개념이 들어서기 어려웠다. 이는 20세기에 도입된 민주주의와 공화제가 중동에서 제대로 작동하지 못한 원인 중 하나이기도 하다.

참고로 유럽의 국가와 종교는 이슬람 국가와는 전혀 다른 방식으로 관계를 맺었다. 기독교가 생겨나기 이전부터 로마 제국이 존재했으며 로마의 콘스탄티누스 황제[19]가 기독교를 공인함으로써 종교가 국가의 통제 아래에 들어왔다. 유럽의 국가와 종교는 개별적으로 존재하다가 국가에 의해 종교가 포섭된 셈이다. 나중에 기독

19　콘스탄티누스(Constantinus, 272~337년) : 로마 제국이 박해하던 기독교를 국교로 지정하고, 제국의 기존 수도 로마를 대신해 소아시아의 콘스탄티노플로 천도한 황제.

교가 로마 제국의 국교가 된 이후에도 국가 제도의 근간은 변하지 않았다. 종교법이 로마법이나 게르만법을 대체하거나 우위에 서지 않았다는 것이다. 황제의 권한 아래에 있던 기독교는 로마 교회가 비잔틴의 통제로부터 독립해나간 후 국가와 종교가 서로를 지배하기 위해 기나긴 투쟁을 벌여나갔다. 그 과정에서 정치와 종교의 분리가 발생했다. 이처럼 이슬람 국가와 기독교 국가는 태생부터 확연히 다른 모습을 갖고 있었는데, 그것이 이후 각각의 문화권이 역사적으로 발전해나가는 모습에 커다란 영향을 미쳤다.

이슬람 제국의 확장

예언자 무함마드는 메카에 입성한 지 2년 만에 병으로 세상을 떠났다. 하지만 그의 후계자인 '칼리파(Khalifa)'[20]들은 '온 세상이 알라에게만 예배드릴 때까지 거룩한 싸움을 계속한다'는 예언자의 비전을 물려받아 계속 전진했다. 여기서 말하는 '칼리파'란 '칼리파트 라술 알라'의 준말로 '알라의 사도의 후계자'라는 뜻이다. 이후 '칼

---

[20] 원명은 칼리파트 라술 알라(Khalifat rasul Allah). '알라(하나님)의 사도의(무함마드의) 대리인'이라는 뜻이다. 후계자를 정하지 못하고 죽은 무함마드를 대신해 이슬람 공동체 '움마'를 이끌어간 최고 지도자를 의미한다. 칼리파는 본래 이슬람 제국의 종교적·정치적 지도자였으나 지방 왕조를 일으킨 술탄들의 힘이 강해지면서 점차 정치 권력을 잃고 상징적인 종교 지도자로 남게 되었다.

리파'는 이슬람 공동체를 이끄는 최고지도자를 의미하는 용어가 됐다. 아무튼 아라비아 반도 전체가 이슬람의 세력 안에 들어갔고 오랜 기간 서로 싸우다 함께 쇠약해진 두 초강대국 비잔틴 제국과 사산조 페르시아는 이슬람 군대에 허망하게 패하고 말았다. 즉 사산조 페르시아가 이슬람 군대에 의해 정복당했고 비잔틴 제국도 중동 지역에서 물러날 수밖에 없었다. 영토가 커진 이슬람 공동체는 '제국'이라는 거대한 국가의 틀을 갖추어가기 시작했다. 이슬람 제국은 사산조 페르시아의 행정제도를 대폭 흡수해 행정과 군사 조직을 체계화했다. 종교공동체가 지중해를 둘러싼 거대한 제국으로 발돋움한 것이다.

비잔틴 제국의 탄압에 신음하던 단성론파 기독교인들과 네스토리우스파 교회들은 이슬람 세력의 지배를 환영했다. 움마의 지도자 칼리파들은 예언자의 가르침에 따라 기독교와 유대교를 포용했다. 무함마드는 이슬람교와 유대교, 기독교 모두가 하나의 뿌리를 가진 일신교라고 주장했다. 이슬람 세계는 최후이자 최고의 예언자 무함마드를 모르는 유대교인들과 기독교인들조차 '경전의 사람들'이라고 부르며 다른 이교도들보다 우대했다. 기독교도와 유대교도들은 인두세인 지즈야(jizyah)[21]를 내야 했지만 그 대가로 자신들의 종교

---

21 아라비아 반도를 비롯해 소아시아, 북아프리카, 남유럽까지 지배하게 된 이슬람 세력이 해당 지역 이교도 주민들로부터 걷은 세금. 이슬람 세력은 자신들이 정복한 곳의 이교도들이 지즈야를 납부하면 이슬람이 아닌 타종교를 믿더라도 이를 허용했다.

를 유지할 수 있었다.

기독교의 영향으로 이미 일신교가 퍼져 있던 아시아와 북아프리카 지역은 이슬람을 빠르게 흡수했다. 이미 기독교를 잘 알고 있던 이들에게 이슬람교는 완전히 새로운 종교가 아닌 기존 일신교 신앙 위에 조금 다른 주장을 가미한 것이었다. 더구나 아시아 지역의 경우 그리스·로마 문화권의 지배자들보다 아랍의 정복자들이 문화적으로도 더 친근한 존재였다. 이슬람교 전파 과정에서 아시아 지역 주민들의 저항이 크지 않았던 건 이런 배경 때문이다. 이슬람교는 네스토리우스파가 기독교를 전파한 길을 따라 중앙아시아로 빠르게 교세를 확장했다.

이슬람 제국의 팽창은 군사적·종교적 정복만을 의미하지 않았다. 그것은 거대한 문화적 변화였다.

1대 칼리파 아부 바크르[22]는 무슬림들에 의해 구전되거나 단편적으로 기록되어 전해지던 예언자의 말씀을 모아 한 권의 '예언자 어록'으로 편집했다. 이후 2대 칼리파 우마르는 아부 바크르가 만든 '예언자 어록'이 경전의 역할을 하기에 부족함을 깨닫고 다시 예언자의 말씀을 모아 경전을 만들라는 명령을 내렸으며, 이후 3대

22　아부 바크르(Abu Bakr, 573?~634년) : 이슬람 1대 정통 칼리파이자 예언자 무함마드의 친구. 무함마드와 함께 초기 이슬람을 이끈 지도자였고 무함마드의 장인이기도 하다. 아부 바크르의 어린 딸 아이샤가 바로 무함마드가 가장 총애한 것으로 알려진 부인이다.

칼리파 우스만 이븐 아판[23]에 이르러 이슬람 경전인 《꾸란》 편집이 완성됐다. 신이 아랍어로 예언자 무함마드에게 계시했기 때문에 《꾸란》은 아랍어로 기록됐다. 이런 까닭에 오늘날까지도 아랍어가 아닌 다른 언어로 《꾸란》을 번역하는 일이 원칙적으로 금지된다. 다양한 언어로 번역된 기독교의 《성경》과는 달리 번역본 《꾸란》은 권위를 인정받지 못하며 무슬림들은 오직 아랍어로 된 《꾸란》만을 읽고 예배드려야 한다. 이슬람교가 확산된 지역에서는 자연스럽게 이슬람 경전의 언어인 아랍어가 함께 전파됐다. 경전의 언어 아랍어는 이슬람권에서 다른 언어보다 특별한 권위를 지니는데, 서서히 토착어를 밀어내고 해당 지역의 주류 언어로 자리를 잡았다. 동방정교회에서는 초기부터 각 지역의 민족 언어로 《성경》을 번역하는 작업들이 시도됐으며 서방 교회에서도 종교개혁 이후 신교에서 《성경》을 민족 언어로 번역한 것과 비교하면 《꾸란》은 오늘날까지도 아랍어만 정경으로 인정을 받는다는 점이 특징이라 하겠다.

아랍어의 확산으로 아랍인 또한 확산됐다. '아랍인'이란 인종 개념이 아니라 문화 개념에 가깝다. 아랍어를 모국어로 사용하고 이슬람을 믿는 이들을 역사적으로 아랍인이라고 불렀다. 콥트어를 쓰고 기

---

23 우스만 이븐 아판(Uthman ibn Affan, ?~656년) : 이슬람 3대 정통 칼리파. 그는 부유한 집안 출신으로 처음에는 무함마드를 따르지 않았으나 나중에 이슬람을 받아들여 칼리파에까지 올랐다. 2대 칼리파 우마르가 암살당하자 유력한 칼리파 후계자였던 알리를 제치고 3대 칼리파가 되었다. 정복전쟁을 펼쳐 이슬람 세력을 크게 넓혔으며 2대 칼리파 우마르가 시작한 《꾸란》 편찬 사업을 완성했다.

독교를 믿던 이집트인들이 아랍어를 사용하고 이슬람교를 믿으면서 이집트인들의 정체성도 서서히 아랍인으로 바뀌었다. 또한 예멘어를 쓰고 유대교를 믿던 예멘인들이나 북아프리카의 베르베르인들도 아랍어를 쓰고 이슬람교로 개종하면서 아랍인이 됐다. 이슬람교가 탄생하기 전까지 아랍어를 사용하는 이들 간의 공통된 정체성은 존재하지 않았다. 즉 '아랍인'은 '이슬람교'와 더불어 탄생한 민족인 것이다.

'중동'이라는 용어는 적절한가?

우리는 흔히 사우디아라비아, 이라크, 시리아, 이란 등이 위치한 지역을 '중동(中東, middle east)'이라고 부릅니다. '가운데 위치한 동쪽'이라는 뜻이죠. 그럼 어디로부터 동쪽을 의미하는 걸까요? '중동'이라고 불리는 지역의 서쪽에는 유럽이 위치해 있습니다. 중동은 유럽인들이 보기에 동쪽인 것이지요. '중동'이라는 명칭에는 유럽인의 시각이 담겨 있습니다.

세계지도는 발행하는 지역에 따라 각 대륙의 위치가 다르게 배치됩니다. 우리나라에서 발행하는 세계지도는 아시아가 가운데 위치하고 동쪽에는 태평양과 아메리카 대륙이, 서쪽으로는 유럽과 아프리카 대륙이 각각 그려져 있습니다. 하지만 유럽인들의 세계지도는 조금 다릅니다. 유럽이 중앙에 위치하고 동쪽에 아시아 대륙이, 서쪽에는 대서양과 아메리카 대륙이 위치합니다. 유럽인들은 자신들의 동쪽에 위치한 아시아 대륙을 유럽과의 거리에 따라서 달리 불렀습니다. 근동(近東, near east), 극동(極東, far east), 중동 등으로요. 이는 각각 가까운 동쪽, 먼 동쪽, 가운데 위치한 동쪽이라는 뜻입니다. 오늘날로 치면 근동에는 터키, 이란, 이라크, 사우디아라비아 등이 포함되고, 극동에는 한국, 중국, 일본 등이 해당됩니다.

사실 근동, 극동, 중동 등의 개념은 19세기 후반에 생겨났습니다. 영국을 위시한 서유럽 국가들이 적극적으로 식민지를 얻기 위해 아시아를 공략하던 시기였습니다. 특히 당시 세계 최강국이었던 영국은 인도를 가장 중요한 식민지로 여겼습니다. 영국 외교가에서는 인도를 기준으로 그 서쪽 지역을 '근동'이라 부르고 동쪽 지역을 '극동'이라고 부르는 게 유행이었습니다. 당시 서구 열강들은 근동의 경우 오스만 제국을, 극동에서는 중국을 주요한 공략 대상으로 여겼습니다. 이와 별개로 페르시아 만의 석유를 중요하게 생각했던 영국은 이란을 '중동'이라고 불렀습니다. 아마도 터키나 이라크보다는 멀지만 인도보다는 가깝다는 의미가 아니었을까 추측해봅니다. 하지만 이러한 표현들이 엄격하게 정의되지 않은 채 편의적으로 사용되었기에 이후로 '중동'과 '근동'은 서로 혼용되었습니다. 그리하여 두 단어 모두 오늘날 우리가 '중동'이라고 부르는 아라비아 반도와 레반트, 소아시아 지역을 포괄하는 개념으로 사용되었습니다. 또한 '중동'이란 표현이 '근동'을 밀어내고 보다 자주 사용되면서 해당 지역을 대표하는 용어가 되었습니다.

그렇다면 우리가 이 지역을 '중동'이라고 부르는 것이 적절할까요? 앞에서 언급했듯이, 이는 유럽인들의 시각입니다. 우리나라의 입장에서 '중동' 지역은 서쪽에 위치하고 있습니다. 서쪽에 있는 나라들을 상대로 '가운데 위치한 동쪽'이라고 부르는 건 아무래도 어색합니다. 우리 입장에서는 이 지역을 '서아시아' 또는 '서남아시아'라고 부르는 게 타당합니다. 한국, 중국, 일본 등을 '동아시아'라고 부르는 것처럼 말이죠. 아시아의 서쪽과 동쪽에 위치해 있다는 중립적인 표현입니다. 그럼에도 불구하고, 이 책에서는 고민 끝에 독자들에게 익숙한 '중동'이라는 표현을 그대로 사용했음을 알립니다.

하나 덧붙여서, 가끔 우리 스스로 우리 나라가 위치한 지역을 '극동 지역'이라고 부르기도 하는데, 이 또한 위에서 설명한 이유로 어색한 표현입니다. 극동이란 '멀리 있는 동쪽'이란 뜻이지만, 대한민국은 우리에게 멀리 있지 않거든요.

누가 예언자의 후계자인가

수 니 파 와 시 아 파 의 분 열

"**알**리가 속해 있던 하심 가문을 포함해 알리를 따르던 사람들은 이슬람 세계의 주도권을 우마이야 가문에 내주고 말았다. 이후 알리를 지지했던 무리들을 '시아트 알리(알리의 무리)'라고 불렀는데, 이것이 이슬람의 소수파인 '시아파'의 유래가 됐다. 이들은 예언자 무함마드의 가계에서 후계자가 이어져야 한다고 주장한다. 반면 예언자의 혈통이 아닌 능력에 따라 후계자를 지지했던 이들을 일컬어 '수니파'라고 부른다. 예언자 무함마드의 언행 '순나(sunnah)'를 따르는 자들이란 의미이다. 무아위야 이후 혈통보다 능력을 우선시하는 수니파가 이슬람의 다수파가 됐다."

후계자 선출을 둘러싼 논란

632년 고열로 쓰러진 예언자 무함마드가 세상을 떠났다. 그는 생전에 자신의 후계자를 지명하지 않았다. 이슬람교의 창시자, 엄청난 카리스마로 거대한 움마(이슬람 공동체)를 이끌어간 지도자의 부재로 무슬림들은 당황했다. 무슬림들은 모범적인 삶을 살아간 무함마드가 알라의 선택을 받은 예언자이며 알라께서는 그에게 특별한 능력을 주어 인간들에게 자신의 뜻을 전달하도록 했다고 믿었다. 현존하는 유일신 알라의 대리인이자 알라의 메시지를 완성한 최후의 예언자 무함마드가 지닌 권위는 다른 사람이 대체할 수 없는 탁월한 것이었다. 문제는 여기에서 발생했다.

대체 불가능한 지도자를 잃은 움마는 혼란에 빠졌다. 반란이 일어났고 스스로를 예언자라고 자칭하는 이들도 등장했다. 이슬람이 거대한 제국으로 발전할 수도, 이대로 단명할 수도 있는 기로에 서 있었다. 무함마드의 죽음은 이슬람의 운명을 가를 위기를 제공했다. 위기를 잘 극복하려면 누군가가 예언자 무함마드의 지위를 물려받아 이슬람 공동체를 이끌어가야 했다. 그러나 과연 누가 어떤 자격으로 그의 권위를 승계할 것인가.

이를 둘러싸고 무함마드와 함께 초기 이슬람 세계를 확산시키던 무슬림들(이들을 '사하바'라고 한다)은 두 가지 견해로 갈라졌다. 한 쪽은 무함마드의 혈족이 후계를 이어야 한다는 주장(시아파), 또 다른 하나는 신에 대한 경건함을 지닌 그리고 무슬림들의 모범이 되는 사람 중 유능한 인물이라면 혈통과 상관없이 예언자의 후계자로 선출할 수 있다는 주장이었다(수니파). 전자를 따르는 이들은 예언자의 혈족이라면 보통 사람과는 달리 분명 뛰어난 점이 있을 거라고 생각했다. 당시 이런 관념은 자연스러웠다. 부족 중심 사회였던 아랍인들 입장에서 부족장의 후계자는 그의 혈족이 이어받는 일이 당연한 것이었다. 무함마드의 혈족 중 후계자를 뽑아야 한다고 주장한 이들은 무함마드의 사위인 알리[01]를 추대했다. 그는 예언자의 사촌으로 같은 가계 혈통에 속하면서도 무함마드가 가장 사랑한

---

01 알리 이븐 아비 탈리브(Ali ibn Abi Talib, 600?~ 661년) : 이슬람 4대 정통 칼리파. 무함마드의 사촌동생(무함마드의 삼촌 아비 탈리브의 아들)이자 무함마드의 딸 파티마의 남편. 알리는 사촌형이자 장인인 무함마드와 함께 초기 이슬람을 전파하는 데 큰 역할을 했고 매우 용맹한 전사로 알려져 있다. 우마이야가(家) 출신의 3대 칼리파 우스만이 암살당하자 4대 칼리파에 올랐다. 그러나 우마이야가의 무아위야와 대립했으며 이슬람의 근거지를 메디나에서 쿠파로 옮겼다. 알리는 반대세력을 꺾는 대신 타협책을 고수했기에 이에 불만을 가진 이븐 물잠(Ibn Muljam)에 의해 암살당했다. 훗날의 이야기가 되겠지만 알리를 따르는 무슬림들을 시아파라고 한다.

딸 '파티마'[02]의 남편이기도 했다. 알리는 메카의 성소 카바에서 태어났으며 무함마드와 함께 무슬림 군대를 이끌고 전투에 참가해 큰 공을 세운 인물이었다. 그러나 사하바 중에는 다른 생각을 하는 이들도 있었다. 그들은 만약 《꾸란》에 대한 지식이나 알라에 대한 경건함, 그리고 무슬림 공동체를 수호하고 국가를 통치할 수 있는 능력이 있는 인물이라면 굳이 무함마드의 가계가 아니더라도 무슬림 공동체의 지도자가 될 수 있다고 생각했다. 그리고 이런 생각을 가진 이들은 아부 바크르를 무함마드의 후계자, 즉 초대 칼리파로 추대했다. 아부 바크르는 무함마드의 직계가족이 아닌 사람들 가운데 최초의 무슬림 개종자였다. 그는 평생 동안 예언자를 곁에서 도와 섬겼으며 자신의 어린 딸 '아이샤'[03]를 무함마드에게 시집보냈기 때문에 무함마드의 장인이기도 했다. 하지만 부계혈통을 따르는 아랍인들의 전통에 비추어보면 아부 바크르는 무함마드의 후계자가 될 수 없었다.

무함마드 사후 후계자 결정 과정은 이렇듯 혼란스러웠다. 그런데

---

02 파티마(Fatimah, 605?~632년) : 예언자 무함마드의 딸. 4대 칼리파 알리와 결혼해 두 아들 하산과 후세인을 남겼다. 파티마는 칼리파 계승이 혈족인 알리로 이어져야 한다고 주장했다.

03 아이샤 빈트 아비 바크르(Aishah bint Abi Bakr, 613?~678년) : 무함마드의 부인으로 그녀의 아버지가 1대 칼리파인 아부 바크르다. 아이샤는 매우 어린 나이에 무함마드와 결혼했다(9세에 결혼했다고도 함). 무함마드가 죽을 당시 그녀의 나이 18세였다는데, 무함마드는 여러 아내들 가운데 아이샤를 가장 총애하여 자신의 임종을 지키도록 했다. 훗날 아이샤는 3대 칼리파 우스만의 죽음에 알리가 개입했다고 주장함으로써 이슬람 분열의 씨앗을 제공했다.

예언자와 함께 이슬람 세계를 만들어온 사하바 중에는 알리보다 아부 바크르를 선호하는 의견이 더 많았다. 사하바의 여론은 왜 아부 바크르에게 기울었을까. 정확한 이유가 기록으로 남아 있는 건 아니지만 어느 정도 추론이 가능하다. 우선 당시 아라비아 지역은 나이와 연륜을 존중하는 위계서열 중심 사회였다. 따라서 연장자인 아부 바크르가 젊은 알리보다 지도자로서 더 적격하다고 판단했을 가능성이 있다. 또한 초기 이슬람 공동체는 평등주의 정서가 매우 강했다. 만약 무함마드의 사촌이자 사위인 알리가 칼리파가 된다면 이후 이슬람 공동체의 통치권력이 무함마드의 혈통을 따라 세습될 것으로 우려했을 수도 있다. 초기 무슬림들이 평등주의를 중시했다는 점으로 볼 때 혈통에 따른 권력승계에 거부감을 가졌을 가능성도 높다.

칼리파 시대의 시작

이슬람 공동체 원로들은 무함마드의 후계자를 선출하기 위한 모임을 가졌고 결국 아부 바크르가 초대 칼리파로 선출됐다. 칼리파로 선출된 아부 바크르는 아라비아 반도 정복을 완료했고 이슬람 세계의 팽창을 위한 정복활동을 지속해나갔다. 그러나 아부 바크르가 칼리파에 선출된 후에도 후계자를 둘러싼 시비가 가라앉지 않았

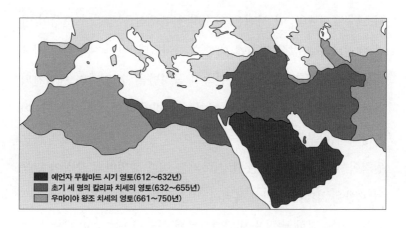

초기 이슬람 세력의 팽창

다. 대표적인 사건이 파다크 오아시스를 둘러싼 분쟁이다.

파다크 오아시스는 메디나 북부에 위치한 지역으로 무함마드 생전 무슬림 군대가 정복한 땅이었다. 예언자 무함마드가 사망하자 그의 딸 파티마(알리의 아내)는 파다크 오아시스의 소유권이 자신에게 있다고 선언했다. 아버지 무함마드가 정복해서 얻은 오아시스이며 딸인 자신이 그곳을 물려받았다고 주장했다. 그러나 아부 바크르는 파티마의 주장을 '알라의 예언자는 사유재산을 지니지 않았다'고 말하며 일축했다. 아부 바크르는 무함마드 사후 파다크 오아시스의 소유권은 모든 무슬림에게 반환되었고 무슬림을 대표하는 칼리파가 이를 운영해야 한다고 주장했다. 이에 파티마는 분개했지만 실권을 장악한 아부 바크르와 맞설 수 없었다. 결국 그녀는 오아시스를 포기했다. 이 사건은 단순히 사유재산을 둘러싼 분쟁이 아닌 예언자의 독점적 권리에 대한 논쟁이었다. 만약 예언자의 사유재산이 인정되고 그 유산을 친족이 물려받을 수 있다면 예언자의 권위도 친족에게 승계되어야 한다는 논리가 설득력을 지닌다. 이 논쟁에서 아부 바크르가 승리함으로써 '능력에 기반한 승계'라는 원칙이 재차 확인됐다. 훗날 시아파는 이때 파티마의 주장이 단순히 재산을 차지하기 위한 목적이 아닌 무함마드의 정당한 승계권을 빼앗아간 부정한 권력을 비판함으로써 무슬림 대중들이 예언자 무함마드의 길을 가도록 환기시키기 위함이라고 주장했다.

오아시스를 잃었다고 해서 파티마와 알리가 칼리파 승계에 대한 미련까지 버린 것은 아니었다. 파티마가 사망하기 수개월 전 그녀는 '예언자의 모스크'에서 칼리파와 사하바들을 앞에 두고 오늘날까지 회자되는 열정적인 연설을 했다. 일명 '파다크 설교'라고 불리는 이 연설에서 파티마는 대담하게 현 칼리파 지도부를 비난했다. 그녀는 진정한 이슬람으로 돌아가려면 칼리파가 정당한 권력을 '찬탈'한 잘못을 회개하고 자신의 남편 알리를 칼리파로 선출해야 한다고 목청을 높였다. 이 설교는 알리가 4대 칼리파에 선출될 때까지 지속적으로 무슬림 사회의 이슈였다. 또한 오늘날까지 시아 이슬람의 사상적 토대가 되고 있다.

634년 아부 바크르는 불과 27개월이라는 짧은 치세를 뒤로 한 채 노환으로 세상을 떠났다. 병이 악화될 무렵 아부 바크르는 우마르 이븐 알카타브[04]를 후계자로 지명했다. 2대 칼리파 우마르는 사산조 페르시아를 물리쳐 이슬람 제국을 확장한 정복자였으며 제국의 기틀을 다진 법률가이자 입법자라는 대업을 남겼다. 그는 주로 아라비아 반도에 머물러 있던 이슬람 제국의 영토를 레반트 지역과 이집트, 리비아 북부, 그리고 페르시아 전역으로까지 넓혔다. 아라비아 반도 작은 구석에서 태동한 신흥 종교집단이 바야흐로 세계제국으로 발돋움하기 시작한 것이다.

이슬람 제국은 국가인 동시에 강력한 종교공동체였다. 어느 종교공동체이든 간에 신도들이 따르는 공통의 교리가 존재하게 마련이다. 그리고 이는 대개 경전의 형태로 보전된다. 그러나 아직 초기였던 이슬람은 경전이 없었다. 예언자 무함마드가 전달한 신의 메시지는 그와 동시대에 살았던 무슬림('사하바')들이 단편적으로 기록한 기록물들, 그리고 암송하고 있는 내용들이 전부였다. 문제는 예언자의 말씀을 직접 듣고 그의 행동을 함께 경험한 세대가 하나 둘, 세상을 떠나고 있었다는 점. 우마르는 시간이 얼마 안 남았음을 깨달았다. 예언자의 가르침을 수집해 체계적으로 기록하는 일이야말로 팽창일로에 있는 이슬람 제국의 앞날을 위해 시급한 과제였다.

---

04 우마르 이븐 알카타브(Umar ibn al-Khattab, 586~644년) : 이슬람 2대 정통 칼리파. 전임 칼리파의 뒤를 이어 이슬람을 주변으로 확대하는 정복전쟁을 지속했다. 10년 동안 이슬람을 이끌며 비잔틴 제국의 영토였던 시리아, 팔레스타인, 이집트 등을 빼앗았고 사산조 페르시아를 멸망시킴으로써 이슬람이 제국으로 가는 초석을 다졌다. 《꾸란》 편찬 사업 지시와 이슬람력 도입은 우마르 치세 시의 일이다.

칼리파 우마르의 명령이 떨어졌다.

"예언자 무함마드의 말씀을 찾아 모으라."

그러나 우마르는 《꾸란》의 완성을 못 본 채 페르시아 출신 노예에게 암살당해 생을 마감했다. 그가 칼리파에 오른 지 10년 만의 일이다. 앞서 전술했듯이 우마르의 측근들은 우스만 이븐 아판을 3대 칼리파로 선출했다. 우스만은 정복전쟁을 지속적으로 벌여 영토를 더욱 넓혀나갔다. 호라 산(북서 아프가니스탄), 발루키스탄(남부 파키스탄), 아르메니아, 북부 아프리카 등이 이슬람 군대의 칼날에 무릎을 꿇었다. 정복지에서 값비싼 전리품들이 쏟아져 들어왔고 그 덕분에 이슬람 제국과 무슬림들은 부유해졌다. 우마르가 시작한 《꾸란》 편집 작업도 우스만 치세에 완성됐다. 우스만의 12년 재임기간 중 전반기는 모든 일들이 원활했다. 칼리파의 앞날도 그러할 것처럼 보였다.

커지는 제국, 흔들리는 원칙

평등주의와 능력에 따른 인사. 이 두 가지는 기존의 페르시아 제국에서는 찾아볼 수 없었던 이슬람만의 혁신적인 발명품이었다. 이슬람이 처음부터 빠르게 성장할 수 있었던 배경으로 이 두 가지 요소를 빼놓으면 설명하기가 어렵다. 그러나 이러한 혁신이 조금씩 흔들리기 시작했다. 우스만의 정실인사가 문제였다. 사실 막대한 부를 소유한 상인 출신의 우스만이 칼리파에 오른 일 자체가 처음부터 큰 논란거리였다. 그는 라이벌인 알리처럼 뛰어난 전사도 아니었고 아부 바크르나 우마르처럼 검소하지도 않았다. 우스만은 앞서 무슬림을 이끌어온 지도자들과는 달리 큰 부자였고 평등주의와 능력에 따른 인사라는 원칙도 지키지 않았다. 그는 메카의 지배세력인 꾸라이시족 출신이었는데, 그중에서도 최상층인 우마이야 가문에 속했다. 한마디로 그는 아라비아의 기득권 출신이었다.

우스만은 전임 칼리파 우마르가 임명했던 총독들을 해임한 후 그 자리에 자신의 가문 우마이야가의 인물들을 지방총독으로 앉혔다. 명백한 정실인사였다. 이를 제국의 영토가 넓어짐에 따른 중앙정부의 권력을 강화하려는 시도로 볼 수도 있으나 우스만의 인사 정책은 지방 무슬림들의 강력한 저항에 부딪혔다. 각지에서 우스만에 반대하는 운동이 벌어졌고 결정타는 이집트에서 터졌다. 우스만이 자신의 친인척을 이집트 총독으로 임명했고 이집트 총독은 무리하게 세금을 거두었다. 이에 이집트 대표단이 메디나로 들이닥쳐 칼리파 우스만과의 면담을 요구했다. 우스만은 그들을 만나 요구를 들어주는 척 안심시키고 돌려보냈다. 그런데 대표단은 이집트로 돌아가는 길에 칼리파의 봉인이 찍힌 편지를 입수하게 됐다. 그

편지는 우스만이 이집트 총독에게 보내는 편지였는데, 자신에게 항의한 대표단이 이집트에 도착하는 즉시 죽이라는 명령이 적혀 있었다. 이에 분노한 이집트인들은 폭도로 돌변했고 우스만의 집을 포위했다. 다급해진 우스만은 알리에게 반란세력을 만나서 중재해달라고 요청했다. 그러나 알리는 반란군 지도부와의 협상에 성공하지 못한 채 겨우 칼리파에게 물을 전달하는 데 그쳤다. 반란세력은 이 사건의 배후에 우스만의 사촌 마르완[05]이 있다고 판단, 그와의 면담을 요구했으나 칼리파는 이를 거부했다. 결국 반란세력은 정문을 지키던 호위병 몰래 벽을 넘어 침입해 칼리파 우스만을 살해한다. 전임자 우마르에 이어 또다시 칼리파가 비극적으로 살해당한 것이다. 이 '우스만 포위 사건'의 전말은 아직도 논쟁 중이다. 무엇보다 수니파와 시아파 간의 해석이 서로 다르고 또한 나중에 칼리파에 등극한 마르완이 사건의 당사자로서 이와 관련된 기록들을 조작했을 가능성도 높다고 평가된다. 역사가들 중에는 이집트 총독에게 편지를 보내 대표단을 죽이라고 명령을 내린 사람이 우스만이 아닌 그의 사촌 마르완이라는 견해가 우세하다. 우스만은 죽기 직전까지 한사코 자신이 편지를 보낸 적 없다고 주장했다. 정확한 사실관계가 미궁에 빠졌고 사건은 해석의 영역으로 넘어갔다.

---

05 마르완(Marwan, 우마이야 왕조의 마르완 1세) : 3대 정통 칼리파 우스만의 사촌이다. 사촌형 우스만이 칼리파에 오르자 충성을 바쳤다. 훗날 무아위야가 시리아 다마스쿠스에 세운 우마이야 왕조의 4대 칼리파(684~685년 재위)가 된 인물.

수니파의 견해에 따르면, 이 사건의 주모자는 알리다. 그가 칼리파 자리를 노리고 이집트 반란세력과 모종의 거래를 통해 우스만을 살해했다는 주장이다. 반면 시아파는 우스만을 비판하고 알리를 옹호한다. 우스만이 무함마드와 이전 칼리파들의 모범을 따르지 않고 제왕적인 통치를 하며 심각하게 타락했기 때문에 무슬림의 반감을 샀고 결국 암살로 이어졌다고 말한다. 시아파는 알리가 이집트 대표단과의 협상에 적극적으로 나서지 않은 이유는 다른 꿍꿍이가 있어서가 아니라 진실을 숨기는 우스만의 태도에 실망했기 때문이라고 주장한다.

알리의 승계와 내전

어찌됐든 우스만이 죽은 후 드디어 알리가 4대 칼리파로 등극한다. 수니파 이슬람에서는 초대 칼리파 아부 바크르부터 4대 칼리파 알리까지 4명의 칼리파를 일컬어 '라쉬둔(Rashidun)'[06]이라고 한다. '올바른 길을 간 칼리파'라는 뜻이다. 수니 이슬람에서는 라쉬둔이 통치했던 시기를 후대가 본받아야 할 이슬람의 황금기로 묘사한다.

---

06 일명 '정통 칼리파'라는 의미. 예언자 무함마드 사후 이슬람 세계를 이끌어 제국의 기틀을 다진 4명의 칼리파 시대(632~661년)를 '정통 칼리파' 라쉬둔이라고 한다. 특이한 것은 알리에 부정적인 수니파조차 4대 칼리파 알리를 정통으로 인정한다는 점이다.

1대 칼리파 **아부 바크르**(632~634년)
2대 칼리파 **우마르 이븐 알카타브**(634~644년)
3대 칼리파 **우스만 이븐 아판**(644~656년)
4대 칼리파 **알리 이븐 아비 탈리브**(656~661년)

· 무함마드 사후에 예언자를 계승한 4명의 라쉬둔(정통 칼리파) ·

특히 근대 이후 등장한 이슬람 근본주의는 '변질된 이슬람에서 벗어나 초기의 이슬람으로 복귀해야 한다'는 슬로건을 내걸고 일종의 종교개혁 운동을 전개했다.

알리의 칼리파 승계를 둘러싸고도 수니파와 시아파 간의 해석이 부딪힌다. 우스만을 살해한 반란세력이 알리를 칼리파로 추대했으나 알리가 이를 거절했다. 하지만 장로들의 모임인 '슈라'가 소집되고 알리를 포함해 탈라하, 주바이르 등 예언자와 함께 초기 이슬람 세계를 확장했던 이들이 한 자리에 모여 알리를 칼리파로 결정했다. 그러나 수니파 일부에서는 이들이 자발적으로 알리를 추대한 것이 아니라 강압에 못 이겨 어쩔 수 없이 알리의 손을 들어주었다고 주장한다. 갈등은 알리의 승계 직후부터 불거졌다. 알리가 칼리파에 오르기 위해 우스만의 죽음에 개입했다는 소문이 제국 곳곳에 들불처럼 번졌고 사하바 원로인 탈라하와 주바이르 등이 예언자의 젊은 아내였던 아이샤 주변으로 모여들었다. 아이샤와 알리는 무함마드의 친족으로 집안 식구였으나 서로 견제하는 입장이었다. 예언자의 총애를 받았던 아이샤는 무함마드가 죽은 이후에도 종종 자신의 권위를 칼리파 위에 두려고 했다. 예언자가 살아 있을 때에 남긴 언행을 누구보다 잘 기억하고 있던 그녀는 《꾸란》의 편집과 해석에 대해 우월의식을 가지고 있었다. 칼리파와 아이샤의 갈등은 피할 수 없었다.

또 다른 반란세력은 전임 칼리파 우스만의 친척이자 시리아와 다마스쿠스의 총독이던 무아위야[07]를 중심으로 일어났다. 무아위야는 우스만의 사촌 마르완과 연합군을 만들어 알리에 대항했다. 무아위야는 알리를 칼리파로 인정하지 않는다고 공언했다. 이에 알리가 무아위야를 공격하려 들자 아이샤, 탈라하, 주바이르 등은 알리에게 '무아위야를 공격하지 말고 우스만을 살해한 암살범을 잡으라'고 요구했다. 그러나 알리는 이 말을 듣지 않았다. 그러자 아이샤 등은 병력을 모아 알리의 군대와 맞섰고 알리는 이를 진압하기 위해 이라크의 쿠파에서 군대를 불러 모았다. 쿠파는 친(親)알리 세력의 중심지였다. 결국 656년 무함마드 사후 첫 피트나(Fitna, 내전)가

---

07 무아위야(Muawiyah, 무아위야 1세, 602~680년) : 우마이야가 출신으로 4대 정통 칼리파 알리가 죽자 시리아 다마스쿠스에서 스스로 칼리파에 오른 인물. 3대 칼리파 우스만은 같은 가문 출신인 무아위야를 시리아의 총독으로 임명했다. 여기서 세력과 힘을 키운 무아위야는 훗날 우마이야 왕조를 개국, 강력한 해군력을 바탕으로 비잔틴 제국을 괴롭혔다. 그동안 선출직이던 칼리파 제도를 세습제로 바꾼 인물이기도 하다.

벌어졌다. 무함마드의 미망인 아이샤가 직접 낙타를 타고 병사들을 독려했다고 하여 '낙타 전투'로 불리는 이 대결에서 칼리파가 승리했다. 알리는 주바이르와 탈라하를 처형한 반면 아이샤에게는 관용을 베풀어 죽이지 않고 메디나의 한 주택에 연금시켰다. 이슬람 초기에 적극적으로 발언하고 행동했던 여성상은 이 사건을 계기로 부정적으로 인식되었고 이후 이슬람권에서 여성의 활동이 크게 위축되는 결과로 이어졌다.

다음 해에 벌어진 두 번째 피트나는 더 큰 규모로 치열한 싸움이 전개됐다. 오늘날의 시리아 락까 주변인 시핀에서 알리와 무아위야의 군대가 대결했는데, 수천 명이 사망하는 전투 끝에 알리의 군대가 승기를 잡았다. 그런데 알리는 도망가는 적군을 쫓아 섬멸하는 대신 무슬림 간의 살인을 금지하는 《꾸란》의 가르침에 따라 무아위야와 협상에 나섰다. 협상은 지지부진했다. 그러나 이를 지켜보던 양측의 반응은 매우 달랐다. 승리를 앞에 두고 나약하게 협상에 임한 알리의 모습에 그를 따르던 병사들의 사기는 떨어졌다. 반면 무아위야 군대는 칼리파가 무아위야를 대등한 상대로 인정하는 것으로 받아들여 오히려 기세가 올랐다. 양측의 협상을 지켜보던 무슬림들 역시 무아위야를 새롭게 평가했다. 협상은 공식적으로 별 소득 없이 끝났고 시핀 전투도 공식적으로는 양측이 비긴 게임이었다. 그러나 사실상 무아위야가 정치적으로 승리한 것이나 마찬가지였다. 시리아 총독이 칼리파와 어깨를 나란히 했기 때문이다. 무아위야는 658년 다마스쿠스에서 스스로를 칼리파라고 선포했다. 시핀 전투 이후 무아위야의 영향력은 계속 확대된 반면 알리는 내리막길을 걷고 있었다. 알리는 협상을 통해서라도 장기화된 칼리파 승계 문제를 매듭지으려 했지만 이를 반대한 세력들은 시핀 전투 이후 협상이 진행되고 있는 상황에서 알리 진영으로부터 이탈했다. 이들은 나중에 '카와리지(떠나는 사람들이라는 뜻)'라고 불렸는데, 최초의 이슬람 근본주의 세력이라고 할 수 있다. 카와리지는 '협상으로 칼리파를 결정하는 것은 인간의 방법이기에 적절치 않으며 칼리파 선출은 오직 신의 뜻에 따라 결정돼야 한다'고 주장했다. 전쟁을 통해 승자를 결정하는 것도 신의 의지이며 신은 이런 식으로라도 칼리파를 결정한다는 주장이다. 이는 전쟁을 피하고 협상을 택한 알리에 대한 비난이었다. 알리는 659년 카와리지 세력을 공격해 궤멸시켰다. 그러나 이 공격에서 살아남은 카와리지 중 한 명인 이븐 물잠이 661년 쿠파의 대모스크에서 알리를 암살했다. 이처럼 라쉬둔의 시대는 우마르 이후 3명의 칼리파가 모두 암살로 생을 마감하는 비극의 연속이었다.

카르발라⁰⁸의 참극

알리가 죽자 그의 아들 하산 이븐 알리⁰⁹가 추종자들에 의해 칼리파로 추대됐다. 이제 하산과 무아위야, 두 명의 칼리파가 경쟁하게 됐다. 무아위야는 이집트와 아라비아 반도를 자신의 수중에 넣고 세력을 점점 더 확장해나갔다. 반면 하산을 비롯해 알리를 지지한 사람들은 이라크를 근거지로 한 지방세력에 지나지 않았다. 무아위야는 하산에게 많은 돈을 주며 양위할 것을 요구했다. 힘으로 무아위야를 당해낼 수 없었던 하산은 결국 퇴위를 선언하고 무아위야를 칼리파로 인정했다. 살해된 알리가 속해 있던 하심 가문을 포함해 알리를 따르던 사람들은 이슬람 세계의 주도권을 우마이야 가문에 내주고 말았다. 이후 알리를 지지했던 무리들을 '시아트 알리(알리의 무리)'라고 불렀는데, 이것이 이슬람의 소수파인 '시아파'의 유래가 됐다. 이들은 예언자 무함마드의 가계에서 후계자가 이어져야 한다고 주장한다. 반면 예언자의 혈통이 아닌 능력에 따라 후계

---

08 카르발라(Karbala) : 오늘날 이라크에 속한 도시. 무아위야의 아들 야지드는 680년 1월 10일 이곳에서 무함마드의 손자 후세인 이븐 알리와 추종자들을 처참히 죽인다. 일명 '카르발라 참극'이다. 이 사건은 시아파와 수니파의 분열을 촉진시켰다. 참사가 일어난 카르발라는 해마다 많은 순례객이 방문하는 시아파의 성지가 됐다.

09 하산 이븐 알리(Hasan ibn Ali, 625~670년) : 4대 정통 칼리파 알리의 장남이니 무함마드의 손자가 된다. 하산은 무아위야 1세의 칼리파 자리를 인정했다. 이후로 예언자 무함마드의 혈통인 알리를 따랐으나 칼리파 자리를 내주게 된 소수세력을 시아파라고 부르기 시작했다. 시아파에서는 하산이 2대 이맘이다. 1대 이맘은 그의 아버지 알리.

자를 지지했던 이들을 일컬어 '수니파'라고 부른다. 예언자 무함마드의 언행 '순나(sunnah)'를 따르는 자들이란 의미이다. 무아위야 이후 혈통보다 능력을 우선시하는 수니파가 이슬람의 다수파가 됐다. 그러나 수니파가 꼭 혈통을 무시했던 것만은 아니다. 훗날 우마이야 왕조[10]를 무너뜨리고 새로운 칼리파가 된 아불 아바스[11]는 자신이 예언자 무함마드의 숙부인 알 아바스의 후손임을 내세웠다. 이후 아바스 왕조[12]의 칼리파들은 늘 자신들이 무함마드의 혈통이라고 강조했다. 오늘날 수니파인 요르단의 하심 왕조[13] 또한 자신들이 예언자 무함마드의 후손임을 강조한다.

무아위야는 능력에 따라 칼리파를 선출해온 그간의 이슬람 전통

10　우마이야 왕조(Umayyad Dynasty, 661~750년) : 4명의 정통 칼리파 이후 우마이야 왕조의 세습 칼리파들이 이슬람 세계를 이끌었다. 1대 칼리파 무아위야부터 마지막 칼리파 마르완 2세까지 약 110년 동안 그들은 이슬람을 확장해 중앙아시아, 북아프리카, 이베리아 반도까지 세력을 넓혔다. 그러나 정복한 땅의 주민들에게 높은 세금을 물려 크고 작은 반란이 빈번했고 이는 왕조가 쇠락한 주요 원인 중 하나가 된다.

11　아불 아바스(Abul Abbas, 724?~ 754년) : 아바스 왕조 1대 칼리파. 우마이야 왕조의 마지막 칼리파 마르완 2세를 내쫓고 이슬람 본거지를 다마스쿠스에서 바그다드로 옮긴 인물이다.

12　아바스 왕조(Abbasids Dynasty, 750~1258년) : 부패하고 무능해진 우마이야 왕조를 대신해 8~13세기까지 약 500년간 이슬람 세계를 이끌었다. 수도는 바그다드였는데 원주민인 페르시안 사람들, 즉 비아랍계 무슬림들이 이때 지배층으로 흡수되었고 페르시아 제국의 여러 가지 제도가 이슬람 세계로 전달돼 큰 영향을 미쳤다. 10세기 이후에는 셀주크튀르크의 지배를 받아 칼리파의 권위가 유명무실했다. 1258년 몽골의 침입으로 멸망.

13　무함마드가 속한 꾸라이시족의 한 가계(家系)로 하심 이븐 압드 마나프(Hashim ibn Abd Manaf)가 시조다. 하심은 다름 아닌 무함마드의 증조할아버지다. 훗날 오스만 제국에서 독립해 짧게 존재했던 히자즈, 트란스요르단의 왕들이 하심가였고 오늘날 요르단 왕조의 계보 역시 하심가이다.

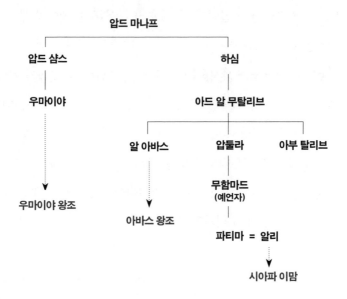

• 예언자 무함마드 가계 흐름도 •

을 깨고 칼리파 지위를 가족에게 물려주었다. 세습왕조가 시작된
것이다. 이것이 이슬람 최초의 왕조인 우마이야 왕조다. 한편 시리
아 총독이던 무아위야는 다마스쿠스를 수도로 삼았다. 이후 다시는
메카와 메디나가 이슬람 세계의 중심이 되지 못했다. 이슬람의 중
심이 다마스쿠스와 바그다드 등 레반트 지역으로 옮겨졌고 훗날 오
스만 제국 시절에는 이슬람의 중심이 이스탄불로 또다시 이동했다.

　우마이야 왕조는 시아파를 본격적으로 박해했다. 시아파들은 무
아위야의 탄압을 피해 이슬람 세계 각지로 흩어졌다가 알리의 무덤

이 있는 나자프(현재 이라크 남부의 도시)를 중심으로 뭉치기 시작했다. 시아파는 알리를 '고귀하고 정의로우며 관대한 무슬림 지도자'라는 이미지로 기억하며 알리의 무덤을 성지로 받들고 있다. 수니파조차 알리의 경건함과 그의 모범적인 삶을 인정한다. 반면 수니파는 무아위야를 포함해 그 이후의 칼리파들을 무슬림들의 영적 멘토가 될 만한 모범적인 지도자라고 평가하지 않는다. 그럼에도 불구하고 이슬람 제국은 신의 축복으로 빠르게 성장했고 전례 없이 풍요해졌다. 수니파는 비록 칼리파라는 지도자가 온전하게 알라의 뜻을 따르지 않는다 해도 무슬림 개개인이 《꾸란》의 가르침대로 올바른 길을 간다면 제국의 부흥이 계속될 것으로 믿었다. 따라서 그들은 칼리파를 신앙의 모범으로 삼으려 하지 않았다. 수니파는 칼리파가 제국을 안정화시키고 무슬림들이 안심하고 신앙생활을 할 수 있는 환경을 조성해주며 이슬람 세계를 외부의 적으로부터 보호하는 역할에 충실하다면 칼리파의 신앙이나 도덕성을 크게 문제 삼지 않았다. 대신에 수니파 무슬림들은 《꾸란》과 《하디스》를 해석할 수 있는 종교적 권위가 필요했다. 이 같은 사회적 요구가 이슬람 법학자 '울라마'를 만들어냈다. 울라마는 이슬람 신학을 체계적으로 공부해 《꾸란》과 《하디스》의 해석에 전문 지식을 지녔다고 인정받는 사람들을 일컫는 것이다. 기독교의 경우 전문적인 성직자 계급이 존재한다. 이와는 달리 이슬람의 울라마는 성직자 계급이 아니다. 이슬람에서는 신 앞에서는 모두가 평등하므로 신과 인간을 매개하는 존재가 필요 없다고 생각한다. 그럼에도 불구하고 울라마는 사회적으로 기독교의 사제와 유사한 기능을 수행했다. 울라마들이 경전을 해석하고 예배를 인도하며 무슬림들의 일상사에 재판과 중재를 담당했다. 그러나 경전에 대한 해석은 울라마 개인의 이성적 탐구에 의해서가 아닌 세대를 이어져 내려온 '순나', 즉 무슬림들의 관행에 의거해서 이루어졌다. 이슬람은 울라마의 집단지성에 의해 계속 유지, 완성되어 온 것이다.

우마이야 왕조의 경우 680년 무아위야가 숨을 거둔 후 그의 아들 야지드 1세[14]가 칼리파를 승계했다. 알리의 장남 하산은 무아위야 가 세상을 떠나기 10년 전에 이미 사망했고 그의 동생 후세인 이븐 알리[15]가 하산을 이어 시아파의 지도자가 되어 있는 상태였다. 후세인은 자신의 형 하산과 달리 무야위야의 아들 야지드를 칼리파로 인정하지 않았다. 후세인은 '내가 피트나(내전)를 끝내기 위해 무아위야와 맺은 평화조약에는 우마이야 가문의 인물을 후계자로 지명하는 것을 금지했다. 그러나 야지드가 이를 어겼으므로 그는 진정한 칼리파가 아니다'라고 선언했다.

---

14 야지드 1세(Yazid I, 647~683년) : 이슬람 최초 세습왕조인 우마이야 왕조의 2대 칼리파. 후세인 이븐 알리와 추종자들을 처참히 살해(카르발라 참극)한 것으로 유명하다. 683년 말을 타고 이동하던 도중 낙마로 죽었다고 한다.

15 후세인 이븐 알리(Husayn ibn Ali, 625~680년) : 4대 정통 칼리파 알리의 차남. 시아파에서는 후세인을 시아파 3대 이맘으로 섬긴다. 그는 자신의 형 하산과는 달리 우마이야 왕조의 칼리파에 저항했다. 추종자들과 함께 야지드가 자행한 '카르발라 참극'의 희생양이 됐다.

후세인은 야지드와 맞서기 위해 자신의 동맹세력을 메카로 불러 모았다. 당시 시아파의 본거지인 쿠파에 머물던 지지자들은 후세인이 봉기했다는 소식을 듣고 동참 의사를 전해왔다. 쿠파 주민들의 합세 소식에 힘을 얻은 후세인은 주변의 반대에도 불구하고 자신의 친척과 지지자 72명을 데리고 쿠파로 향했다. 후세인은 메카에 있는 병력만으로는 야지드와 맞설 수 없었기 때문에 자신의 아버지 알리가 세운 도시 쿠파 내의 시아파 지원이 절실했다. 후세인은 쿠파 주민들의 충성심을 의심치 않았다. 그러나 쿠파가 반란에 합세하려 한다는 정황을 눈치챈 야지드는 재빨리 쿠파로 군대를 파견해 도시를 장악했다. 이를 알지 못한 후세인은 72명의 무리와 함께 쿠파로 달려가고 있었다. 칼리파는 후세인이 이동하는 길목에 병력 4,000명을 배치했고 후세인 일행은 카르발라에서 야지드의 군대와 맞닥뜨렸다. 후세인은 카르발라에 진을 치고 야지드 측과 협상을 진행했으나 곧 결렬됐다. 전투가 시작됐으나 병력이 압도적으로 우세했던 칼리파의 군대가 후세인 일행을 일방적으로 학살하는 것이나 마찬가지였다. 후세인 일행은 포위된 채 차례차례 죽임을 당했다. 예언자의 손자 후세인은 칼을 들고 최후까지 싸우다가 전사했다. 그의 머리가 잘려서 다마스쿠스에 있는 칼리파에게 보내졌고 살아남아 포로가 된 여자와 아이들도 함께 보내졌다. 다마스쿠스에서는 후세인의 여동생 자이납이 얼굴을 가리지 않은 포로 신분으로 거리를 걷는 수모를 당했다. 하지만 그녀는 당당했다. 자이납은 칼리파의 부당한 처사를 강력히 항의하며 살아남은 여자와 아이들의 명예를 지켜달라고 요구했다. 야지드는 자이납의 용기 있는 태도에 감동해 그녀의 요구를 들어주었고 자이납과 다른 포로들을 풀어주었다. 얼마 후 자이납이 사망하자 칼리파 야지드는 다마스쿠스에 그녀를 기리는 모스크를 세워주었다.

예언자 무함마드의 손자 후세인이 카르발라에서 비극적으로 사망한 사건은 쿠파 주민들뿐 아니라 모든 시아파, 그리고 우마이야 왕조를 타락한 세력으로 여긴 일부 수니파들의 양심을 일깨우는 계기가 됐다. 이후 시아파는 이 사건을 기억하고 기념했다. 이를 '아슈라'[16]라고 한다, 아슈라는 '10일'이라는 뜻인데 이슬람력으로 무하람(1월) 10일에 카르발라 참극이 발생했음을 기리는 날이다. 첫 번째 아슈라는 옥중에 있던 후세인의 여동생 자이납에 의해 지켜졌다고 전해진다. 이라크 카르발라에 지어진 '이맘 후세인 모스크'는 매년 아슈라 행사의 중심지이자 시아파의 주요 순례지가 됐다. 시아파에게 아슈라는 불의한 전제정치에 항거한 의로운 세력이 승리할 것임을 다짐하는 기념일이다. 그들의 눈에 비친 우마이야 왕조는 정당한 승계자로부터 권력을 불법적으로 찬탈한 세력일 뿐이다. 그리고 시아파인 자신들이 불의에 저항하는 진정한 무슬림이라고 여

---

16 아슈라(Ashura) : 680년 카르발라 참사에서 순교한 후세인을 기리는 시아파 최고의 종교행사. 검은 옷을 입고 행사에 참여하는 순례객들은 칼이나 채찍 등으로 자신의 몸에 상처를 내며 3대 이맘 후세인의 죽음을 애도한다.

기게 됐다. 이런 정신은 이슬람 주류세력인 수니파의 탄압을 당해온 시아파 무슬림의 역사와 겹쳐져 오늘날까지 시아파가 정치권력에 저항하는 기운으로 이어진다.

카르발라 외부 지역의 시아파들도 후세인의 죽음을 애도하며 자신의 가슴을 때리는 '마탐'이라는 행위를 하며 아슈라를 기념했다. 이렇듯 아슈라는 시아파의 정체성을 되새기고 연대감을 형성하는 행사로 자리 잡았다. 오늘날 아슈라는 시아파가 주류인 이란 외에도 인도, 아프가니스탄, 터키, 파키스탄, 이라크, 아제르바이잔, 레바논 등에서 국가공휴일로 지정되어 지켜지고 있다.

시아파의 갈래 : 12이맘파와 이스마일파

수니파의 지도자가 칼리파라면, 시아파의 지도자는 '이맘'[17]이다. 수니파에서 '이맘'은 이슬람 신학자인 울라마들 중에서 예배를 이끌 자격이 있는 이들에게 붙이는 존칭인 반면 시아파에서는 절대적인 영향력을 가진 종교 지도자를 의미한다. 시아파는 무함마드의 사위 알리를 초대 이맘으로 추앙했다. 그리고 알리의 장남 하산이 2

---

17 이맘(Imam) : 원래는 예배를 인도하는 '지도자'라는 뜻이지만 수니파와 시아파는 서로 다른 의미로 사용한다. 수니파에서 '이맘'은 이슬람을 이끄는 '칼리파'와 같은 의미인 반면, 시아파에서 '이맘'이란 4대 칼리파 알리의 자손(시아파 최고 지도자)을 일컫는 말이다. 수니파든 시아파든 간에 '이맘'이란 칭호는 존경하는 이슬람 지도자를 의미한다.

대 이맘, 카르발라에서 죽은 후세인이 3대 이맘으로 추대됐다.

한편 운 좋게 카르발라 참극을 피한 후세인의 아들이 있었으니 바로 알리 이븐 후세인이다. 그가 시아파 4대 이맘이다. 4대 이맘 알리는 병약했고 자신의 할아버지나 아버지처럼 전사의 자질을 갖추지 못한 인물이었다. 그러나 지적이고 총명했다. 그는 예언자 무함마드가 메디나에 설립했던 학교를 다시 세우고 신학 증진에 힘을 쏟았고 중요한 신학 저작물들도 남겼다. 그는 714년(?)에 사망했는데 시아파는 알리의 죽음이 우마이야 왕조의 독살이라고 주장한다. 이후 5대 이맘 무함마드와 6대 이맘 자파르도 칼리파의 탄압을 피해 은둔 생활을 하며 《꾸란》과 《하디스》를 연구하고 신자들을 교육하는 데 힘을 쏟았다. 그러나 이들 모두 칼리파에게 독살됐다고 전해진다. 시아파는 6대 이맘 자파르의 후계자 문제를 둘러싸고 다시 분열했다. 사건의 발단은 원래 후계자였던 자파르의 장남 이스마일이 몰래 술을 마시다 아버지 이맘 자파르에게 들킨 것이다. 크게 노한 자파르는 장남 이스마일 대신 셋째 아들 무사를 후계자로 세웠다. 이후 무사를 따르는 이들을 '12(열두)이맘파'[18]라고 불렀으며,

---

18 12(열두)이맘파(Twelver-Imamiyyah) : 시아파의 분파 중 하나. 1대 이맘 알리부터 6대 이맘 자파르까지는 잘 이어지다가 7대 이맘 승계를 두고 파(派)가 갈린다. 장남 이스마일 대신 3남 '무사'를 이맘으로 세운 후 12대 '무함마드 알 마흐디'까지 이어진 가계가 '12(열두)이맘'이다. 시아파 내에서 다수를 차지하는 파이기도 하다.

장남 이스마일을 따르는 분파를 '이스마일파'[19] 또는 '7(일곱)이맘파'로 불렀다.

12이맘파의 이맘들은 우마이야 왕조가 멸망한 후에도 아바스 왕조의 탄압을 피해 은둔생활을 했다. 이 과정에서 이맘의 존재는 단순히 한 인간으로서의 정치적 또는 종교적 지도자가 아니라 고귀함과 경건함, 그리고 압제에 저항하는 상징이 됐다. 시아파에서는 이러한 은둔의 시기를 '소(小)은둔기'라고 일컫는다. 12이맘파의 마지막 이맘은 좀 특별하다. 12대 이맘인 무함마드 알 문타자르는 '무함마드 알 마흐디'[20]라고 불린다. 그는 다섯 살 어린 나이에 아버지 하산 알 아스카리의 뒤를 이어 이맘이 됐다. 하지만 마흐디는 절대 자신의 모습을 세상에 드러내지 않고 4명의 대변인을 임명해 그들을 통해 세상과 소통했다. 이러한 통치는 마지막 대변인이 사망할 때까지 70년 동안 계속됐다. 이후 마흐디는 '알라가 나를 세상으로부터 숨길 것이며 알라가 결정하는 때가 되면 세상의 시아 무슬림들을 돕기 위해 다시 나타날 것이다'라고 선포했다. 독실한 시아 무슬림들은 12대 이맘 마흐디가 재림할 때에 인간을 심판하고 세상의

---

19 이스마일파(Ismailism) : 시아파의 분파 중 하나. 이 파는 자파르의 장남 이스마일을 7대 '이맘'으로 여긴다. 다른 말로 '7(일곱)이맘파'라고도 부른다.

20 무함마드 이븐 알 마흐디(Muhammad ibn al Mahdi) : 시아파 마지막 12대 '이맘'. 그의 아버지 하산(11대 이맘)은 시아파를 박해하는 아바스 왕조의 눈을 피해 아들의 존재를 숨겼다. 5세 어린 나이에 이맘이 된 무함마드는 추종자들과 함께 은둔한 채 평생 4명의 대리인을 통해 이슬람을 이끌었다고 전해진다.

종말이 올 것이며 마흐디를 따르는 이들은 그때 구원을 받는다고 믿는다. 시아파들은 이맘 마흐디가 스스로 이라크 사마라 내 모스크 아래의 동굴에 숨었으며 이 동굴이 '은둔의 문'으로 불리는 문에 의해 봉인되었다고 주장한다. 이런 이유로 시아 무슬림들은 사마라의 모스크를 가장 성스러운 장소 중 하나로 여긴다. 지금도 신실한 무슬림들은 이곳에 모여서 12번째 이맘이 속히 나타나기를 기다리며 기도한다. 이처럼 이맘 마흐디가 인간들로부터 숨어 있는 시기를 '대(大)은둔기'라고 한다. 이후 역사 속에서는 스스로 이맘 마흐디라고 주장하는 이들이 등장해 수니파 왕조에 대항하는 반란을 일으키기도 했다.

'대은둔기'는 시아파의 성격이 완전히 변하는 계기가 되기도 했다. 원래 수니파의 정치적 반대파로 시작된 시아파가 서서히 영적·정신적 추구를 중시하는 성향으로 변화되다가 '대은둔기'로 접어들면서 이맘 마흐디를 마지막으로 시아파의 정치적 지도자가 사라졌다. 이를 계기로 12이맘파는 정치권력과 거리를 두고 이어진다. 역설적으로, 정치권력과 거리를 두었기에 훗날 이란의 12이맘파가 팔라비 왕조[21]를 비판하며 반정부 운동의 중심에서 이슬람혁

---

21   팔라비 왕조(Pahlavi Dynasty, 1925~1979년) : 카자르 왕조의 군 지휘관 레자 칸(Reza Khan, 1878~1944년)이 쿠데타를 일으킨 후 세운 왕조. 쿠데타에 성공한 레자 칸은 카자르 왕조의 마지막 왕 아흐마드 샤를 폐위한 후 새 왕조를 세웠다. 처음에 그는 공화정 국가를 염두에 두었지만, 종교인들의 반발로 왕정을 선택해야 했다.

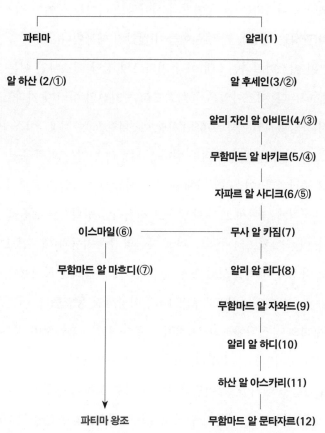

무함마드(예언자)

파티마 —— 알리(1)

알 하산 (2/①) —— 알 후세인(3/②)

알리 자인 알 아비딘(4/③)

무함마드 알 바키르(5/④)

자파르 알 사디크(6/⑤)

이스마일(⑥) —————— 무사 알 카짐(7)

무함마드 알 마흐디(⑦)　　　　알리 알 리다(8)

무함마드 알 자와드(9)

알리 알 하디(10)

하산 알 아스카리(11)

파티마 왕조　　　　무함마드 알 문타자르(12)

• 괄호 안의 숫자는 12(열두)이맘파, 원 안의 숫자는 이스마일파 계보임.

• 시아파 이맘 계보도 •

명[22]을 이끌 수 있기도 했다. 통치자의 도덕성이나 신앙 문제에 관대했던 수니파와는 달리 이란의 시아파 울라마들 중에는 정치권력을 비판하는 전통을 지켜온 이들이 많았기 때문이다.

한편 이스마일파는 6대 이맘 자파르의 장남 이스마일 이븐 자파르를 따른다. 이스마일은 공식적으로는 자신의 아버지 자파르보다 먼저 사망했지만(자파르 765년 사망, 이스마일 760년 사망), 이스마일파는 그가 사망한 것이 아니라 아바스 왕조의 탄압을 피해 숨은 것이라고 주장한다. 이스마일파에 따르면 이맘 이스마일은 쿠파의 시아파 은신처에 숨어서 보다 은밀하고 정치적인 방향으로 모습을 드러냈다. 아바스 왕조의 추적을 피해 자신의 추동자들과 네트워크를 만들고 더 많은 세력을 모았으며 제국 전반에 영향력을 확대했다. 이런 패턴은 이스마일파의 8대부터 10대 이맘까지 동일했다. 이들은 모두 쿠파의 은신처에 숨어서 시아파 무슬림들과 접촉하며 영향력을 확대하는 작업을 지속했다. 이스마일파는 12이맘파와 마찬가지로 은둔생활을 했지만, 12이맘파와는 반대로 정치적 영향력을 확대하는 것을 지향했다. 일종의 언더그라운드 정치조직을 만들고 다수세력인 수니파 왕조에 대항하는 혁명운동을 벌인 것이다. 결국 이러한 정치운동은 이스마일파의 11대 이맘 압둘라 알 마흐디가 909년

22　이슬람혁명(Islamic Revolution, 1979년) : '이란혁명'으로도 불린다. 이슬람 원리주의자들은 팔라비 왕조를 무너뜨린 후 국가 권력을 종교지도자에게 부여했다. 이에 따라 이슬람 종교지도자 호메이니가 권력을 장악하는 결과가 나타났다.

북아프리카에 파티마 왕조[23]를 세우는 것으로 열매를 맺는다.

　이맘 압둘라 알 마흐디는 아바스 왕조의 박해를 피해 아라비아 반도에서 북아프리카로 향했다. 그는 북아프리카 시질마사(지금의 모로코)에 정착한 후 909년 스스로를 칼리파로 선포하고 당시 우마이야 왕조의 영토인 북아프리카 지역에서 세력을 규합해 정복전쟁을 벌였다. 압둘라 알 마흐디의 정복전쟁은 큰 성공을 거두어 오늘날의 알제리, 튀니지, 리비아, 이집트, 그리고 모로코 일부 지역까지 영토로 삼았다. 이 왕조는 969년 카이로에 새 수도를 세우고 이집트를 제국의 중심지로 삼았다. 이것이 이슬람 최초의 시아파 왕조인 파티마 왕조의 시작이다.

　이후 이슬람 세계는 두 명의 칼리파, 즉 바그다드의 아바스 왕조 칼리파와 카이로의 파티마 왕조 칼리파가 경쟁하는 시대로 접어들었다. 파티마 왕조는 한때 북아프리카 전역과 수단, 레반트 지역 및 메카와 메디나까지 정복해 전성기를 누렸지만 이후 베르베르인들의 반란과 십자군의 침공, 그리고 튀르크인의 레반트 정복 등으로 약해졌고 1174

23　파티마 왕조(Fatimah Dynasty, 909~1171년) : 시아파 분파 중 하나인 이스마일파 이맘 압둘라 알 마흐디가 909년 북아프리카에 세운 또 다른 이슬람 왕조. 수도는 이집트의 카이로였다. 압둘라 알 마흐디는 무함마드의 딸이자 4대 정통 칼리파 알리의 아내 '파티마'를 왕조 이름으로 명명함으로써 정통성을 인정받고자 했다.

년경 수니파 술탄 살라딘[24]에 의해 멸망했다. 파티마 왕조 멸망 이후 시아파의 정치적 위세가 약화됐지만 16세기 페르시아 지역에 사파비 왕조[25]가 다시 등장하면서 시아파가 수니파의 아성을 위협하는 존재로 떠올랐다. 훗날 18세기 무렵 아라비아 지역에서 일어난 와하비즘[26]은 시아파를 이단으로 규정했다. 사우드 가문과 와하비 세력이 연합해 군대를 일으켰을 때 시아파 유적들이 대거 훼손당하기도 했다.

소수세력인 시아파의 경우 탄압을 피해 지하로 숨어들어 발전했기에 다양한 형태로 변형됐다. 앞에서 소개한 12이맘파와 이스마일파 외에도 여러 갈래의 시아파가 등장하는데, 이들은 신비주의 또는 기존 민간신앙과 결합하는 등 한결 더 유연한 형태를 보인다. 이 때문에 훗날 와하비즘과 같은 수니파 이슬람 근본주의 운동에서는 시아파를 이단으로 여겨 타도해야 할 대상으로 인식했다.

---

24   살라딘(Salah ad-Din, 1137~1193년) : 살라흐 앗 딘의 영어식 발음으로 살라딘은 쿠르드족의 귀족 출신으로 비록 아랍인은 아니었지만 이슬람을 신봉했다. 그는 이집트와 시리아를 지배해 술탄에 오른 후 나약한 아바스 왕조의 칼리파를 대신하여 유럽 십자군에 맞서 싸워 예루살렘을 탈환했다. 무슬림들은 살라딘을 위기의 이슬람을 지켜낸 영웅으로 여긴다. 3차 십자군을 지휘한 영국의 사자왕 리처드 1세(1157~1199년)와 살라딘 두 영웅의 대결은 오랫동안 회자되었다.

25   사파비 왕조(Safavid Dynasty, 1501~1736년) : 시아파 7대 이맘의 후손인 이스마일 1세(Ismail I, 1501~1524년 재위)가 이란 지역에 세운 왕조. 이스마일 1세는 쿠르드족의 힘을 앞세워 왕조를 세운 뒤 스스로 '샤(Shah, 왕 또는 황제란 뜻)'라는 칭호를 썼다(1502년). 사파비 왕조는 시아 이슬람을 국교로 삼았다.

26   와하비즘(Wahhabism) : 무함마드 이븐 압둘 와하브(Muhammad ibn Abdul Wahab, 1703 ~1792년)가 창시한 이슬람 원리주의(복고주의) 운동. 창시자 와하브의 이름에서 '와하비즘'이라는 말이 유래되었다. 낙후한 이슬람 사회를 극복하고 발전시키기 위해서는 초기의 순수한 이슬람 원리를 실천하고 따라야 한다는 사상.

칼리파와 술탄

과거 이슬람 제국에서 최고의 권위를 가진 지도자를 칭하는 명칭이 일반적으로 두 가지였습니다. 하나는 '칼리파', 또 다른 하나는 '술탄'입니다. 혹자는 유럽의 기독교 세계와 비교해서 칼리파를 교황에, 술탄을 황제에 견주기도 했습니다만 정확한 비교는 아닙니다. 기독교의 교황은 종교 지도자였고 황제는 정치 지도자였던 반면에 이슬람의 칼리파는 원래 종교와 정치 모두를 아우르는 지도자로 출발했기 때문입니다. 칼리파는 '알라의 사도의 후계자'라는 의미입니다. 예언자 무함마드가 세상을 떠난 후 누가 그의 후계자가 될 것인가를 둘러싸고 많은 논란과 갈등이 일었지만, 어찌 됐든 후계자로 선출된 인물은 칼리파로서 예언자 무함마드의 권위를 이어받았습니다. 이후 수니파에서는 칼리파가 곧 종교적·정치적으로 최고 지도자였습니다. 사실 예언자 무함마드도 이슬람 공동체를 이끄는 종교 지도자인 동시에 정치 지도자였으니까요.

아바스 왕조가 힘이 빠지면서 이슬람 세계 곳곳에 지방 왕조들이 세워집니다. 이 지방 왕조의 군주들을 '술탄'이라고 부르기 시작했습니다. 원래는 아바스 왕조 칼리파의 친족들을 일컫는 명칭이었으나 이후 이슬람 세계의 정치적 지도자를 부르는 말로 그 의미가 확대된 것이지요. 술탄이란 아랍어로 '권위'라는 뜻입니다. 술탄의 등장과 더불어 아바스 왕조 칼리파의 권위도 점차 기울기 시작합니다. 술탄은 아바스 왕조의 칼리파에게 커다란 위협이 되기도 했지만 대체로 칼리파의 권위를 형식적으로나마 인정해주었습니다. 무슬림의 입장에서 아무리 강력한 권력을 손에 넣었다고 해도 감히 예언자 무함마드의 후계자를 함부로 내쫓을 수는 없었기 때문입니다. 그러나 지방 왕조 군주들의 힘이 사실상 칼리파를 능가하게 되면서 칼리파는 정치적 실권을 잃고 종교 지도자로서의 의미만을 가지게 됩니다. 대체로 셀주크 제국이 일어서면서 '칼리파 = 종교 지도자', '술탄 = 정치 지도자'라는 공식이 자리를 잡았습니다.

칼리파가 이슬람 세계에 한 명만 있었던 것도 아닙니다. 북아프리카에 세워진 최초의 시아파 왕국인 파티마 왕조의 통치자 역시 스스로를 칼리파로 칭했습니다. 또한 이베리아 반도(오늘날의 스페인)에 세워졌던 후(後)우마이야 왕조의 군주도 스스로를 칼리파로 선포했습니다. 그래서 한동안 이슬람 세계에는 아바스 왕조의 칼리파, 파티마 왕조의 칼리파, 후우마이야 왕조의 칼리파 등 세 사람의 칼리파가 공존하기도 했습니다. 그러고 보니, 유럽의 교황도 한때 세 명이었죠.

술탄을 기독교 세계의 황제와 견주는 것도 다소 무리가 있습니다. 술탄은 그가 통치하는 나라의 힘에 따라 기독교 세계의 '황제'가 되기도 하고 '왕'이 되기도 합니다. 셀주크 제국이나 오스만 제국과 같은 거대 제국의 술탄은 기독교 세계의 황제에 해당하는 권세를 휘둘렀던 반면 중앙아시아나 아라비아 반도의 지방 왕조를 통치했던 술탄들은 기독교 세계의 왕과 비슷한 권위를 가졌기 때문입니다.

Scene

03

술탄 메흐메드 2세,
콘스탄티노플을 점령하다

튀르크 전성시대

"**메**흐메드 2세는 오늘날까지 터키인들에게 가장 사랑받는 술탄이다. 그의 별명은 '파티히(정복자)'다. 무려 1100여 년 동안 유럽의 심장 역할을 하며 오리엔트 세력과 맞서 기독교 문명을 수호해온 콘스탄티노플을 함락시키고 비잔틴 제국을 정복해서 얻은 별명이다. 콘스탄티노플 공략 당시 메흐메드 2세는 갓 스무 살의 혈기왕성한 청년이었다. 그는 자신의 제국이 성장하기 위해서는 콘스탄티노플을 정복해야 한다고 믿었다. 그곳만 정복한다면 동서무역로를 완전히 장악하게 되어 나라가 부유해질 테고, 유럽으로 진격하기 위한 발판이 마련되어 대대적인 영토 확장의 기회가 생겨날 것이 분명했다."

아바스 왕조의 쇠퇴, 떠오르는 튀르크 세력

　무함마드가 창시한 이슬람교는 빠른 속도로 세력을 확장해가며 중동 지역의 새로운 지배자로 떠올랐다. 그 땅의 주인 역시 페르시아인에서 아랍인으로 바뀌었다. 아랍인이 지배하는 이슬람 제국은 우마이야 왕조와 아바스 왕조를 거치면서 아시아와 아프리카에 걸쳐 광활한 영토를 지배하는 대제국으로 발돋움했다. 바로 이 시기가 아랍인들의 전성기다. 그러나 아바스 제국도 시간이 흐르면서 조금씩 기울어갔다. 아바스 왕조에 도전하는 지역 세력들이 등장해 별도의 왕조로 독립하면서 칼리파의 힘과 권위가 점차 추락했다. 이집트에 파티마 왕조가 세워지면서 이슬람 세계가 분열한 것도 한가지 원인이지만 더 큰 이유는 '맘루크(노예)' 용병들 때문이다. 아바스 왕조의 8대 칼리파 무타심은 광대한 제국을 통치할 군병력을 충당하고자 중앙아시아 유목민 튀르크족 소년들을 노예로 잡아와서 병사로 사용했다. 이들이 맘루크다. 시간이 지나자 이 튀르크인

들은 뛰어난 기마술과 용맹한 기질을 앞세워 아바스 왕조의 주요
군권 요직을 차지했다. 그리고 서서히 정치에 깊숙이 관여하기 시
작했다. 맘루크들이 권력을 잡으면서부터 칼리파와 아바스 제국은
힘을 잃어갔다. 아랍계 이슬람 제국이 내리막길을 걷기 시작한 것
이다. 반면에 튀르크인들의 영향력은 시간이 갈수록 커졌다.

중앙아시아에서 이동해온 튀르크인들은 이슬람으로 개종하고 조
금씩 세력을 키워나갔다. 그러던 와중에 투그릴 베그가 이끄는 세
력이 1037년 셀주크 제국을 건국했다. 셀주크 제국[01]은 오늘날의
이란 지역 대부분을 정복했고 1055년 이슬람 세계의 중심인 바그
다드를 점령하기에 이른다. 튀르크인들은 이미 아바스 왕조 아래에
서 부분적으로 이슬람을 받아들였으며 각 지역의 총독들은 튀르크
용병들을 전장에서 적극 활용했다. 그런데 셀주크 제국이 세워지자
튀르크인들이 이슬람 세계의 새 주인공으로 등극했다. 셀주크 제국
은 바그다드를 점령한 후에도 진격을 멈추지 않고 비잔틴 제국의
영토인 아나톨리아(소아시아)를 공격했다. 현재 터키에 해당하는 아
나톨리아 지역은 그동안 이슬람 세계와 비잔틴 제국 간의 영토 전

01　셀주크 제국(Seljuq Empire, 1037~1194년) : 튀르크족 형제 투그릴 베그(Tughril Beg)와 차그
릴 베그(Chaghril Beg)가 세운 제국. 두 사람은 자신들의 할아버지 이름을 따 제국의 이름
을 '셀주크(Seljuq)'라고 명명했다. 셀주크 제국은 빠르게 세력을 확장해 2대 술탄 알프 아
르슬란은 시리아, 아르메니아, 조지아뿐 아니라 비잔틴 제국령인 소아시아 반도 아나톨리
아까지 점령했고 비잔틴 제국의 황제까지 포로로 잡았다. 이는 세계사에서 중요한 의미를
가지는데, 그간 기독교 지배를 받던 소아시아가 이후 이슬람 세계로 편입되었기 때문이다.
이 같은 세력 확장은 십자군전쟁 발발의 단초를 제공했다.

쟁이 끝없이 벌어지던 곳이었다. 1071년 8월 26일 아나톨리아 동쪽에 위치한 만지케르트에서 셀주크 제국의 제2대 술탄 알프 아르슬란이 이끄는 군대와 비잔틴의 군대가 격돌했다. 역사책에 '만지케르트 전투'[02]로 기록된 이 싸움에서 병력의 열세에도 불구하고 셀주크 군대가 크게 승리했다. 비잔틴의 황제는 포로가 되어 노예의 상징인 귀걸이를 걸고 술탄 앞으로 끌려나가는 굴욕을 당했다. 이때 승자인 술탄과 패자인 황제 간의 유명한 대화가 오고 간다.

술탄 : 만약 내가 패하여 포로로 당신 앞에 잡혀왔다면 당신은 나를 어떻게 했겠는가?
황제 : 죽이거나 콘스탄티노플 거리로 끌고가 구경거리가 되게 했을 것이다.
술탄 : 내 형벌은 더 무겁다. 난 그대를 용서하고 풀어줄 것이다.

승리자인 술탄 알프 아르슬란은 너그러이 비잔틴의 황제를 풀어주었다. 그러나 권위가 실추된 황제는 비잔틴 제국의 수도 콘스탄티노플로 돌아간 후 반란군에 패해 참혹한 죽음을 당했다. 만지케르트 전투는 아나톨리아의 역사를 바꾸었다. 이 지역은 그때까지만

---

02 만지케르트 전투(Battle of Manzikert, 1071년) : 셀주크 제국의 알프 아르슬란이 이끄는 군대와 비잔틴 제국의 군대가 아르메니아의 만지케르트 근교에서 벌인 전투. 결과는 비잔틴 제국의 패배였으며 비잔틴 제국의 황제 로마노스 4세 디오예니스가 셀주크 제국의 포로로 잡히는 수모를 겪었다.

해도 그리스어를 사용하고 기독교(정교회)를 믿는 인구가 다수였다. 로마 제국 시절부터 페르시아나 파르티아 등 동방의 제국과 주도권을 다투기는 했으나 오랜 동안 그리스-로마 문명의 영향을 받아온 기독교 문화권이었다. 하지만 만지케르트 전투 이후 오늘날까지 아나톨리아는 이슬람 문화권으로 남아 있다.

셀주크 제국의 전성기는 짧았다. 알프 아르슬란의 아들 말리크샤가 술탄에 오른 후 동쪽으로 중국과 국경을 맞대는 등 넓은 영토를 차지했으나 이후 왕위 승계를 둘러싸고 형제들 간의 쟁투로 셀주크 제국은 분열했고 약해진 제국은 내부로부터 도전을 받았다. 결국 셀주크 제국 내의 시리아와 이집트는 쿠르드계인 아이유브 왕조[03]가, 아나톨리아 지역은 룸 셀주크[04]가, 이란 지역은 튀르크계인 호라즘샤[05]가 차지하면서 최초의 튀르크계 이슬람 제국은 역사 속에서 사라졌다.

---

03 아이유브 왕조(Ayyubid Dynasty) : 쿠르드족 출신 살라딘이 이집트와 시리아 지역에 세운 왕조를 말한다.

04 룸 셀주크(1077~1307년) : 셀주크튀르크족 출신 쉴레이만(1077~1086년 재위)이 소아시아 지역에 세운 왕조. 이들이 소아시아 지역에 끼친 영향력은 훗날 오스만 제국이 발전하는 데 많은 도움이 되었다.

05 호라즘샤(1077~1231년) : 아누시티긴의 아들 쿠트브 웃딘 무함마드가 호라즘 지역에 세운 왕조. 왕조의 번성기 시절에는 이란과 아프가니스탄까지 세력을 확장했지만 13세기 몽골의 침입으로 멸망했다. 호라즘 지역은 오늘날 투르크메니스탄과 우즈베키스탄으로 나뉘어 있다.

오스만 제국의 등장

셀주크 제국의 몰락 후 다시 혼란스러워진 중동 지역에서 일대 광풍이 불었다. 몽골이 침입한 것이다. 호라즘샤 제국은 몽골군의 말발굽에 순식간에 폐허가 됐다. 아나톨리아 지역의 주인인 룸 셀주크 왕조도 몽골군에 대패한 후 속국으로 전락했다. 몽골군은 바그다드를 유린하고 명맥만 유지하던 아바스 왕조까지 멸망시켰다. 이러한 몽골의 침략으로 서아시아 전역이 혼란에 빠졌다. 그러나 혼란은 새로운 질서의 전조이기도 했다. 몽골군 중 상당수가 중앙아시아 유목민인 튀르크 병사들이었다. 이들은 몽골군을 따라 이슬람 영토에 발을 디딘 후 이란과 아나톨리아에 뿌리를 내리고 정착했다. 훗날 일어선 이란의 사파비 왕조도 이때 이동한 튀르크 부족의 후손들이 세운 나라다. 또 셀주크 제국에서 갈라져 나온 튀르크 부족들도 서로 경쟁하며 세력을 키우고 있었다. 이 가운데 아나톨리아에서 스스로를 '가지(ghazi, 이슬람을 수호하기 위해 싸우는 성스러운 무슬림 전사)'로 자처하며 영역을 늘려나가는 부족이 있었는데, 이 부족의 지도자가 바로 오스만[06]이다. 그들은 주로 아나톨리아의 비잔틴의 영토를 공격해 약탈했다. 오스만과 그 부족은 이런 행위

---

06 오스만(Osman, 1258~1326년) : 오스만 제국을 세운 술탄. 오스만은 탁월한 지도력과 전투력을 가진 인물이었고 룸 셀주크가 멸망하자 주변의 튀르크족 전사들을 규합해 세력을 키운 후 자신의 고향 소구트(sogut)에서 오스만 제국을 일으켰다.

가 이슬람의 가지, 즉 무슬림 전사로서 기독교 제국인 비잔틴과 지하드(성전)를 벌이는 것이라는 자부심이 있었지만 그들의 실제 목적은 종교적인 것에 그치지 않았다. 승리의 대가로 손에 넣는 금과 식량, 그리고 포로 역시 오스만 부족이 맹렬하게 싸우는 이유였다. 오스만의 아들 오르한[07]은 주변의 다른 튀르크 경쟁자들을 정복해 이슬람 세계의 패권자가 되는 한편, 유럽을 향해 본격적으로 영토를 넓혀나가기 시작했다. 술탄 오르한의 최고 치적은 1354년 다르다넬스 해협[08]의 유럽 쪽 해안 지역, 즉 발칸 반도 동쪽 해안을 점령한 것이다. 다르다넬스 해협은 유럽과 아시아를 가르는 해협인데, 이슬람 제국이 이 해협의 유럽 쪽 영토를 차지함으로써 오스만인들은 다르다넬스 해협을 교두보로 삼아 방해받지 않고 유럽으로 진출할 수 있었고 이후 넓은 유럽 영토를 정복하는 일도 가능해졌다.

오르한 이후 오스만 제국의 술탄들은 끊임없이 영토를 확장해나갔다. 그러나 1402년 몽골계 정복자 티무르[09]가 침입했고 오스만

---

07   오르한(Orhan, 1281~1362년) : 오스만 제국을 건국한 오스만의 아들. 그는 선왕의 대를 이어 계속 영토를 확장해나갔다. 그 결과 제국의 영토를 소아시아와 발칸 반도까지 넓혀놓았다.

08   다르다넬스(Dardanelles) 해협 : 오늘날 터키의 마르마라 해와 지중해 사이를 잇는 60킬로미터 길이의 해협. 해협의 폭은 1~6킬로미터로 좁은 편이며 예로부터 유럽과 아시아를 잇는 대표적인 전략적 요충지로 여겨져왔다.

09   티무르(Timur, 1336~1405년) : 40년 동안 정복전쟁을 벌임으로써 러시아와 인도를 정복하고 오스만 제국의 술탄까지 사로잡아 거대한 제국을 세운 인물이다. 용맹하면서도 가혹한 것으로도 유명하다.

제국은 이에 맞서 싸웠으나 대패했다. 이로 인해 과거 몽골의 침입으로 이슬람 제국이 황폐해진 것에 버금가는 타격을 입고 오스만 제국의 성장세가 잠시 주춤했다. 약 10여 년의 혼란기를 거친 후 새로운 술탄에 오른 메흐메드 1세[10]에 이르러서야 오스만 제국은 안정을 되찾았다. 메흐메드 1세는 티무르의 침략 이후 잃어버린 영토들 상당 부분을 수복했으며 제국을 정비해 새로 발돋움할 수 있는 기반을 마련했다.

콘스탄티노플 정복

메흐메드 1세의 손자인 메흐메드 2세[11]는 오늘날까지 터키인들에게 가장 사랑받는 술탄이다. 그의 별명은 '파티히(정복자)'다. 무려 1100여 년 동안 유럽의 심장 역할을 하며 오리엔트 세력과 맞서 기독교 문명을 수호해온 콘스탄티노플을 함락시키고 비잔틴 제국을 정복해서 얻은 별명이다. 콘스탄티노플 공략 당시 메흐메드 2세는

---

10 메흐메드 1세(Mehmed I, 1389~1421년) : 오스만 제국의 5대 술탄. 티무르의 침입으로 분열된 오스만 제국의 영토들을 되찾아 소아시아와 발칸 반도를 회복했다.

11 메흐메드 2세(Mehmed II, 1432~1481년) : 오스만 제국의 7대 술탄. 메흐메드 2세는 '정복자'라는 별칭이 있을 만큼 제국의 영토를 그 어느 때보다도 크게 넓혔다. 그가 이룬 가장 큰 대업이라고 평가하는 콘스탄티노플 정복은 곧 비잔틴 제국의 멸망을 의미한다. 이로써 메흐메드 2세는 이슬람의 오랜 숙적 비잔틴을 역사에서 지워버렸고, 소아시아를 잃게 된 유럽은 이슬람 세력과 직접 마주하는 상황에 놓였다.

메흐메드 2세의 콘스탄티노플 공격

갓 스무 살의 혈기왕성한 청년이었다. 그는 자신의 제국이 성장하기 위해서는 콘스탄티노플을 정복해야 한다고 믿었다. 그곳만 정복한다면 동서무역로를 완전히 장악하게 되어 나라가 부유해질 테고, 유럽으로 진격하기 위한 발판이 마련되어 대대적인 영토 확장의 기회가 생겨날 것이 분명했다. 그러나 콘스탄티노플이 어떤 곳인가. 330년 로마 제국의 콘스탄티누스 황제가 로마를 대신해 새로운 수도로 건설한 도시. 당시 로마 제국은 동쪽의 사산조 페르시아와 치열한 싸움을 전개하고 있었다. 따라서 동로마 경영에 주력해야만 했다. 게다가 수도 로마는 귀족계급의 기득권에 장악당한 상황인지라 황제는 염증을 느끼던 차였다. 천도를 결심한 콘스탄티누스 황제는 새로이 터를 잡은 이 도시에 자신의 이름을 따다 붙였다. 콘스탄티누폴리스, 즉 '콘스탄티누스의 도시'라는 뜻이다. 로마 제국의 심장이자 로마와 더불어 기독교 문명의 양대 축이 될 콘스탄티노플은 그렇게 탄생했다. 콘스탄티누스 황제는 옛 수도인 로마에서 들고 갈 수 있는 것들은 모조리 콘스탄티노플로 옮겨놓았을 뿐만 아니라 제국 전역에서 예술품을 가져다가 콘스탄티노플을 장식했다.

비잔틴 제국은 정교회 국가였는데 전 세계 정교회의 중심이 콘스탄티노플이었다. 정교회 지역의 모든 교구가 콘스탄티노플 총대주교의 지휘를 받았다. 313년 밀라노 칙령으로 콘스탄티누스 황제가 기독교를 공인한 이후 한결같이 황제의 권위 아래에 있었던 정교회는 이슬람과 가장 최전선에서 싸워온 기독교 문명의 수호자였고 로마 가톨릭이 서유럽으로 분리해나간 후에는 동유럽을 대표하는 기독교 종파이기도 했다. 정교회와 비잔틴 제국이 강성한 이슬람 제국과 힘겹게 겨루는 동안 서유럽과 가톨릭은 상대적으로 안전하게 힘을 축적할 수 있었다. 비록 비잔틴 제국이 의도한 바는 아니었지만 결과적으로 콘스탄티노플은 서유럽이라는 알을 안전하게 품고 있는 어미 닭과 같았다. 알을 깨고 나온 병아리는 점차 장성했으나 비잔틴 제국은 이제 늙고 병들었다. 이처럼 노쇠하고 기울어진 제국을 향해 젊고 강한 오스만 제국이 돌진해오고 있었다. 그러나 제국의 심장, 콘스탄티노플은 쉽게 함락할 수 있는 곳이 아니었다. 이곳은 에게 해와 흑해 사이의 통행을 통제할 수 있는 전략적 요충지이며, 보스포루스 해협[12]의 절벽 위에 자리한 천혜의 요새였다. 도시를 둘러 높은 성벽을 쌓아 외부의 적들이 배를 타고 쳐들어오면 높은 곳에서 효과적으로 방어함으로써 무려 1000년이 넘는 세월 동안 도시를 지켜왔다. 특히 콘스탄티노플에는 '그리스의 불'이라는 비밀무기가 있었다는데, 이는 물에서도 꺼지지 않고 번지는 액체 폭탄이었다. 높은 성벽에서 이 무기로 공격할 경우 바다의 배가 불길에 휩싸일 수밖에 없었다. 과거 페르시아와 이슬람 제국은 여러 차례 해상에서 콘스탄티노플을 공격했으나 번번이 '그리스의 불'에 막혀 실패하고 말았다. 이 비밀무기의 제조법은 현재 전해지지 않는다(미드 〈왕좌의 게임〉에는 '그리스의 불'에서 영감을 얻은 무기가 등장하는 장면이 있으니 관심 있는 분들은 찾아보기 바란다).

술탄 메흐메드 2세는 난공불락인 콘스탄티노플을 바다 쪽에서 공격해봤자 승산이 없다고 생각했다. 결국 그는 콘스탄티노플 성벽 중 유일하게 육지와 이어져 있는 테오도시우스 성벽을 공략하기로 결정했다. 오스만 군대는 당시 세계 최대의 대포인 우르반을 동원해 성벽 공략에 나섰다. 헝가리의 대포 장인 우르반이 제작한 이 포는 전장으로 옮기는 데에만 수십 마리의 소와 수백 명의 병사가 동원되어야 하는 거포였다. 사정거리가 당시만 해도 획기적인 수준으

---

12 보스포루스(Bosporus) 해협 : 흑해와 지중해를 잇고, 유럽과 아시아 대륙의 경계에 맞닿은 길이 약 30킬로미터, 폭은 550미터~3킬로미터의 해협. 다르다넬스 해협과 함께 예로부터 전략적 요충지였다.

로 1.25킬로미터, 포탄이 목표물을 때릴 경우 무려 2미터 깊이의 구멍을 내는 위력을 가졌다. 포성도 어마어마해 성벽을 수비하는 비잔틴 군대는 우르반 대포 소리만 듣고도 공포에 질렸다고 전한다. 처음에 우르반은 이 대포를 비잔틴 제국에 넘기려 했지만 재정 형편이 녹록지 못했던 비잔틴 황제가 너무 낮은 가격을 제시했고 이에 우르반은 더 높은 가격을 제시한 오스만 제국에 대포를 넘겼다고 한다. 우르반 대포가 한 번 발사되면 성벽이 크게 허물어졌다. 하지만 이 세기의 거포도 약점이 있었다. 일단 한 번 발사하면 포신이 너무 뜨거워져 이를 식혀서 포를 다시 장전하기까지 오랜 시간이 걸렸다. 그 시간 동안 콘스탄티노플의 병사들은 금세 성벽을 보수했다. 오스만군은 격렬한 포격으로 공격했지만 그것으로는 콘스탄티노플을 함락시킬 수 없음이 분명했다. 이에 오스만군은 작전을 바꿔 땅굴을 파 성벽을 넘어가고자 했다. 그러나 이 계획 역시 비잔틴 군대에 번번이 막혔다. 술탄은 병사들에게 사다리를 놓고 성벽을 기어오르도록 명령했으나 이 또한 콘스탄티노플 병사들의 뛰어난 방어 실력 때문에 실패하고 말았다.

오스만군의 여러 가지 해상 공격 시도는 무용지물이었다. 1000년 동안 바다 위에서 콘스탄티노플을 공략해 성공한 사례가 거의 없었던 만큼 비잔틴의 방어 노하우는 탁월했다. 콘스탄티노플 군대는 '골든 혼(Golden Horn)'을 쇠사슬로 봉쇄해 오스만의 전함이 들어올 수 없도록 막았다. 보스포루스 해협 쪽 성벽은 난공불락이라고 자신했기 때문에 골든 혼만 잘 막으면 전함들이 방어선을 뚫지 못할 것으로 판단했다. 그런데 메흐메드 2세는 이때 놀라운 작전을 구상했다. 육지를 통해 배와 대포를 골든 혼 안쪽으로 옮겨놓는 것이었다. 술탄은 67척의 거대한 함선과 육중한 대포들을 밧줄로 묶고 바닥에 기름칠을 한 통나무에 올려 이를 굴려가며 산으로 옮기는 기발한 작전을 감행했다. 수많은 병사들과 소들이 작전에 동원됐고 전함과 대포를 밀고 끌며 밤새 산을 넘었다. 산비탈에서 미끄러지는 전함 때문에 뒤에서 운반하던 오스만 병사들이 깔려죽는 사고도 부지기수였다. 그러나 술탄은 포기하지 않았다. 세계 역사상 유례없는 '배가 산으로 간 작전'은 하룻밤 사이에 성공했다.

이튿날 동이 틀 무렵 콘스탄티노플 성의 수비병은 혼비백산했다. 어제까지만 해도 보스포루스 해협에 있던 오스만의 전함들이 느닷없이 골든 혼에 나타나 공격 준비를 하고 있었다! 놀라운 작전을 성공시킨 오스만군은 콘스탄티노플 성벽을 향해 거세게 진격했다. 테오도시우스 성벽 방어에 병력을 집중시켰던 콘스탄티노플군은 이제 골든 혼으로도 병사를 나누어야 했다. 메흐메드 2세가 이끄는 병력은 16만 대군이었으나 이를 막는 콘스탄티노플의 병사들은 고작 7,000여 명에 불과했고 병력을 분산한다는 건 비잔틴 군대로서는 치명타였다. 그럼에도 한 달여 간 콘스탄티노플은 함락되지 않고 버텼다. 그러나 한계에 이르렀다. 지칠 대로 지친 비잔틴군의 사기는 땅에 떨어져 있었다. 콘스탄티노플 성 내에는 '도시를 세운 황제와 이름이 같은 황제가 다스릴 때 도시가 망한다'라는 소문이 나돌았다. 당시 비잔틴의 황제는 콘스탄티누스 11세였다. 콘스탄티노플을 건설한 콘스탄티누스 1세와 이름이 같았다.

1453년 5월 29일 끈질긴 오스만군의 공세에 결국 성벽이 무너졌고 1000년 기독교 제국의 수도가 이슬람의 술탄에게 머리를 조아렸다. 비잔틴 제국의 후예라고 자처하는 그리스인들은 지금도 콘스탄티노플이 점령당한 5월 29일을 국치일로 여긴다.

콘스탄티노플에서 이스탄불로

1453년 술탄 메흐메드 2세는 오스만 제국의 수도를 새롭게 점령한 콘스탄티노플로 옮겼다. 콘스탄티노플은 아시아와 유럽을 잇는 요지이며 당시 육지를 이용해 유럽과 아시아를 오가는 무역상들이 반드시 지나야 하는 길목이었다. 술탄은 자신의 힘을 유럽으로 확장하고 싶었다. 그는 콘스탄티노플 점령이 단순히 영토를 넓힌 데 그치는 것이 아닌 자신이 로마 제국의 정통성을 이어받는 위치에 서게 됐다고 여겼다. 이러한 열망을 구체화하려면 아시아의 도시 대신 유럽의 초입에 위치한 콘스탄티노플이 이슬람 제국의 수도로 더 적합했다고 보았다. 술탄은 새 수도의 이름을 이스탄불로 바꾸었다. 이스탄불은 당시 그리스어 '이스틴 폴린'에서 나온 말로 '도시를 향하여'라는 뜻이다. 비잔틴 제국 당시 성소피아 성당으로 향하는 정교회 수도사들이 콘스탄티노플로 가는 길을 물으면 밀을 수확하던 농부가 잠시 일을 멈추고 손가락으로 콘스탄티노플 방향을 가리키며 이렇게 말했을 것이다. 이스탄불! 이는 아마 콘스탄티노플을 공격했던 이슬람 제국의 전사들의 진격구호였는지도 모른다. 도시를 향하여! 이스탄불! 의심할 여지없이 1000년 제국의 수도 콘스탄티노플이야말로 당대 최고, 최대의 도시였다.

메흐메드 2세는 전쟁으로 폐허가 된 이스탄불을 재건해나갔다. 대규모 토목건설을 진행해 건물을 짓고 도로를 보수했다. 그는 아드리아노플 등지에 흩어져 살던 튀르크인들을 강제로 새 수도 이스탄불로 이주시켰으며 원래부터 콘스탄티노플에 살고 있던 그리스인들을 보호해 그들이 자치 공동체를 유지할 수 있도록 배려했다. 사실 소수의 튀르크 지배자들이 이스탄불처럼 유서 깊은 대도시를 잘 운영하려면 오랫동안 거주해온 그리스인들의 협조가 반드시 필요했다. 또 거주자들에게 세금을 감면해주는 등의 혜택을 제공함으로써 새로 건설하는 도시에 사람들이 모여들도록 유도했다. 점차 튀르크인과 그리스인뿐 아니라 유대인, 아르메니아인 등 여러 인종이 이스탄불에 정착해서 살기 시작했다. 술탄은 이들에게 이슬람을 강요하지 않았다. 각 종교별로 그들의 공동체인 '밀레트'[13]를 만들어 자치활동을 할 수 있도록 했다. 밀레트 안에서 종교 활동이 이루어졌을 뿐만 아니라 제국에 바치는 세금도 밀레트의 책임자가 걷어서 정부에 납부했다. 이스탄불은 당시 세계 최고 수준의 종교적 관용이 이루어지는 도시였다. 밀레트 제도는 오스만 제국 말기 각 민족별로 민족주의가 대두되기 전까지 비교적 안정적으로 제국을 유지해주는 역할을 했다. 오스만 제국은 이런 통합의 힘을 바탕으로 세계 최대 제국으로 성장해나갔다. 바야흐로 튀르크의 전성시대가 도래한 것이다.

콘스탄티노플의 함락은 유럽과 아시아에 걸친 거대한 종교문명 간 대립에 한 획을 그었다. 메흐메드 2세는 콘스탄티노플 총대주교가 계속 오스만 제국령 내의 정교회 신자들을 통제할 수 있도록 권위를 보장했으나, 비잔틴 제국이라는 울타리가 사라진 콘스탄티노플 총대주교는 유럽과 아시아에 흩어진 정교회 공동체들에게 이전과 같은 힘을 발휘하는 존재가 아니었다. 러시아 정교회가 모스크바 대주교를 중심으로 따로 독립해나갔고 러시아 황제는 자신이 비잔틴 제국의 황제(카이사르)를 이어받는다는 의미에서 스스로를 '짜르(카이사르의 러시아어 발음이 짜르이다)'로 불렀다. 정교회의 구심이

---

13 밀레트(Millet) : 오스만 제국의 7대 술탄 메흐메드 2세가 비이슬람 종교인들을 배려해서 만든 그들의 자치제도. 오스만 제국 내 각 종교별로 만들어진 종교공동체다. 메흐메드 2세는 각 밀레트마다 광범위한 자치제를 인정했고 이 제도는 터키공화국이 세워지기 전까지 오랫동안 존속했다.

사라진 것이다. 이제 서유럽과 가톨릭 세계는 이슬람 제국과 직접 마주해야 했다.

유럽을 떨게 한 지중해의 주인

콘스탄티노플 정복 이후에도 오스만 제국의 팽창은 멈출 줄 몰랐다. 발칸 반도를 차지하고 크림 반도와 흑해까지 오스만 제국의 수중에 들어간 것이다. 또한 오스만 제국은 이란 북서부와 시리아뿐 아니라 이집트까지 영역을 넓혀나갔다. 술탄 셀림 1세[14]는 이집트를 정복한 후 당시 이집트 맘루크 왕조[15] 아래에 있던 칼리파 지위를 가져와 이슬람 세계의 새로운 칼리파로 등극했다. 아랍인으로 이어지던 칼리파가 튀르크인으로 교체되는 순간이었다.

16세기 오스만 제국의 절정기를 이룬 쉴레이만 1세(쉴레이만 대

---

14 셀림 1세(Selim I, 1470~1520년) : 오스만 제국의 9대 술탄. 그는 '냉혈한'이란 별명을 가진 술탄이었고 오스만 제국의 영토를 기존보다 2배나 넓혔다. 내분을 막기 위해 자신의 형제 3명뿐 아니라 쉴레이만을 제외한 4명의 아들들을 죽인 것으로도 유명하다.

15 맘루크 왕조(Mamluk Dynasty) : 약 250년 간(13~16세기) 이집트에 존재했던 왕조. 아바스 왕조가 유목민 튀르크족 소년들을 노예로 잡아다가 용병으로 키운 것이 '맘루크(노예)' 전사들이다. 맘루크들은 아바스 왕조가 힘이 빠지자 세력을 키워 이집트에 왕조를 세웠다.

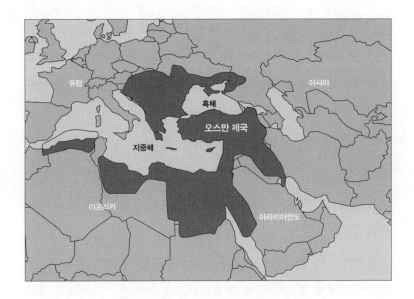

쉴레이만 대제 시기의 오스만 제국 영토

제)**16**는 동유럽 전체와 헝가리를 정복했다. 이제 서유럽 국가들은 오스만의 진격에 긴장하지 않을 수 없었다. 쉴레이만 1세는 1529년 오스트리아 빈을 포위했는데, 당시 오스트리아는 합스부르크 가문**17**이 지배하는 신성로마 제국의 본거지였다. 쉴레이만 대제는 당

---

16 쉴레이만 1세(Suleiman I, 1494~1566년) : 오스만 제국의 10대 술탄. 그는 동유럽(베오그라드, 부다페스트)과 아시아, 북아프리카를 모두 오스만 제국 아래에 두는 대제국을 완성했다. 술탄 쉴레이만 1세 치세 시절이 오스만 제국의 최전성기였다.

17 합스부르크 가문(Habsburg Haus) : 10세기부터 유래된 유럽 제일의 명문가. 합스부르크가는 유럽의 거의 모든 왕실과 연결되어 있다. 합스부르크라는 이름은 오늘날 스위스의 슈바벤 지방에 지어진 합스부르크 성(城, 일명 매의 성)에서 유래했다고 전한다.

대 유럽 최강 대국인 오스트리아의 수도 빈을 자신의 군대로 포위했다. 이 포위전은 결국 오스만 제국의 실패로 끝났지만, 만약 이때 빈이 오스만 제국에 함락됐다면 이슬람 군대는 오스트리아를 넘어 서쪽으로 진격했을 것이고 유럽의 역사는 지금과 크게 달라졌을 것이다. 유럽과 기독교 문명 입장에서는 다행스러운 결과였고, 오스만 제국과 이슬람 문명으로서는 아쉬운 결과였다. 어쨌든 간에 빈 포위전은 당시 이슬람 제국의 힘이 얼마나 막강했는지를 잘 보여준 사례다.

쉴레이만 대제는 빈 포위전에서 물러난 이후에도 바그다드와 아프리카 북부를 정복했다. 또한 유럽으로 진격하여 동지중해 일대도 장악했다. 한때 '로마의 호수'였던 지중해가 이제 '오스만 제국의 호수'가 된 셈이다. 반면 메흐메드 2세 이후 비잔틴 제국이 멸망하면서 유럽의 동방무역로가 오스만 제국령으로 넘어갔고 이후 지중해 연안 지역들이 하나하나 오스만 제국에게 정복당하자 서유럽 국가들은 지중해가 아닌 새로운 무역로를 찾아야 했다. 여기서 역사의 반전이 일어난다. 새로운 무역로를 찾기 위한 서유럽의 노력들이 지리상의 발견으로 이어져 아메리카를 식민지화하고 서유럽 열강들도 제국으로 발전하는 계기가 됐다. 훗날 서유럽 국가들은 다시 오스만 제국을 침탈해 아랍 지역을 식민지화시켰다. 만약 오스만 제국이 지중해를 장악하지 못했다면, 그래서 동방무역로가 유지됐다면 세계의 역사는 어떻게 바뀌었을까.

우르반 대포 이야기

한국인이 가장 좋아하는 전쟁영웅이 이순신 장군이듯이 터키인들에게 가장 존경받는 전쟁영웅은 콘스탄티노플을 함락시키고 비잔틴을 정복한 '파티흐(정복자) 메흐메드 2세'입니다. 이순신 장군의 활약을 이야기할 때 거북선이 빠지지 않는 것처럼 메흐메드 2세의 영웅담에도 당대의 신무기가 등장합니다. 바로 '우르반 대포'입니다.

우르반은 15세기에 살았던 헝가리 출신의 대포기술자 이름입니다. 거포를 만드는 기술을 보유하고 있던 우르반은 자신의 기술을 이용해서 큰돈을 벌 궁리를 하고 있었습니다. 당시 무섭게 팽창하는 오스만 제국과 이를 유럽의 최전선에서 방어하고 있던 비잔틴 제국 간 힘겨루기가 우르반에게는 기회로 보였습니다. 그는 비잔틴 제국의 황제 콘스탄티누스 11세를 찾아가 자신이 오스만 제국을 꺾을 수 있는 대포를 제작할 수 있노라 제안했습니다. 물론 그 대가로 막대한 돈을 요구했지요. 머지않아 오스만 제국이 침공하리란 사실을 알고 있던 황제는 우르반의 제안에 솔깃했지만 국력이 기울 대로 기운 당시 비잔틴 제국은 우르반이 요구하는 비용을 부담할 능력이 없었습니다. 이를 알아챈 우르반은 오스만 제국의 술탄 메흐메드 2세를 찾아가서 자신이 만드는 대포의 성능을 설명했습니다. 마침 콘스탄티노플 공략을 계획하고 있던 메흐메드 2세는 호기심이 발동했습니다.

"그대의 대포는 콘스탄티노플 성벽을 무너뜨릴 수 있는가?"

"콘스탄티노플 성벽은 물론 바빌론(비잔틴 제국을 의미) 자체를 가루로 만들어버릴 수 있습니다."

1452년 술탄의 승낙을 얻은 우르반은 구리와 유황 등 필요한 재료들을 공급받아 6개월에 걸쳐 당대 최고의 대포를 만들어냈습니다. 포신의 길이가 8미터에 포구의 지름이 76센티미터로 성인 남성 네 명이 대포 안으로 들어가고도 남는 크기입니다. 우르반은 이 걸작을 '바실리카'라고 이름 지었죠. 바실리카의 위용을 테스트해본 술탄은 흡족했습니다. 천지를 뒤흔드는 굉음과 함께 발사된 포탄은 1킬로미터 이상을 날아가 땅 속 깊숙이 박혔습니다. 메흐메드 2세는 바실리카를 콘스탄티노플 공략 작전에 배치하도록 명령했습니다. 이 바실리카를 콘스탄티노플로 수송하는 작전에 황소 60마리와 400명의 인력이 투입되었습니다. 우르반은 바실리카 이외에도 그에 버금가는 대포들을 여러 개 만들었고 이 대포들은 모두 콘스탄티노플 공성전에 배치되었습니다. 우르반 대포는 연속으로 발사할 경우 열과 압력이 발생해 대포가 폭발할 위험이 있다는 약점에도 불구하고 난공불락이던 콘스탄티노플 성벽을 무너뜨리는 데 결정적인 역할을 했습니다.

우르반 대포의 성공은 이후 오스만의 술탄들이 거포 제작에 매달리도록 만듭니다. 그러나 이는 오히려 오스만 제국의 발목을 잡는 결과가 되었답니다. 유럽 국가들은 기동성이 중요해진 전쟁에 맞추어 대포의 부피를 줄이고 위력을 키운 반면, 오스만 군대는 이동과 설치에 많은 시간, 인력이 소모되는 거포 제작을 고수했기 때문입니다. 훗날 쉴레이만 대제의 빈 포위 작전에서도 이스탄불에서 빈까지 대포를 수송하는 데 너무 오랜 시간이 걸린 나머지 오스트리아 군대가 수비를 튼튼히 할 시간을 벌어준 것이 실패의 원인 가운데 하나로 꼽힙니다.

사파비 왕조의
시아파 강제 개종 정책

이 란 은 왜 시 아 파 가 되 었 나

"**혹**자는 이란과 사우디 두 나라의 갈등을 '중동판 냉전체제'로 부르기도 한다. 과거 미국과 소련 간의 정치, 경제, 군사적 대결이 떠오를 만큼 이란과 사우디의 갈등과 경쟁은 극심하다. 해당 뉴스를 보도하는 우리나라 언론은 늘 이슬람 초기 수니파와 시아파가 갈라서게 된 배경으로 칼리파 알리의 죽음과 카르발라 참극을 소개하곤 한다. 이란이 시아파를 대표하고 사우디가 수니파를 대표하기 때문에 두 나라의 갈등을 그 원류부터 거슬러 올라가 언급하는 것이다. 그러나 이는 원인과 결과를 뒤바꾸어 설명하는 셈이다.

오늘날 이란과 사우디아라비아 간의 대결은 과거 수니파와 시아파가 분열하게 된 계기인 칼리파 '찬탈'이나 이맘 후세인의 비참한 죽음과 직접적인 관련이 없다."

사파비 왕조 이전의 이란

　지리적으로나 문화적으로 멀리 떨어진 우리의 시각에서는 아랍인이나 이란인이나 비슷한 민족처럼 보일 수도 있다. 이런 오해는 마치 유럽인들이 '한국인과 중국인은 비슷한 민족'이라고 착각하는 것과 비슷하다. 아랍과 이란은 언어도 역사도 다르다. 무엇보다 정체성도 다르다. 오랫동안 서로를 타자(他者)로 인식해왔다. 이란 지역의 경우 짧은 기간을 제외하면 대체로 아랍인이나 튀르크인이 다스린 이슬람 제국으로부터 독립한 별개의 왕조가 존재했다. 역사적으로 아랍이나 튀르크와는 또 다른 정치적 단위였던 셈이다. 물론 이란 지역에 세워진 왕조의 지배자가 항상 이란인이었던 건 아니다. 매우 오랜 기간 튀르크인들이 이란을 지배했고, 몽골이나 티무르 제국[01]이 이란을 지배하기도 했다.

애초부터 서아시아 지역의 최강자는 페르시아, 즉 이란인이었다. 그러나 아라비아 반도에서 이슬람 세력이 크게 일어선 이후 651년경 사산조 페르시아가 아랍인의 지배하에 들어갔다. 그 후 약 200년 동안 이란은 아랍인의 지배를 받았다. 그러나 아랍의 지배를 받는 동안에도 이란 지역에서는 '페르시아'라는 정체성이 유지됐다. 우선 유목부족인 아랍인들이 넓은 이란 영토를 정복했지만 딱히 통치할 만한 기술이 없었다. 서아시아 전역에서 이렇게 넓은 제국을 다스려본 경험은 페르시아인들이 유일했다. 우마이야 왕조도, 아바스 왕조도 결국 페르시아 출신 관료들을 등용해 나라를 운영했다. 결과적으로 페르시아어는 궁정에서 관료들의 언어로 살아남았다. 이를 두고 후대 이란인들은 '정복자를 정복했다'며 자랑스러워한다. 이란을 정복했던 이민족들이 이란인들을 고위관료로 등용해 이슬람 제국을 다스릴 수밖에 없었다는 건 그만큼 페르시아의 문화적 역량이 우월했다는 반증이다.

아바스 왕조가 약화되면서 이란 지역에는 별개의 독립 왕국들이 등장했다가 사라지기를 반복했다. 이들은 아바스 왕조의 칼리파에게 충성을 바치는 '아미르', 즉 지방총독들이 세운 세습왕조로서 아

01　티무르 제국(Timur Empire, 1369~1508년) : 몽골의 칭기즈칸(Chingiz Khan)을 존경해서 그의 업적을 재현하려 했던 티무르가 세운 제국. 바그다드, 다마스쿠스, 델리, 앙카라, 사라이, 그리고 모스크바까지 광활한 땅을 제국의 영토 아래 두었다.

바스 왕조로부터 완전히 분리됐다고 볼 수는 없었다. 그러나 희미하게나마 이란인이라는 정체성을 유지해나갔다.

932년 건국한 이란계 부와이흐 왕조[02]는 이스파한을 수도로 삼고 세력을 키워 급기야 칼리파가 머무는 바그다드를 점령하기에 이른다. 부와이흐 왕조는 이후 약 100년 동안 힘없는 칼리파를 세운 후 막후에서 실권을 장악해 아바스 제국을 좌지우지했다. 그 당시 아바스 왕조의 칼리파는 제국 전역에서 통치권을 잃고 허울만 남은 상징적인 존재로 겨우 지위만 유지하는 상태였다. 정치적으로 강성했던 것 외에도 부와이흐 왕조가 이란 역사에서 특별한 이유는 하나 더 있다. 이들은 이란 지역 최초의 시아파 왕조이기도 했다. 부와이흐 왕조 이후에는 다시 이란 지역에서 시아파가 소수세력이 되지만 어쨌든 이 시기에 시아파 세력이 이란에 자리를 잡았다. 부와이흐 왕조가 무너진 이후에는 튀르크, 몽골, 티무르 등의 이민족들이 명멸하며 이란 지역을 지배했다. 이란 지역은 실크로드가 지나는 길목에 위치한다. 이곳은 교역이 풍성할 때에는 상업적으로 큰 이익을 보기도 하지만 실크로드를 따라 유목민들이 빈번히 침입함으로써 정치적 불안정이 계속되는 불운도 겪어야 하는 곳이기도 했다. 부와이흐 왕조 멸망 이후 400년이 넘는 시간 동안 이란 지역에

---

02 부와이흐 왕조(Buwayh Dynasty, 932~1055년) : 바그다드를 점령해 약 100년 동안 아바스 왕조의 칼리파들을 마음대로 세우고 폐위시킨 왕조. 1055년 셀주크 제국에 멸망당했다.

서는 지배세력이 수없이 바뀌며 황폐해져 갔다. 비록 몽골의 지배 아래에서도 이란인들이 '정복자를 정복'하는 능력을 다시금 발휘해 고위관료로 진출했지만 지배세력의 잦은 교체로 '페르시아'라는 정체성은 약해져 갔다.

이스마일 1세의 강제 개종 정책

15세기 말부터 몽골과 티무르의 침입으로 황폐화된 이란 서북 지역과 아나톨리아 동부 지역에는 튀르크계 기병들이 중심인 전사 집단이 날로 위력을 떨치고 있었다. 이들은 그 지역의 최하층민과 터전을 잃고 떠도는 유랑민, 그리고 여러 부족에서 쫓겨난 반란세력들을 규합해 점차 무시할 수 없는 규모로 성장했다. 특히 아제르바이잔의 도시 아르다빌에서 수피즘(신비주의적 경향의 이슬람 종파)과 수니 이슬람이 혼합된 신앙을 따르는 한 무리의 강력한 전사 집단이 있었다. 이들은 과거에 부족을 이끌었던 족장 셰이크 사피의 이름을 따 '사파비 부족'이라고 불렸다. 이들은 인종적으로 쿠르드인과 아제르바이잔 계열의 튀르크인들이 혼합돼 있었고 언어상으로는 페르시아어와 아제리어를 사용했는데, 딱히 오늘날의 민족국가 기준으로 분류하기란 쉽지 않다. 하지만 그들은 자신들이 터를 잡아 살고 있는 땅의 옛 제국 '페르시아'의 정체성을 지향했다.

16세기 초 사파비 부족의 지도자는 이스마일이었다. 아버지와 형들이 전투에서 사망하자 자연스럽게 부족을 이끌게 된 이스마일은 비록 10대 소년이었지만 용감하고 카리스마가 넘쳤다. 그는 사파비 부족의 핵심 전투요원인 튀르크계 전사 집단 키질바시의 도움을 받아 전투에서 승승장구했다. 키질바시는 '붉은 머리'라는 뜻으로 12이맘을 기리는 의미에서 붉은색 터번을 12번 감아 머리에 쓰고 다닌 데에서 유래한 이름이다. 키질바시는 원래 적들이 비하하는 뜻으로 부르기 시작했으나 키질바시 전사들이 뛰어난 전투기량으로 유명해지자 나중에는 그들 스스로 자신들의 별명을 자랑스럽게 여겼다. 이들은 수피즘과 시아 이슬람을 따랐다. 수피즘은 집단 의례를 중시했는데, 키질바시는 이런 의식을 통해 전사로서의 소속감을 만들었으며 시아파가 숭앙하는 칼리파 알리를 전사의 표본으로 삼아 따르며 끈끈한 전우애를 다졌다. 강인한 정신력과 연대의식을 지닌 키질바시는 뛰어난 응집력을 보이며 적들에게 공포의 대상이 됐다. 아나톨리아 동부 지역에 주로 거주하던 키질바시들은 오스만 제국의 지배와 간섭에 큰 반감을 가지고 있었기에 사파비 왕조의 이스마일 샤를 도와 전투에 나섰다. 이스마일도 자신이 이끄는 전투에서 연전연승함으로써 키질바시의 절대적인 신뢰를 얻고 있었다.

1501년 이스마일이 이끄는 사파비 부족은 이란 북서부를 공략해 타브리즈를 점령했다. 당시 이스마일의 나이는 고작 14살이었다. 타브리즈 정복 직후 이스마일은 스스로를 '샤(과거 페르시아 제국의 통치자를 부르는 칭호)'라고 칭했다. 새롭게 등장한 사파비 왕조가 페르시아 제국을 이어받는다는 정체성을 명확히 드러낸 것이다. 샤 이스마일 1세는 자신의 영토에 시아파의 한 갈래인 12이맘파를 정식 종교로 포고했다. 그리고 주민들을 강제로 개종시켰다. 당시 이란 지역에 시아파가 존재하기는 했으나 전체 인구 가운데 시아파 비중은 그리 높지 않았다. 오히려 수니파와 수피즘을 따르는 무슬림의 숫자가 더 많았다. 이스마일 샤는 개종 정책을 강행하는 와중에 시아파 신학자들이 부족해지자 이라크 남부 지역에서 시아파 신학자들을 초빙해 와야만 했다. 정부의 강압적인 개종 정책에 수니파와 수피즘을 따르던 주민들이 크게 반발했다. 그럼에도 불구하고 이스마일 샤는 시아파 개종 정책을 일방적으로 밀고 나갔다. 국가의 정체성을 강제로 바꾸려는 혈기왕성한 샤의 개종 정책은 극단적인 양상을 띠었다. 그는 백성들에게 수니파가 추앙하는 라쉬둔, 즉 이슬람 초기 4명의 칼리파들 중에서 알리를 뺀 나머지 세 명에 대해 공개적으로 비난하라고 명령했다. 수니파 입장에서는 매우 모욕적인 일이었다. 이에 저항하는 주민들에게는 잔혹한 처벌이 가해졌다. 이스마일 1세는 반란에 참여했다가 사로잡힌 포로들을 쇠꼬챙이에 꽂아 케밥처럼 불에 구워서 죽였다. 그리고 자신의 부하들에게 그 케밥을 먹게 함으로써 자신에 대한 충성심을 확인했다. 무모하고 야만적으로 보이기까지 했던 강제 개종 정책에는 이스마일 1

세의 고도로 계산된 정치적 판단이 숨어 있었다. 이스마일 1세가 시아파 강제 개종을 선포할 당시 이슬람 제국의 중심은 수니파인 오스만 제국이었다. 오스만의 술탄 바예지드 2세[03]는 50대 중반의 노인이었고 유럽과 아시아를 지배하는 대제국의 통치자였다. 권력과 위엄, 그리고 영향력 면에서 신생국가 사파비 왕조의 이스마일 샤는 오스만 술탄의 상대가 될 수 없었다. 하지만 자신감과 의욕이 충만한 이스마일은 바예지드 2세에게 머리를 조아릴 생각이 없었다. 샤는 고민했다.

'이슬람 세계의 모든 이들이 오스만 제국의 술탄을 이슬람 세계의 1인자로 받들고 있는 상황에서 수니파로 있는 한 오스만 술탄과 대등해질 수 없다.'

그 고민의 해답이 바로 시아파로의 개종이었다. 그는 수니파 종주국인 오스만 제국과 구별된 다른 정체성을 가진다면 술탄과 대등해질 수 있을 거라고 생각했다. 즉 오스만 제국이 수니파의 종주국이라면 사파비 제국은 시아파의 종주국이 되겠다는 것이다. 게다가 사파비 제국은 이미 오스만 제국과 전쟁을 치르고 있었다. 만약 이

---

03 바예지드 2세(Bayezid II, 1447~1512년) : 오스만 제국의 8대 술탄. 차분한 성격에 독실한 이슬람 신자였던 바예지드 2세는 메흐메드 2세의 뒤를 이어 8대 술탄이 된다. 그는 전임 술탄들과는 달리 온건한 통치를 했다고 전한다.

란 지역의 수니파 주민들이 수니파의 종주국인 오스만의 술탄에게 충성하려 든다면 전쟁에서 사파비 제국이 불리해질 위험이 있었다. 적을 앞두고 내부결속을 다지기 위해서라도 시아파로의 강제 개종은 필수적이었다. 이스마일 1세는 강제 개종을 선포한 후 10년 동안 과거 사산조 페르시아 영토의 거의 대부분을 정복했다. 그리고 시아파 개종을 끈질기게 추구함으로써 자신의 영토를 확고하게 통제하고 왕조의 기반을 반석 위에 올려놓으려 했다. 샤의 과격한 개종 정책으로 탄압받은 이란 지역의 수니파들은 오스만 제국의 술탄 바예지드 2세에게 도움을 요청했다. 머리가 희끗희끗한 나이 든 술탄은 젊은 샤에게 시아파 개종 정책의 무모함을 점잖게 꾸짖는 서신을 보냈다. 하지만 이스마일 1세는 콧방귀만 뀔 따름이었다. 그래도 신중한 바예지드 2세는 쉽사리 사파비 제국을 정벌하지 않았다. 술탄의 신중한 자세에 패기만만한 이스마일 샤의 자신감은 날로 높아져만 갔다.

찰디란 전투[04]

1512년 오스만 제국의 새로운 술탄으로 등극한 셀림 1세는 아버지 바예지드 2세와는 달리 냉혈한 사내였다. 그는 술탄이 되기 위해 아버지를 감금하고 자신의 형제들을 살해했다. 뿐만 아니라 훗날 술탄이 된 자신의 아들 쉴레이만 1세를 제외하고는 다른 아들들을 모두 죽일 만큼 권력에 대한 집착이 강했다. 이런 성격을 가진 셀림

찰디란 전투 기록화(좌측 기병대 사파비군, 우측 포병대 오스만군)

---

04 찰디란 전투(Battle of Chaldiran, 1514년) : 오스만 제국과 사파비 왕조가 41년 동안 벌인 전투. 오스만 제국의 병력이 사파비보다 3~4배 많았다고 한다. 오스만 제국의 셀림 1세는 사파비 왕조의 이스마일 샤에 위기감을 느껴 전쟁을 벌였고 결과는 오스만 제국의 승리로 끝났다.

1세가 감히 술탄의 권위에 도전하려는 사파비 왕조를 그냥 둘 리가 없었다. 그는 날로 강성해지는 사파비 제국이 자신에게 위협이 되는 존재라고 여겼다. 1514년 셀림 1세는 10만 대군을 이끌고 국경을 넘어 사파비 제국 원정에 나섰다. 이에 맞서는 사파비 병력은 그 절반도 안 되는 수준이었다. 오스만 제국의 군대는 선진화된 포병부대와 화승총 부대를 전투에 앞세운 반면, 이에 맞선 사파비 군대는 창검과 활로 무장한 재래식 기병대가 주축이었다. 그리고 드디어 1514년 8월 23일 찰디란에서 양측 군대의 치열한 전투가 벌어졌다. 사파비의 기병들은 용감하게 적을 향해 돌진했으나 오스만 군대는 무기 면에서도 우수했을 뿐만 아니라 병사들의 훈련도 더 잘 되어 있었다. 사파비 군대는 큰 타격을 입고 후퇴했다. 이스마일 1세 또한 총상을 입고 목숨을 부지하고자 달아나기에 급급했다. 셀림 1세의 대승이었다.

사파비 제국은 찰디란 전투에서 패배함으로써 아나톨리아 동부뿐 아니라 그 밖의 넓은 영토까지 오스만 제국에 빼앗겼다. 이후 아나톨리아 이외의 지역은 다른 전투를 벌여 사파비 왕조가 되찾기도 했지만, 찰디란 전투를 계기로 사파비와 오스만 제국 사이에서 양다리를 걸치고 있던 쿠르드족들이 대거 오스만 편에 붙었다. 자신만만하던 이스마일 1세 역시 키질바시의 눈치를 봐야 하는 상황이 됐다. 그동안 키질바시가 이스마일 샤에게 절대적인 충성을 바친 이유는 그가 전투에서 늘 승리했기 때문이다. 그러나 샤는 오스만

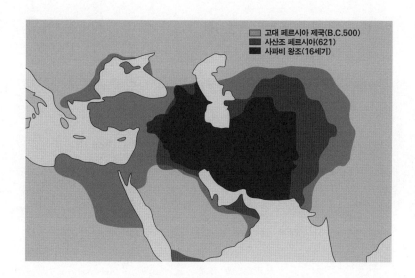

고대 페르시아 제국(B.C.500)
사산조 페르시아(621)
사파비 왕조(16세기)

사파비 왕조의 전성기 영토(아바스 대제 시기)

에 크게 패했고 자신감도 꺾였다. 이 패배를 계기로 이스마일 1세는 무리한 원정을 자제했다. 그러나 찰디란 전투 이후 사파비 왕조의 시아파 강제 개종 정책은 더욱 강력하게 추진됐다. 추락한 샤의 권위를 회복하기 위해 내부를 더 단단히 억누를 필요가 있었던 것이다. 수피즘에 대한 탄압도 더욱 강하게 진행했다. 이에 수피즘을 따르는 키질바시가 불만을 표출하기 시작했다. 뚝심 있는 이스마일 1세라도 키질바시 전사들은 함부로 대하기가 어려웠다. 충성심이 흔들린 키질바시는 점차 사파비 왕조의 샤에게는 골칫거리가 되어 있었다.

이스마일 1세 이후에도 사파비 왕조는 시아파 개종 정책을 계속

이어갔다. 사파비 제국의 전성기를 구가한 제5대 샤 아바스 1세(아바스 대제)[05] 시절에는 상비군을 조직해 키질바시에 대한 의존도를 낮췄다. 또한 아바스 1세는 수피즘을 강력히 탄압한 반면 시아파 울라마에 대해서는 진흥 정책을 펼쳤는데, 그 결과 시아파 울라마와 왕권 사이에 밀월관계가 만들어졌다. 정치권력에 대해 비판적이고 저항적인 시아파 울라마들이 친정부 성향으로 바뀐 것이다. 그 결과 아바스 1세의 중앙집권은 성공적이었으나 종교적으로는 권력에 비판적이던 시아파 울라마가 그 빛을 잃고 타락하기 시작했다는 지적을 받기도 했다.

나디르 샤의 친수니파 정책

1729년 사파비 왕조가 몰락하고 뒤를 이어 나디르 샤[06]가 아프샤르 왕조[07]를 일으켰다. 나디르 샤는 그동안 사파비 왕조가 추진

---

05 아바스 1세(Abbas I, 1571~1629년) : 이란의 사파비 왕조 5대 샤(황제). 그가 통치하던 시기가 사파비 왕조의 최고 전성기였다. '아바스 대제'라고도 불리는 인물이다.

06 나디르 샤(Nadir Shah, 1688~1747년) : 아프샤르(Afshar) 왕조의 창시자. 위기에 몰린 사파비 왕조 아래에서 실권을 잡은 후 오스만 제국과 싸워 승리해 왕조를 세웠다. 재위 막바지엔 포악한 정치를 펼쳤으며 이에 불만을 품은 부하들의 손에 암살당했다.

07 아프샤르 왕조(Afsharid dynasty, 1736~1796년) : 나디르 샤가 세운 왕조. 나디르는 자신이 속한 튀르크족 내 아프샤르 가문의 이름을 따 왕조 이름을 명명했다. 아프샤르 왕조는 창건 후 4대 동안만 존속했으며, 카자르 왕조의 공격을 받고 멸망했다.

해온 반수니파 정책을 중단하고 수니파에 우호적인 태도를 취했다. 이미 지난 200여 년간의 강제 개종 정책을 진행해 시아 이슬람이 사파비 제국의 국교로 자리를 잡은 이후였다. 당연히 국내의 반발이 클 수밖에 없었다. 그럼에도 나디르 샤가 수니파에 우호적인 태도를 보인 것은 두 가지 이유가 있었다. 우선 시아파 울라마들이 사파비 왕조에 절대적인 충성세력이었다는 점이다. 사파비 왕조를 무너뜨리고 샤에 등극한 나디르의 입장에서는 시아파 울라마들의 친사파비 성향을 억제할 필요가 있었다. 나디르 샤는 그동안 울라마들의 쌈짓돈 역할을 해온 종교 기부금을 군대 운영 자금으로 전환시켰다.

나디르 샤의 또 다른 목적은 오스만 술탄과의 경쟁을 염두에 두었기 때문이다. 사실 나디르 샤의 정책은 기존의 종교 관행을 고치는 수준에 머물렀지만 대외적으로는 그가 수니파로 개종하려 한다는 이미지를 부각시켰다. 이는 수니파가 대부분인 이슬람 세계 내에서 자신이 오스만 술탄을 대체하는 새로운 지도자로서의 면모를 과시할 수 있는 기회였다. 소수세력인 시아파로는 이슬람 세계의 패권 세력이 될 수 없다는 사실을 사파비 왕조를 보면서 깨달은 것이다. 그러니 나디르 샤에게는 수니파 지도자로서의 이미지가 필요했다. 이는 이스마일 1세가 오스만 술탄과 차별화함으로써 자신의 권위를 높이려 했던 것과는 정반대의 전략이었다.

나디르 샤는 군사적인 재능이 뛰어난 지도자였다. 오스만 제국과의 전쟁에서도 승리했고 주변 세력에 빼앗긴 사파비 왕조의 영토 대부분을 되찾기도 했다. 그러나 백성들에게는 매우 억압적이었다. 그는 국가를 경영한다기보다 약탈을 자행하는 수준으로 세금을 징수하고 물자를 징발했다. 이에 저항하는 사람에게는 고문과 신체절단, 사형 등 무서운 처벌을 내리는 공포정치로 일관했다. 이에 불만을 품을 세력들이 곳곳에서 반란을 일으키자 나라가 혼란에 빠졌다. 결국 1747년 6월 나디르 샤가 하렘에서 수면을 취하는 동안 샤의 최측근 경호장교를 위시한 암살단들이 몰래 샤의 천막에 침입했다. 위험을 눈치챈 샤가 칼을 들어 저항했지만 암살단들에 의해 팔과 목이 잘려 죽었다. 폭압정치가 암살로 막을 내린 것이다. 나디르 샤 사망 후 이란의 정치는 한때 혼란스러웠지만 이후에 들어선 왕조들은 사파비 왕조의 시아파 정책을 계승했고 이란은 오늘날까지 시아파 국가로 남게 됐다.

오늘날 이란의 시아파는
왜 수니파 국가들과 충돌하는가

오늘날 시아파 종주국인 이란과 수니파 종주국임을 주장하는 사우디아라비아 간의 갈등은 중동 지역 정치의 한축을 담당한다. 혹자는 이란과 사우디 두 나라의 갈등을 '중동판 냉전체제'로 부르기도 한다. 과거 미국과 소련 간의 정치, 경제, 군사적 대결이 떠오를 만큼 이란과 사우디의 갈등과 경쟁은 극심하다. 해당 뉴스를 보도하는 우리나라 언론은 늘 이슬람 초기 수니파와 시아파가 갈라서게 된 배경으로 칼리파 알리의 죽음과 카르발라 참극을 소개하곤 한다. 이란이 시아파를 대표하고 사우디가 수니파를 대표하기 때문에 두 나라의 갈등을 그 원류부터 거슬러 올라가 언급하는 것이다. 그러나 이는 원인과 결과를 뒤바꾸어 설명하는 셈이다.

오늘날 이란과 사우디아라비아 간의 대결은 과거 수니파와 시아파가 분열하게 된 계기인 칼리파 '찬탈'이나 이맘 후세인의 비참한 죽음과 직접적인 관련이 없다. 물론 카르발라의 참극은 시아파 무슬림 전체가 가장 비통해 하는 사건이다. 당연히 시아파를 국교로 수용한 이란도 카르발라 참극을 추념하는 아슈라를 공휴일로 지정해서 지킨다. 그러나 이란의 시아파 개종은 앞에서도 언급했다시피 종교적 배경 때문이 아닌 오스만 제국과의 경쟁 과정에서 나온 정치적 판단의 결과다. 카르발라 참극과 칼리파 찬탈에 반감을 갖고 시아파가 된 것이 아니라 정치적 판단에 따라 시아파가 되었으니 그들의 주요 기념일인 아슈라를 지키고 카르발라의 참극을 기념할 따름이다(이란의 독실한 시아파 무슬림에게 이런 말을 하면 화를 낼지도 모를 일이긴 하지만…).

오늘날 이란과 사우디아라비아의 갈등 역시 종교적 문제가 아닌 정치적 이유 때문이다. 두 나라는 시아파와 수니파를 대표하는 국가로 중동 지역의 헤게모니 싸움을 벌이는 중이지만 사우디아라비아가 왕정인 반면, 이란은 공화정을 채택한 것 또한 양측의 갈등을 더해주고 있다. 왕정인 사우디아라비아의 입장에서는 이란의 힘이 강해질 경우 중동 지역에서 공화정을 지지하는 여론이 높아져 그 결과 사우드 왕가의 존립이 위태로워질 것으로 여긴다. 한편 이란은 반미 성향의 국가이지만 사우디아라비아는 중동의 대표적인 친미국가인데, 이 같은 외교적 차이도 양측의 갈등을 부추기는 요인이다.

20세기 역사를 살펴보면 이런 사실이 더욱 분명해진다. 1979년 이란의 이슬람혁명 이전만 해도 시아파 이란과 수니파 사우디아라비아가 오늘날처럼 원수지간은 아니었다. 이란혁명 이전과 이후가 다른 이유가 무엇일까. 이슬람혁명 이전의 이란 팔라비 왕정 역시 사우디아라비아와 마찬가지로 왕정 국가였고 미국의 우방이었다. 당시 팔라비 왕정은 사우디아라비아처럼 친미 · 친서방 노선을 취했다. 공산주의와 소련이라는 공통의 적이 있었기 때문이다. 양국의 본격적인 갈등은 이란이 공화정으로 바뀌고 반미 노선을 채택한 이후부터 불거졌다. 오늘날의 이란과 사우디아라비아 사이의 냉전과 갈등은 종교적 갈등이 아닌 정치적 갈등이 그 본질이다.

빛바랜 오스만 제국의 개혁

탄지마트와 입헌혁명

"**탄**지마트의 의도는 훌륭했으나 무슬림과 비무슬림 간의 차별을 없애겠다는 선언은 기득권 세력인 무슬림들의 반발을 초래했다. 《꾸란》은 이슬람과 다른 종교를 분명히 구분하며 이슬람이 우월하다고 가르친다. 따라서 무슬림들은 이러한 차이를 무시하는 술탄의 칙령이 《꾸란》을 무시하는 것이라고 생각했다. 보수 이슬람 종교계는 분노했고 오히려 무슬림과 비무슬림 간의 갈등이 한결 더 커졌다."

나폴레옹의 충격, 이슬람을 깨우다

오스만 제국은 승승장구했다. 콘스탄티노플을 넘어 동유럽으로 전진해 들어갔으며 두 차례나 유럽의 심장부인 오스트리아 빈을 포위해 서유럽의 문을 거세게 두드렸다. 당시 오스만 제국의 영토는 아시아, 유럽, 아프리카 세 대륙까지 걸친 세계 최강대국이었다. 당연히 오스만 영토 내의 무슬림들은 이슬람 문명에 대한 자부심으로 가득했다. 비잔틴 제국을 무너뜨린 술탄 메흐메드 2세의 무용담과 광대한 영토를 정복한 쉴레이만 대제를 찬양하는 이야기가 대대손손 이어졌다. 무슬림들은 아라비아 반도와 중동을 넘어 북아프리카와 서아시아까지 확장된 이슬람 제국의 영화가 계속될 것이라고 믿었다. 무슬림들의 본토인 서아시아와 북아프리카 지역은 기독교 세력에게 정복당한 경험이 거의 없다. 십자군 전쟁 때 잠시 예루살렘을 유럽에 빼앗긴 일을 제외하면 오랜 세월 동안 이슬람 세력이 기독교 세력보다 군사력 면에서 앞서 있었다. 이슬람 세계는 그러한 상황이 영원할 것이라고 생각했다.

하지만 1798년 7월 3일, 이슬람 세계는 낯선 현실과 마주하게 됐다. 이집트의 항구 도시 알렉산드리아에 낯선 군인들이 상륙했는데, 그들은 나폴레옹이 지휘하는 프랑스 함대였다. 나폴레옹은 알렉산드리아 수비대의 저항을 간단히 제압하고 재빨리 수도 카이로까지 진격했다. 이집트의 맘루크 병사들은 과거 몽골의 침략도 분쇄한 바 있는 이슬람권의 강자였다. 카이로의 무슬림 군대가 갑자기 쳐들어온 프랑스 이교도들을 물리치지 못할 것이라고 의심하는 이집트인은 없었다. 7월 21일, 기자의 피라미드가 보이는 카이로 엠바베 평원에서 프랑스와 이집트 군대가 충돌했다. 칼과 권총 등으로 무장한 이집트 기병대가 무서운 기세로 침략자들에게 돌격했다. 이에 프랑스군은 장방형으로 대열을 맞춰 소총을 연달아 발사했다.

프랑스와 이집트 간 피라미드 전투

용맹한 이집트 기병대는 프랑스군의 진영에 닿기도 전 하나 둘, 쓰러졌다. 전투는 50분도 안 되어 싱겁게 끝이 났다. 나폴레옹의 군대는 300명가량 전사했지만, 이집트군의 사망자는 무려 6,000명에 달했다. 그리고 프랑스군이 카이로를 점령했다.

나폴레옹은 약 1년 후인 1799년 8월, 프랑스로 건너가 본국에서 권력을 장악하는 데 성공했고 나폴레옹과 함께 알렉산드리아에 상륙했던 프랑스의 군대는 이후 영국과 오스만의 연합군에게 쫓겨날 때까지 3년 동안 이집트에 머물렀다. 이 기간 동안 이집트인들은 거대한 문화적 충격을 경험했다. 한 번도 의심하지 않았던 이슬람의 우월성과 신념에 금이 가기 시작한 것이다. 유럽의 군사력은 압도적으로 강했고 나폴레옹과 그의 군대가 전해준 유럽의 기술과 사상은 상상을 초월할 만큼 높은 수준이었다. 프랑스군이 물러간 이후 이집트에서 권력을 차지한 인물은 오스만 제국의 사령관 무함마드 알리[01]였다. 새 이집트의 통치자가 된 알리는 프랑스를 통해 접한 유럽의 사상과 기술을 이집트에 적극적으로 도입했다. 그는 프랑스에 사절단을 파견해 빠르게 변하는 유럽을 배워오도록 했다. 이후 유럽을 모방해 산업화를 추진했고 신식 기술을 도입해 무기를 혁신했다. 또한 유럽의 고문단을 자국으로 초빙해 군사 및 행정 개혁을

01　무함마드 알리(Muhammad Ali, 1769~1849년) : 오스만 제국이 임명한 이집트의 총독. 그는 1841년 오스만 제국에서 독립한 후 스스로 지배자가 되어 이집트와 수단을 통치했다. 그는 13세기부터 이집트를 장악해온 맘루크 세력을 완전히 축출해 자신의 시대를 열었다. 무함마드 알리는 여러 가지 개혁들을 단행한 근대 이집트의 아버지라고 추앙받는다.

단행했다. 이집트는 빠른 속도로 개조됐고 강해졌다. 이집트의 새 지배자 알리는 술탄의 명을 받아 아라비아의 와하비 세력을 토벌하고 시리아까지 정복한 후 오스만 제국으로부터 독립을 선언했다. 어느새 오스만의 술탄을 위협할 만큼 성장한 알리를 오스만 제국이 두고 볼 수만은 없었다. 술탄 마흐무트 2세[02]는 시리아를 차지한 무함마드 알리를 공격했으나 오히려 전쟁에 패하면서 위기에 몰렸다. 혼자의 힘으로 이집트를 꺾을 수 없음을 깨달은 술탄은 영국과 오스트리아의 도움을 받아 가까스로 무함마드 알리를 시리아에서 몰아낼 수 있었다.

탄지마트

오스만의 일개 지방총독에 불과한 무함마드 알리에게 위협을 당한 오스만 제국은 현실을 자각했다. 제국 바깥의 국가들이 하루가 달리 성장해가는 데 반해 오스만은 정체되어 있었다. 이집트의 도전을 물리치는 과정에서 오스만 제국의 엘리트들은 유럽 국가들의 힘을 목격했다. 또한 유럽을 모델로 삼아 개혁을 단행한 이집트가

---

02   마흐무트 2세(Mahmut II, 1785~1839년) : 오스만 제국의 30대 술탄. 그는 쇠약해진 오스만 제국의 한계를 깨닫고 부국강병의 필요성을 느꼈다. 그의 뒤를 이어 술탄이 된 압둘메지드 1세가 개혁정책인 '탄지마트'를 실시했다.

단기간에 얼마나 강해졌는지도 확인했다. 오스만 제국이 치열한 경쟁에서 살아남으려면 이집트처럼 유럽을 배워 개혁함으로써 부를 창출해내고 강한 군대를 양성해야 한다는 공감대가 술탄과 각료들 사이에 형성됐다.

1839년 11월 3일 이스탄불 톱카프 궁전의 귈하네(장미의 방)에는 국내외 고위인사들이 초청됐다. 외무대신 레시드 파샤가 술탄 압둘메지드 1세[03]의 칙령을 낭독했다. 이를 '귈하네 칙령'[04]이라고 한다. 귈하네 칙령의 주요 내용은 다음과 같다.

"모든 오스만 신민은 무슬림이든 비무슬림이든 예외 없이 제국이 부여한 권리를 누린다. 모든 오스만 신민의 생명과 명예, 재산에 대한 안전을 법으로 보장한다. 조세징수에 대한 규정을 법으로 정한다. 징병 및 군복무 기한 등을 법으로 정한다."

칙령의 핵심은 유럽의 국민국가들처럼 오스만 제국을 중앙집권

---

03 압둘메지드 1세(Abdulmejid I, 1823~1861년) : 오스만 제국의 31대 술탄. 선왕 마흐무트 2세의 뒤를 이어 31대 술탄에 올랐고 아버지의 정책을 계승함으로써 오스만 제국의 근대화를 도모했다. 하지만 압둘메지드 1세가 시도한 탄지마트는 기득권의 반발에 부딪쳤다. 한편 압둘메지드 1세 치세 시 발발한 크림전쟁은 제국의 세력을 크게 약화시키는 원인이 되었다.

04 귈하네 칙령 : 오스만 제국의 근대화 개혁 정책인 '탄지마트(Tanzimat)'의 강령을 선포한 칙령. '탄지마트 칙령'이라고도 불린다. 술탄 압둘메지드 1세가 황궁인 톱카프 궁전의 귈하네(장미의 방)에서 발표했기에 '귈하네 칙령'이라고 한다. 1839~1876년까지 광범위한 분야에서 탄지마트가 진행, 시도되었으나 큰 성과를 거두지는 못했다.

화된 국가로 만들겠다는 것이다. 이를 통해 술탄은 유럽의 절대왕정처럼 더욱 강한 권한을 갖게 될 뿐만 아니라 효율적인 관료시스템을 갖추고, 신민들의 애국심을 고양시키는 한편, 세금을 효율적으로 징수하고, 강한 군대를 만들고자 했다. 귈하네 칙령으로 오스만 제국은 큰 변화를 경험하게 된다. 칙령이 발표된 날부터 1876년 헌법이 제정되기 전까지의 기간을 터키어로 '탄지마트(재편성)'라고 부른다. 개혁칙령은 1856년 한 차례 더 발표됐다. 앞서 발표됐던 귈하네 칙령을 재확인하고 무슬림과 비무슬림 간의 평등을 더욱 분명히 강조하는 내용이었다.

여러 민족으로 구성된 오스만 제국 내부에서는 당시 분리주의적 민족운동들이 일어나고 있었다. 특히 유럽계 비무슬림 지역인 발칸 반도에서는 오스만 제국에서 독립해 새로운 민족국가를 건설하자는 운동이 거셌다. 레반트 지역과 아라비아 반도의 아랍인들 역시 서서히 반오스만 정서가 강해져 갔다. 오스만 정부는 이러한 분리주의 운동들을 무마하고 오스만 제국에 대한 신민들의 정서적 유대감을 강화시켜야 할 필요가 있었다. 이를 위해서 그간 무슬림과 비무슬림으로 신민을 나누어 차별해온 관행을 가장 먼저 철폐했다. 기독교도나 유대교를 믿는 사람들까지 끌어안을 필요가 있었기 때문이다.

여러 민족으로 이루어진 '제국'은 다양성을 포용하되 권리나 의무 등에서 차등을 두는 방식으로 통치한다. 지배 민족과 피지배 민족 간 차별이 존재하는 것이다. 반면 국민국가는 인종이나 종교가 다른 구성원들이 존재할지라도 국민들의 단일한 정체성을 추구하며 권리와 의무에 평등을 보장하는 방식으로 통치한다. 오스만 제국은 '제국'이었으나 유럽의 국민국가를 모델로 삼아 개혁을 추진했다. 사실 유럽과 오스만 제국은 서로 다른 역사적 배경을 가지고 있었다. 유럽은 가톨릭과 개신교 간에 피비린내 나는 전쟁을 벌인 끝에 결국 1648년 베스트팔렌 조약[05]을 통해 각자의 정체성대로 개별국가를 만들기로 합의한 역사가 있다. 유럽이 오랫동안 치열한 종교전쟁[06]을 벌이는 동안 중동 지역은 상대적으로 평화로웠다. 오스만이라는 거대한 지붕 아래에서 여러 인종과 종교 간의 갈등을 조화시키고 함께 공존하는 시스템을 운영한 덕분이었다. 종교공동체 단위로 자치권을 인정한 밀레트 제도가 대표적인 사례다. 하지만 역설적으로 그러한 긴 평화가 중동 지역의 민족들이 정체성을 확립하지 못하도록 만드는 요인이 됐다. 다양한 자치권을 인정한 밀레트 제도 탓에 술탄은 중앙집권적인 권력을 갖지 못했고 오스만 제국 내의 신민들 간에도 통일된 정체성이 만들어지지 못했

---

05 베스트팔렌 조약(Peace of Westfalen, 1648년) : 30년 전쟁을 끝내기 위해 1648년 체결된 평화조약. 이를 계기로 기득권 종교세력이던 교황의 권위, 가톨릭, 신성로마제국이 붕괴된 반면, 개신교(루터파, 칼뱅파)의 지위가 높아지는 결과가 나타났다. 유럽 각국의 정치가 종교의 지배에서 벗어남으로써 근대 유럽 국가의 근대화 틀이 마련되는 계기가 되었다.

06 유럽 내에서 일어난 종교와 관련 있는 전쟁 중에서도 '스위스 신교, 구교 간 전쟁', '30년 전쟁' 등처럼 신교(개신교)와 구교(가톨릭) 간의 전쟁을 의미한다.

다. 또한 제국의 넓은 영토는 중앙정부에 도전하는 변방 권력을 만들어냈다. 메흐메드 2세나 쉴레이만 대제와 같은 탁월한 술탄의 시대가 지난 후에는 국가의 힘이 분산됐고 술탄의 힘은 약해졌다. 절대왕정기를 거치면서 강한 군주를 만들어낸 유럽과 정반대의 길을 간 것이다. 그러니 제국의 몸통을 유지한 채 국민국가의 제도를 이식한다고 해서 오스만 제국이 유럽의 민족국가들과 동일한 결과가 나타날 것으로 기대하기는 어려웠다.

탄지마트의 의도는 훌륭했으나 무슬림과 비무슬림 간의 차별을 없애겠다는 선언은 기득권 세력인 무슬림들의 반발을 초래했다. 《꾸란》은 이슬람과 다른 종교를 분명히 구분하며 이슬람이 우월하다고 가르친다. 따라서 무슬림들은 이러한 차이를 무시하는 술탄의 칙령이 《꾸란》을 무시하는 것이라고 생각했다. 보수 이슬람 종교계는 분노했고 오히려 무슬림과 비무슬림 간의 갈등이 한결 더 커졌다.

1840~50년대에는 오스만 제국 각 지역에서 종교 및 민족 간 충돌이 여러 차례 발생했다. 발칸 반도, 마운트레바논, 시리아 등지에서는 무슬림과 기독교인들 사이에 대규모 유혈충돌이 발생해 수십 내지 수백 명의 사상자가 발생하기도 했다. 발칸 반도에서 많은 정교회 희생자들이 발생하자 러시아는 정교회 신민들의 안전을 지킨

다는 명분으로 오스만에 군사 행동을 개시해 크림전쟁[07]이 발발하기도 했다. 초기의 전황은 러시아에 유리했으나 영국 등 서유럽 국가들이 개입함으로써 오스만 제국이 위기에서 벗어날 수 있었다. 1856년 오스만 정부는 크림전쟁을 계기로 오스만의 내정에 유럽 국가들이 개입하지 못하도록 하는 개혁칙령을 발표했다. 이 두 번째 개혁칙령의 골자는 정부의 관직이나 교육 및 병역을 비무슬림 신민에게 완전히 개방한다는 것이었다. 법적으로나 제도적으로 무슬림과 비무슬림 간의 차이를 없애겠다는 것이다. 당연히 보수 이슬람 종교계와 무슬림 신민들의 불만이 폭발했다. 사실 1850년대 중반에는 이미 비무슬림들의 사회적 지위가 상당히 높아져 있었다. 유럽과 오스만 간의 교역이 늘면서 유럽의 상인들은 무슬림들보다 오스만 제국 내 기독교인이나 유대인들과의 거래를 선호했다. 그 결과 일부 기독교인들과 유대인들은 상당한 부를 축적할 수 있었고 심지어 유럽 국가의 시민권을 획득해 오스만 제국에서 특권층으로 사는 이들도 존재했다. 이러한 상황에서 오스만 정부가 칙령으로 비무슬림에 대한 차별 철폐를 강조하자 가뜩이나 위축되어 있던 무슬림 사회의 여론은 걷잡을 수 없이 악화됐다. 1856년의 칙령은

07　크림전쟁(Crimean War) : 1853~1856년 사이에 크림 반도와 흑해 주변에서 벌어진 전쟁. 오스만 제국, 영국, 프랑스, 프로이센 등의 연합군이 러시아에 승리했다. 나폴레옹 전쟁 이후 유럽화를 지향하던 러시아는 이 전쟁에서 서유럽 강대국들이 이슬람 국가인 오스만 제국의 편에 서는 것을 경험하면서 러시아 정교회가 가톨릭에 뿌리를 둔 서유럽에 동화될 수 없음을 자각하는 계기가 되었다.

오스만 정부의 의도와는 반대로 무슬림과 비무슬림 간의 갈등을 더욱 부채질했다. 그중 특히 1860년 다마스쿠스에서 발생한 기독교인 학살 사건은 국제사회를 들썩이도록 만들었다. 무슬림들의 집단 공격에 기독교인 5,000여 명이 사망하고 집이 파괴됐다. 기독교인들의 재산이 약탈당했고 수백 명의 여성들이 납치되거나 강간을 당했다. 이에 프랑스는 기독교인을 보호한다는 명분으로 대규모 병력을 다마스쿠스로 파견했다. 크림전쟁 후 더 이상 외세의 간섭을 받지 않고자 시도한 정부의 개혁조치가 물거품이 될 위기에 놓였다. 다행히 오스만 정부가 다마스쿠스 사태의 주동자들을 신속히 처형하는 등 질서를 바로잡음으로써 프랑스 군대는 별다른 내정간섭 없이 본국으로 돌아갔다. 술탄으로서는 아슬아슬하게 시리아의 통치권을 지켜낸 셈이었다.

차관에 발목 잡힌 개혁

다마스쿠스 사태 이후 오스만 정부는 무슬림 신민들의 여론에 보다 더 촉각을 곤두세웠다. 그리고 더 이상 무슬림 대중의 민심과 정면으로 위배된 개혁을 추진하지 않았다. 그들의 지지가 없다면 탄지마트가 성공하기 어려움을 깨달은 것이다. '개혁의 혜택을 무슬림도 누리게 하자!' 오스만 정부의 개혁 추진 방향은 사상이나 제도

개선보다는 경제성장과 복지 확대 등으로 바뀌었다. 유럽식 산업화를 추진하면서 대규모 사회간접자본 건설사업을 벌였다. 전국적으로 철도를 깔고 전기시설을 확충했으며 과학기술 발전에도 공을 들였다. 대중들은 서서히 탄지마트를 긍정적으로 여기기 시작했다. 그러나 문제는 유럽에서 들여온 차관이었다. 탄지마트는 개혁을 수행할 관료조직을 대폭 늘렸고 상비군 제도를 도입하면서 군비 지출도 증가시켰다. 게다가 대규모 건설사업까지 추진하면서 정부가 엄청난 재정 압박을 받는 처지에 놓였다. 당시 오스만 정부는 단기간에 큰돈을 마련하기가 어려웠다. 술탄은 상대적으로 손쉬운 해법인 유럽 국가들로부터 차관을 도입했다. 크림전쟁 중인 1854년 최초의 차관을 들여온 이래 오스만 정부는 16차례에 걸쳐 총 2억 2,000만 파운드의 외채를 도입했다. 그러나 수수료와 높은 선이자를 떼고 난 후 오스만 정부가 실제로 손에 쥔 금액은 1억 1,600만 파운드에 그쳤다. 그중 실제 오스만 제국의 경제성장을 위해 사용한 돈은 전체 차관 금액의 20%에도 못 미쳤다. 대부분의 차관은 앞서 빌린 외채의 이자를 갚는 데 주로 사용됐다. 빚이 빚을 부르는 악순환이 벌어진 것이다. 1874년 오스만 정부의 지출 중 약 60%가 대외채무에 대한 원리금을 상환하는 데 사용됐다. 외채에 대한 부담은 정부가 감당할 수 없는 지경에 이르렀고 결국 1876년 오스만 정부는 파산을 선언하고 말았다. 이 부채는 훗날 터키공화국이 물려받아 1954년에 이르러서야 모두 갚게 된다.

대외채무가 늘면서 오스만 정부는 서서히 외세에 잠식당했다. 이자 상환을 유예해주는 대가로 유럽 열강들은 더 많은 특혜를 오스만 정부에 요구했다. 이런 상황은 오스만 제국뿐 아니라 전 이슬람권이 공통적으로 겪고 있었다. 북아프리카 지역은 이미 19세기 중반부터 유럽의 지배 아래에 놓였으며 오스만 제국보다 먼저 개혁을 시도했던 이집트도 빚더미에 앉아 파산을 선언했다. 부국강병을 목적으로 시작한 이슬람권 국가들의 개혁은 오히려 유럽의 지배를 가속화시키는 결과를 만들었다.

헌법과 정치개혁을 요구하다

탄지마트 기간 동안 오스만 제국은 기존의 이슬람 교육기관인 마드라사[08]를 대신할 근대식 교육기관을 설립해 신식교육을 실시했다. 또한 귈하네 칙령 발표 후 새로운 신문과 잡지, 그리고 서적 출판이 급증했다. 그 결과 과학지식과 계몽주의적 세계관으로 무장한 젊은 세대가 등장했다. 이들은 고등교육을 받은 후 관료가 되거나 학교 및 언론기관에서 활동했다. 이들 새로운 지식인층은 '청년

---

08 마드라사(madrasa) : 아랍어 'darasa(읽고, 배우다라는 뜻)'라는 말에서 유래한 말이다. 일반적으로는 학교를 의미한다. 이슬람에서는 신학교라는 뜻.

오스만'이라는 비밀결사를 조직했다. 청년오스만이 체계적인 조직 체계를 갖추거나 단일한 이념을 지향한 것은 아니었지만 이 모임에 속한 젊은 지식인들은 다양한 분야에서 활동하며 오스만 제국의 근대화를 요구하는 여론을 만드는 데 앞장섰다. 오스만 정부는 전제 군주정을 유지한 채 서구의 문물을 수용하고자 했다. 그러나 청년 오스만은 정치개혁을 요구했다. 유럽을 더욱 잘 알고 있던 그들은 유럽의 성공이 단지 기술의 발달로 인한 것이 아니라 입헌주의 및 의회제도와 같은 선진적인 정치 시스템을 만들어냈기 때문이라는 점을 깨달았다. 이에 청년오스만들은 유럽식 정치제도를 도입하면 오스만이 다시 강대국이 될 것으로 믿었다. 이러한 상황에서 오스만 정부가 파산한 것이다. 오스만 제국 곳곳에서 분리주의 운동이 일어났고 주변 국가들은 끊임없이 오스만의 영토를 넘보고 있었다. 이에 지식인들은 헌법과 의회제도 등 강력한 정치개혁을 요구했다. 술탄 압둘아지즈[09]가 지식인들의 요구를 거절하자 1876년 5월 30일 이스탄불에서 신식군대 장교들이 주도한 쿠데타가 일어났다. 입헌군주제 도입을 요구한 쿠데타 세력은 압둘아지즈를 몰아내고 무라트 5세[10]를 새로운 술탄으로 옹립했다. 하지만 무라트 5세는 질

---

09 압둘아지즈(Abdulaziz, 1830~1876년) : 오스만 제국의 32대 술탄으로 재위(1861~1876년)한 인물.

10 무라트 5세(Murad V, 1840~1904년) : 오스만 제국 33대 술탄. 31대 술탄 압둘메지드의 아들로 1876년 5월 30일 술탄에 올랐으나 3개월 만인 1876년 8월 31일 퇴위했다.

병으로 3개월 만에 자리에서 물러났고 그의 동생 압둘하미드 2세[11]가 술탄이 됐다. 압둘하미드 2세는 청년오스만을 비롯한 지식인들의 입헌군주제 도입 요구를 받아들였다.

1876년 12월 23일, 술탄 압둘하미드 2세는 오스만 제국 최초의 성문헌법을 공포했다. 이를 '제1차 입헌혁명'이라고 부른다. 이 헌법에 따라 1877년 3월에는 오스만에서 국민이 직접 선출한 최초의 의회가 열렸다. 비록 이 헌법에는 국민주권을 언급한 내용이 없고 이슬람교를 국교로 명시하는 등 유럽의 근대헌법과는 차이가 있었지만 종교와 관계없이 모든 오스만 신민의 참정권과 평등권을 명시했다. 이로써 오스만 제국은 이슬람권 최초의 입헌군주제 국가가 됐다. 하지만 제1차 입헌혁명은 곧 암초를 만난다. 발칸 반도의 불안정한 정세를 빌미로 러시아가 오스만 제국에 전쟁을 선포한 것이다. 오스만 제국은 러시아를 비롯해 세르비아, 몬테네그로, 불가리아 등 슬라브 민족주의 독립군들과 전쟁을 벌여 크게 패하고 말았다. 이 패배로 오스만 제국은 발칸 반도를 비롯한 동유럽 영토의 대부분을 잃었다. 오스만 제국 내에서 비난 여론이 빗발쳤다. 술탄 압둘하미드 2세는 이를 자신의 권력 강화의 계기로 이용했다. 그는 제국이 패배한 책임을 의회에 돌렸는데, 의회 탓에 정부 권한이 약화

---

11 압둘하미드 2세(Abdul Hamid II, 1842~1918년) : 오스만 제국 34대 술탄. 무라트 5세와 마찬가지로 31대 술탄 압둘메지드의 아들이다.

됐고 이것이 국력 저하로 이어졌다고 주장했다. 술탄은 이를 명분으로 1878년 2월 14일 의회를 해산시켰다. 의회가 사라지면서 사실상 입헌군주제도 막을 내렸다. 오스만 정부는 의회 해산에 저항하는 정치인들과 지식인들을 강력하게 탄압했고 술탄은 다시 전제군주로 돌아갔다. 이렇게 오스만 제국의 정치개혁은 실패로 막을 내렸다.

폐허 속의 희망

다양한 종교 및 민족으로 구성된 오스만 제국은 유럽의 국민국가를 모델로 개혁을 시도했지만 엄청난 대외채무로 국가 재정이 파탄나고 국가 구성원들 간의 갈등도 더욱 심해졌다. 게다가 전쟁에서도 패하여 영토마저 줄어들었다. 북아프리카는 유럽 강대국들의 몫으로 돌아가고 이집트와 발칸 반도는 독립해서 떨어져 나갔다. 이슬람권의 종주국 오스만 제국은 더 이상 '제국'의 기능을 하지 못했다. 한때 세 대륙에 걸쳐 세상을 호령하던 오스만 제국은 19세기 후반에 이르자 '유럽의 병자'라고 놀림 받는 신세가 됐다. 그러나 탄지마트가 모두 실패한 것은 아니다. 탄지마트 기간에 신교육을 받고 새롭게 등장한 지식인들은 오스만 제국의 부흥을 이루기 위해 노력했다. 그들은 정교일치 사회의 한계를 인식했고, 서구에서 들어온 사상의 장점을 이해했다. 근대화에 성공하려면 전제군주제를 타파해야 한다는 목표도 분명했다. 훗날 터키공화국 건국의 주역인 무스타파 케말¹²도 그런 지식인들 중 하나였다. 이 시기 근대식 학교에서 서구식 교육을 받은 엘리트 장교들은 1908년에 쿠데타를 일으켜 다시 한 번 오스만 제국에 입헌군주제를 도입해 정국을 완전히 장악했다. 이후 오스만 제국은 제1차 세계대전에서 패하여 해체될 때까지 입헌군주제와 의회제도를 유지했다.

반면 오랜 기간 튀르크인들의 지배를 받아온 아랍인들도 새로운 해법을 모색하고 있었다. 더 이상 이슬람권을 대표하지 못하는 오스만 제국 대신 아랍인들의 국가를 건설해야 한다는 움직임이 활발해졌다. 또한 서구의 문화가 들어와 오염된 이슬람을 바로 세워야 한다는 이들의 목소리도 점점 커져만 갔다. 바로 이와 같은 요구를 구체화한 세력이 아라비아 반도 안에서 가장 처음 일어섰다.

---

12 무스타파 케말(Mustafa Kemal, 1881~1938년) : '아타튀르크(Ataturk, 터키의 아버지)'라고도 불리는 터키공화국 초대 대통령. 오스만 제국의 장교 출신으로 여러 전투에 참여해 전공을 세웠다. 특히 제1차 세계대전 중 치열했던 차나칼레 전투의 공으로 '이스탄불의 구세주'라는 찬사까지 받았다. 초대 터키공화국 대통령에 오른 뒤 터키의 근대화를 위해 노력했다.

06

아라비아에서 불어오는
근본주의 열풍

와하비즘과 사우드 가문

"이븐 사우드는 리야드의 지배자가 됐고 주변 부족들이 사우드 가문 곁으로 몰려들었다. 1904년 라시드 가문은 오스만 제국 군대와 함께 이븐 사우드를 공격해왔다. 처음에는 라시드-오스만 연합군이 우세했으나 이븐 사우드는 정면 대결 대신 게릴라전으로 집요하게 적들을 괴롭혔다. 당시 열강들의 압박에 몰려 있던 오스만 제국은 아라비아에서의 전투에 전력을 쏟을 수 있는 상황이 아니었다. 오스만군은 전장 상황이 교착상태에 빠지자 퇴각했고 고립된 라시드 가문은 이븐 사우드 군대의 공격을 받고 궤멸됐다."

고집쟁이 신학자, 야심가를 만나다

1744년, 툭 튀어나온 광대뼈에 날카로운 눈매를 가진 중년 사내가 낙타를 타고 고향 우야이나를 떠났다. 그의 이름은 무함마드 이븐 압둘 와하브.[01] 중앙 아라비아의 작은 오아시스 마을 우야이나에서 태어난 와하브는 이슬람 신학자였던 아버지의 뜻에 따라 바스라와 메디나에서 신학 공부에 매진했다. 그는 수니파의 4대 법학파 중에서도 가장 보수적인 한발리 학파에서 수학하며 14세기의 이슬람 신학자 이븐 타이미야[02]의 주장에 심취했다. 이븐 타이미야는

---

01 무함마드 이븐 압둘 와하브(Muhammad ibn Abdul Wahhab, 1703-1792년) : 그가 주장한 이슬람 종교개혁 이념은 사우디아라비아 건국의 기초 철학이 된다. 이를 '와하비즘'이라고 부르는데, 압둘 와하브는 13세기의 이슬람 신학자 이븐 타이미야의 사상으로부터 큰 영향을 받았다고 전해진다(2장 '와하비즘' 주석 참조).

02 이븐 타이미야(Ibn Taymiyah, 1263~1328년) : 시리아 하란 지역에서 태어난 이슬람 한발파의 법학자 겸 수학자. 엄격한 이슬람주의자인 그는 수많은 울라마들과 종교적 논쟁을 벌였고 박해와 투쟁이 점철된 삶을 살았다. 그의 사상은 18세기에 대두된 와하비즘에 큰 영향을 미쳤다.

몽골이 이슬람 제국을 멸망시키고 서아시아 지역을 지배하던 시기의 인물로 아랍인들에게 몽골의 지배에 대항해 지하드(성전)를 벌여야 한다고 촉구했다. 타이미야는 한때 강성했던 이슬람 제국이 몽골에게 짓밟힌 이유가 이슬람이 올바른 길에서 떠나 타락했기 때문이라고 보았다. 그는 다음과 같이 주장했다.

"우리가 올바른 이슬람으로 되돌아가려면 울라마들뿐 아니라 모든 무슬림이 《꾸란》을 읽고 알라의 뜻을 따라야 한다. 또한 무슬림들은 이슬람의 적들과 대항해 지하드를 벌여야 한다!"

타이미야가 남긴 강렬한 메시지는 젊은 와하브의 피를 뜨겁게 만들었다. 와하브는 자신이 사는 당대에 타이미야의 주장을 적용했다. 와하브는 당시의 이슬람이 올바른 길에서 너무 많이 벗어났다고 보았다. 오스만 제국의 지배자 튀르크인들은 순수한 이슬람을 타락시켰다. 《꾸란》과 《하디스》에 없는 관행들도 당시 울라마들이 인정하기로 합의만 하면 모두 정당한 것으로 받아들여졌고 이는 미신적인 관행으로 이어졌다. 당시 무슬림들은 성인(聖人)으로 추앙받는 인물의 무덤을 숭배하고 그것과 관련된 나무나 바위 등도 신성시했다. 또한 사람들은 화려하게 치장하고 다녔으며 담배를 피우고 춤과 노래에 빠져 지내기도 했다. 젊은 이슬람 신학자 와하브의 눈에는 이런 모든 행위들이 거슬렸다. 오직 알라만 경배할 것과 금욕적인 삶을 살 것을 명한 《꾸란》의 가르침에서 크게 벗어났기 때문이다. 그는 거짓된 다신교 문화가 '알라 이외에 다른 신은 없다'는 이슬람 최우선 교리를 좀먹고 있다고 비판하며 이렇게 설파했다.

"초기 이슬람으로 돌아가자! 오직 《꾸란》과 《하디스》의 가르침에 따라 세상을 바꾸자!"

와하브는 아라비아의 여러 지역을 떠돌며 자신의 주장을 열정적으로 주장했지만 세상은 그의 주장에 귀를 기울이지 않았다. 오히려 울라마들은 와하브가 자신들의 권위를 무시한다며 크게 반발했다. 와하브는 큰 소득 없이 고향으로 돌아와야 했다. 그런데 우야이나 주민들은 그를 환영했고 와하브는 이슬람 개혁을 기치로 자신의 제자들을 모으기 시작했다. 하지만 오래지 않아 와하브의 가르침은 주민들의 반발을 샀다. 어느 날 간통죄를 저지른 여인이 붙잡혀왔는데, 이슬람 법학자인 와하브가 그 여인을 돌로 쳐서 처형하라고 판결했다. 이 판결에 사람들은 경악했다. 비록 《꾸란》의 가르침에 근거한 판결이었지만 당시 관행에 비추어볼 때 지나친 처벌이라고 여겼기 때문이다. 와하브의 개혁은 그뿐만이 아니었다. 마을 주민들이 신성시하는 나무를 잘라버리고 예언자 무함마드의 동료였던 자이드 이븐 알 카타브의 무덤을 훼손했다. 이 과정에서 이븐 알 카타브의 무덤을 지키려던 마을 주민들의 격렬한 저항이 있었지만 와하브는 자신의 추종자들을 몰고 가서 무덤을 파괴해버렸다. 심지어 와하브는 예언자 무함마드의 무덤을 순례하거나 그의 탄생일을 축하하는 일조차 우상숭배라며 금지했다. 와하브와 그의 제자들은 《꾸란》에 근거한 올바른 유일신교'를 목표로 삼았다. 그들은 스스로를 '무와히둔(유일신론자들)'이라고 칭했지만 사람들은 그들을 조롱하듯 '와하비(와하브를 따르는 자들)'라고 불렀다.

주민들은 와하브의 과격함에 등을 돌렸고 그의 아버지와 형제들까지도 와하브를 비판했다. 와하브가 추진하고 주장한 내용들이 당시의 이슬람 관행과 너무나 동떨어졌기 때문이다. 결국 와하브는 이단으로 몰렸다. 그런데 더 큰 위협이 외부에서 불거졌다. 이웃 지역의 울라마들이 극단적인 주장을 하는 와하브에 반발했는데, 울라마들의 집단적인 압력을 받은 주변 지역의 통치자들이 우야이나의 족장에게 와하브를 죽이라고 요구했다. 우야이나 족장은 와하브를 죽이는 대신 마을에서 추방했다.

쫓겨난 와하브는 남쪽의 디리야로 향했다. 디리야는 리야드 근처의 자그마한 오아시스 촌락이었다. 디리야의 부족장 무함마드 이븐 사우드[03]는 와하브의 명성을 익히 들어 알고 있었다. 무함마드 이븐 사우드는 흔쾌히 와하브 일행에게 안식처와 양식을 제공했

---

03   무함마드 이븐 사우드(Muhammad ibn Saud, ?~1765년) : 디리야 마을의 부족장이었으나 훗날 네지드 지역을 제패하고 첫 번째 사우디 왕국을 세운다.

다. 1744년 와하브와 사우드 간의 역사적인 만남은 그렇게 시작됐다. 사우디아라비아 건국의 시발점이 되는 이 만남에서 이슬람 개혁운동 지도자 와하브와 부족장 무함마드 이븐 사우드는 첫눈에 서로의 가치를 알아보았다. 카리스마를 풍기는 사우드의 정치력과 그가 가진 군사력은 이슬람 개혁운동을 널리 확산시키고자 했던 와하브에게 든든한 울타리가 되어줄 수 있었다. 반면에 디리야를 벗어나 더 넓은 지역의 통치자가 되고 싶은 야심가 사우드 입장에서는 와하브의 종교적 열정과 사명감이 큰 무리를 모을 수 있는 이념과 명분을 제공할 것으로 판단했다. 의기투합한 두 사람은 언약을 맺었다.

"사우드는 와하브와 추종자들을 보호하고 종교적 사명을 받아들여 오직 신의 뜻대로만 통치할 것을 약속한다. 와하브는 사우드에게 통치의 정당성과 지배의 권위를 제공한다."

사우드 가문과 와하비의 동맹은 이후 아라비아 반도를 뒤흔드는 큰 폭풍으로 발전한다.

첫 번째 사우디 왕국 : 디리야 에미레이트

자신의 근거지 디리야에서 군사를 일으킨 무함마드 이븐 사우드는 가장 먼저 자신의 부족을 와하브의 사상으로 교육시켰다. 와하브의 주장은 선명하였으므로 전투에 나서는 이슬람 전사들에게 싸움의 동기와 목적을 뚜렷이 각인시켰다.

"우리는 신의 뜻대로 세상을 바꾸기 위해 성스러운 전투에 나선다! 타락한 적들은 패할 것이며 거룩한 전사인 우리는 천국에서 상을 받을 것이다!"

사기충천한 사우드의 군대는 빠른 속도로 이웃 부족들을 정복해나갔다. 병사들에게 전투의 승리는 단지 훗날 받을 천국의 상급을 위해서만이 아니었다. 사우드는 전리품을 공정하게 나누어 전사들에게 돌려주었다. 와하브는 전사들이 적들로부터 빼앗은 전리품을 정당화했다. 과거 유목민들이 저지른 약탈은 그저 먹고 살기 위한 목적이었다면 지하드를 통해 얻은 전리품은 타락한 무슬림들의 재물을 빼앗아 알라의 길을 따르는 올바른 무슬림들에게 나누어주는 정당한 행동이었다. 신앙적 대의명분과 물질적인 이득까지 겸하여 얻게 된 병사들은 점점 더 사우드 가문에 충성했다.

아버지 사우드를 이어 2대 군주가 된 압둘아지즈는 강력한 동기부여를 받은 군대를 바탕으로 디리야 주변 지역을 하나씩 정복해나갔고 1773년 결국 리야드까지 점령하면서 아라비아 반도 중부 네지드 지역의 최강자로 떠올랐다. 사우드 가문의 권력은 비단 칼과 낙타 발굽에서만 나오는 것이 아니었다. 와하브를 따르는 자들, 즉 와하비들은 정복 지역을 자신들의 사상인 '올바른 유일신교'로 물들여나갔다. 1792년 이슬람 근본주의를 크게 일으킨 와하브가 세상을 떠났지만 그의 제자들은 이슬람을 정화하는 일을 멈추지 않았다. 사우드의 세력도 아라비아 반도 동편의 알 핫사(걸프 지역)에까지 확장됐다. 1801년 카르발라를 공격한 와하비는 시아파 무슬림들을 학살하고 시아파의 성인으로 추앙받는 이맘 후세인의 무덤을 파괴했다. 와하비들이 시아파를 이단으로 규정함으로써 벌어진 사태였다. 이 행동은 시아파뿐만 아니라 수니파들까지도 경악하게 만들었다.

3대 군주인 사우드 빈 압둘아지즈는 이슬람의 성지인 메카와 메디나가 있는 히자즈 지역으로 눈을 돌렸다. 무슬림의 의무인 성지 순례를 신의 뜻에 따라 거룩하게 진행하도록 개혁하기 위해서라도 히자즈를 '올바른 유일신교'로 바꾸어놓는 일이 반드시 필요했다. 이 과정에서 와하비들은 성지 메카와 메디나의 주민들을 살해했고 심지어 예언자 무함마드의 무덤까지 훼손했다. 1805년 사우드 빈 압둘아지즈는 히자즈를 완전히 손에 넣었지만 이슬람 세계의 여론은 그들 편이 아니었다. 사우드 가문은 메카와 메디나 두 성지의 수호자라고 자임했다. 그동안 타락한 튀르크인들에게 빼앗긴 거룩한 땅을 순결한 아랍인들이 되찾겠다는 의지였다. 여기에는 희미하게나마 아랍인으로서의 민족주의적 기운이 깃들여 있었다. 사우드와 와하비들은 혼탁한 성지를 대대적으로 정화하기 시작했다. 오스만 제국의 울라마들이 히자즈에서 잘못된 이슬람을 가르친다며 그들을 추방했다. 또한 성지순례 관행도 바로잡았다. 당시 성지순례자들 중 부유한 이들은 화려한 마차에 음악대를 동반하기도 했다. 심지어 창녀를 데리고 성지순례에 오는 이들도 있었다. 사우드는 이런 행렬을 막고 성지에서 경건한 몸차림과 행동을 하도록 하는 법을 만들어 엄격히 시행했다. 히자즈 주민들도 와하비 울라마들의 가르침에 따라 금욕적이고 엄격한 종교생활을 해야만 했다.

엄연히 아라비아 반도의 공식적인 주인인 오스만 제국은 이 사태를 수수방관할 수 없었다. 사막 지대인 네지드나 변두리 지역인 알핫사와는 달리 성지가 포함된 히자즈는 아라비아에서 가장 발달한 지역이자 종교적으로도 매우 중요한 곳이었다. 당시 오스만의 술탄은 이슬람 세계의 칼리파라는 지위도 함께 겸했는데, 메카와 메디나 두 성지의 수호자라는 상징성을 사우드에게 빼앗김으로써 칼리파라는 정당성마저 위협을 받았다. 술탄은 당시 이집트에 세운 총독 무함마드 알리에게 사우드를 토벌하고 히자즈를 되찾으라고 명했다.

무함마드 알리는 이슬람 세계의 주권을 놓고 오스만 술탄과 맞서려는 야심가였다. 히자즈를 정복해 두 성지의 수호자가 된다면 술탄의 권위와 대등해질 것으로 생각한 그는 술탄의 명령을 받아들였다. 1810년 무함마드 알리의 명령을 받은 이집트 군대가 히자즈를 공격했으나 사우드의 아들 압둘라 빈 사우드의 반격을 받고 후퇴했다. 1812년 이집트군은 다시 히자즈를 공격해 메디나와 메카를 차례로 점령했다. 히자즈 주민들은 와하비들의 극성스러운 통치에 반발하고 있던 터라 무함마드 알리의 군대에 협조적이었다. 결국 사우드는 히자즈를 잃고 디리야로 물러난다. 히자즈를 잃은 와하비는 기세가 꺾였다. 와하비들은 자신들이 점령지에서 행한 극단적인 행동들 때문에 주민들로부터 민심을 얻지 못했고, 다른 이슬람 세계의 지지도 이끌어내지 못했다. 1814년 사우드가 사망하면서 첫 번째 사우디 국가는 빠른 속도로 내리막길을 걸었다. 그의 아들 압둘라 빈 무함마드가 왕위를 물려받았으나 알 핫사 지역의 오만과 바레인 등은 이미 무함마드 알리가 차지했고 이제 근거지인 디리야마저 위험에 처했다. 이집트에서 온 무함마드 알리는 장남 이브라힘에게 군대를 내주고 디리야 공격을 명했다. 1816년 군대를 이끌고 메디나에 도착한 이브라힘의 군대는 프랑스에서 교육받은 장교와 유럽에서 들여온 무기들로 무장했다. 이들은 보급품과 전력 면에서 디리야의 구식 군대보다 월등히 앞섰다. 이브라힘은 디리야를 공격하기에 앞서 주변 부족들에게 선물 공세를 퍼부음으로써 그들의 충성을 이끌어냈다. 디리야는 고립됐다.

이집트군에 맞선 와하비들은 완강히 저항했으나 결국 1818년 압둘라 빈 무함마드는 이브라힘에게 항복했다. 사우드 가문에 속한 이들은 대부분 카이로로 끌려갔는데, 그들 중 디리야의 통치자였던 압둘라는 이스탄불로 압송돼 처형당했다.

두 번째 사우디 왕국 : 네지드 에미레이트

사우드 가문을 소탕한 이집트 군대는 이후 디리야에 일부 병력만 남겨둔 채 히자즈 지역에 주둔했다. 힘의 공백 상태가 발생한 네지드 지역은 다시 여러 부족들 간의 쟁투의 장이 되어 혼란에 빠졌다. 이때 첫 사우디 국가였던 디리야 에미레이트의 통치자 압둘라 빈 무함마드의 아들이자 무함마드 이븐 사우드의 손자인 투르키 빈 압둘라 빈 무함마드가 등장했다. 그는 사우디 일족이 포로로 잡혀갈 때 용케 빠져나와 2년간 숨어 지내다 디리야가 무주공산이 되자 다시 모습을 드러낸 것이다. 디리야의 부족들은 사우드 가문의 재등장을 반겼다. 사우드 가문의 세력이 빠르게 재건됐고 이들은 다른 부족들과 연합해 네지드 지역 내의 잔존 이집트 세력을 몰아냈다.

1823년 투르키는 리야드를 수도로 삼아 사우디 국가를 다시 세웠다. 어렵지 않게 사우드 가문은 네지드 지역을 되찾을 수 있었다. 투르키는 알 핫사까지 정복함으로써 자신의 할아버지와 아버지가 거느렸던 왕국의 영토 중 상당 부분을 되찾는 데 성공했다. 그는 과거의 실수를 반복하지 않으려고 노력했다. 와하비 울라마들을 정복 지역에 파견해 '올바른 유일신'을 가르쳤으나 과거처럼 광신적이고 극단적인 행동은 삼갔다. 주민들에게 무리한 금욕주의를 강요하지도 않았고 이슬람 성인들의 무덤을 파괴하지도 않았다. 이렇듯 종교적인 열정을 자제한 덕분에 새로운 사우디 국가는 안정을 찾는 듯 보였다. 하지만 1834년 투르키가 쿠데타 세력에 암살당하면서 네지드는 다시 혼란에 빠져들었다.

일단 투르키의 아들 파이잘 이븐 투르키 알 사우드가 쿠데타를 신속히 진압해 왕위를 승계함으로써 왕국은 일시적으로 안정을 되찾았다. 그러나 파이잘의 왕위 계승에 동의하지 않는 사람이 있었다. 바로 카이로로 끌려갔던 사우드 가문의 인물 중 살아남아 이집트에서 관직에 오른 칼리드 이븐 사우드였다. 그는 이전 국왕 압둘라의 동생이자 사우디 왕국을 세운 무함마드 이븐 사우드의 아들이기도 했다. 칼리드는 네지드의 상황을 이집트의 통치자 무함마드 알리에게 보고했다. 이집트 정부 역시 네지드 지역에서 또다시 사우드 가문의 힘이 커지는 것을 우려하며 주시하고 있던 차였다. 1836년 무함마드 알리는 칼리드를 리야드의 통치자로 임명해 많은 군대를 주고 아라비아 반도로 파견했다. 이는 이집트 군대와 사우드 군대 간의 대결이기도 했지만 사우드 가문 내부의 권력 투쟁이기도 했다. 이미 과거에 이집트군에 처절한 패배를 당한 바 있었던 네지드 부족들은 칼리드가 이끄는 이집트군과 맞서려 하지 않았다. 이집트 군대는 쉽게 네지드를 장악했고 파이잘은 제대로 된 저항도 해보지 못한 채 이집트로 끌려가는 수모를 당했다. 이제 네지드의 새 지배자는 칼리드 이븐 사우드였다. 하지만 칼리드의 시대도 오래 가지 못했다. 1841년 압둘라 이븐 투나이얀이 반란을 일으켰고 칼리드는 이집트로 도망을 가서 두 번 다시 아라비아 반도 땅을 밟아보지 못했다.

리야드의 통치자가 된 투나이얀은 네지드 지역과 알 핫사 지역에서 기존의 사우드 가문처럼 강력한 권위를 인정받지 못했다. 각 부족들은 리야드의 지배를 받지 않고 제각기 독립적인 통치를 했다. 두 번째 사우디 왕국이 해체 상황에 몰린 것이다. 이때 반전이 일어난다. 1843년 파이잘이 이집트에서 탈출해 아라비아로 돌아온 것이다. 그는 리야드 북부 하일 지역의 통치자 라시드 가문의 도움으로 리야드를 탈환한다. 이로써 네지드는 잠시 안정을 회복했지만 1865년 파이잘이 사망하자 왕국의 통치권을 두고 그의 장남 압달라와 삼남 사우드 간에 내전이 벌어졌다. 여기에 파이잘의 또 다른 아들 압둘 라흐만까지 내전에 가담하면서 왕국은 극심한 혼란에 빠진다. 파이잘이 사망한 후 11년 동안 무려 여덟 번이나 통치자가 바뀌는 혼란의 시대였다.

이처럼 사우디 왕국의 힘이 약해지자 이제 하일의 통치자 라시드 가문이 네지드를 넘보게 됐다. 라시드 가문의 야심에 위협을 느낀 사우드 가문은 카심 지역의 손을 잡고 라시드 군대에 맞섰으나 1890년 무함마드 알 라시드는 이들을 물리치고 하일, 카심, 네지드 지역을 통할하는 중앙 아라비아의 지배자가 됐다. 당시 사우드 가문의 지도자였던 압둘 라흐만은 쿠웨이트로 달아났다. 이 압둘 라흐만의 아들이 훗날 사우디아라비아를 건국한 압둘 아지즈 이븐 사우드다. 서구인들에게는 이븐 사우드라는 이름으로 더 친숙한 인물이다.

세 번째 사우디 왕국 : 사우디아라비아

가족들과 함께 쿠웨이트로 피신해 있던 이븐 사우드는 조상의 땅을 되찾겠다는 일념으로 불타고 있었다. 1902년 스물일곱 살의 건장한 청년 이븐 사우드는 알 핫사로 내려와 과거에 사우드 가문을 따르던 부족들을 규합하기 시작했다. 사우드 가문의 후계자가 나타났다는 소문이 돌자 순식간에 수백 명이 그를 따라나섰다. 이븐 사우드를 따르는 세력이 점점 늘고 있다는 소식을 들은 라시드 가문의 지도자 이븐 미탑은 오스만 제국에 도움을 요청했다. 오스만 군대가 몰려올 것이라는 소문이 돌자 이븐 사우드의 무리는 차츰 줄어들어 결국 40명만 남았다. 그러나 이븐 사우드는 위축되지 않았다. 오히려 그는 40명만으로 리야드를 공격하겠다는 대담한 계획을 세운다. 모든 무슬림들이 금식을 지키는 라마단 기간 중에 이븐 사우드는 심복들과 함께 리야드로 잠입해 당시 라시드 가문이 임명한 리야드 수령을 살해하고 과거 사우디 왕국의 수도였던 도시를 손에 넣는다.

　리야드가 다시 사우드 가문의 지배 아래 들어갔다는 소식은 중앙 아라비아 전역에 일파만파로 퍼졌다. 이븐 사우드는 리야드의 지배 자가 됐고 주변 부족들이 사우드 가문 곁으로 몰려들었다. 1904년 라시드 가문은 오스만 제국 군대와 함께 이븐 사우드를 공격해왔 다. 처음에는 라시드-오스만 연합군이 우세했으나 이븐 사우드는 정면 대결 대신 게릴라전으로 집요하게 적들을 괴롭혔다. 당시 열 강들의 압박에 몰려 있던 오스만 제국은 아라비아에서의 전투에 전 력을 쏟을 수 있는 상황이 아니었다. 오스만군은 전장 상황이 교착 상태에 빠지자 퇴각했고 고립된 라시드 가문은 이븐 사우드 군대의 공격을 받고 궤멸됐다. 아라비아 반도에서 벌어진 긴 싸움의 최후 승자는 결국 사우드 가문이었다. 오랜 동안 증오의 대상이었던 튀 르크인들을 물리쳤을 뿐만 아니라 튀르크인들에게 빌붙어서 아라 비아의 지배자 노릇을 해온 경쟁자까지 응징한 것이다.

　이븐 사우드는 라시드 가문을 물리친 것에서 멈추지 않고 주변 지역들을 계속 정복해나갔다. 네지드와 알 핫사를 완전히 평정할 무렵, 유럽에서 제1차 세계대전이 발발했다. 오스만 제국은 이 전 쟁에서 독일의 편에 섰다. 한편 독일에 맞선 영국은 중동 지역의 아 랍인들이 오스만 제국에 맞서 반란을 일으키도록 부추겼다. 그 일 환으로 영국은 히자즈 지역의 유력자 '메카의 샤리프' 후세인 이븐 알리(샤리프 후세인)[04]와 네지드 지역의 통치자 이븐 사우드에게 무기와 자금 등을 지원함으로써 오스만 제국을 공격하도록 했다. 물론 샤리프 후세인과 이븐 사우드는 그 대가로 독립 아랍왕국을 약속받았다. 이븐 사우드에게는 영국 말고도 든든한 지원세력이 있었다. 이크완('형제'라는 뜻)이라고 불리는 베두인 전사 집단이었다. 이들은 와하비즘을 받아들여서 그 가르침대로 살겠노라 맹세한 이슬람 근본주의자들이었다. 이크완은 이슬람을 더럽히는 세력과 언제든지 싸울 준비가 되어 있었다. 지하드가 선포되면 그들은 망설이지 않고 전투에 돌입했다. 이븐 사우드는 노련한 정치가이자 유능한 전략가였지만 이슬람 근본주의자는 결코 아니었다. 하지만 자신의 목표를 이루기 위해서는 이크완처럼 물불 안 가리고 전투에 뛰어드는 용맹한 전사들이 필요했다. 이븐 사우드는 이크완이 원하는 모습을 보여주고자 노력했다. 이를 통해 이크완을 이용하려 했던 것이다. 이크완 역시 이븐 사우드의 군대와 연합함으로써 자신들의 신념을 실현할 수 있다고 믿었다. 마치 옛날에 사우드와 와하브가 그랬던 것처럼 이븐 사우드와 이크완은 서로의 필요를 위해 돕는 관계였다. 그런데 문제가 발생했다. 제1차 세계대전이 끝나고 오스만 제국이 해체되자 영국과 프랑스는 중동 지역에 새로운 지도

---

04   후세인 이븐 알리(Husayn ibn Ali, 1853~1931년) : 무함마드의 후예로 하심 가문 출신이다. '샤리프 후세인'이라고도 한다. 그는 영국 외교관 맥마흔 경과의 서신을 통해 전후 아랍왕국의 독립을 약속받기도 했으며 사우드가의 이븐 사우드와 아랍의 맹주 자리를 놓고 라이벌 관계였다. 오스만 제국의 술탄직이 폐지되자 스스로 칼리파라고 선언하기도 했다.

를 그렸다. 강대국들의 주도로 중동에 새 국경이 그려진 것이다. 따라서 사우디의 군대가 영국과 프랑스가 결정한 국경을 침범할 경우 강대국과의 충돌은 피할 수 없을 터였다. 명석한 이븐 사우드는 전후 새롭게 전개될 국제정세를 정확하게 읽었다. 그는 무엇보다 중동 지역의 식민종주국인 영국과 충돌하면 사우디 왕국의 미래가 없다는 사실을 간파했다. 이븐 사우드는 1924년 아라비아 지역을 두고 경쟁을 벌인 샤리프 후세인을 물리치고 히자즈 지역을 손에 넣는 데 성공하자 더 이상의 정복을 멈췄다. 혹시라도 영국이 히자즈 정복을 문제 삼을까 우려한 이븐 사우드는 이크완들이 메카를 함락시킬 당시 리야드에 남아 있었다. 영국이 시비를 걸어온다면 자신은 더 이상의 정복활동을 하지 말도록 요청한 영국의 뜻에 따랐으나 이크완들이 말을 듣지 않았노라 변명하기 위함이었다. 아무튼 히자즈 정복을 끝으로 이븐 사우드는 더 이상 왕국을 확장할 계획이 없었다. 국왕은 이크완들에게 두둑한 포상금을 주며 이렇게 말했다. "더 이상 싸울 적들이 남아 있지 않다."

이크완들은 이러한 이븐 사우드의 결정에 반발했다. 아직도 이라크와 트란스요르단이 잘못된 이슬람에서 해방되지 못했는데 지하드를 멈추라니. 이크완들은 사우디 국왕의 명령을 거역하고 국경을 넘어 이라크 지역을 공격했다. 또한 우상숭배를 배격한다는 명분 아래 메디나의 이슬람 유적들을 파괴했다. 이제 사우디 국왕에게 이크완은 근심거리였다. 이크완들이 이라크를 공격할 때마다 이븐 사우드는 영국 측에 자신의 허락 없이 저질러진 일이라고 해명하느라 진땀을 뺐다. 여러 차례의 경고에도 불구하고 이크완들이 자신의 말을 듣지 않자 사우디 국왕은 그동안의 동맹이 더 이상 유지될 수 없다고 판단했다. 그건 이크완으로서도 마찬가지였다. 그들이 보기에 이븐 사우드 국왕은 변절자였다. 양 세력 간의 긴장감이 높아져만 갔다.

1929년 3월 31일 리야드 북쪽의 사빌라 평원에서 결국 사우드 국왕과 이크완 간의 대결이 벌어졌다. 사우드 왕가에서는 '사빌라 전투'[05]라고 부르고 이슬람 근본주의자들은 '사빌라 학살'이라고 부르는 이 날의 충돌에서 구식 무기로 무장한 채 낙타를 타고 전투에 임한 이크완들에게 이븐 사우드의 군대는 지프차를 타고 영국이 지원해준 기관총을 난사했다. 이크완들은 무참히 쓰러졌고 일부만 목숨을 건져 도망칠 수 있었다. 이 사건을 둘러싸고 오늘날까지 사우드 왕가는 나라를 안정시키기 위한 불가피한 조치였다고 주장하는 반면 이슬람 근본주의 세력들은 이븐 사우드가 이슬람 대의를 배반한 것이라고 반박한다. 이크완 세력을 제압한 이후 사우드 가문의 왕권은 탄탄대로를 걸었다. 1932년 이븐 사우드는 히자즈와

---

05 사빌라 전투(Battle of Sabilla, 1929년) : 베두인 중심의 전사 집단 이크완은 이븐 사우드를 도와 사우디가의 왕국을 세우는 데 큰 공을 세웠고 쿠웨이트와 트란스요르단까지 영역을 넓히려 했다. 하지만 이븐 사우드는 영국과의 마찰을 우려해 정복전쟁을 반대했다. 이에 이크완들이 반발해 1929년 사빌라에서 전투를 벌였으나 이븐 사우드에 패함으로써 사우디아라비아군에 흡수되었다.

네지드의 통합을 공식적으로 선포하고 나라 이름을 '사우디아라비아 왕국'으로 바꾸었다. 영국과 프랑스가 자신들의 이해관계에 따라 국경을 나누어 인위적으로 세운 다른 아랍국가들과는 달리 사우디아라비아는 스스로의 실력으로 영토를 정복해 세운 아랍국가였다. 물론 사우디아라비아의 영토 대부분이 사막이었기에 유럽열강들이 쓸모없는 땅으로 여겨 눈독을 들이지 않은 것도 사우디아라비아가 외세의 개입 없이 건국할 수 있었던 이유 중 하나다. 그 척박한 사막에서 대규모 유전이 발견되리라고는 아무도 예상하지 못했다. 그 덕분에 아랍 대부분의 지역이 유럽 세력의 위임통치라는 시련을 겪어야 했지만 사우드 가문만은 유럽 국가들과 대등한 지위에서 외교관계를 수립할 수 있었다.

와하비즘과 왕정

19세기 후반에 들어 대부분의 이슬람 지역이 유럽 강대국들의 식민지로 전락했다. 겨우 주권을 유지한 오스만 제국, 이란, 아프가니스탄, 모로코조차 강력한 유럽 제국주의의 영향력 아래에서 고통을 당하고 있었다. 이것을 목격한 무슬림들은 의문을 품었다.

"왜 신성한 이슬람 공동체가 이교도들의 손아귀에서 고통을 당해야 하는가?"

와하비와 같은 이슬람 근본주의자들은 이런 질문에 해답을 제시했다.

"무슬림들이 알라가 계시한 올바른 이슬람의 길을 따르지 않았기 때문이다!"

와하비들은 오스만 제국을 비판했다. 탄지마트를 통해 이교도인 유럽 국가들의 문물을 들여왔고 알라가 계시한 샤리아[06]를 버린 채 이교도들을 따라 헌법을 채택했기 때문이다. 올바른 이슬람을 회복하려면 단지 서구 문물뿐만 아니라 현재의 '타락한' 이슬람까지 모두 버려야 한다는 것이 와하비즘의 입장이었다. 일종의 이슬람판 청교도주의라고 할 수 있다. 이후 사우디의 와하비즘은 이집트의 무슬림형제단[07]과 같은 이슬람주의 운동으로 이어져 더욱 널리 확산됐다. 이슬람주의란 현대사회에 걸맞은 이슬람 국가를 세우려면

---

06 샤리아(sharia) : 이슬람 법학자들이 《꾸란》과 《하디스》로부터 도출해낸 이슬람 율법.

07 무슬림형제단(Muslim Brothers) : 1928년 이집트에서 이슬람 학자 하산 알 반나가 만든 최대 규모의 이슬람 단체. 창시자 하산 알 반나는 이집트와 이슬람의 쇠퇴 원인으로 무슬림들이 이슬람 원리를 따르지 않기 때문이라고 진단했다. 무슬림형제단은 세속화된 서구에 반대하여 오염되지 않은 초기 이슬람으로부터 사회와 개인의 개혁 원리를 찾아야 한다고 주장한다.

국가 구성의 원리를 이슬람의 교리와 율법 속에서 찾아낼 수 있다는 믿음이다. 즉, 단순한 종교적 믿음만이 아닌 정치적 이념이기도 한 것이다. 이슬람 세계에서 사우디아라비아는 그동안 이슬람주의 세력이 지향해온 이념의 실체이기도 하다. 여기에 이슬람의 성지 메카와 메디나를 영토 내에 확보하고 있다는 사실이 더해져 사우디 왕가의 권위가 이슬람 세계에서 빛을 발했다.

앞서 살펴본 것처럼 사우디아라비아 건국의 근본인 사우디 왕정과 와하비즘 간의 동맹이 항상 협력관계였던 것은 아니다. 이븐 사우드 국왕과 이크완의 관계처럼 긴장과 갈등을 빚기도 했다. 사빌라 전투(또는 학살) 이후에도 사우디아라비아에서는 와하비 울라마들이 종교를 담당하고 사우드 왕가가 정치를 담당하는 역할 분담을 유지하고 있다. 둘의 관계는 대체로 협조적이며 대부분의 울라마들은 국가에 충성하는 태도를 보인다. 반면 정부는 정책적으로 울라마와 이슬람 근본주의를 지원한다. 이런 국가 시스템 덕분에 사우디아라비아는 이슬람 근본주의를 대표하는 국가 역할을 담당했다. 중동 지역에서 이슬람 근본주의가 뿌리를 내릴 수 있었던 것도 사우디아라비아가 꾸준히 이슬람 근본주의를 주변 국가들에 수출하고 지원했기 때문이다. 하지만 사우디아라비아 정부가 건국 이래 늘 와하비즘을 추구한 것은 아니다. 사우디아라비아에서 대규모 유전이 개발되면서 오일 달러가 유입되자 한동안 사우디 정부는 서구의 돈과 문물에 대해 개방적인 태도를 취했다. 1970년대는 사우디가 역사상 가장 개방적인 시절이었다. 미국 기업들이 사우디아라비아에 진출하면서 외국인 거주 지역을 중심으로 서구식 문물이 확산됐고 정부의 종교적 사회통제도 느슨해졌다. 하지만 1979년 사빌라 학살에서 살아남은 한 이크완 전사의 아들 주하이만 오타이비가 이끄는 일련의 무리들이 '사우드 왕가가 이슬람의 길을 버리고 타락했다'고 비판하며 메카의 카바 대모스크를 무력으로 점거하는 초유의 사태가 벌어졌다. 이 사태를 진압한 후 사우디 정부는 그때까지 펼쳐온 개방정책에서 방향을 바꾸어 매우 엄격한 종교적 보수주의로 돌아갔다. 와하비 울라마들의 비판이 확산될 경우 자칫 왕정이 위태로울 수 있다는 판단에 따라 정책을 선회한 것이다. 그러나 이후 오랜 세월 동안 보수 회귀 노선을 택한 탓에 사우디 사회가 정체되어 발전이 저조했다는 평가가 제기됐고 최근 들어 사우디 정부는 다시 개방과 변화의 길을 모색 중에 있다. 이에 대해 사우디아라비아 내의 이슬람 근본주의자들이 어떤 반응을 보일지 주목해볼 만하다.

형제끼리 왕위를 계승한 사우디아라비아

사우디아라비아를 건국한 이븐 사우드는 권력투쟁을 수없이 목격했고 직접 그 과정에서 승자가 된 인물이었습니다. 그는 자신의 사후 왕위 계승을 놓고 또다시 그러한 다툼이 벌어질 것을 우려했죠. 결국 이븐 사우드는 아들들에게 이후 왕위 계승은 형제들 중 연장자 순으로 이어갈 것을 맹세하게끔 강요했습니다. 그렇게 사우디아라비아는 이븐 사우드의 아들들 간에 연장자 순으로 왕위를 계승하는 형제계승의 원칙을 정립하고 최근까지 지켜왔습니다. 이븐 사우드에게는 22명의 아내와 45명의 아들이 있었던 것으로 알려져 있는데, 장남인 투르키는 젊어서 병에 걸려 죽었고 차남인 사우드가 1953년 아버지를 이어 왕위에 오릅니다. 동시에 사우드의 동생이자 이븐 사우드의 셋째 아들인 파이잘이 차기 왕위 계승자로 선포됩니다. 그러나 이후 사우디아라비아의 형제계승이 순탄하게 진행된 것은 아닙니다. 2대 국왕 사우드와 차기 후계자였던 파이잘 간에 국정운영 주도권을 두고 심한 갈등을 거듭하다가 결국 파이잘이 다른 형제들을 모아 세력을 불린 후 형 사우드 국왕을 축출하는 사태가 벌어졌습니다.

파이잘 이후에는 비교적 형제계승이 커다란 잡음 없이 이어졌습니다만 '수다이리 세븐'이라고 불리는 수다이리 왕비의 일곱 아들들이 단결해 사우디의 실권을 장악하면서 상황이 변했습니다. 이븐 사우드 국왕이 가장 총애했다는 수다이리 왕비는 늘 자신의 아들들에게 '너희 일곱 형제끼리 서로 도우라'고 가르쳤다고 합니다. 수다이리 세븐 가운데 첫째인 파흐드가 5대 국왕에 즉위한 이후 정부의 핵심 요직에 수다이리 형제들을 임명하면서 권력을 완전히 장악했습니다. 6대 압둘라 국왕은 수다이리 세븐을 강력하게 견제했는데, 다시 7대 국왕에 수다이리 형제 가운데 여섯째인 살만이 7대 국왕으로 즉위하면서 수다이리 형제들의 권력 독점은 탄탄한 기반에 오른 걸로 보입니다.

살만 국왕은 아버지 이븐 사우드의 명에 따라 이어져온 형제계승을 끝낸 인물이기도 합니다. 그는 왕위에 오른 후 자신의 이복동생인 무크린을 왕세제로 선포해 형제계승을 이어가는 듯했습니다만, 결국 무크린을 내치고 자신의 조카 빈 나예프를 왕세자로 앉혔다가 이마저도 다시 번복한 후 자신의 아들인 무함마드 빈 살만을 차기 왕위계승자로 선포했습니다. 더 이상 이븐 사우드의 아들들이 아닌 그의 손자 세대가 왕위에 오르게 된 겁니다. 그것도 수다이리 왕비의 자손이 권좌를 물려받게 된 것이고요. 무함마드 빈 살만 왕세자는 자신의 왕권계승을 위협할 수 있는 내부 왕족들을 숙청했다고 알려져 있습니다. 사실 이븐 사우드의 아들들이 모두 연로했기에 물리적으로도 그다음 세대로 권력이 넘어가는 건 시간 문제였죠. 다만 어떤 원칙으로 그다음 세대를 정할 것인지가 관건이었으나 가장 강력했던 수다이리 형제들의 계보로 사우디아라비아 국왕의 대를 잇게 된 것입니다.

정체성의 투쟁, 중동사 21장면

07

하심 가문, 영국과 거래하다

아랍 국가의 탄생

“아랍 측의 동맹세력을 찾던 영국 정부는 샤리프 후세인을 적임자로 판단했다. 이후 맥마흔 경이 다시 샤리프 후세인에게 답신을 보냈고 이렇게 양측은 총 10통의 편지를 주고받았다. 영국 정부는 샤리프 후세인의 제안에 큰 흥미를 보였으나 '훗날 세워질 아랍왕국의 영역을 어디까지로 볼 것인가?' 하는 문제가 있었다. 샤리프 후세인은 자신이 요구하는 독립왕국의 영역을 아라비아 반도, 레바논과 팔레스타인을 포함한 대(大)시리아, 그리고 이라크 지역으로 제안했다.”

오스만 제국의 패망

20세기 초 오스만 제국의 안보를 가장 위협한 국가는 러시아였다. 러시아에서 불어온 슬라브 민족주의의 바람이 발칸 반도를 자극해 독립운동을 부추겼고 결국 오스만 제국은 1912년과 1913년 두 차례의 발칸전쟁[01]을 치러야 했다. 이 과정에서 오스만 제국은 러시아와 합세한 발칸 독립국들에 패해 발칸 반도를 포함한 유럽 영토 대부분을 잃고 말았다. 그 외에도 러시아의 짜르는 정교회의 수장으로 오스만 영토 내 정교회 교인들을 보호한다는 명목으로 끊임없이 오스만 제국의 영토를 넘보았다.

오스만 제국은 러시아를 견제하기 위해서 영국이나 프랑스와 동

---

01 발칸전쟁(Balkan Wars, 1912~1913년) : 발칸 반도 내에서 벌어진 1차 발칸전쟁(1912년)과 2
차 발칸전쟁(1913년). 오스만 제국과 발칸동맹국 간의 1~2차 전쟁이다. 1912년 세력이 커
진 오스트리아를 견제하고자 러시아를 중심으로 불가리아, 그리스, 세르비아, 몬테네그로
등이 발칸동맹을 결성한다. 그런데 동맹의 목적이 변질되어 발칸동맹국들은 발칸 반도 내
오스만 제국의 땅을 얻으려 함으로써 전쟁이 발발했다.

맹을 맺으려 했지만, 영국과 프랑스는 오히려 러시아와 손을 잡고 삼국협상을 체결했다. 그러자 오스만 정부 내에서는 차라리 신흥강국 독일과 손을 잡고 러시아를 물리치자는 의견이 우세해졌다. 오스만의 술탄 메흐메드 5세[02]는 중립을 원했으나 친독일파 인사 엔베르 파샤[03]가 이끄는 내각의 압박에 밀려 독일과의 동맹을 수락하고 말았다. 엔베르 파샤는 독일이 삼국협상 세력(영국, 프랑스, 러시아)과는 달리 중동 땅에 관심이 없다고 여겼다. 영국, 프랑스, 러시아 등을 상대로 제1차 세계대전에 돌입한 독일은 오스만 제국을 자기 편으로 끌어들이는 것이 시급했다. 독일은 오스만 제국이 참전해 함께 싸우는 대가로 군사, 재정, 물자 등을 지원하겠다고 약속했다.

오스만 제국은 제1차 세계대전에서 예상보다 더 뛰어난 전과를 거두었다. 전쟁 초기에는 수에즈 운하의 영국군을 공격해 타격을 입히기도 했고, 갈리폴리를 공격하는 영국과 프랑스군을 물리치기도 했다. 특히 아나톨리아 동부와 코카서스 지역에서는 전력상 우위에 있는 러시아군을 막아냈다. 비록 수세에 몰려 많은 사상자를 내기는 했지만 오스만 군대는 1917년 러시아 혁명으로 러시아 군

---

02 메흐메드 5세(Mehmed V, 1844~1918년) : 오스만 제국 35대 술탄. 제1차 세계대전을 '지하드(성전)'라고 선언하며 참전 결정을 한 것으로 유명하다. 그의 재임 시 오스만 제국의 많은 영토(북아프리카와 유럽 등)를 잃고 말았다.

03 엔베르 파샤(Ismail Enver Pasha, 1881~1922년) : 청년튀르크당 혁명을 성공시킨 오스만 튀르크의 군인이자 정치가. 오스만 제국 근대화를 위해 노력했으며 오스만 제국의 전쟁성 장관으로서 독일 편에 서서 제1차 세계대전에 참전할 것을 결정했다.

대가 물러날 때까지 동부 전선을 지켜냈다. 하지만 이집트와 시리아 전선에서 영국과 아랍반란군에게 무너지면서 1918년 10월 31일 오스만 정부는 이스탄불에서 무조건 항복하고 말았다. 이후 이스탄불은 영국군 점령 아래에 놓였으며 모든 아랍어 사용 지역은 오스만의 통치에서 해방됐다. 전쟁의 승자 영국과 프랑스는 오스만 제국을 해체하기로 결정했다.

후세인-맥마흔 서한

오스만 제국이 전쟁에 뛰어들면서 술탄 메흐메드 5세는 당시 유명무실한 상태였던 '칼리파'라는 지위를 다시 꺼내들었다. 그는 이슬람 공동체의 최고 지도자 칼리파의 자격으로 전 세계 무슬림을 향해 삼국협상 세력에 대항해 지하드를 벌이자는 메시지를 선포했다. 영국은 이에 노심초사했다. 메흐메드 5세의 메시지가 중동 지역뿐 아니라 아시아 지역, 특히 인도의 무슬림들에게도 영향을 줄 것으로 우려했다. 당시 인도는 대영제국의 핵심적인 이해관계가 걸린 식민지였다. 영국 정부는 메흐메드 5세의 지하드 선포에 맞설 방안으로 아랍인들의 민족주의를 이용하기로 결정했다. 아랍인들을 선동해 튀르크인들의 지배에 맞서 전쟁을 벌이도록 하려면 아랍인들 가운데 구심점 역할을 해줄 인물이 필요했다. 그 인물은 술탄이자

칼리파인 메흐메드 5세를 대신해 아랍 무슬림들의 존경을 이끌어
낼 수 있는 인물이어야 했다. 영국 정부는 '메카의 샤리프' 후세인
이븐 알리에게 주목했다.

후세인 이븐 알리는 이슬람 성도 메카의 에미르(지역 수령)이자
'샤리프'였다. 샤리프란 4대 칼리파 알리와 그의 아내 파티마 사이
에서 태어난 후손들을 일컫는 말이다. 특히 알리와 파티마의 자손
중에서도 하산과 후세인의 후손들을 의미한다. 앞서 2장에서 살펴
보았듯이 파티마는 예언자 무함마드의 딸이고 4대 칼리파 알리 역
시 예언자의 혈족이다. 따라서 샤리프란 예언자 무함마드의 직계
후손들을 지칭하며 이들은 아랍 사회에서 특별한 존경을 받아왔다.
성도 메카는 과거 이슬람 제국 시기부터 전통적으로 샤리프 가계의
인물이 에미르라는 지위로 통치해왔다. 메카의 에미르는 메카 지역
의 행정과 치안을 책임지고 매년 수많은 성지순례객들을 보호, 통
제하는 역할을 담당했다. 성지순례는 무슬림들의 의무 중 하나였기
때문에 이를 관할하는 메카의 에미르는 무슬림들로부터 그 권위를
인정받았다. 그리고 제1차 세계대전 당시 메카의 에미르는 하심 가
문의 후세인 이븐 알리였다. 유럽인들은 그를 '샤리프 후세인'이라
고 불렀다.

오스만 정부는 제1차 세계대전에 참전하면서 샤리프 후세인으로
하여금 메흐메드 5세의 지하드 선포를 지지하는 성명을 내라고 압
박했다. 샤리프 후세인은 망설였지만 일단 지지를 표했다. 그러나

샤리프 후세인은 야심가였다. 또한 국제정세를 읽어내는 눈도 있었다. 1915년 7월 14일, 샤리프 후세인은 당시 이집트 고등판무관 헨리 맥마흔[04] 경에게 편지를 썼다. 이 편지에서 샤리프 후세인은 아랍어 사용 지역에 자신이 통치할 독립왕국을 세우는 것을 영국 정부가 동의해줄 것과 이를 오스만 제국과는 별도로 아랍 칼리파 국가로 인정해 달라고 요구했다. 샤리프 후세인은 그에 대한 대가로 아랍인들과 함께 오스만 제국에 대항하여 반란을 일으킬 것이며 이후 세워질 아랍의 독립왕국에서 영국의 특별한 지위를 인정하겠다고 제안했다. 요컨대 아랍의 반란과 자신의 왕위를 맞바꾸려는 거래였다.

맥마흔은 샤리프 후세인의 제안을 영국 정부에 보고했다. 그동안 아랍 측의 동맹세력을 찾던 영국 정부는 샤리프 후세인을 적임자로 판단했다. 이후 맥마흔 경이 다시 샤리프 후세인에게 답신을 보냈고 이렇게 양측은 총 10통의 편지를 주고받았다. 영국 정부는 샤리프 후세인의 제안에 큰 흥미를 보였으나 '훗날 세워질 아랍왕국의 영역을 어디까지로 볼 것인가?' 하는 문제가 있었다. 샤리프 후세인은 자신이 요구하는 독립왕국의 영역을 아라비아 반도, 레바논과 팔레스타인을 포함한 대(大)시리아, 그리고 이라크 지역으로 제

---

04   헨리 맥마흔(Henry McMahon, 1862~1949년) : 영국의 외교관으로 주로 대영제국의 식민지였던 인도에서 활동했다.

안했다. 서아시아의 아랍어 사용 지역 대부분을 요구한 것이다. 하지만 영국으로서는 이 제안을 그대로 수용하기 어려웠다. 동맹국 프랑스가 시리아 연안 지역을 요구하고 있었기 때문이다. 영국 정부는 시리아 연안 지역의 주민들 중에는 아랍인이 아닌 인구의 비중이 높다는 이유를 내세워 그곳을 독립 아랍왕국의 영역에서 제외하자고 주장했다. 그러나 샤리프 후세인은 끝까지 대시리아 전 지역을 요구했다. 후세인과 맥마흔 사이의 서신은 이 문제에 대한 결론 없이 나중에 다시 협상하기로 미룬 채 어정쩡한 매듭을 지었다. 맥마흔은 서신을 통해 '대영제국은 메카의 샤리프가 제안한 국경선 내의 모든 지역에서 아랍인의 독립을 인정하고 지지할 준비가 되어 있다'고 전했다. 그리고 양측은 아랍반란을 위한 구체적인 준비에 돌입했다.

영국의 대중동정책

사실 샤리프 후세인은 자신의 제안을 영국이 전부 수용하기 어려울 것이라는 사실을 잘 알았다. 그는 구체적인 영토는 훗날의 협상에서 결정되리라고 여겼다. 일단 영국이 받아들일 수 있는 것보다 더 큰 영토를 요구한 후 구체적인 협상이 진행될 때 적절히 양보하려는 전략이었다. 그럼에도 불구하고 샤리프 후세인은 아라비아 반

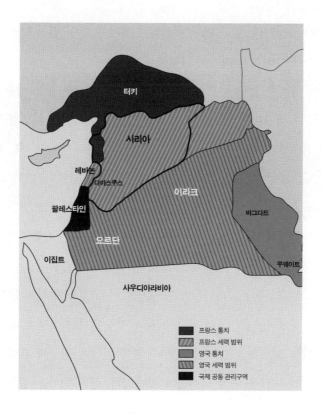

사이크스-피코 협약

도와 대시리아 지역에 아랍왕국이 세워지리라는 것에 대해 조금도 의심하지 않았다. 그러나 영국은 중동 지역에 대해 다른 계획을 가지고 있었다. 영국은 중동 지역의 오스만 영토를 프랑스와 분할하기로 별도의 비밀협상을 진행하고 있었다. 일명 '사이크스-피코 협약'05이 그것이다. 물론 이는 후세인과 맥마흔 간에 편지 왕래가 오 갈 당시에는 전혀 알려지지 않았다.

당시 영국은 동맹국 프랑스를 신경 쓰지 않을 수 없는 상황이었 다. 제1차 세계대전 중 프랑스는 서부전선에서 독일과 치열한 참호 전을 전개했다. 대부분의 역량을 서부전선에 쏟아부어야 했던 탓에 프랑스는 중동 지역에서의 이권을 챙길 여유가 없었다. 반면 그 기 간에 영국은 중동 지역에서 아랍반란군을 지원하며 오스만을 군사 적으로 압박해 들어갔다. 중동에서 영국의 영향력은 계속 확장되었 고 프랑스는 이를 우려의 눈으로 바라보았다. '독일은 우리가 막는 데 영토는 영국이 넓히나?' 하는 불안감이 프랑스에 팽배했다. 프 랑스와 함께 독일에 맞서 싸우는 영국 입장에서는 동맹국의 이 같 은 불안을 해소해줄 필요가 있었다. 결국 런던에 영국과 프랑스 대 표단이 마주 앉은 협상 테이블이 차려졌다. 헨리 맥마흔 경과 샤리 프 후세인 간에 편지를 통한 협상이 한창 진행되던 1916년 5월, 영 국의 중동 전문가 마크 사이크스 경과 프랑스의 전 베이루트 총영 사 샤를 프랑수아 조르주 피코가 두 나라의 대표로 참석한 협상단 은 전쟁 이후 오스만 제국의 영토를 영국과 프랑스가 나누어 갖기 로 약속했다. 영국은 이라크 지역을, 프랑스는 시리아 지역을 차지

---

05   사이크스-피코 협약(Sykes-Picot Agreement, 1916년) : 영국의 마크 사이크스와 프랑스의 조 르주 피코가 오스만의 제국령인 아라비아 반도 분할안을 비밀리에 결정한 협약.

메카의 샤리프, 후세인

하고 팔레스타인은 국제공동관리구역으로 남겨두기로 한 것이다. 이것이 사이크스-피코 협약이다. 러시아는 아나톨리아 동부의 지배권을 인정받는 대가로 사이크스-피코 협약에 동의했다. 이 협상에서 영국은 동시에 진행 중이던 샤리프 후세인과의 협상을 고려하지 않았다. 사이크스-피코 협약이 비밀리에 진행되었기 때문에 아랍인들은 협상의 내용을 전혀 알 수 없었다. 샤리프 후세인과 여러 아랍 민족주의자들은 영국이 아랍의 독립국가 건설을 굳건히 지지한다고 철석같이 믿었다.

영국은 이 시기 중동 지역에 대한 또 다른 공약을 내세웠다. 이른바 '밸푸어 선언'06으로 알려진 이 공약은 팔레스타인에 유대인 국가를 세운다는 것이었다. 당시 동유럽에서 유대인 탄압이 극심했다. 이에 유럽 내 유대인 사회에서는 팔레스타인에 유대인 국가를 세우자는 '시오니즘(Zionism)' 운동을 전개했다. 이를 위해 조직된 세계시오니스트기구(WZO)07는 영국 정부에 끊임없는 로비활동을 벌였고 결국 1917년 11월 영국 외무장관 아서 밸푸어가 세계시오니스트기구 대표 하임 바이츠만에게 영국 정부의 입장을 편지로 전했다.

"영국 정부는 팔레스타인에 유대인 국가 건설을 지지하며 이를 도울 것이다. 하지만 새로 건설될 유대인 국가가 기존의 비유대인 공동체의 권리나 지위를 손상해서는 안 된다."

이 편지 내용이 곧 유럽 전역의 유대인 사회에 알려졌다. 그리고 한창 진행 중이던 유대인들의 팔레스타인 이주가 더욱 탄력을 받았다. 당시는 제1차 세계대전의 막바지 시기였는데, 영국은 이를 통해

---

06 밸푸어 선언(Balfour Declaration, 1917년) : 영국의 외무장관 아서 밸푸어가 제1차 세계대전 기간 중 영국 유대인 로스차일드에게 서한을 보내 '이스라엘의 독립을 인정'한다고 밝힌 것. 이는 미국의 유대인들을 전쟁에 끌어들이기 위한 일종의 전략이었다는 평가를 받기도 한다.

07 세계시오니스트기구(WZO, World Zionist Organization) : 오스트리아의 유대계 언론인 테오드르 헤르츨의 제안으로 만들어진 기구. 전 세계 유대인의 권익을 대변하는 것에서 더 나아가 유대인 국가를 건설하자는 시오니즘 운동을 주도했다.

유대인들을 자신의 편으로 끌어들이려 했다. 결과적으로 영국은 삼중의 계약을 체결한 셈이다. 시리아는 프랑스와 하심 가문이 각각 자신들의 영토라고 꿈을 꾸었고 이라크는 영국과 하심 가문이 동상이몽인 상황이었다. 심지어 팔레스타인은 하심 가문, 유대인, 영국과 프랑스가 모두 각기 다른 계획을 도모하고 있었다. 맥마흔-후세인 서한은 아랍 민족주의자들을 통해, 밸푸어 선언은 유대인 공동체를 통해 공공연히 퍼져나갔다. 하지만 사이크스-피코 협약은 1917년 러시아 혁명 후 집권한 볼셰비키[08]가 짜르 왕정의 비리를 폭로하는 차원에서 외교문서를 공개하기 전까지 다른 이해당사자들에게 전혀 알려지지 않았다. 물론 나중에 모든 사실을 알게 된 아랍인들은 몹시 분노했다. 샤리프 후세인도 영국을 얼마나 믿어야 할지 고민에 빠졌다. 하지만 국제정세에 밝았던 그는 영국과의 동맹을 파기하지 않았다.

좌절된 시리아 독립

1916년 6월 10일 샤리프 후세인은 자신의 부족과 동맹세력들을

---

08 볼셰비키(Bolsheviki) : 블라디미르 레닌(Vladimir Lenin, 1870~1924년)이 속한 '다수파' 좌익 세력을 일컫는 말. 훗날 '마르크스 레닌주의자'라는 뜻으로도 불렸다. 레닌은 프롤레타리아 계급에 의한 구체제의 교체와 변화를 꿈꿨다.

이끌고 메카에 있는 오스만 요새를 공격했다. 오스만 제국에 대항하는 아랍의 반란이 시작된 것이다. 같은 해 9월까지 아랍반란군은 메디나를 제외한 모든 히자즈 지역을 점령했다. 샤리프 후세인은 아랍인들을 향해 반란에 동참해줄 것을 호소했다. 그는 오스만 정부의 내각이 《꾸란》과 샤리아를 무시하는 무신론자들이며 모든 무슬림이 단결해 오스만 정부를 무너뜨려야 한다고 목소리를 높였다. 하지만 아랍인들의 호응은 기대에 못 미쳤다. 샤리프 후세인의 주장에 동의하는 세력도 일부 있었지만 여전히 오스만 술탄에게 충성심을 가진 아랍인들도 많았다. 이들은 오히려 샤리프 후세인을 반역자로 몰아세웠다.

"이교도들에 맞서 술탄께서 전쟁을 벌인 위기 상황에서 무슬림의 단결을 도모하지는 못할망정 분열을 일삼다니!"

아랍 민족주의는 당시까지 일부 지식인층의 전유물이었다. 사막 지대의 유목부족들에게는 전통적으로 충성을 바쳐온 오스만 칼리파의 존재감이 더 컸다. 사실 샤리프 후세인 역시 민족주의자가 아니었다. 그가 꿈꾸는 아랍왕국에 헌법이나 의회제도, 그리고 공화정을 들여올 생각이 전혀 없었다. 그는 '메카의 샤리프'라는 지위를 이용해 하심 가문의 세습왕조를 세우고자 했을 따름이다. 따라서 아랍의 유목부족들에게 샤리프 후세인의 호소는 통치자가 달라질 뿐 근본적으로는 달라질 것이 없었다. 결국 샤리프 후세인이 이끈 아랍반란은 아랍 민중의 반란이 아니었다. 하심 가문과 이에 호응하는 일부 부족 중심의 반오스만 반란군이었던 셈이다. 그럼에도 불구하고 아랍반란군의 반오스만 전쟁이 지속되면서 점차 대중들은 민족주의에 눈을 뜨기 시작했다. 1918년 아랍 군대가 다마스쿠스를 점령하자 아랍인들은 환호했다. 아랍 독립국가 건설에 대한 기대감도 높아졌다. 다마스쿠스 공격을 이끈 아랍군 사령관은 샤리프 후세인의 셋째 아들 파이잘 이븐 후세인이었다. 그는 다마스쿠스에 입성한 직후 바로 정부 수립을 위한 준비에 들어갔다. 1920년 3월 8일, 시리아 의회는 다마스쿠스에서 파이잘을 시리아의 국왕으로 공식 선언했다.

하지만 영국과 프랑스는 아랍인들의 염원에 아랑곳하지 않고 자신들의 계획을 밀어붙였다. 사이크스-피코 협약을 통해 영국과 프랑스가 미리 합의한 중동 분할안은 1920년 4월 산레모 협정[09]을 통해 국제적으로 공인됐다. 국제연맹은 프랑스의 시리아 위임통치를 결정했다. 파이잘과 아랍 민족주의자들은 강대국끼리 아랍인의 땅을 나눠먹는 행태에 분개했다. 반면 프랑스는 파이잘을 중심으로 한 시리아 왕국을 승인해줄 생각이 없었다. 이제 남은 것은 양측의

---

09 산레모 협정(Conference of San Remo, 1920년) : 1920년 4월 19일 영국, 프랑스, 이탈리아, 벨기에, 그리스 등이 이탈리아 산레모에서 연 국제회의. 이 회의에서 오스만 제국의 영토 분할안이 확정됐다.

충돌뿐이었다. 프랑스는 시리아 정부에 최후통첩을 했다. 무기를 버리고 항복하지 않으면 중무장한 프랑스 정규군이 국경을 넘어 다마스쿠스로 진격할 터였다. 프랑스와의 정면충돌에 승산이 없다고 생각한 파이잘은 1920년 7월 14일 프랑스에게 항복했다. 그러나 시리아 국방장관 유수프 알 아즈마는 국왕의 명령을 따르지 않았다. 그는 강력한 아랍 민족주의자였는데, 항복을 하느니 차라리 싸우다 죽겠노라 결심했다. 시리아군이 무장을 해제하지 않고 항전태세를 유지하자 프랑스군은 베이루트를 출발해 다마스쿠스로 향했다. 유수프 장관이 이끄는 시리아군은 그 중간 지점인 마이살룬 지역에서 프랑스군과 맞닥뜨렸다. 소총으로 무장한 시리아군은 탱크와 포병까지 동원한 프랑스 정규군의 상대가 될 수 없었다. 결과는 프랑스군의 일방적인 승리였다. 시리아군은 궤멸됐고 시리아 독립국가를 꿈꾸던 유수프 장관도 전사했다. 시리아의 독립도 그의 죽음과 함께 좌절됐다. 이후 26년 간 시리아는 프랑스의 위임통치 아래에 놓였다. 파이잘의 포부도 좌절됐다. 파이잘은 프랑스와의 전쟁에서 패한 후 추방돼 영국으로 망명했다.

아라비아의 패권을 두고 사우드 가문과 겨루다

한편 하심 가문의 중심인 '메카의 샤리프' 후세인은 자신의 셋째 아들 파이잘이 시리아에서 추방된 후에도 여전히 자신의 본거지 히자즈 지역에 머물러 있었다. 그는 애초에 맥마흔 경에게 편지를 보내 영국과 거래를 했을 때부터 아랍 모든 지역의 통치자가 되려는 꿈을 꾸었다. 그러나 파이잘이 시리아에서 실패한 것처럼 샤리프 후세인도 아라비아 반도에서 실패를 거듭하고 있었다. 히자즈의 하심 가문을 가로막은 장애물은 다름 아닌 네지드 지역의 통치자 사우드 가문이었다. 제1차 세계대전 기간 동안 하심 가문이 중심이 된 아랍반란군은 오스만 제국군이 주둔하고 있던 시리아나 이라크에서 영국군과 공조해 상당한 전과를 올렸다. 문제는 아라비아 지역이었다. 네지드 지역에는 하심 가문과 마찬가지로 영국과 동맹을 맺은 사우드 가문이 버티고 있었다. 사우드 가문 역시 아라비아의 왕이 되고자 했다. 따라서 아라비아 반도의 패권을 놓고 하심 가문과 사우드 가문 사이의 충돌이 불가피했다. 오스만 제국이 아랍 지역에서 물러가자마자 하심 가문과 사우드 가문은 아라비아 반도의 패권을 놓고 한 판 자웅을 겨루었다.

1918년 6월 네지드와 히자즈의 접경 도시 알 쿠르마에서 하심가의 군대와 사우드가의 군대가 첫 전투를 벌였다. 결과는 와하비즘을 열광적으로 추종하는 이크완 전사들이 발군의 기량을 선보인 사우드가의 승리였다. 양측 모두와 동맹을 맺은 영국은 둘 사이의 중재자로 나서 싸움을 말리려고 했으나 샤리프 후세인은 말을 듣지 않았다. 첫 전투에서 패해 모욕감에 사로잡힌 그는 1919년 5월 다시 군대를 정비해 사우드의 군대를 공격했다. 그러나 결과는 더욱 참담한 패배였다. 오스만과의 오랜 전투로 지친 하심가의 군대는 '알라를 위해 싸우다 죽으면 천국에 갈 수 있다!'는 신념으로 뭉친 열정적인 와하비들로 중심이 된 사우드가의 군대보다 사기도 낮았고 전투력도 떨어졌다. 하심가의 군대는 거의 전멸 수준의 타격을 입었다. 샤리프 후세인의 둘째 아들 압둘라도 겨우 목숨만 건져 달아났다.

그러나 샤리프 후세인은 여전히 전체 아랍 지역의 지배자가 되겠다는 야심을 버리지 못했다. 영국은 하심가가 히자즈를 통치하고 사우드가가 네지드를 통치하는 중재안을 내놓았으나 이번에도 샤리프 후세인이 거부했다. 그는 영국과 프랑스가 아랍 분할 지배 야욕을 노골적으로 드러내자 두 강대국에 강력히 항의했다. 오스만에 대해 반란을 일으키는 대가로 아랍의 왕국을 주겠다던 영국의 약속은 이제 허망하게 뒤집혔다. 1920년 셋째 아들 파이잘이 시리아에서 쫓겨나자 오스만 술탄을 몰아낸 자리에 하심 가문의 왕국을 세우겠다는 샤리프 후세인의 꿈은 더욱 멀리 달아나고 있었다.

1924년 9월 이븐 사우드는 히자즈에 대한 공격을 개시했다. 메카로 진격하는 사우드가의 군대는 피에 굶주린 듯 학살과 약탈을 자행했다. 공포에 휩싸인 히자즈 주민들은 대표단을 구성해 샤리프 후세인에게 물러날 것을 요구했다. 주민들에게까지 버림을 받은 샤리프 후세인은 장남 알리 빈 후세인에게 히자즈의 왕위를 물려주고

키프로스로 망명했다. 그러나 사우드가의 군대는 계속 진격해 메카를 함락시켰다. 알리와 하심가의 군대는 메디나에서 끝까지 저항했으나 1925년 12월 결국 사우드군에게 항복하고 이라크로 망명했다. 전쟁에서 이긴 이븐 사우드는 스스로를 '네지드의 술탄이자 히자즈의 왕'으로 선포했다. 아라비아 반도의 주인이 결정된 것이다.

요르단과 이라크에 세워진 하심 왕국

샤리프 후세인은 약속을 어긴 영국 정부에 강하게 항의했다. 하심가 입장에서는 억울할 만도 했다. 하심가가 오스만 제국과의 전투에서 큰 공을 세웠음에도 불구하고 애초 맥마흔 경과의 서한에서 했던 약속이 하나도 지켜지지 않았기 때문이다. 비단 하심 가문만 불만이 가득한 것이 아니었다. 하심가와 더불어 오스만 제국에 대항해 함께 싸운 아랍인들 역시 시리아에서의 독립국가 건설 실패와 이라크에서의 영국 위임통치에 반영 감정이 크게 고조됐다. 일단 영국은 하심가와 아랍인들의 성난 여론을 달랠 필요가 있었다. 가장 손쉬운 방법은 지정학적 중요성이 덜한 지역에 하심 왕국을 세우는 것이었다. 영국이 지목한 지역은 트란스요르단이었다. 사실 전통적으로 아랍인들은 트란스요르단을 팔레스타인의 일부로 생각해왔다. 트란스요르단 주민들도 자신들이 시리아나 팔레스타인과 떨어져 독립된 국가가 될 것이라고 생각한 적이 없었다. 그러나 영국의 전략적 계산의 결과 트란스요르단이 하심가의 첫 번째 왕국으로 결정됐다. 1921년 4월 샤리프 후세인의 둘째 아들 압둘라 이븐 후세인이 트란스요르단의 국왕으로 선포됐다.

우여곡절 끝에 하심가의 왕국이 세워지자 그동안 하심가와 함께 시리아 독립국가 건설을 위해 투쟁해온 수많은 아랍 민족주의 운동가들이 트란스요르단에 둥지를 틀었다. 그들은 트란스요르단의 정부 요직에도 올라 국정에 막대한 영향력을 행사하기 시작했다. 트란스요르단의 민족주의자들로 인해 인접한 시리아 지역의 민족운동이 자극을 받았다. 사실 압둘라 국왕도 시리아를 노리고 있었다. 하심 가문의 입장에서는 손아귀에 들어왔던 지역을 프랑스에 빼앗긴 셈 아닌가. 시리아의 민심이 동요하자 시리아를 위임통치하는 프랑스는 영국에 강력하게 항의했다. '영국이 세운 트란스요르단의 민족주의자들이 프랑스가 지배하는 시리아를 시끄럽게 만들고 있다!' 그러자 영국은 군대를 보내 압둘라 국왕을 압박했다. '아랍 민족주의자들을 트란스요르단에서 내쫓으라!' 압둘라는 영국의 요구에 따르는 것 말고는 달리 방도가 없었다. 이미 시리아에서 동생 파이잘이 추방당하는 것을 목격하지 않았던가. 영국에 저항했다가 자신도 동생과 같은 운명이 될 것을 두려워한 압둘라 국왕은 민족주의자들을 국외로 추방했다.

이보다 앞서 영국에 대항해 가장 영웅적으로 싸운 지역은 이라크였다. 이라크 지역은 주민들의 구성이 복잡했다. 오래전부터 이 지역은 각기 다른 3개의 자치주로 이루어져 있었다. 동남부는 시아파 아랍인, 서부는 수니파 아랍인, 북부는 쿠르드인의 땅이었다. 영국은 이 지역이 전략적으로 중요하다고 판단했다. 영국으로서는 아시아에서 가장 중요한 식민지 인도를 안정적으로 확보할 필요가 있었고 그러자면 이라크 동쪽 해안의 페르시아 만을 장악해야 했다. 따라서 영국이 지중해를 거쳐 육로를 통해 페르시아 만에 도달하기 위해서는 지중해-팔레스타인-이라크-페르시아 만으로 이어지는 중동 지역의 횡단 통로가 반드시 필요했다. 역사적으로 유대감이 약한 이라크 지역의 3개 주를 영국 정부가 굳이 하나의 국경선 안에 묶은 것도 이 때문이다(같은 이유로 팔레스타인 역시 영국으로서는 전략적으로 중요했다).

1920년 4월 국제연맹이 산레모 협정을 통해 이라크를 영국의 위임통치령으로 공식 결정하자 이라크의 아랍인들은 뭉쳐서 저항하기 시작했다. 시아파와 수니파가 같은 모스크에 모여 함께 예배를 드렸고 함께 독립을 요구하는 시위에도 나섰다. 이는 이라크 역사상 전례가 없는 사건이었다. 하심가의 반오스만 전쟁이 아랍인들의 민족의식을 광범위하게 일깨운 결과였다. 처음에는 아랍인들의 시위가 평화적으로 진행됐다. 하지만 영국은 무자비한 폭력진압으로 대응했다. 많은 사상자가 발생했고 주동자들이 체포됐다. 그러자 시위대의 저항방식도 바뀌어 폭력적인 진압에 맞서 폭력시위가 벌어졌다. 처음에는 나자프와 카르발라 등 시아파 아랍인들의 지역을 중심으로 일어났던 반영 시위가 점차 전 이라크 지역으로 확산됐다. 1920년 7월에 이르자 반영 시위는 무장반란으로 변모했다. 반란군은 삽시간에 이라크 중부 지역을 장악했다. 반란군이 점령한 지역에서는 아랍인들의 자치정부가 세워졌다. 1920년 9월 영국은 병력을 대대적으로 확충해 반격에 나섰다. 기갑부대와 포병뿐 아니라 공군까지 반란 진압에 동원됐다. 전세가 순식간에 역전됐고 반란 세력은 수세에 몰렸다. 10월 말까지 영국군은 이라크 전 지역을 탈환하는 데 성공했다. 다시 이라크를 장악한 영국은 반란 세력을 발본색원하기 시작했다. 반란군에 가담한 이들을 집요하게 추적해 체포하거나 살해했고 그들의 집과 재산을 불살라버렸다. 영국의 잔인한 보복에 아랍인들은 치를 떨었지만 압도적인 힘의 차이를 확인한 이상 또다시 정면대결을 벌일 엄두를 내지는 못했다.

그러나 이라크의 반란이 전혀 성과가 없었던 것은 아니다. 이라크 주민들의 강력한 반감을 확인한 영국 정부는 대이라크 지배 전략을 바꾸었다. 이라크를 직접 통치하는 대신 아랍인들에게 존경받는 인물을 대리인으로 내세워 간접적으로 지배하는 방식을 선택한 것이다. 영국 정부는 마침 시리아에서 추방되어 트란스요르단에 머물던 파이잘을 떠올렸다. 사실 영국으로서도 하심가와의 약속을 일방적으로 어긴 것이 다소 부담스럽던 차였다. 만일 파이잘을 이라크 국왕에 앉힌다면 이라크인들의 반감도 한풀 꺾일 것이고 하심가

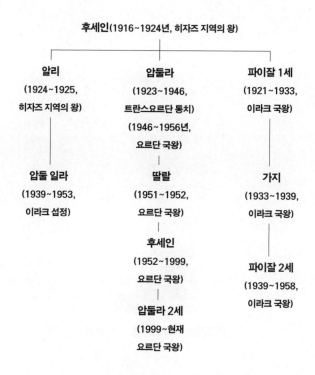

후세인(1916~1924년, 히자즈 지역의 왕)

알리	압둘라	파이잘 1세
(1924~1925, 히자즈 지역의 왕)	(1923~1946, 트란스요르단 통치) (1946~1956년, 요르단 국왕)	(1921~1933, 이라크 국왕)
압둘 일라	딸랄	가지
(1939~1953, 이라크 섭정)	(1951~1952, 요르단 국왕)	(1933~1939, 이라크 국왕)
	후세인	파이잘 2세
	(1952~1999, 요르단 국왕)	(1939~1958, 이라크 국왕)
	압둘라 2세	
	(1999~현재 요르단 국왕)	

• **하심 왕가 계보도**(통치 지역 – 히자즈, 요르단, 이라크) •

와의 약속도 이행하는 일석이조가 되는 셈이었다. 비록 껍데기뿐인 왕권이었지만 파이잘은 영국의 제안을 수용했다. 1921년 8월 영국은 파이잘을 이라크의 국왕으로 선포했다. 외형상 입헌군주제를 채택한 이라크 왕국은 헌법과 의회도 갖추었다. 물론 여전히 영국의 위임통치령이라는 사실에는 변함이 없었다. 이로써 트란스요르단에 이어 두 번째 하심가 왕국이 세워졌다.

정체성의 투쟁, 중동사 21장면

Scene

08

독립전쟁에서 승리한
무스타파 케말

터키공화국의 탄생

"1921년 8월부터 9월에 걸쳐 21일 간 사카리아 강 인근의 산악 지대에서 한 치의 양보 없는 공방전이 벌어졌다. 터키 국민군과 그리스군 모두 용맹했지만 이겨야 하는 절실함은 터키 국민군이 앞섰다. 터키인들이 고향을 지키기 위해 싸운다면 그리스인들은 싸움을 끝내고 빨리 고향으로 돌아가려는 마음이 더 컸다. 시간이 흐르고 사상자가 많아지면서 그리스군의 사기가 점점 떨어졌고 결국 그리스군이 물러났다."

패망과 독립운동

오스만 제국은 제1차 세계대전에서 독일을 주축으로 한 동맹국 편에 가담했다. 그리고 동맹국과 함께 패전했다. 한때 아시아, 유럽, 아프리카 세 대륙에 걸쳐 거대한 영토를 호령했던 오스만 제국은 19세기 유럽 열강들의 간섭과 전쟁을 거치면서 큰 영토를 잃고 '유럽의 병자'로 불렸다. 그리고 제1차 세계대전의 패전국이 된 이후에는 급기야 산소호흡기에 의존하는 중환자 신세로 전락하고 말았다. 전쟁에서 승리한 협상국은 오스만 제국의 영토를 분할하기로 결정했다. 1920년 8월 10일 프랑스 파리 인근 세브르에 모인 승전국 대표들은 오스만 제국의 지도를 새로 그리는 조약에 합의했다. 세브르 조약[01]대로라면 훗날 터키공화국의 영토는 현재의 3분의 1

---

01   세브르 조약(Treaty of Sèvres, 1920년) : 제1차 세계대전 후인 1920년 8월 10일 프랑스 세브르에서 연합국과 오스만 제국 간에 맺어진 강화조약. 오스만 측에 매우 불리한 불평등한 조약이었고 이에 반발한 세력들이 민족운동을 전개함으로써 터키공화국이 수립된다.

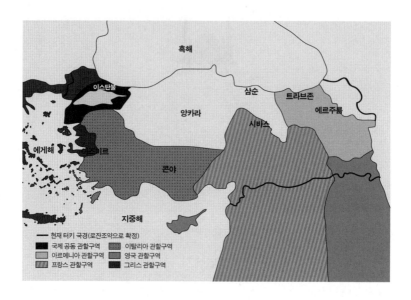

지도 내 레이블:
- 흑해
- 이스탄불
- 삼순
- 트라브존
- 에르주룸
- 앙카라
- 시바스
- 에게해
- 이즈미르
- 콘야
- 지중해

범례:
— 현재 터키 국경(로잔조약으로 확정)
■ 국제 공동 관할구역 / 이탈리아 관할구역
아르메니아 관할구역 / 영국 관할구역
프랑스 관할구역 / 그리스 관할구역

세브르 조약 국경 분할안

수준에 머물렀을 것이다. 발칸 반도를 오스만 제국에서 독립시켰고, 북아프리카는 유럽 열강들의 손에 넘어갔다. 또한 아랍 지역도 영국과 프랑스가 관할했다. 제국의 수도 이스탄불은 승전국들이 공동으로 관리하기로 했으며, 이스탄불을 제외한 나머지 유럽 지역의 영토는 모조리 그리스의 차지가 됐다. 그리스는 아나톨리아 서부의 이즈미르도 5년 동안 점유하기로 했다. 오스만 제국 동부의 아르메니아는 독립했고, 남부 쿠르디스탄은 쿠르드인들의 자치권을 허용하기로 했다. 세브르 조약은 오직 아나톨리아 중부와 북부 지역만 오스만 제국의 영토로 인정했다. 말 그대로 오스만 제국이 해체된 것이다.

　세브르 조약의 내용이 발표되자 오스만 전 지역에서 반대 여론이 들끓었다. 지식인들과 군 장교들이 중심이 된 튀르크 민족주의자들은 이 굴욕적인 조약에 반발해 투쟁에 나섰다. 승전국들은 오스만의 군대를 해산시켰다. 하지만 오스만의 민족주의 장교들은 영국과 프랑스의 영향력이 미치지 않는 내륙 지역으로 무기와 군수품을 빼돌리며 저항했다. 오스만군에서 이탈한 장교와 병사들을 중심으로 독립을 주장하는 저항군이 조직됐다. 이 조직들은 훗날 국민군으로 재탄생해 터키의 독립에 가장 중요한 역할을 담당한다.

　이스탄불의 오스만 왕실은 승전국과 타협해 명맥을 이어가려고 했다. 비록 패망한 나라였지만 오스만 신민들 중에는 여전히 오스만 왕실에 충성심을 가진 이들도 많았다. 오스만 왕실은 독립을 주장하는 튀르크 민족주의 세력을 탄압했다. 특히 승전국의 영향력 아래에 있던 이스탄불은 독립운동 세력이 활동하기가 어려웠다. 민족주의자들은 독립운동의 거점을 이스탄불에서 멀리 떨어진 아나톨리아의 내륙 지역으로 옮겼다. 전국적으로 민족권리수호협회가 세워졌다. 각 지역의 민족권리수호협회는 해당 지역 민족주의자들의 집결단체로서 통일된 지도부가 존재하지 않았다. 누군가 이 조직들을 규합한 단일한 독립운동을 이끌어야 했다. 여러 지도자들이 경쟁하는 상황이었는데, 민족주의 성향의 군 장교들은 제1차 세계대전에서 탁월한 지도력을 보여준 무스타파 케말의 주위로 몰려들었다. 우리에게는 케말 파샤로 더 잘 알려진 인물이다. 오스만 제국에서는 뛰어난 업적을 남긴 장군이나 재상에게 '파샤'라는 존칭을 붙여 경의를 표했다.

당시 이스탄불의 술탄 정부는 무스타파 케말을 감찰관으로 임명해 오스만 군대의 잔여 무장병력을 해산시키고 치안을 확보하라는 임무를 내렸다. 케말은 술탄의 명령에 따라 흑해 연안의 항구 도시 삼순에 도착했으나 즉시 술탄의 명령을 어기고 자신의 감찰 지역 내 독립운동 단체들과 접촉하기 시작했다. 그러자 오스만 정부는 케말을 체포하라는 명령을 내렸다. 쫓기는 몸이 된 무스타파 케말은 내륙으로 이동해 뜻을 같이하는 이들을 모았다. 1919년 9월 4일 시바스에서 전국 각 지역의 민족주의 운동 대표들이 참석한 의회가 소집됐다. 시바스 의회는 여러 지역에 흩어져 있는 민족권리수호협회를 하나의 조직으로 통일하기로 했다. 이 통일체는 '아나톨리아 및 루멜리아 민족권리수호협회(이하 '수호협회')'로 명명됐다. 이 조직의 이름은 당시 민족주의자들이 지향하는 바를 분명히 알려준다. 아나톨리아는 소아시아 지역을, 루멜리아는 오스만 제국의 유럽 지역 영토인 이스탄불과 발칸 반도를 의미한다. 즉, 아나톨리아와 루멜리아 모두 튀르크인의 영토라고 선포한 셈이다. 무스타파 케말을 위시한 튀르크 민족주의자들은 세브르 조약에서 정한 대로 아나톨리아 중북부 지역만을 영토로 받아들일 뜻이 전혀 없었다.

다시 앙카라로 거점을 옮긴 무스타파 케말은 이스탄불의 오스만 정부를 대체할 별도의 정부가 필요하다고 생각했다. 그러나 여전히 오스만 정부 내부에서 개혁을 하고자 했던 민족주의자들은 1919년 12월에 치러진 오스만 정부의 총선에 '수호협회' 후보로 출마했다. 오스만 제국의 마지막 선거가 된 이 총선에서 민심을 등에 업은 수호협회가 하원의 다수당이 되는 기염을 토했다. 독립을 주장하는 세력이 이스탄불의 정국을 장악하게 된 것이다. 영국과 오스만 왕실은 긴장했다.

1920년 3월 수호협회의 주도로 오스만 의회가 세브르 조약을 거부하고 오스만 제국의 독립을 선언하는 국민헌장을 통과시키자 영국군은 오스만 의회를 강제로 해산시킨 후 수호협회 관계자들이 사용하는 주요 건물들을 점령했다. 민족주의 운동가들은 체포되어 몰타의 수용소로 추방당했다. 이 과정에서 몰래 빠져나온 일부 민족주의 운동가들은 무스타파 케말 등이 머물던 앙카라로 향했다. 이로써 오스만 정부 내부에서 개혁을 통해 독립을 추구하려는 노력이 실패로 끝났다. 이를 뛰어넘는 새로운 패러다임이 필요했다.

앙카라에서는 새로운 정부를 수립하기 위한 준비가 한창이었다. 그 시작은 민족주의 운동가들로 이루어진 의회의 구성이었다. 1920년 4월 23일 앙카라에서 각계 대표 300명으로 구성된 대국민의회가 소집됐다. 대국민의회 의원 중 절반이 오스만 제국의 관리나 군장교 출신이었다. 나머지는 변호사, 자영업자, 성직자 등이었다(훗날 터키 정부는 대국민의회가 처음 소집된 4월 23일을 터키의 '광복절' 격인 국가기념일이자 공휴일로 지정했다). 무스타파 케말은 대국민의회 의장으로 선출됐다. 그는 곧바로 이스탄불 정부를 대체할 새로운 정부 구성을 의회에 제안했다. 1920년 5월 1일 대국민의회는 케말이 제안한 정부 구성을 승인했다. 이렇게 앙카라 정부가 출범했고 무스타파 케말이 최고지도자인 집행위원장을 맡았다. 앙카라 정부는 사실상 식물정부 상태에 빠진 오스만 정부를 대체하는 영향력을 발휘했다. 앙카라 정부가 세워졌다는 소식을 들은 이스탄불의 오스만 정부는 이들을 토벌하기 위해 4,000여 명의 정벌군을 파견했지만 앙카라 정부 휘하의 국민군이 이를 격퇴했다. 이제 독립운동의 중심이 된 앙카라와 구체제를 이어가려는 이스탄불은 튀르크인의 미래를 놓고 필사적인 경쟁을 벌이는 상황에 돌입했다.

터키 vs 그리스

터키와 그리스는 비잔틴 제국의 계승권을 놓고 경쟁하는 관계였다. 메흐메드 2세의 정복으로 비잔틴 제국이 지도에서 사라진 이후 비잔틴 제국의 주인이었던 그리스인들은 오스만 제국의 지배를 받아왔다. 비잔틴 제국의 영토는 곧 오스만 제국의 땅이 됐다. 메흐메드 2세는 자신이 비잔틴 황제의 계승자임을 선언하기도 했다. 하지만 그리스가 오스만 제국에서 독립해나가자 다시 갈등이 시작됐다.

오스만의 지배를 당하면서도 그리스인들은 비잔틴 제국의 국교인 정교회를 지켜왔다. 그리고 독립 이후 과거 비잔틴의 영토였던 이스탄불(콘스탄티노플)과 아나톨리아 지역을 되찾으려는 의지를 꺾지 않았다. 신생 그리스의 민족주의자들은 그리스가 과거 비잔틴 제국의 정당한 계승자라고 굳게 믿었다.

터키 독립을 이야기하면서 느닷없이 비잔틴 제국의 계승을 설명하는 이유는 이후 전개되는 상황이 바로 이러한 정체성의 충돌과 밀접한 관련이 있기 때문이다. 독립을 추진하던 앙카라의 대국민의회는 이스탄불의 오스만 정부보다 더욱 힘겨운 경쟁자와 맞붙어야 했는데, 그 상대가 바로 그리스였다. 그리스가 포함된 발칸 반도는 오랫동안 오스만 제국의 영토였지만 19세기 초 그리스인들은 오스만 제국과 독립전쟁을 벌여 그리스 왕국을 탄생시켰다. 하지만 이때 세워진 그리스 왕국의 영토는 당시 그리스 민족주의자들이 생각하기에 턱없이 부족했다. 스스로 비잔틴 제국의 후예라고 여기는 그리스인들은 발칸 반도 전체와 콘스탄티노플, 그리고 아나톨리아 서부 지역까지 자신들의 영토라고 주장했다. 그러나 거대한 오스만 제국에 비해 신생 그리스는 힘이 약했다. 그리스인들은 이를 갈며 기회를 노렸다. 오스만 제국이 제1차 세계대전에서 패망하면서 국력이 기울자 그리스는 자신들의 잃어버린 영토를 수복할 기회라고 여겼다. 영국과 러시아 등의 지원을 받은 그리스군은 오히려 오스만 제국군을 능가하는 전력을 갖추었다.

오스만 제국이 협상국 측에 항복을 선언한 직후 그리스군은 망설이지 않고 아나톨리아의 서부 도시 이즈미르를 점령했다. 이즈미르 지역은 당시 오스만의 영토였지만 많은 그리스인들이 거주하고 있었다. 이즈미르의 그리스인들과 아르메니아인들은 그리스 군대를 해방군으로 여겨 열렬히 환영했다. 그러나 이즈미르의 튀르크인들도 외국 군대가 자기 나라를 침범하는 행위를 지켜보고만 있지 않았다. 그리스군이 이즈미르의 무기창고를 확보하려 하자 무슬림 군중이 이를 저지했다. 그리스군과 시위 군중 간의 대치와 몸싸움이 이어졌다. 그 와중에 시위대 중 누군가가 그리스 장교에게 총을 쏘았다. 그리스 장교가 쓰러지자 그리스군도 시위 군중을 향해 총을 발사했다. 시위대는 격렬하게 저항했으나 무장 수준이 월등히 앞선 그리스군을 이길 수는 없었다. 많은 튀르크인 희생자가 발생했고 이 사건으로 오스만 전 지역에 반그리스 감정이 확산됐다.

1920년 8월 세브르 조약에 오스만 정부가 서명하자 그리스군은 당시 세브르 조약 상의 점령지인 이즈미르를 넘어 동쪽으로 진격하기 시작했다. 앙카라의 대국민의회가 결성한 터키 국민군은 그리스군을 저지하기 위해 방어전선을 구축했다. 양측은 이뇌뉘라는 작은 도시에서 두 차례 전투를 벌였다. 무기와 화력에서 열세였음에도 불구하고 국민군은 그리스군을 물리쳤다. 이 전투의 지휘관은 무스타파 케말의 부관 이스메트였다. 훗날 그는 터키공화국 정부가 전 국민에게 성(姓)을 가지도록 의무화하자 자신이 영예롭게 승리한 도시 이름을 따왔다. 그가 바로 터키공화국의 제2대 대통령 이스메트 이뇌뉘[02]다. 이 승리로 이스메트에게도 '파샤'라는 존칭이 붙었다.

1921년 7월 10일 전열을 정비한 그리스군은 다시 공격을 개시했다. 이번에는 12만 명이 넘는 대규모의 병력이었다. 앙카라 정부 역시 이에 대비해 비슷한 규모의 병력을 준비해두었다. 하지만 영국의 지원을 받는 그리스군은 야포와 기관총, 폭격기 등 무기 면에서 국민군보다 우월했다. 그리스군의 진격 속도는 빨랐다. 국민군의 방어선이 쉽게 뚫렸고 그리스군이 앙카라 근방까지 다가오자 다급해진 대국민의회는 한 목소리로 요청했다.

"케말 파샤, 당신이 직접 군을 지휘해주시오."

과거의 전투에서 탁월한 지휘 역량을 여러 차례 발휘했던 무스타파 케말에게 총사령관직이 맡겨지는 순간이었다. 물론 케말의 정적들은 이 전투에서 패할 경우 그 책임을 케말에 물어 정부 수반인 집행위원장 자리에서 몰아내려는 계산도 깔려 있었다. 그런 의도를 모르는 바 아니었지만 케말은 3개월 동안만 지휘관을 맡는 조건으

---

02 이스메트 이뇌뉘(Ismet Inonu, 1884~1973년) : 터키의 장군 겸 정치가. 터키 총리를 역임한 후 무스타파 케말의 뒤를 이어 터키공화국 2대 대통령에 취임했다.

로 요청을 수락했다. 그러는 사이 그리스군은 앙카라 인근의 사카리아 강(江)까지 밀고 들어왔다. 사카리아 강의 저지선이 뚫린다면 앙카라 정부의 존립이 위험해지는 절체절명의 상황이었다. 이는 장차 터키의 독립이 어려워질 수도 있다는 뜻이기도 했다. 국민군 장교들과 병사들은 몸을 사리지 않고 그리스군과 맞섰다. 1921년 8월부터 9월에 걸쳐 21일 간 사카리아 강 인근의 산악 지대에서 한 치의 양보 없는 공방전이 벌어졌다. 터키 국민군과 그리스군 모두 용맹했지만 이겨야 하는 절실함은 터키 국민군이 앞섰다. 터키인들이 고향을 지키기 위해 싸운다면 그리스인들은 싸움을 끝내고 빨리 고향으로 돌아가려는 마음이 더 컸다. 시간이 흐르고 사상자가 많아지면서 그리스군의 사기가 점점 떨어졌고 결국 그리스군이 물러났다. 양측 모두 합쳐 2만 명이 넘는 사상자가 발생했지만 포로와 실종자까지 합치면 그리스군의 피해가 더 컸다. 터키 국민군의 경우 장교들의 희생이 컸다. 무스타파 케말은 대국민의회에 전투 결과를 보고하는 자리에서 사카리아 전투[03]를 일컬어 '장교들의 전투였다'고 말했다. 국민군 측에서는 장교만 300명 가까이 사망했고 1,000여 명의 부상자가 나왔다. 사카리아 전투를 승리로 이끈 케말은 터

---

03   사카리아 전투(Battle of Sakarya, 1921년) : 제1차 세계대전 패망으로 힘이 빠진 오스만을 제압해 과거처럼 비잔틴 제국 건설을 꿈꾸던 그리스의 침공에 맞서 무스타파 케말의 지휘하에 터키군이 앙카라 남서쪽 사카리아 강가에서 그리스군을 물리친 전투. 이 전투의 승리로 전세가 역전돼 결국 터키군이 그리스를 터키 땅에서 몰아내고 로잔 조약을 맺음으로써 오늘날의 터키공화국이 세워졌다.

키인들의 국민영웅으로 떠올랐다. 대국민의회는 그에게 '이슬람을 수호한 무슬림 전사'라는 뜻인 '가지' 칭호를 선사했다.

튀르크인들은 사카리아 강 전투에서 승리한 후 한숨 돌렸다고 생각했다. 그러나 무스타파 케말은 총동원령을 내렸다. 얼마 전 끝난 제1차 세계대전에서 100만 명 이상의 사상자가 발생한 상황에서 또다시 터키인들은 그리스와의 전쟁에 동원되어야 했다. 터키 대중은 앙카라 정부의 총동원령에 불만을 표했지만 케말은 단호했다.

"그리스군이 후퇴하고 있는 이 기회에 그들을 완전히 몰아내지 않으면 그리스군은 다시 몰려올 것이다."

1922년 8월 앙카라 정부는 그리스군에 대해 반격에 나섰다. 국민 군은 반격 한 달 만에 이즈미르를 되찾고 그리스군을 아나톨리아에서 완전히 몰아내는 데 성공했다. 나아가 국민군은 보스포루스 해협에 주둔해 있던 영국군까지 공격했다. 전후 복구에 바빴던 영국 정부는 앙카라 정부와 터키 국민군을 상대로 전면전을 벌일 의지가 없었다. 영국은 앙카라 정부와 휴전협정을 맺었다. 영국군이 방어를 포기하자 오스만 제국의 심장부인 이스탄불까지 국민군과 앙카라 정부의 수중에 들어갔다. 무스타파 케말은 아직 비준되지 않은 세브르 조약을 폐기하려 했다. 앙카라 정부는 국민군의 잇단 승리를 바탕으로 유리한 고지에서 승전국들과 교섭하기 시작했다. 스위스 로잔에서 오스만 제국의 문제를 재논의하기 위해 새로운 협상 테이블이 마련됐다. 이 협상에 오스만 정부를 대신해 대국민의회가 대표단으로 참석했다. 이뇌뉘 전투의 영웅 이스메트 파샤가 대표단장을 맡았는데, 그는 협상 과정에서 터키의 주권을 침해하는 어떠한 조건도 받아들이지 않았다. 귀가 어두웠던 이스메트는 보청기를 끼고 다녔는데, 영국 대표가 이야기할 때 보청기를 꺼두었다가 그의 말이 끝나면 마치 아무 말도 듣지 못했다는 듯이 '터키의 독립과 완전한 자주권'이라는 말만 앵무새처럼 반복했다. 협상 내내 이러한 태도로 일관하자 기가 질린 영국 대표는 결국 이스메트 파샤의 입장에 동의할 수밖에 없었다. 그리하여 마침내 1923년 7월 24일 로잔 조약[04]이 체결됐다. 이 조약으로 터키는 승전국들에 전쟁배상금을 지불하지 않고 아나톨리아 전 지역을 되찾았으며 이스탄불과 보스포루스 해협도 차지했다. 튀르크인들은 끊임없는 투쟁으로 나라를 되찾았지만 희생도 컸다. 3년에 걸친 독립전쟁에서 터키 국민군 1만 3,000명이 사망, 3만 5,000명이 부상을 당했다. 터키 국민군과 치열하게 싸운 그리스군은 3만 5,000명의 사상자와 3만 5,000명의 포로가 발생했다. 로잔 조약을 통해 독립전쟁을 마무리하면서 앙카라 정부가 가장 공들인 지역이 바로 이스탄불이다. 비잔틴 제

---

04 로잔 조약(Treaty of Lausanne, 1923년) : 사카리아 전투에서 승리한 터키가 1920년에 체결된 '세브르 조약'의 부당함을 주장하며 새로운 강화조약을 맺자고 요구하는데, 그것이 로잔 조약이다. 이 조약으로 이후 건국이 선포된 터키공화국은 이스탄불을 포함해 오스만 제국 영토의 상당 부분을 되찾고 주권 국가로서 인정받을 수 있었다.

국의 진정한 계승자임을 자임하는 그리스로서는 비잔틴의 수도 콘스탄티노플(이스탄불)을 반드시 차지하고자 했다. 그러나 오스만 제국을 이어받은 터키도 이스탄불을 절대 포기할 수 없었다. 영국을 비롯한 유럽 국가들 역시 이스탄불을 그리스에 넘겨주고 터키를 아시아 지역 영토로 한정 짓고자 했다. 하지만 무스타파 케말은 이스탄불을 고수했다. 그 대신 에게 해의 섬들 대부분을 그리스에 넘겨주었다. 결국 이스탄불은 콘스탄티노플이 아닌 이스탄불로 남게 됐다.

오늘날에도 터키와 그리스는 사이가 좋지 않다. 이 시기 피를 흘리며 싸웠던 상처가 여전히 남아 있지만 오스만 제국이 비잔틴 제국을 멸망시킨 역사까지 거슬러 올라가 두 나라는 상대방에 대한 나쁜 감정을 재생산한다. 오늘날 터키의 유럽연합(EU) 가입을 가장 적극적으로 반대하는 나라가 다름 아닌 그리스다. 두 나라 간의 A매치 축구경기는 늘 서로의 자존심과 민족 감정을 걸고 벌이는 치열한 승부로 유명하다. 마치 우리나라와 일본 간의 축구경기처럼….

터키공화국 수립

이스탄불을 장악한 대국민의회는 새로운 나라에 필요한 준비를 하나씩 해나갔다. 우선 오스만 제국의 문을 닫아야 했다. 1922년 11

월 1일 술탄직이 폐지됐다. 오스만 제국의 마지막 술탄 메흐메드 6세[05]는 영국의 도움으로 하심가의 샤리프 후세인이 다스리는 히자즈로 몸을 피했다. 이후 메흐메드 6세는 다시 몰타로 망명해 그곳에서 생을 마감했다. 무스타파 케말은 술탄과 별개로 칼리파 자리를 존치하는 데에는 동의했다. 무슬림들의 정신적 지주인 칼리파마저 없앤다면 국내외의 반발 여론이 클 것으로 우려했기 때문이다. 메흐메드 6세의 사촌 압둘하미드가 새 칼리파로 선출됐다. 그러나 아무 실권도 없는 압둘하미드는 결국 터키공화국 수립 이후인 1924년 칼리파 제도가 폐지되면서 가족들과 함께 국외로 추방됐다. 세속 공화정을 지향한 케말은 칼리파의 존재가 왕당파를 뭉치게 할 수 있다고 우려했다.

로잔 협정 과정에서 무스타파 케말은 터키 민족국가를 수립하기로 결심했다. 터키 민족국가란 터키인들로 이루어진 국가를 의미한다. 원래 오스만 제국은 다민족, 다종교 국가였다. 따라서 새로 만들어질 나라가 터키 민족국가가 되려면 국민들 중 터키인의 비중이 압도적으로 많아야 했다. 그래서 케말은 아랍인들이 다수이거나 아르메니아인들이 다수인 지역은 과감히 포기했다. 터키인의 비중이 70% 이상인 지역만 자국 영토에 포함시키려 했다. 영토보다 구성

---

05 메흐메드 6세(Mehmed VI, 1861~1926년) : 오스만 제국의 마지막 36대 술탄. 제1차 세계대전 중 재위에 올랐으나 실권을 가지지 못한 채로 오스만 제국의 패배와 해체를 목격했다. 터키공화국 수립 후 술탄제가 폐지되면서 물러나게 되었다.

원들의 정체성에 중점을 둔 결정이었다. 문제는 그리스인들이었다. 아나톨리아 서부 지역과 이스탄불에는 많은 그리스인이 살고 있었다. 케말은 그리스와 전쟁까지 치른 마당에 그리스 인구 비중이 높을 경우 터키 국민국가를 세우는 데 도움이 안 될 것으로 판단했다. 그는 그리스 정부와 인구 강제교환 협약을 맺었다. 터키 땅에 사는 그리스인들을 그리스로 강제 이주시키고, 반대로 그리스 땅에 사는 터키인들을 터키로 강제 이주시키는 정책이었다. 이를 통해 130만 명의 그리스인이 터키 땅을 떠나 그리스로 보내졌고 40만 명의 터키인이 그리스에서 쫓겨나 터키로 들어왔다. 하지만 터키 국민국가 수립에서 예외적인 존재가 있었는데, 바로 쿠르드인이었다. 터키 남부 쿠르디스탄에 거주하는 쿠르드인들도 독립을 추구했지만 케말은 그들의 독립을 허용하지 않았고 터키 영토에서 쿠르디스탄을 제외하지도 않았다. 이에 터키공화국 수립 이후에도 쿠르드인들의 반란이 여러 차례 발생했으며 쿠르드계 반정부 단체의 테러도 빈번했다. 터키 정부는 쿠르드인들에 대해 동화정책과 억압정책을 동시에 펼쳤으나 오늘날까지 쿠르드인들의 독립 열망은 터키의 잠재적인 불안요소로 남아 있다. 여러 우여곡절 끝에 1923년 10월 29일 드디어 터키공화국 수립이 선포됐다. 수도는 독립운동의 거점인 앙카라였고 의회는 무스타파 케말을 초대 대통령으로 선출했다.

이슬람을 버리고 세속주의 노선을 가다

터키공화국은 중동 최초의 세속 국민국가라는 특징을 지닌다. 무스타파 케말 대통령은 건국 후 정·교 분리정책과 세속주의 노선을 추진했다. 이슬람 율법인 샤리아를 폐지하고 유럽식 세속법정을 도입했다. 일부다처제뿐 아니라 이슬람 종교학교인 마드라사도 폐지했다. 케말은 1928년 헌법 개정 당시 '터키의 국교는 이슬람'이라는 조항도 삭제함으로써 종교의 자유와 완전한 세속국가의 기틀을 다졌다. 그 외에도 여러 분야에서 유럽의 문화를 수용했다. 달력도 바꿨다. 기존의 이슬람력과 오스만력[06]을 버리고 서양달력(서력)을 채택했다. 이슬람 신자가 대부분인 나라에서 기독교의 문화적 요소가 배어 있는 서력을 채택한다는 건 획기적인 사건이다. 또한 문자도 바꿨다. 원래 아랍문자를 차용해 터키어를 표기해왔으나 터키어의 발음을 표기하기에는 아랍문자가 부적절한 경우가 많았다. 이에 터키 정부는 라틴 알파벳을 변형해 새로운 터키문자를 만들었다. 문자도 유럽화한 것이다. 튀르크인의 전통을 말살한다는 비판이 거세게 제기됐으나 케말은 개의치 않고 서구화를 밀어붙였다.

또한 터키 정부는 모든 국민들이 의무적으로 성(姓)을 갖도록 하

---

06 오스만 제국 창건자 오스만 1세가 태어난 1258년이 원년이 된다. 서력 1800년 셀림 3세의 명에 따라 오스만 제국에서 사용하기 시작했다.

는 법을 만들었다. 전통적으로 튀르크인들은 이름에 성을 쓰지 않고 자신의 이름 뒤에 아버지의 이름이나 출생지를 덧붙이는 방식으로 이름을 표현해왔다. 이런 작명은 비슷한 이름이 많아 구분이 어려웠기 때문에 근대화된 행정체계를 만드는 데에 불편을 주었다. 무스타파 케말 자신은 '터키의 아버지'라는 의미인 '아타튀르크'라는 성을 붙였다. 무스타파 케말 아타튀르크. 의회는 아타튀르크라는 성을 무스타파 케말에게만 허용하기로 결정했다. 케말의 가족들은 그와 다른 성을 사용했다.

이러한 터키 정부의 세속주의 노선은 큰 반발에 부딪혔다. 무스타파 케말이 나라를 구한 영웅이긴 해도 무려 1000년 넘게 유지해온 이슬람교의 정체성을 하루아침에 버리도록 강요하는 정책들을 신앙심 깊은 무슬림들이 쉽게 따를 수는 없었다. 가장 첨예하게 대립한 분야는 모스크에서 드리는 이슬람 예배였다. 이슬람 종교법은 오직 아랍어로만 예배를 드리도록 규정한다. 특히 《꾸란》을 낭독하는 일은 반드시 아랍어로 진행해야 한다. 그런데 케말은 행정명령을 통해 터키어로 예배를 드리도록 하는 정책을 도입했다. 그러자 이슬람 성직자들이 거세게 저항했고 터키 정부는 한발 양보해 설교만이라도 터키어를 사용하도록 했다. 그러나 경건한 무슬림들은 지금도 이 같은 정부의 조치를 따르지 않고 여전히 예배의 모든 절차에 아랍어를 사용한다. 터키어 예배는 세속주의와 이슬람 정체성이 가장 첨예하게 부딪히는 지점이라고 할 수 있다.

케말 정부가 이슬람 예배에 대해서는 양보했지만 그 밖의 저항에는 단호히 탄압했다. 1925년 4월 집권당인 공화인민당은 의회에서 「질서유지법」을 통과시켰다. 이 법안은 체제전복을 노리는 집단이나 조직을 강제로 폐쇄할 수 있는 강력한 권한을 정부에 부여한다는 것이었다. 「질서유지법」은 이슬람주의 세력뿐 아니라 여타 반대세력을 모두 제압하는 도구로 사용됐다. 쿠르드족의 반란도 강력하게 진압했고 이를 지지한 야당도 탄압했으며 공산주의 세력에도 철퇴를 가했다. 결국 터키는 집권당인 공화인민당을 제외한 어떠한 정당도 허용하지 않는 일당독재의 길로 갔다. 터키의 정치체제는 서구적 모델인 공화정을 채택했지만 케말 정부는 어떠한 반대도 용납하지 않는 철저한 독재정권이었다. 이는 1938년 무스타파 케말이 사망할 때까지 계속됐다. 제2대 대통령이 된 이스메트 이뇌뉘 또한 독재와 서구화라는 케말의 노선을 따랐다. 하지만 독재정치에 대한 반발이 계속되자 이스메트 이뇌뉘 대통령은 자유선거와 민주주의를 평화적으로 수용함으로써 터키 민주주의 발전의 계기를 만들었다.

　　지금도 터키는 세속주의와 이슬람 정체성 간의 갈등이 계속 진행 중인 상황이다. 케말이 세운 세속주의 노선을 완전히 벗어난 정부는 터키에 존재하지 않았다. 그러나 정치권 내에서 이슬람주의 세력의 영향력이 조금씩 강해지고 있다. 장기 집권 중인 현 터키의 에르도안[07] 대통령은 정부의 정책에 이슬람적인 색깔을 점차 강하게 넣고 있는데, 세속주의를 지지하는 국민들의 비판을 받고 있기도 하다.

07 레제프 타이이프 에르도안(Recep Tayyip Erdogan, 1954년~현재) : 현 터키의 대통령. 의원내각제하에서 3선 총리 연임 후 개헌을 통해 대통령 직선제로 바꾸고 2014년 대통령에 당선됐다. 이후 2017년 다시 개헌을 통해 대통령중심제로 바꾸고 장기집권할 수 있는 길을 열었다.

Inside History
터키는 왜 한국전쟁에 참전했나?

터키에서 한국을 '형제의 나라'로 부른다고 알려져 있습니다. 사실 중동 지역에서 '형제의 나라'는 특별한 관계를 의미한다기보다는 이슬람 국가들 간에 친밀감을 나타내는 의미로 자주 쓰입니다. 그렇다면 이슬람 국가도 아니고 중동 지역과도 멀리 떨어진 한국을 왜 터키인들은 '형제의 나라'라고 부를까요? 이는 1950년 한국전쟁 당시 터키군이 참전해 한국을 위해 피를 흘리며 싸운 인연 때문입니다. 도대체 터키는 왜 별 상관도 없는 한국에 군대를 보내 막대한 희생을 하면서 열심히 싸웠을까요?

우선 터키의 안보 상황을 언급하지 않을 수 없습니다. 터키는 역사적으로 러시아의 위협에 늘 시달려왔습니다. 오스만 제국 시절 러시아와 오스만 제국은 발칸 반도를 포함한 동유럽을 두고 끊임없이 충돌했죠. 오스만 제국과 러시아 간에 벌어진 전쟁만 해도 13차례나 되니까요. 제2차 세계대전 직후 세계는 미국과 소련을 중심으로 한 양극체제로 재편되었는데, 소련은 빠른 속도로 동유럽을 자신의 세력권에 포함시켰습니다. 터키는 순식간에 소련의 위성국가들에게 포위당하는 형국이 된 것입니다. 터키 정부는 이런 위기를 타개하고자 미국이 주도하는 '나토(NATO, 북대서양조약기구)'에 가입하려고 했습니다. 그러나 나토는 기본적으로 유럽을 지키기 위해 결성한 군사동맹이었습니다. 유럽 국가들은 이슬람 문화권이자 아시아권에 가까운 터키의 나토 가입에 부정적이었습니다. 하지만 터키로서는 나토를 통해 미국의 핵우산 아래 들어가지 못하면 소련의 침공을 당할 수도 있는 위기 상황이었습니다. 절박했던 터키 정부는 어떻게든 미국과 나토의 동맹국으로서 자유민주주의 체제를 수호하는 역할을 감당할 자격이 있음을 증명하고자 했습니다. 그때 마침 아시아 반대편에서 한국전쟁이 발발했습니다. 터키로서는 미국에 자신들의 가치를 증명할 절호의 기회였습니다.

한국전쟁이 시작된 지 넉 달도 채 안 된 1950년 10월 17일, 터키군 선발대 5,450여 명이 부산항에 상륙했습니다. 미군을 제외하고는 가장 먼저 한국으로 달려온 외국 군대였으며 미국, 영국, 캐나다에 이어 네 번째로 큰 규모의 병력이었습니다. 역사적으로 거의 교류가 없었던 한국과 터키 간의 관계를 생각할 때 놀라운 일이 아닐 수 없습니다. 터키군은 전쟁에서 용감하게 싸웠습니다. 전사자와 실종자를 합쳐 무려 900명에 달하고 부상자도 수천 명이었지만 그들의 빛나는 활약을 지켜본 미군은 터키를 동맹으로 인정했습니다. 그리고 1951년 10월 22일 터키는 나토 회원국으로 가입했습니다. 터키의 생존을 좌우하는 문제였던 나토 가입은 바로 한국전쟁 참전이라는 비싼 대가를 치르고 얻은 결실이었던 셈입니다.

터키군은 한국전쟁이 끝난 후에도 유엔군으로서 1966년 7월까지 병력을 교체해가면서 휴전협정 준수를 감시하는 역할을 담당했습니다. 16년간 한국을 다녀간 터키 군인들만 해도 6만 명에 달한다고 합니다. 그들이 고국 터키로 돌아간 후 가족들에게 한국에서 겪은 여러 가지 이야기를 전했을 것입니다. 이후 한국은 터키인들의 기억 속에 자신들이 피 흘려 지킨 나라로 기억되고 있었습니다. 한국전쟁에 참전한 터키 정부의 본래 의도가 무엇이었든지 간에 터키의 참전은 우리에게 고마운 일임에 틀림없습니다. 한국과 터키는 피로 맺어진, 결코 가볍지 않은 인연인 셈입니다. 참고로, 고구려와 돌궐족의 인연 때문에 '형제의 나라'로 불린다는 주장은 한국전쟁 이후에 만들어진 이야기로 추정됩니다. 과거 고구려와 돌궐족이 형제 사이였던 것이 터키와 한국 간의 인연이라면 터키와 북한도 형제 사이여야 하지 않을까요.

정체성의 투쟁, 중동사 21장면

09

외세에 의해 쫓겨난 레자 샤

이란의 도전과 좌절

"이란은 또다시 외세의 심각한 개입에 휘말렸다. 외국 군대에 의해 샤가 쫓겨났고 국토는 점령을 당했다. 레자 샤가 강력한 군대를 만들어 외세의 간섭으로부터 벗어나고자 애써온 모든 노력은 물거품이 되어버렸다. 카자르 왕조 이래 한 번도 외세로부터 자립해본 적이 없는 이란의 근현대사는 이란 국민들 마음속에 하나의 콤플렉스로 자리 잡았다. 비록 이란 국민들이 레자 샤를 지지하지는 않았더라도 외국 군대의 점령은 그들의 자존심에 큰 상처를 입혔다."

러시아와 영국의 각축장이 된 페르시아

사파비 왕조의 몰락 이후 페르시아 지역에서는 군부 실력자의 쿠데타가 반복적으로 발생했다. 이에 따라 새로운 왕조가 일어섰다가 몰락하는 혼란한 상태가 오랫동안 지속됐다. 당연히 페르시아 중앙 정부의 힘은 약해졌고 이민족들이 사는 변방 지역은 독립하려는 움직임이 강해졌다. 정교회 신자들이 대부분인 조지아 주민들은 19세기 초 페르시아로부터 독립하고자 했다. 당시 페르시아의 카자르 왕조[01]가 군대를 보내 조지아의 독립운동을 진압하자 정교회의 수장국가라고 자임하던 러시아가 이를 빌미로 페르시아와 두 차례 전쟁을 벌였다. 카자르 왕조의 군대가 월등히 많았음에도 불구하고 전쟁의 승자는 신무기를 앞세운 러시아였다. 희생자도 페르시아 측

---

01   카자르 왕조(Qajar Dynasty, 1779~1925년) : 카자르족의 족장 아가 무함마드 칸(Agha Mohammad Khan, 1794~1797년 재위)이 세운 왕조. 테헤란에 수도를 정한 후 150년 정도 존속하다가 팔라비 왕조로 바뀌었다. 카자르 왕조는 영국과 러시아의 압력을 크게 받았고 특히 러시아와 벌인 두 차례의 전쟁에서 패해 넓은 땅을 잃기도 했다.

이 훨씬 많았다. 전쟁 패배의 결과 카자르 왕조는 광대한 캅카스 영토와 동부 조지아 지역을 러시아에 빼앗겼다. 게다가 약 300만 파운드의 전쟁배상금을 러시아에 물어줘야 했고 페르시아 내에서 러시아의 치외법권을 인정하는 굴욕적인 조약을 맺었다. 이 시기 카자르 왕조를 통치한 파드 알리 샤[02]는 이란 역사상 가장 무능한 군주 가운데 한 사람이라는 평가를 받고 있다.

이후에도 페르시아와 러시아 간의 무력 분쟁은 계속됐다. 호시탐탐 남쪽으로 진출하려는 러시아와 오스만 제국과 함께 중동의 두 강자 중 하나였던 페르시아가 충돌하는 건 피할 수 없는 형국이었다. 카자르 왕조는 러시아를 견제하고자 영국을 끌어들였다. 그러나 결과적으로 영국과 러시아 양측 모두의 내정간섭을 받는 결과만 나타났다. 영국의 경우 자신들의 중요한 식민지인 인도의 안보를 지키기 위해서라도 페르시아를 자신의 영향력 아래에 두어야 했다. 남쪽으로 진출하는 교두보를 확보하려는 러시아와 인도를 지키려는 영국은 서로에게 페르시아를 넘겨줄 생각이 전혀 없었다. 페르시아가 다른 나라에 장악 당하면 중동 지역 전체의 이권이 불안해진다고 판단했기 때문이다. 자연스레 페르시아 안에서 영국과 러시아의 세력균형이 이루어졌고 그 덕분에 페르시아는 어느 한쪽의 식

---

02 파드 알리 샤(Fath Ali Shah, 1772~1834년) : 카자르 왕조의 샤. 그의 재위 기간(1797~1834년) 동안 러시아가 중심이 된 유럽연합군과 2번의 전쟁이 있었지만 모두 패했다. 러시아와 유럽연합군에 패한 그는 조지아, 흑해, 캅카스 지역 등을 러시아에 빼앗겼다. 이 때문에 무능한 군주였다고 평가받는다.

민지로 전락하지 않고서 독립국가로 남을 수 있었다.

카자르 왕조의 나세르 알딘 샤[03]는 계속된 외세의 영향력으로 인해 어려움을 겪고 있었다. 그는 당시 오스만 제국에서 한창 진행 중이던 탄지마트(5장 참조)를 지켜보면서 페르시아에도 근대화와 개혁이 필요하다고 생각했다. 결국 1872년 페르시아는 영국의 자본가 로이터 남작(독일에서 태어난 영국계 유대인, 훗날 로이터 통신을 설립함)과 양허계약(Concession agreement)을 체결했다. 로이터 남작이 페르시아 정부에 4만 파운드를 제공하는 조건으로 철도부설권과 광산채굴권 등 여러 산업에 대한 개발권을 양허받는다는 내용이었다. 페르시아 정부는 당장 개혁에 필요한 자금을 들여왔지만 그 대가로 국가 주권의 상당 부분을 외국 자본에 넘긴 결과가 됐다. 이를 '로이터 양허'라고 한다. 페르시아 국민들은 불평등한 로이터 양허에 대해 저항했다. 러시아 역시 영국인에게 특혜를 준 이 조치에 반발했다. 결국 나세르 알딘 샤는 로이터 양허계약을 파기했다. 로이터 남작은 그 대신 화폐발행 독점권을 가진 페르시아 제국은행의 설립을 허가받았다.

페르시아 정부는 영국과 러시아 등에서 차관을 들여옴으로써 개혁에 필요한 자금을 마련했다. 물론 오스만 제국 정부가 그러했듯

03　나세르 알딘 샤(Nasser al-Din Shah, 1831~1896년) : 페르시아 카자르 왕조의 4대 샤. 오스만 제국의 탄지마트에 자극을 받아 페르시아의 근대화 개혁을 추진했으나 영국과 러시아로부터 들여온 차관으로 페르시아의 경제는 외세에 예속되는 결과를 낳았다. 급진 이슬람주의자의 암살에 의해 사망.

이 일단 들어온 차관은 더 많은 빚을 지도록 유발함으로써 페르시아 정부의 힘을 약화시켰다. 페르시아의 경제도 몰락했다. 특히 농업생산량이 급감해 전 인구의 10%가량이 굶어 죽는 대참사가 일어나기도 했다. 정부의 재정은 악화됐고 페르시아 사람들은 만성적인 경제난과 만연한 빈곤에 시달렸다. 이에 견디다 못한 상인들과 신학생들, 그리고 울라마들이 중심이 되어 대규모 반정부 시위를 벌였다. 이 시위는 페르시아 전역으로 번졌고 정치생명에 위협을 느낀 샤는 1906년 헌법과 의회 설립을 허용했다. 페르시아의 입헌혁명이 성공한 것이다. 이 헌법의 주요 내용은 입헌군주제, 인민주권, 법 앞의 평등, 시아 이슬람의 국교화 등을 포함했다. 이후 의회는 여러 차례 폐쇄됐다가 다시 소집되는 우여곡절을 겪었지만 입헌혁명 때 제정된 헌법은 1979년 이슬람혁명 때까지 형식적으로나마 유지됐다.

페르시아는 20세기에 들어서도 영국과 러시아의 간섭을 떨쳐내지 못했다. 이에 대한 반작용으로 페르시아인들의 민족주의 의식이 고양됐고 독립적인 근대국가를 세우려는 저항세력의 활동도 활발할 수 있었다.

레자 칸의 등장

영국은 1805년 트라팔가 해전[04] 승리 후 압도적인 해군력으로 세계 최강대국으로 우뚝 섰다. 하지만 독일 2제국의 빌헬름 2세[05]가 빠른 속도로 대규모 전함을 건조하면서 영국의 해군력을 위협하기 시작했다. 영국은 이에 대응하고자 1906년 전함의 신기원을 여는 'HMS 드레드노트 호'를 완성시켰다. 속도와 화력, 그리고 방어력 면에서 기존 전함들을 압도하는 거함이었다. 이후 영국 해군은 독일에 대한 우위를 지키기 위해 전함의 동력을 기존 석탄에서 석유로 바꾸었다. 석유는 석탄보다 연료효율이 높고 부피가 작아서 전함의 성능을 현저히 개선시키는 데 큰 역할을 했다. 이를 위해 영국은 안정적인 석유 확보가 필요한 상황이었다.

영국 해군에 석유를 공급하는 임무를 대행한 인물이 영국의 사업가 윌리엄 녹스 다르시였다. 그는 1901년 페르시아에서 석유를 독점적으로 개발할 수 있는 권리를 페르시아 정부로부터 얻어내는 데 성공했다. 초기에는 개발에 어려움을 겪었지만 결국 다르시는 1908

---

04 트라팔가 해전(Battle of Trafalgar, 1805년) : 스페인의 트라팔가에 주둔하던 프랑스 해군을 영국 해군이 격멸한 전투.

05 빌헬름 2세(Wilhelm II, 1859~1941년) : 독일 제국의 황제. 제1차 세계대전의 문을 연 인물이다. 그가 추진한 대외 정책은 독일의 베를린에서 터키의 콘스탄티노플, 그리고 바그다드를 연결한 철도를 건설함으로써 중동과 인도 방면으로 진출하는 것이었다. 이 정책은 영국과 프랑스를 자극시켰고, 제1차 세계대전으로 번졌다.

년 페르시아 만에 위치한 후제스탄 지역에서 다량의 석유를 발견하는 데 성공했다. 다르시가 페르시아 정부와 합작해 세운 앵글로-페르시아 석유회사(APOC, Anglo-Persia Oil Company)는 66년간 독점적 개발권리를 소유함으로써 영국의 주요 석유 공급원 역할을 했다. 이를 '다르시 양허'라고 하는데 명백히 불평등한 계약이었다. 다르시 양허에 따르면 석유 개발과 관련한 일련의 결정 권한을 개발회사가 가지는 반면 정작 자원을 보유한 페르시아는 계약상 맺은 일정 비율의 로열티만 받는 게 전부였다. 당시 페르시아 정부의 몫은 석유 판매 이익의 16%에 불과했다.

이즈음에 제1차 세계대전이 발발했다. 페르시아 정부는 중립을 선언했으나 러시아, 독일, 오스만 제국의 군대가 모두 페르시아로 진격해왔다. 영국도 유전지대를 지키기 위해 페르시아 남부 지역에 병력을 주둔시켰다. 이렇듯 페르시아는 외세로 인해 몸살을 앓았다. 1917년 러시아혁명의 여파로 러시아는 페르시아에서 물러났다. 독일과 오스만 제국 역시 제1차 세계대전의 패전국이 되어 물러났다. 이제 영국은 페르시아에서 가장 막강한 영향력을 행사하는 외세가됐다. 하지만 몸살을 앓고 난 페르시아의 상태는 비참했다. 기근과 질병으로 많은 이들이 사망했고 치안이 무너진 곳곳에서 무장한 이들의 약탈이 이루어졌다. 경제도 바닥으로 내려앉았다. 영국은 아예 페르시아를 보호령으로 만들고자 했다. 보호령이 될 경우 페르시아는 군사 및 재정에 대한 권한을 영국에 넘기는 대신 대외적으로 영국의 보호를 받는 사실상의 식민지로 전락하는 것이었다.

나이가 어렸던 카자르 왕조의 군주 아흐마드 샤는 영국의 보호령 제안을 수용하려 했지만 이 소식이 전해지자 전 국민적인 저항과 반대운동이 일어났다. 이에 아흐마드 샤는 보호령 제안을 수용하려던 방침을 철회했다. 상황이 뜻대로 되지 않자 영국 정부는 페르시아에 무력으로 개입함으로써 보호령 안을 관철시키려 했다. 그러나 영국의 페르시아 현지 사령관 아이언사이드 장군은 영국 정부의 방침에 회의적이었다. 아이언사이드는 여론상 보호령 조약을 밀어붙이는 것이 불가능하다고 판단했다. 그는 영국군이 주둔하면서 보호령 안을 강제로 추진할 경우 페르시아 내에서 소련의 지원을 받는 공산주의자들의 영향력이 크게 확산될 것이라고 보았다. 영국의 보호령에 가장 강력하게 반대하는 세력이 공산주의 단체였기 때문이다. 자칫 페르시아 지역에서의 영국의 우위가 소련에 밀려 무너질 가능성도 있었다. 이에 아이언사이드는 오히려 영국의 영향력이 아직 강한 시점에서 영국군이 물러남으로써 영향력을 보존하는 편이 더 낫다고 주장했다. 영국 정부는 결국 아이언사이드의 말을 듣기로 했다. 아이언사이드 장군은 자신의 부관인 레자 칸[06]을 페르시아군 사령관으로 임명했다. 영국군이 철수한 후에도 페르시아군이

---

06 레자 칸(레자 샤, 1878~1944년) : 팔라비 왕조의 군 지휘관. 카자르 왕조를 폐한 후 팔라비 왕조를 창설했다. 카자르 왕조가 무너진 후 그는 공화정을 세우려 했으나 반발에 부딪혀 왕정을 수립했다. 군부 독재를 바탕으로 한 강력한 지도력으로 이란의 근대화를 추진했다고 평가받는다.

친영 노선을 유지하도록 하기 위함이었다.

레자 칸은 정치적 감각이 뛰어난 인물이었다. 그는 2,500명의 병력을 이끌고 테헤란으로 진군했다. 1921년 2월 21일 레자 칸의 군대는 어떠한 저항도 없이 페르시아의 수도를 장악했다. 아흐마드 샤는 레자 칸이 새 정부를 수립하도록 허락했다. 레자 칸은 군 총사령관이 되었다가 수개월 후 스스로 전쟁성 장관에 올랐다. 군권을 장악한 레자 칸은 나라 곳곳에서 일어난 반란을 진압해 치안을 바로잡았다. 또한 그는 세금 징수를 안정화시켜 국가의 재정을 확충하고 군대를 강화했다. 대중들은 레자 칸에게 환호했고 1923년 레자 칸이 총리에 취임했다. 그는 터키공화국의 개혁을 인상적으로 지켜보았다. 케말 아타튀르크는 레자 칸의 롤모델이 됐다. 레자 칸은 페르시아 역시 세속 공화국으로 만들고자 했다. 아타튀르크처럼 군부의 우위를 통해 페르시아를 세속적 국민국가로 만들려고 했던 것이다. 하지만 페르시아 국민들의 여론은 공화국에 대해 호의적이지 않았다. 대중은 레자 칸이 샤에 등극하기를 원했다. 레자 칸은 공화국 추진을 중단하고 1925년 말 의회의 지지를 얻어 샤에 즉위했다. 레자 칸 총리가 이제 레자 샤가 된 것이다. 아흐마드 샤는 의회의 결의에 따라 왕위에서 물러났다. 카자르 왕조가 막을 내리고 팔라비 왕조가 시작되었다.

레자 샤의 근대화 개혁

민족주의자였던 레자 샤는 아이언사이드의 바람과는 달리 친영 노선을 취하지 않았다. 비록 터키처럼 공화국을 만들지는 않았지만 세속화된 근대국민국가를 세우겠다는 목표는 변함이 없었다. 의회 는 레자 샤가 입헌혁명의 정신을 이어받아 헌법과 의회를 중시하는 대의제 정치를 해줄 것으로 기대했다. 그러나 레자 샤는 강력한 독 재정치를 통해 근대화 개혁을 추진했다. 이 역시 그가 모델로 삼은 아타튀르크와 동일한 노선이었다. 레자 샤의 목표는 페르시아를 근 대화시켜서 서구 열강들의 간섭에서 자유로운 부강한 나라를 만드 는 것이었다. 그는 1935년 국호를 '페르시아'에서 '이란'으로 바꾸 었다. 카자르 왕조와 차별화하기 위함이었다.

레자 샤는 산업을 일으키고 교통 인프라를 확충하는 한편 교육기 관도 확대했다. 그러나 무엇보다 레자 샤의 정책은 강한 군대를 건 설하는 데 초점이 맞추어져 있었다. 레자 샤는 군사력이 월등히 앞 선 서구 열강들과 대등해지려면 강력한 군대가 반드시 필요하다고 믿었다. 그래서 이란의 병력을 확대하고 무기를 현대화하는 등 국 방력을 강화하는 데 많은 예산을 쏟아부었다. 또한 그는 지역 부족 들의 반발에도 불구하고 징병제를 추진했고 유럽 여러 나라에서 탱 크, 대포, 전투기, 소총 등을 들여왔다. 1920년대 이란 정부 지출의 약 40%가 국방비였다. 이후 석유 수출로 정부의 수입이 늘면서 국방비 비중이 다소 낮아지기는 했지만 국방비의 규모는 더 커졌다. 이처럼 과중한 국방비 지출은 이란 경제 회복의 걸림돌이었다. 그럼에도 불구하고 레자 샤는 국방 중심의 정책을 끝까지 고집했다.

1934년 레자 샤는 터키를 방문해 케말 아타튀르크와 만나 정상 간 우호를 다졌다. 두 지도자는 닮은 점이 많았지만 결정적인 차이가 있었다. 아타튀르크가 외세 개입을 단호하게 배격한 데 비해 레자 샤는 이란 내 영국의 석유 이권을 인정해주었다. 이런 차이는 양국의 역사적 상황이 다르기 때문이었다. 터키는 독립전쟁을 통해 자력으로 외세를 물리쳐 서구 열강과 대등한 위치에서 나라를 세웠다. 반면에 이란의 팔라비 왕조는 영국의 압도적인 영향력이 존재하는 상황에서 세워졌다. 비록 영국군이 철수하기는 했지만 '다르시 양허'의 효력은 여전했다. 앵글로-페르시아 석유회사(APOC)는 페르시아 만의 석유개발권을 독점했다. 이란 정부의 강력한 항의로 다르시 양허 계약상 이란 정부의 몫이 기존 16%에서 20%로 소폭 상승하기는 했지만 여전히 이란 경제는 영국의 막강한 영향력에서 벗어나지 못했다. 이러한 외세 의존은 레자 샤의 인기를 서서히 떨어뜨렸다. 이란 국민들은 부강한 자주국가 건설을 원했지만 정부는 뚜렷한 성과를 내지 못했다. 외세 개입 문제도, 국가의 경제 사정도 크게 나아지지 못했다.

울라마들의 저항도 레자 샤 정부의 고민거리였다. 이란 정부가 추진한 세속화 정책은 시아 이슬람을 국교로 정한 헌법에 위반될

뿐 아니라 이란 국민들의 오랜 정체성에도 혼란을 제공했다. 시아파 울라마들은 반정부 운동의 중심세력이 됐다. 사실 시아파는 전통적으로 왕권에 대해 비판적이었다. 세상의 왕이란 애초에 정당한 칼리파의 권한을 찬탈한 세력의 후예라고 보았기 때문이다. 울라마들의 저항에 시장 상인들도 동조했다. 경제난에서 좀처럼 벗어나지 못하자 민심이 레자 샤로부터 떠나기 시작한 것이었다. 신식교육을 받은 지식인들도 레자 샤의 독재정치에 저항했다. 결국 1930년대 말에 이르자 오직 군부만이 레자 샤를 지지했다. 이란은 반정부 시위가 끊일 날이 없었다.

영국과 소련, 레자 샤를 몰아내다

레자 샤는 1930년대 독일의 나치 정권에 우호적인 태도를 보였다. 그는 제국주의적으로 내정에 간섭해온 영국 정부가 늘 불만이었다. 이런 생각을 갖고 있던 레자 샤의 눈에 독일의 나치 정권은 영국을 견제할 수 있는 적절한 파트너였다. 이란 정부는 독일과 군사적 · 경제적 협력을 함으로써 영국의 개입에서 벗어나고자 했다. 독일은 기술 자문단 등을 이란에 파견해 레자 샤의 기대에 부응했다. 나치 정권은 중동에서 영국에 비해 열세였는데, 그런 상황을 이란과의 관계 개선으로 역전시키기를 바랐다. 그러나 영국은 이란과 독일이 가까워지는 것을 지켜보고 있을 수만은 없었다. 이란이 독일에 넘어간다면 중동 지역에서의 우세가 흔들릴 것이 분명했다. 그런 상황에서 제2차 세계대전이 발발했고 이란 정부는 중립을 선언했다. 그러나 이란과 독일의 우호관계는 여전했다.

1941년 6월 독일이 소련을 침공하자 상황은 더욱 급박하게 돌아갔다. 연합군 입장에서는 독일과 싸우는 소련군에 전쟁 물자를 보급하는 일이 무척 중요한 과제였다. 만약 독일이 이란을 장악할 경우 영국의 대소련 보급로가 치명타를 입을 것이었다. 북극해 항로 또는 남쪽으로 멀리 돌아서 가는 수밖에 없었다. 날로 가까워지는 이란과 독일의 상황을 우려의 눈으로 지켜보던 영국은 레자 샤에게 이란 내의 독일인들을 추방하라고 요구했다. 그러나 샤는 이를 거부했다. 영국은 더 이상 참지 않았고 1941년 9월 영국과 소련이 전격적으로 이란을 침공했다. 대규모 육해공 합동작전이었다. 외국 군대가 국경을 넘어 조국의 영토를 밟았음에도 일부 친정부 군대를 제외한 이란 국민들 대부분은 별다른 저항을 하지 않았다. 그만큼 국민들 사이에서 레자 샤의 인기는 땅에 떨어져 있는 상태였다. 연합군은 테헤란을 장악했고 레자 샤는 강제로 폐위됐다. 어느 누구도 레자 샤를 지켜주지 않았다. 쫓겨난 샤는 남아프리카로 망명했고 1944년 그곳에서 쓸쓸한 죽음을 맞이했다. 대부분의 이란 국민은 레자 샤의 퇴위를 환영했고 새 왕위는 레자 샤의 아들 무함마드 레자 팔라비[07]가 승계했다.

전쟁이 끝나고 1946년이 되
자 이란에서 외국 군대가 모두
물러났다. 하지만 그것으로 문
제가 다 해결된 것은 아니었다.
어찌 됐건 이란은 또다시 외세
의 심각한 개입에 휘말렸다. 외
국 군대에 의해 샤가 쫓겨났고
국토는 점령을 당했다. 레자 샤
가 강력한 군대를 만들어 외세

무함마드 레자 팔라비

의 간섭으로부터 벗어나고자 애써온 모든 노력은 물거품이 되어버
렸다. 카자르 왕조 이래 한 번도 외세로부터 자립해본 적이 없는 이
란의 근현대사는 이란 국민들 마음속에 하나의 콤플렉스로 자리 잡
았다. 비록 이란 국민들이 레자 샤를 지지하지는 않았더라도 외국
군대의 점령은 그들의 자존심에 큰 상처를 입혔다. 이란 내 민족주
의 정서와 외세에 대한 반감은 그 어느 때보다 높아졌다. 영국 석유
회사의 불평등한 이익배분을 성토하는 목소리도 높아졌다. 제2차
세계대전 당시 이란의 석유산업은 중동 최대 규모였음에도 불구하

07　무함마드 레자 팔라비(Mohammad Reza Pahlavi, 1919~1980년) : 레자 칸의 아들, 팔라비 왕
조의 2대 황제. 민족주의 정치인 모사데그 총리와 대립했다. 팔라비 왕조의 비밀경찰 조직
'사바크' 창설 및 근대화 정책 '백색혁명'을 추진했다. 또한 미국과 군사협정을 맺어 왕권
을 강화하는 데에도 힘썼다.

고 '다르시 양허'에 묶여 대부분의 수익을 앵글로-이란 석유회사(AIOC)가 가져가는 상황이 지속되었기 때문이다.

모사데그의 좌절

석유가 창출해내는 부의 정당한 몫을 되찾고자 했던 이란 정부의 노력은 제2차 세계대전 이후에도 끊임없이 지속됐다. 그중 가장 두드러진 것이 민족주의 정치인 무함마드 모사데그가 추진한 석유회사 국유화 정책이었다. 1951년 이란 의회는 모사데그의 지휘 아래 석유 국유화 법안을 통과시켰다. 영국으로서는 앵글로-이란 석유회사(AIOC)를 빼앗긴 셈이다. 대중의 인기를 등에 업고 총리가 된 모사데그는 국유화된 석유의 수입을 이란의 경제 발전을 위해 사용하고자 했다. 그러나 영국은 이란 정부를 궁지로 몰기 위해 국제사회가 이란의 석유를 수입하지 못하도록 막았다. 해외 석유회사들이 담합해 이란과의 석유 거래를 하지 않기로 선언한 것이다. 게다가 영국의 석유 기술자들이 모두 이란을 떠나면서 이란은 석유회사에서 일할 전문 인력을 구하지 못하는 어려움마저 겪었다. 이란 경제는 석유 국유화 이후 더욱 어려워졌다. 그럼에도 불구하고 이란 내에서 모사데그의 인기는 점점 더 올라갔다. 이에 영국은 미국과 공모해 모사데그를 제거하기로 계획했다. 영국과 미국은 이란 내 군부세력과 접촉해 모사데그를 몰아내기 위한 작전을 추진했는데, 미국과 영국의 정보기관으로부터 지원을 받은 파즐롤라 자헤디 장군이 쿠데타를 일으켜 모사데그를 체포한 후 정국을 장악했다. 모사데그 총리는 높은 인기를 누리고 있었음에도 불구하고 외세의 개입으로 정권에서 축출됐다. 모사데그는 반역죄로 재판에 넘겨져 유죄 판결을 받고 1967년 사망할 때까지 가택연금 상태로 지내야 했다.

비록 식민지가 되지는 않았지만 이란은 끊임없이 외세에 휘둘려 국부를 빼앗기고 혼란스러운 정치 상황을 반복해서 경험했다. 이란 국민들의 울분은 점점 더 커졌다. 특히 모사데그를 몰아내는 데 미국이 배후에 있었음이 알려지자 이란 내부에서는 반미 감정이 크게 고조됐다. 이는 1979년 이란의 이슬람혁명을 유발하는 배경이 된다.

정체성의 투쟁, 중동사 21장면

10

유대인 국가를 세우다

이스라엘의 건국

"**헤**르츨의 저서 《유대인 국가》는 당시 유럽의 유대인 사회에 커다란 파장을 낳았다. 이 책이 나온 이듬해 시오니즘 운동이 본격적으로 시작됐다. 스위스 바젤에서 창설된 세계시오니스트기구(WZO, World Zionist Organization)를 중심으로 시오니즘 운동이 조직화되기 시작했다. 세계시오니스트기구는 유대민족기금을 설립하고 세계 곳곳의 유대인들로부터 돈을 모금했다. 팔레스타인으로 이주하려면 우선 그 지역의 땅을 사야 했기 때문이었다. 로스차일드가와 같은 유대계 대부호들도 이 운동에 거액을 지원했다."

유대인 공동체

1948년 이스라엘이 건국되기 전까지 유대인들은 2000년 가까운 세월 동안 세계 곳곳의 이방인으로 살아왔다. 그들은 유럽, 서아시아, 북아프리카 등지에 흩어져 살면서도 자신들만의 공동체를 지켜나갔다. 유럽에서는 이러한 유대인 공동체를 '게토'라고 불렀다. 기독교 문화권인 유럽에서 게토는 박해와 따돌림의 상징이기도 했다. 중동의 이슬람 제국은 소수 종교공동체를 인정해주었기 때문에 중동의 유대인들은 유럽에 비해 비교적 안정적인 터전을 이룰 수 있었다.

각 지역에서 유대인들을 뭉칠 수 있도록 해준 구심점은 그들의 종교, 즉 유대교였다. 유대교는 종교인 동시에 그들의 역사에 대한 기억이기도 했다. 유대교의 경전《토라(Torah)》[01]에는 유대 민족의 시작과 융성, 그리고 몰락에 대한 역사 기록이 자세히 서술되어 있다. 따라서 각 유대인 공동체가 유대교를 지킨다는 것은 곧 동일한 역사적 기억을 공유한다는 의미이기도 했다. 역설적으로 유럽과 서아시아, 북아프리카의 유대인들은 유대교 경전인《토라》를 제외하고는 서로 간 공통점이 많지 않았다. 언어도 다르고, 관습도 달랐다. 심지어 예배를 드리는 방식이나 지키는 절기, 그리고 유대교 교리도 각자 달랐다. 사실 2000년 가까이 떨어져 살다 보면 자신의 주변 환경의 영향을 받아 동화되는 게 당연하다. 유럽과 서아시아와 북아프리카가 각각 다른 발전경로를 겪었던 것처럼 그 지역에 살던 유대인들 역시 각기 다른 변화를 경험했다. 유럽의 유대인들은 유럽인들의 라이프스타일을 따랐고, 서아시아의 유대인들은 서아시아인들의 문화에 동화됐다. 사고방식뿐 아니라 외모 또한 그렇게 변했다. 유럽의 민족주의가 언어와 종교를 기준으로 형성됐다는 점을 살펴볼 때 언어가 달랐던 이 각각의 유대인 공동체들을 하나의 민족으로 분류하기 어려울 수도 있다. 그러나 '유일신으로부터 선택 받은 민족'이라는 유대교의 선민사상은 훗날 여러 이질적인 장애물들을 극복하고 현대 민족국가 이스라엘이 수립되는 데에 강력

---

01 '가르치다', '길을 인도하다'라는 뜻과 함께 '율법'이라는 의미를 가진 히브리어. 유대인들은 토라를 율법, 모세오경(창세기, 레위기, 출애굽기, 민수기, 신명기 등 구약 앞부분 5경), 유대교의 경전인 구약성서 전체를 가리키는 말 등으로 사용한다.

한 접착제 역할을 했다.

19세기 유럽의 유대인들[이들을 '아쉬케나지(Ashkenazi)'[02]라고 부른다]은 당대 유럽 계몽주의의 영향을 강하게 받았다. 과학의 발전과 인간의 이성을 신뢰했으며 민족국가 건설과 공화주의를 지지했다. 전근대적인 왕정체제 아래에서 살고 있던 서아시아나 북아프리카의 유대인들과는 세계관이나 사고방식이 달랐다. 심지어 동유럽의 유대인들 중 상당수는 사회주의에 영향을 크게 받았다. 그도 그럴 것이, 유럽에서 유대인들이 경험한 민족주의는 그 자체로 고통이었기 때문이다. 프랑스인이건 독일인이건 민족주의가 크게 일어난 곳에서는 유대인들이 배척당했다. 특히 동유럽에서 슬라브 민족주의가 부흥하면서 동시에 유대인에 대한 대대적인 박해가 일어났다. 따라서 당대의 유대인들이 보기에 민족주의는 자신들이 꿈꾸는 사회를 이루는 이념이 될 수 없었다. 그들은 다른 대안을 찾아야 했고 그것이 사회주의였다. 이렇게 사회주의 영향을 받은 유대인들이 1948년 이스라엘을 건국한 주축 세력이기도 하다. 오늘날 이스라엘의 우익 정당 리쿠드당이 강력한 유대 민족주의와 팔레스타인 억압정책을 펴는 것을 떠올린다면, 사회주의자들이 현대 이스라엘을 세웠다는 사실이 믿기지 않을 수도 있다. 그러나 이러한 변화 역시

---

02   히브리어로 유대인이란 말이 아쉬케나지이다. 프랑스와 독일을 비롯해 중부 및 동부 유럽 등에 퍼져 살던 유대인을 '아쉬케나지'라고 불렀다.

어떠한 상황적인 맥락이 존재한다. 이제 그 시작부터 살펴보자.

팔레스타인 이주의 시작

유럽의 유대인인 아쉬케나지들은 비교적 경제적으로 성공했다. 로스차일드가[03]처럼 큰 부를 일군 사람들도 있고 또는 높은 교육열과 뛰어난 사업 수완으로 상당한 부를 축적한 이들도 많았다. 그리고 학문이나 예술 분야에서 뛰어난 업적을 남긴 이들도 있었다. 유럽 사회가 안정적이었다면 아쉬케나지들은 그대로 유럽에 머물러 있었을 것이다. 그러나 19세기 유럽에 불어 닥친 민족주의 열풍이 유럽인들에게는 열광과 희망의 바람이었다면 유대인들에게는 엄혹한 시련의 바람이었다. 민족주의는 문화적 또는 생물학적 동질성을 기준으로 '우리'와 '타인'을 구분하는 이념이다. 같은 민족끼리는 서로 단합하도록 이끌지만 다른 민족에 대해서는 배척하도록 만든다. 유럽 어디서나 소수세력이던 유대인들은 민족주의의 희생자가 됐다. 19세기 후반에 이르자 유럽 곳곳에서 반유대주의 풍조가 일

03　　로스차일드가(Rothschild family) : 유대계 금융재벌 가문. 프랑크푸르트의 유대인 거주 지역 게토에서 소규모 상업에 종사하던 유대인 가문이었다. 그러다 18세기 말~19세기 동안 유럽 각지에서 벌어진 전쟁 자금을 공채 형식으로 발행했고 유럽의 주요 왕가와 귀족들의 자산 관리를 맡아 큰 부를 쌓았다. 철도, 석유 산업 발달을 주도함으로써 유럽의 정치와 경제에 막대한 영향을 미쳤다.

어났다. 러시아와 동유럽에서는 참혹한 박해가 잇따랐고 유대인들은 더 이상 유럽에서 안심하고 살 수 없었다. 당연히 어딘가에 자신들이 안전하게 살아갈 수 있는 이상적인 나라를 꿈꾸게 됐다. 유럽의 유대인들은 영국, 프랑스, 독일, 이탈리아 등이 속속 민족국가를 만드는 모습을 지켜보며 자신들도 민족국가를 세우고 싶은 열망이 커져만 갔다.

이러한 열망을 최초로 공론화시킨 인물이 유대계 오스트리아의 언론인 테오도어 헤르츨(Theodor Herzl)이다. 그는 유대인 국가 건설을 주장하는 '시오니즘'의 창시자인데, 헤르츨이 이런 생각을 갖도록 만든 사건이 있다. 그 유명한 '드레퓌스 사건(Dreyfus Affair)'이다. 나폴레옹 3세 치하의 프랑스는 비스마르크가 이끄는 프로이센과의 전쟁에서 패배했다. 그 후 프랑스 사회는 빠르게 보수화되어 갔고 민족주의가 팽배해졌다. 패배를 인정할 수 없었던 프랑스인들은 집단적으로 누군가에게 패배의 책임을 뒤집어씌우려 했다. 그 희생자가 바로 알프레드 드레퓌스 대위였다. 드레퓌스는 프로이센과 내통했다는 혐의를 받고 옥살이를 하게 된다. 그를 스파이로 지목한 근거는 턱없이 부족했다. 하지만 드레퓌스가 유대인이라는 사실이 알려지자 여론은 그를 범인으로 몰아갔다. 드레퓌스 자신은 유대인이라는 정체성이 거의 없는 완벽히 동화된 프랑스인이었다. 그럼에도 불구하고 프랑스 사회는 그의 희미한 혈통을 끄집어내어 반유대주의의 근거로 삼았다. 혁명의 본고장인 프랑스에서조차 반유대주의가 커지는 것을 지켜본 헤르츨은 유대인들만의 민족국가를 건설해야겠다는 생각을 굳힌다. 그리고 헤르츨을 비롯한 유대인들은 자신들의 새 국가가 조상 대대로 '에레츠 이스라엘(약속의 땅)'이라고 생각해온 팔레스타인에 세워지는 것이 당연했다. 헤르츨은 1896년 이런 생각을 공론화한 책《유대인 국가(Der Judenstaat)》를 발간했다. 이 책에서 그는 영국 등 유럽 강대국의 지원을 받아 팔레스타인에 유대인 국가를 건설하자고 제안했다. 하지만 그의 아이디어 속 어디에도 그 땅에 사는 토착 아랍인들과의 갈등이나 주변 국가와의 전쟁 같은 무시무시한 상황에 대한 개념은 전혀 들어 있지 않았다. 오히려 근대적인 사상과 과학기술로 문명화된 유대인들이 낙후된 중동 지역으로 이주해 그 지역을 유럽처럼 발전시킬 수 있을 것이며 그런 발전이 중동 지역의 사람들에게도 긍정적인 영향을 줄 것이라는 낭만적인 포부로 가득했다. 당대 유럽인들이 아시아를 바라보던 바로 그 시각, 오리엔탈리즘이 강하게 반영된 것이다. 시온주의는 발전한 유럽의 문명으로 뒤떨어진 아시아와 아프리카를 문명화시켜야 한다는 유럽 제국주의의 식민지 정복 논리와 맥락이 맞닿아 있었다. 어찌 보면 이스라엘이 건국된 이후 발생하는 여러 문제들은 여기에서부터 불길한 싹을 숨기고 있었는지도 모른다.

아무튼 헤르츨의 저서《유대인 국가》는 당시 유럽의 유대인 사회에 커다란 파장을 낳았다. 이 책이 나온 이듬해 시오니즘 운동이 본격적으로 시작됐다. 스위스 바젤에서 창설된 세계시오니스트기구

(WZO, World Zionist Organization)를 중심으로 시오니즘 운동이 조직화되기 시작했다. 세계시오니스트기구는 유대민족기금을 설립하고 세계 곳곳의 유대인들로부터 돈을 모금했다. 팔레스타인으로 이주하려면 우선 그 지역의 땅을 사야 했기 때문이었다. 로스차일드가와 같은 유대계 대부호들도 이 운동에 거액을 지원했다. 이 운동이 알려지면서 돈이 모였고 터전을 떠나 팔레스타인으로 가려는 사람들도 늘어났다. 팔레스타인으로 이주하는 유대인들은 유대민족기금의 지원금뿐 아니라 자신의 재산도 정리해 현지 정착자금으로 사용했다.

많은 이들이 시오니즘을 유대교를 기반으로 한 종교적 운동으로 생각하지만 사실 20세기 초 시온주의자들은 유대교를 깊이 신봉하지 않았다. 당시 유럽 사회는 탈종교와 세속화 바람이 강하게 불었으며 마르크스주의와 같이 아예 종교를 거부하는 이념도 유행했다. 시온주의자들 역시 이러한 유럽 풍조의 영향을 받은 사람들이 다수였다. 유대인들이 탈종교화되면서 그들을 이어주던 유일한 끈인 유대교도 약화됐고 이와 더불어 유대인으로서의 정체성도 약해지고 있었다. 만약 유럽에서 반유대주의가 기승을 부리지 않았다면 아마 조상들의 땅으로 돌아가자는 시오니즘은 영향력 있는 운동으로 발전하지 못했을 것이다. 유럽인들의 민족주의가 유대인들의 민족의식을 각성시킨 셈이다. 아무튼 초기 이주자들은 팔레스타인에 유럽식 세속국가를 건설하려고 했다. 유대교를 국교로 삼는다거나 국가 이념으로 삼을 생각은 전혀 없었다.

1909년 팔레스타인 데가니아 지역으로 이주한 유대인들은 사회주의적 이상을 따라 '코뮌'이라는 소규모 공동체를 건설했다. 함께 모여 땅을 개척하고 농장을 세웠다. 하지만 엄격한 위계조직을 갖추거나 한 것은 아니었다. 그들의 이상은 곧 현실의 벽에 부딪혔다. 척박한 땅과 낯선 기후, 그리고 비우호적인 토착민들로 둘러싸인 환경에서 소규모 자영농 공동체를 지향하는 코뮌은 생존의 위협에 시달렸다. 농작물의 소출은 적었고 질병이나 외부 침입자에 대해 적절히 대처하기가 어려웠다. 낙담한 최초의 이주자들은 다시 미국으로 떠나거나 유럽으로 돌아갔다.

데가니아의 코뮌을 목격한 이후의 이주자들은 더 큰 규모의 집단농장을 지향했다. 1917년 러시아에서 사회주의 혁명이 일어나자 여기에 자극을 받아 사회주의 이념을 따르려는 경향도 더욱 강해졌다. 1920년 초 팔레스타인으로 이주한 유대인들 중에서 사회주의 이념을 가진 이들이 사회주의 전위조직인 노동여단을 창설했다. 이들은 단순히 유럽에서의 박해를 피해 팔레스타인으로 이주한 것이 아니라 러시아 혁명과 같이 팔레스타인 사회를 근본적으로 바꾸겠다는 목표를 품고 있었다. 1921년 노동여단 소속의 젊은 남녀 74명이 에인하롯에 최초의 '키부츠', 즉 집단농장을 세웠다. 키부츠는 데가니아의 코뮌에 비해 규모도 크고 조직화된 정착촌이었다. 그들은 공동생산 · 공동분배라는 사회주의적 목표를 지향했다. 비단 공동생산만이 아니라 공동의 안보 시스템도 만들었다. 체계화된 대규모 조직을 만들기 위해 더 많은 사람들을 받아들였고 조직적으로 무장을 했다. 에인하롯 내 키부츠는 새로운 유대인 공동체의 롤모델이 됐다. 척박한 황무지를 일구어 기름진 농토로 바꾸어내고 주변의 혹독한 환경에 맞서 이를 극복해나갔다. 지난 2000년 동안 소수세력으로서 늘 자신의 운명을 주변 다수 민족의 처분에 맡겨야 했던 유대인들은 에인하롯에서 처음으로 공격적이고 능동적으로 스스로의 운명을 개척해나가기 시작했다. 에인하롯 키부츠는 크게 성공했다. 더 많은 황무지가 농토로 바뀌었고, 더 많은 수확물을 거두었다. 성공을 목격한 유대인들은 점점 더 에인하롯으로 몰려들었고 오래지 않아 팔레스타인 내에 더 많은 키부츠들이 세워졌다.

데가니아 코뮌에서 보았듯이 정착에 실패하고 되돌아가는 이들도 적지 않았지만 많은 유대인 이주자들이 끈질기게 주어진 환경에 맞서 싸웠고 결국 살아남았다. 20세기 초부터 1920년대까지 비교적 초기에 이주해온 이들 중에는 훗날 건국 후 이스라엘을 이끌어간 걸출한 지도자들도 많이 포함됐다. 초대 이스라엘 총리이자 건국의 아버지로 존경받는 다비드 벤구리온,[04] 세 번째 총리가 된 레

04　다비드 벤구리온(David Ben Gurion, 1886~1973년) : 이스라엘의 초대 총리. 열정적인 시오니스트였고 영국의 팔레스타인 통치가 끝난 후 이스라엘 초대 총리가 되었다.

비 에쉬콜,[05] 욤 키푸르 전쟁(제4차 중동전쟁)[06]을 승리로 이끈 여성 총리 골다 메이어[07] 등이 그들이다.

커지는 갈등

　1917년 발표된 밸푸어 선언은 유럽의 유대인 사회를 고무시켰다. 당시 세계 최강대국인 대영제국의 외무상 아서 밸푸어가 영국의 유대인 커뮤니티의 지도자 로스차일드 경에게 보낸 편지에서 영국 정부가 팔레스타인 지역에 유대인 국가를 세우는 일을 돕겠다고 약속한 것이다. 물론 당시는 제1차 세계대전 중이었고, 승리를 위해 영혼까지 팔아치울 태세였던 영국 정부는 유대인들을 우군으로 만들기 위해 '시오니즘 지지'라는 미끼를 던진 것이었다. 그러나 영국 정부의 최고위층 인사가 영국 내 유대계 거물인 로스차일드 경에게 격식을 갖춰 보낸 편지를 가볍게 생각할 사람은 없었다. 팔레스타

05　레비 에쉬콜(Levi Eshkol, 1895~1969년) : 이스라엘의 3대 총리.

06　욤 키푸르 전쟁(Yom Kippur War) : 제4차 중동전쟁. 1973년 이집트의 안와르 사다트 대통령을 주축으로 한 아랍 연합군이 '6일 전쟁'의 패배를 설욕하기 위해 이스라엘에 대해 기습공격을 감행해 벌어진 전쟁. 유대교의 속죄일(욤 키푸르)에 벌어졌다고 해서 욤 키푸르 전쟁으로 불린다. 결과적으로 이스라엘이 아랍 연합군을 물리쳤으나 양측 모두 커다란 피해를 입었다.

07　골다 메이어(Golda Meir, 1898~1978년) : 이스라엘 건국에 일조한 여성 정치인. 이스라엘의 노동부장관, 외무부장관 역임 후 제4대 이스라엘 총리가 되었다.

인 이주 운동은 한층 더 활기를 띠었다. 영국의 '유대인 국가 건설' 약속은 1922년 7월 국제연맹이 영국의 팔레스타인 위임통치를 결정하는 문서에 다시 한 번 명시됐다. 비록 영국이 위임통치에 들어가지만 팔레스타인 지역에 유대인 국가를 세우겠다는 약속은 잊지 않았음을 보여준 것이다.

아랍인들은 분노했다. 팔레스타인이 영국의 통치 아래에 놓인다는 사실만으로도 아랍인들의 반감이 엄청났는데, 거기에 유대인 국가 건설 공약까지 더해지자 아랍인들은 조직적인 저항에 나섰다. 1920년대는 오스만 제국이 몰락하면서 중동 지역에 아랍 민족주의가 본격적으로 일어나는 시점이었다. 오랜 동안 오스만 제국의 무슬림 신민으로 살던 아랍인들이 스스로를 아랍인으로 각성하기 시작했다. 그런데 아랍인의 땅이 아랍인의 손으로 다스려지지 못하고 유럽 제국주의의 손에 넘어간 데다 때마침 몰려드는 유대인 이주민들로 인해 아랍 민족주의는 점점 더 공격적인 에너지를 뿜어내고 있었다. 이제 아랍인과 유대인, 양측의 대결은 불가피했다.

유대인들의 이주가 늘자 팔레스타인 지역에서 유대인들의 인구 비중도 늘어났다. 본격적인 이주가 시작되기 전인 1882년, 팔레스타인의 유대인 인구는 팔레스타인 전체 인구의 4%에 불과했지만 에인하롯 키부츠가 세워진 후인 1922년에는 13%, 그리고 유럽에서 유대인에 대한 탄압이 본격화된 1935년에는 28%로 늘었다. 이스라엘 건국 직전인 1947년에는 팔레스타인 내에서 유대인의 비중

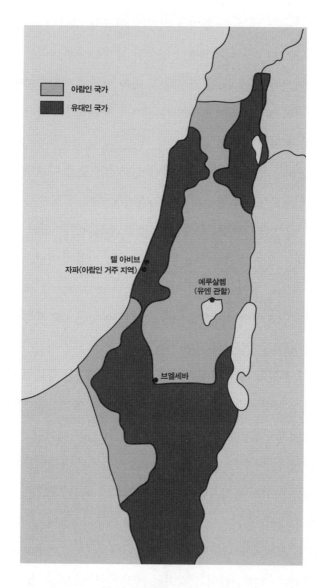

아랍인 국가

유대인 국가

텔 아비브
자파(아랍인 거주 지역)

예루살렘
(유엔 관할)

브엘세바

1947년 유엔에 의한 팔레스타인 분할안

이 30%를 웃돌았다.

앞서 이야기했듯이 유대인의 이주는 주로 유대민족기금의 지원을 통해 팔레스타인 토지를 매입하는 것으로 시작됐다. 세계시온주의기구는 이렇게 매입한 토지를 이주 희망 유대인들에게 제공함으로써 유대인 국가 설립을 도왔다. 유대인이 사들인 토지가 늘어나자 아랍인들은 반발했다. 처음에는 신경전을 벌이던 것이 점차 물리적 충돌로 발전했고 그 빈도와 강도 역시 커지고 높아졌다. 당시 팔레스타인 아랍인들의 정치적·종교적 지도자였던 '예루살렘 대(大)무프티' 하즈 아민 알 후세이니는 1935년 '유대인들에게 땅을 파는 사람은 배교자로서 무슬림 묘지에 묻힐 수 없다'는 파트와(이슬람법에 대한 공식 해석)를 발표하기에 이르렀다. 그러나 하즈 아민의 파트와는 큰 효과가 없었다. 팔레스타인의 토지 가격은 크게 올랐고 이에 많은 팔레스타인 지주들이 자발적으로 유대인들에게 땅을 팔았다. 아랍인 지주들이 이처럼 스스럼없이 유대인들에게 땅을 판 이유는 이 지주들 중 대부분이 당시 팔레스타인 외부 지역에 거주하는 사람들이었기 때문이다. 현지 거주자가 아니었으므로 '예루살렘 대무프티'의 경고 따위에는 귀를 기울이지 않았으며 이익을 좇아 토지 가격이 올랐을 때 땅을 파는 데 거리낌이 없었다. 결과적으로 아랍인들의 반발에도 불구하고 유대인 이주민들은 계속 팔레스타인으로 유입됐다. 아랍인 지주들로부터 땅을 사들인 유대인들은 스스로 땅을 일구거나 유대인 소작농을 고용해서 농사를 지었다. 유대인들을 위한 일자리는 계속 늘어난 반면 과거 아랍인 지주 밑에서 소작을 하던 아랍인 노동자들은 실직자가 됐다. 당연히 유대인에 대한 반감이 커질 수밖에 없었다. 절박한 심정으로 팔레스타인 개척에 몰두한 유대인들은 농장 경영에서도 획기적인 성공을 거두었다. 유대인 정착촌에서 재배한 오렌지가 유럽 곳곳으로 팔려나가면서 농장의 주인과 노동자들 모두 크게 부유해졌다. 그러나 일자리를 잃은 아랍인들은 이러한 유대인들의 성공을 증오의 눈으로 바라보았다. 유대인들은 자신들이 이룬 성공 뒤에 가려진 아랍인들의 분노를 제대로 알아채지 못했다.

1920년대 초부터 시작된 아랍인과 유대인 간의 갈등은 시간이 지날수록 점점 더 심각한 양상으로 발전해갔다. 1921년 5월 1일 자파에서의 충돌로 유대인 200여 명과 아랍인 120여 명이 사망하는 참사가 일어났다. 하지만 그때까지만 해도 상황이 악화되고 있다는 것을 깨달은 유대인은 소수였다. 여전히 대부분의 유대인 이주자들은 상황을 낙관했다. 이윽고 1929년이 되자 팔레스타인의 공기가 심상치 않게 변했다. 유대인들이 아랍인을 살해하고 예루살렘을 차지할 것이라는 소문이 팔레스타인 전역으로 퍼져나갔다. 무슬림 지도자들은 아랍 군중을 향해 '유대인들을 공격하라!'고 선동했다. 각 지역의 유대인들이 공격당했고 그들이 운영하는 상점들이 약탈을 당했다. 사태는 헤브론에서 가장 심각했다. 1929년 8월 무장한 아랍인들이 헤브론을 공격했고 여성과 아이를 포함해 유대인 67명이 사망했다. 부상자도 수십 명에 이르렀다. 이쯤 되자 비로소 유대인들은 더 이상 상황을 방관할 수 없음을 깨달았다. 유대인 민병대 조직인 '하가나'는 정규군에 버금가는 규모로 유대인 청년들을 징집했다. 하가나는 아랍인들로부터 유대인 공동체를 보호하는 데 주력했지만 폭력에는 폭력으로 대응했다. 1929년 한 해에만 유대인 133명과 아랍인 116명이 폭력 충돌로 사망했다.

1930년대에 들어서면서 폭력 충돌은 한층 더 잦아졌다. 유대인 민병대원들 가운데 일부는 하가나의 지도부가 주로 유대인들을 방어하는 역할에만 매달리는 데 반발했다. 그들은 보복을 원했다. 1931년 하가나 멤버들 중 일부가 조직에서 이탈해 '이르군'이라는 새로운 민병대를 만들었다. 이르군은 주로 방어적인 역할을 해온 하가나와는 달리 아랍인들에 대한 보다 과감한 공격을 목표로 삼았다. 그들은 '최대의 공격이 최선의 방어'라는 신조를 행동원칙으로 삼았다. 이르군은 다음과 같이 주장했다.

"아랍인들이 유대인의 폭력을 두려워해야만 유대인 공동체가 안전해질 것이고 유대인 국가 건설도 가능할 것이다!"

유대인 공동체의 지도자들조차 유대인 민병대의 폭력 행위를 완전히 통제할 수 없는 상황이 됐다. 아랍인과 유대인 간의 간헐적이지만 강력한 충돌이 계속됐다. 1936년이 되자 상황은 더 이상 악화될 수 없을 만큼 심각해졌다. 그해 4월 팔레스타인의 아랍 민족주의 단체들은 영국 위임통치 정부에 대항해 총파업을 벌였다. 아랍 민족주의 단체들은 단순히 일을 멈추는 데 그친 것이 아니라 군중을 무장시켜 영국군을 공격했다. 물론 유대인들도 이들의 공격 대상이었다. 영국 정부는 무력으로 이를 진압하는 한편 주변 아랍국 지도자들을 통해 팔레스타인 지도부를 회유했다. 1936년 10월 일단 총파업이 중단됐으나 평화는 오래 가지 못했다. 1937년 여름부터 2년 동안 영국 위임통치 정부에 대항하는 아랍의 반란이 또다시 대규모로 일어났다. 영국 고위관리가 무장 아랍 반란세력에 살해당하자 영국은 대대적인 반격에 나서 200여 명의 팔레스타인 민족주의 지도자들을 체포해 추방했다. 그러나 반란은 가라앉을 기미를 보이지 않았다. 오히려 지도부가 사라지자 반란은 무질서한 폭동으로 변질돼 팔레스타인 전역으로 퍼져나갔다. 반란세력은 영국군과 경찰 병력뿐 아니라 유대인 정착촌의 민간인들도 공격했다. 심지어 영국 정부에 협조하는 팔레스타인 부역세력도 처단했다. 철도와 통신망 등 기간시설도 파괴됐다.

대영제국은 팔레스타인에 군인과 경찰 병력을 대대적으로 파견하는 한편 반란에 참여한 이들을 저인망식으로 샅샅이 체포하기 시작했다. 심지어 반란에 참여한 이들의 집에 불을 지르고 연좌제를 적용해 그 가족들까지 체포했다. 체포된 이들은 고문과 폭행을 당했고 수십 명이 사형을 당했다. 거대한 아랍의 반란에 대응해 영국은 공포정치로 맞선 것이다. 결국 3년여에 걸친 아랍반란은 실패로 막을 내렸다. 이 과정에서 아랍인 약 5,000명이 사망하고 1만 명 이상이 부상을 당했다. 하지만 영국 정부도 더 이상 팔레스타인을 통치할 의욕을 잃고 말았다. 영국의 인적, 물적 피해가 너무 컸기 때문이기도 하지만 더 근본적인 이유는 나치 독일의 위협으로 유럽에 전쟁의 기운이 감돌기 시작하면서 중동 지역에 신경을 쓸 여력이 없었기 때문이다. 오히려 독일에 맞서 아랍 지도자들을 연합군 측으로 끌어들여야 하는 상황이 됐다. 영국 정부가 이런 상황에서 반감만 불러일으키는 강경책을 쓴다는 건 무리였다.

팔레스타인 문제 해결을 위한 중재안

아랍의 반란이 한창이던 1937년 영국은 아랍인과 유대인을 중재하기 위한 방안을 내놓았다. 일명 '필 보고서'였다. 팔레스타인의 정정 불안이 지속되자 영국 정부는 윌리엄 필 경을 단장으로 삼아 현지조사단을 구성해 팔레스타인 문제의 원인을 파악하고 그에 대한 해법을 내놓도록 지시했다. 1년 동안의 조사를 마친 후 필 경은 '팔레스타인 분할'이라는 해결책을 제시했다. 영국 위임통치령 팔레스타인을 유대인 영토와 아랍인 영토로 나누되 인구수와 거주지를 고려해 분할하자는 것이었다. 하지만 팔레스타인 내에서 유대인이 한

곳에 몰려 사는 것이 아니라 여기저기 흩어져 정착촌을 이루었다는 점이 문제였다. 만약 필 보고서의 제안처럼 인구수와 거주지를 고려해 영토를 나눌 경우 유대인 영토와 아랍인 영토는 마치 체스판의 흑과 백처럼 드문드문 떨어져 있는 형태가 될 수밖에 없었다. 유대인 사회는 필 경의 중재안에 불만을 제기했다. 원래 시온주의들이 요구했던 것보다 훨씬 줄어든 영토였기 때문이다. 하지만 당시 유럽에서는 유대인에 대한 박해가 본격화되고 있었기에 최소한의 땅이라도 유대인의 영토를 확보하는 게 급선무라는 의견이 대세였다. 유대인 사회는 필 보고서를 수용하기로 결정했다. 그러나 아랍인들은 필 보고서에 대해 즉각 반대를 표했다. 대무프티 하즈 아민은 '팔레스타인 분할안에 찬성하는 것은 곧 반역'이라고 선포했다. 반쪽의 찬성만으로는 중재안이 성립될 수 없었고 결국 필 보고서는 실패하고 말았다.

아랍반란이 진압될 무렵 영국은 다시 팔레스타인 문제를 해결하기 위한 중재안을 들고 나온다. 일명 '1939년 백서'다. 이 백서는 이전 필 보고서보다 아랍인들의 요구에 초점을 맞추었다. 유대인 이주자의 상한선을 정해 유대인 인구가 팔레스타인 전체 인구의 35% 수준을 넘지 못하도록 했으며, 유대인의 토지 매입도 제한했다. 그리고 10년 내로 아랍과 유대인 공동정부 관할 아래에 팔레스타인 독립국가를 출범시키는 방안을 제시했다. 하지만 아랍인들과 유대인 모두 이 제안을 거부했다. 팔레스타인에서 유대인의 존재를 인정하지 않으려는 아랍인들에게 이 백서는 유대인들에게 영토를 제공하는 조치였다. 하지만 유대인 사회의 반발이 훨씬 더 심했다. 훗날 이스라엘의 초대 총리가 된 다비드 벤구리온은 '유대인들은 마치 백서가 없는 것처럼 영국을 도와 히틀러와 싸울 것이며 또한 마치 전쟁이 없는 것처럼 백서와 싸울 것이다'라고 말하며 1939년 백서를 강력히 거부했다. 유대인들 입장에서 이 백서는 아랍인들의 반란에 놀란 영국이 아랍인들의 눈치를 본 것에 지나지 않았다. 시온주의자들은 '영국이 유대인 국가 건설 약속을 저버렸다'며 영국 정부에 대한 강경 투쟁을 선언했다. 이르군과 스턴갱 등 유대인 과격 무장단체들은 영국 장교들을 대상으로 테러를 벌이기 시작했다. 영국을 팔레스타인에서 몰아내기 위한 반란도 계획했다. 영국 국민들은 유대인들의 테러에 아연실색했다. 팔레스타인 문제에서 영국 정부가 손을 떼라는 여론이 커졌다.

"도대체 팔레스타인이 무엇이기에 영국의 소중한 젊은이들이
그곳에서 아까운 피를 흘려야 하나?"

그때까지 영국 정부가 국민들에게 내놓은 유일한 답변은 '인도'였다. 대영제국 식민지 중 가장 중요한 지역을 꼽으라면 두말할 것 없이 인도였다. 팔레스타인은 대영제국이 인도로 이어지는 네트워크를 구축하는 데 지정학적으로 중요했다. 하지만 제2차 세계대전

이 끝나자 인도는 더 이상 영국의 식민지가 아니었다. 따라서 팔레스타인의 지정학적 중요성이 사라졌고 엄청난 비용을 부담해가며 영국군이 팔레스타인에 주둔할 이유도 사라졌다. 영국 국민들 또한 전쟁에 지쳤다. 영국 정부는 팔레스타인에서 물러나겠다고 선언했다. 이제 팔레스타인 문제는 유엔(UN)으로 넘어갔다.

이스라엘의 건국

유엔은 유엔팔레스타인특별위원회(UNSCOP)[08]를 구성했다. 그리고 팔레스타인의 유대인 대표단과 아랍인 대표단 모두에게 특별위원회에 참여할 것을 제안했다. 유대인들은 제안에 응했지만 유대인의 존재 자체를 거부하는 아랍인들은 유엔특별위원회 참여를 거부했다. 결과적으로 유엔이 내놓은 중재안에 아랍인의 목소리가 들어갈 기회가 사라지고 말았다. UNSCOP는 필 보고서와 유사한 방식의 해법을 제시했다. 체스판 형식으로 팔레스타인을 분할하고 예루살렘은 양측 모두에서 분리해 유엔의 관할구역으로 남겨두겠다

---

08   유엔팔레스타인특별위원회(UNSCOP, United Nations Special Committee On Palestine) : 유엔 총회 결의에 따라 1947년 5월 15일에 만들어진 특별위원회. UNSCOP는 팔레스타인의 분쟁 원인과 쟁점을 조사하기 위한 기구로서 유엔 안보리 5개 상임이사국을 제외한 11개 중립국들(오스트레일리아, 인도, 이란, 네덜란드, 캐나다, 체코슬로바키아, 과테말라, 페루, 스웨덴, 우루과이, 유고슬라비아)로 구성되었다.

는 것이었다. 여전히 유대인과 아랍인 모두 불만이었지만, 필 보고서 때에 그러했듯이 시온주의자들은 국가가 없는 것보다는 작은 영토라도 독립국가를 건설하는 것이 중요하다는 데 뜻을 모았다. 물론 아랍인들은 여전히 결사반대를 외쳤다. 이번에는 아랍의 반대에도 불구하고 유엔의 중재안이 유엔 총회에 넘겨졌고, 1947년 9월 29일 팔레스타인 분할안이 유엔 총회에서 통과됐다. 찬성 33표, 반대 13표, 기권 10표였다. 무엇보다 제2차 세계대전 이후 밝혀진 나치 독일의 유대인 학살이 국제적인 동정 여론을 불러일으켰기에 통과가 가능했던 것이다.

이제 유엔을 통해 유대인의 국가 건설이 공식화됐다. 유엔의 분할안에 따르면 1,364,330명의 아랍인이 약 6,920km^2의 영토를 차지한 반면 680,230명의 유대인들은 9,173km^2의 영토를 할당받았다. 양측이 절대적으로 양보할 수 없는 두 지역인 예루살렘과 베들레헴은 유엔 관할하에 두기로 했다. 유대인들의 영토가 더 넓었으나 그 영토 안에는 황무지인 네게브 사막이 포함되어 있었기에 실제로 유용한 토지는 아랍인들에게 더 많이 할당됐다. 그럼에도 불구하고 팔레스타인 분할안이 유엔 총회를 통과한 것은 유대인들에게 중요한 정치적 승리라고 할 수 있다. 2000년 만에 유대인 국가를 건설할 기회가 주어진 것이다. 시온주의자들의 목표는 단순하고 집요했다. 팔레스타인에 유대인 국가를 건설하는 것. 반면 팔레스타인에 거주하는 아랍인들은 국가를 세우려는 목표가 없었다. 그들에게 '팔레스타인 국가'란 매우 어색한 개념이었다. 예언자 무함마드 이래 팔레스타인은 시리아 및 요르단과 같은 국경 안에 있는 땅이었다. 늘 같은 통치자의 지배를 받아왔고 똑같은 역사를 경험했다. 시리아, 요르단, 팔레스타인은 언어도 종교도 같았다. 따라서 팔레스타인 주민들은 자신들이 독립국가를 세우기보다는 시리아에 통합되기를 원했다. 사실 이러한 어색함은 팔레스타인 주민들만 느끼는 게 아니었다. 유럽 강대국들의 이해관계에 따라 멋대로 그어진 국경선을 아랍인 전체가 어색하게 느끼고 있었다. 중동 지역에 이슬람 제국이 들어선 이후 '한 명의 지도자(칼리파)가 이끄는 하나의 무슬림 공동체(움마)'라는 관념은 시대가 바뀌어도 늘 모든 무슬림의 머릿속에 자리 잡고 있었다. 특히 아랍인들은 더더욱 자신들이 하나의 민족국가를 이루어야 한다는 생각이 강했다. 따라서 시리아, 이라크, 요르단, 레바논 사이에 국경이 나뉘고 각기 다른 통치자의 지배를 받아야 하는 상황을 편하게 받아들이는 아랍인은 많지 않았다. 팔레스타인의 아랍인들 역시 마찬가지였다. 유대인들이 무슨 수를 써서라도 유대인 국가를 건설하고자 백방으로 뛰어다니는 동안 팔레스타인 사람들은 유대인을 방해하고 거부하기에 급급했을 뿐, 자신들의 터전에 무엇을 만들어야 하는지를 진지하게 계획하지 않았다. 막연히 시리아와 통합되기를 원했을 뿐이다.

아무튼 팔레스타인의 아랍인들은 물리력을 동원해 유엔의 결정을 거부하기로 결의했다. 하이파에서 3일 동안 대규모 시위가 벌어졌다. 이 시위의 지도부는 대중연설을 통해 '만약 유대인들이 우리의 땅을 빼앗는다면 우리는 신의 이름으로 저들을 모조리 바다에 쓸어 넣어버릴 것이다'라며 선동했다. 이 같은 구호는 이 시위대의 주장만이 아니었다. 팔레스타인 내 모든 아랍인과 주변의 여러 아랍국가가 같은 생각을 갖고 있었다. 유대인 국가가 선포되는 순간 아랍인들의 전쟁도 선포될 것이라고…. 유대인들 또한 전쟁을 거치지 않고서는 유대인 국가를 건설할 수 없다는 사실을 잘 알고 있었다. 유엔 총회에서 팔레스타인 분할안이 통과된 후 팔레스타인 곳곳에서 유대인 무장조직과 아랍인 무장조직 간에 내전 수준의 폭력충돌이 벌어졌다. 그 혼란스러운 와중에 1948년 5월 14일 유대인들은 이스라엘 건국을 선포했다. 그리고 이와 동시에 곧바로 전쟁준비에 돌입해야만 했다. 주변 아랍국가들의 무장병력들이 침공 준비를 마치고 진격 신호만 기다리고 있었기 때문이다.

정체성의 투쟁, 중동사 21장면

건국과 동시에 시작된 전쟁

1948년 아랍·이스라엘 전쟁(제1차 중동전쟁)

"벤구리온은 건국을 선포한 32분간의 짧막한 행사를 마치고 곧바로 텔아비브 해변에 위치한 작전사령부로 달려갔다. 이스라엘을 둘러싼 상황이 긴박하게 전개되고 있었다. 이미 이집트, 요르단 등은 '유대인 국가의 건국을 선포할 경우 곧바로 전쟁에 돌입할 것'이라고 경고를 해둔 상태였다. 말로만 하는 경고가 아니었다. 아랍연맹 연합군은 전쟁 준비를 마치고 공격 개시 신호만을 기다리고 있었다."

이스라엘 건국 이전 시기의 팔레스타인 내전

　1948년 5월 14일 이스라엘이라는 나라가 지구상에 새로 태어났음을 알린 직후 중동은 전쟁으로 치달았다. 물론 유대인들 입장에서는 팔레스타인 분할안이 유엔에서 통과된 직후부터 이미 전쟁 상태에 들어가 있었다. 팔레스타인 분할안을 도저히 받아들일 수 없었던 아랍인들이 유대인들을 공격했고 유대인들 역시 이에 대해 무장병력으로 반격했기 때문이다. 팔레스타인의 아랍인이나 유대인 모두 정규군을 갖고 있지 않았다. 유대인들은 정규군에 버금갈 정도로 잘 훈련된 민병대를 보유하고 있었으나 아랍인들의 경우 훈련은 고사하고 조직도 제대로 못 갖춘 청년단체들이 무장해 유대인들을 공격했다. 1947년 당시 유대인 민병대 가운데 최대 조직인 하가나는 약 4만 5,000명의 병력 수준이었고 이보다 급진단체였던 이르군과 스턴갱(레히)의 병력은 총 3,000명 정도였다. 반면 팔레스타인 아랍인들의 무장조직은 당시 팔레스타인의 정치지도자 무프티 압

달 콰데르가 이끄는 민병대를 비롯해 모두 2만 5,000명의 병력 수준이었다.

내전은 잔혹했다. 폭력이 더 큰 폭력을 부르는 악순환이 반복됐다. 1947년 이전에도 팔레스타인 내 아랍인과 유대인 간의 무력충돌이 잦았다. 그러나 내전이 본격적으로 진행되면서 상대방에 대한 무차별적인 살상이 이루어졌다. 한쪽이 거리에서 테러를 하면 다른 한쪽이 무장병력을 이끌고 마을을 습격해 민간인을 학살하는 보복이 벌어지곤 했다. 예컨대, 1948년 3월 11일 아랍인들이 예루살렘에서 폭탄테러를 벌여 유대인 17명이 사망하고 40여 명이 부상당하는 사건이 발생했다. 이에 유대인들은 4월 9일 예루살렘 서쪽의 마을을 공격해 아랍 민간인 110명을 살해하는 것으로 대응했다. 그리고 나흘 뒤 아랍인들은 이에 대한 보복으로 예루살렘 동북부의 스코푸스 산으로 돌아가던 유대인 의료진 호송차량을 공격해 77명을 살해했다.

오늘날까지 문제가 되고 있는 팔레스타인 난민 문제가 이 시기에 벌써 시작됐다. 팔레스타인의 분위기가 내전으로 흉흉해지자 겁을 먹은 중산층 아랍인들이 팔레스타인을 떠나 이웃 아랍국가로 이주하기 시작한 것이다. 잠시 터전을 등지게 된 아랍인들은 곧 다시 팔레스타인으로 돌아갈 수 있을 거라고 믿었다. 하지만 곧이어 이스라엘이 건국하면서 발발한 아랍-이스라엘 전쟁으로 더 많은 팔레스타인 주민들이 자신이 살던 곳을 떠나게 됐다. 이때 떠난 팔레스타인의 아랍인 숫자는 75만 명에 이른다. 유대인 지도부는 고향을 등진 아랍인들의 집을 새로 이주한 유대인들에게 주었다.

"약속의 땅으로 돌아오면 집과 땅이 생깁니다!"

유대인 지도부는 위와 같은 홍보를 통해 해외에 거주하는 유대인들의 이주를 장려했다. 점차 팔레스타인 내에서 아랍인들의 인구가 줄어든 반면 유대인들은 계속 늘었다. 양측의 충돌이 심각한 상황으로 치닫자 1948년 3월 유엔 안전보장이사회에서 영국과 미국은 '팔레스타인 분할안을 취소할 수도 있다'는 입장을 보였다. 이는 유대인 국가 건설이 뒤로 미루어질 수도 있다는 의미였다. 유대인들로서는 절체절명의 위기였다. 하지만 소련이 분할안을 적극적으로 지지했다. 소련은 유대인 지도부가 사회주의적 성향을 띠고 있음을 간파했는데, 이에 따라 새로 세워질 유대인 국가가 사회주의 노선을 따를 거라고 판단했다.

전쟁의 시작

1948년 5월 14일 새로 건국된 이스라엘의 초대 총리는 다비드 벤구리온이었다. 그는 이날 자신의 일기에 이렇게 적었다.

"오후 4시 유대인의 독립이 선포됐고 국가가 세워졌다. 하지만 나라의 운명은 무장병력의 손에 달려 있다."

벤구리온은 건국을 선포한 32분간의 짤막한 행사를 마치고 곧바로 텔아비브 해변에 위치한 작전사령부로 달려갔다. 이스라엘을 둘러싼 상황이 긴박하게 전개되고 있었다. 이미 이집트, 요르단 등은 '유대인 국가의 건국을 선포할 경우 곧바로 전쟁에 돌입할 것'이라고 경고를 해둔 상태였다. 말로만 하는 경고가 아니었다. 아랍연맹 연합군은 전쟁 준비를 마치고 공격 개시 신호만을 기다리고 있었다. 그때까지 팔레스타인에서 가장 많은 책임을 지고 있던 영국은 이스라엘 건국 선언과 동시에 완전 철수를 단행했다. 건국이 선포된 날 밤 11시 30분, 영국의 마지막 고등판무관 앨런 커닝엄 경은 영국행 배에 몸을 실었다. 영국의 팔레스타인 위임통치가 공식적으로 막을 내린 것이다. 아랍국가들은 영국인들이 다치지 않을까 눈치 볼 필요 없이 마음껏 이스라엘을 공격할 수 있게 된 반면, 이스라엘은 자신들을 도와줄 외부세력도 없는 상태에서 홀로 아랍 연합군과 맞서야 했다. 미국의 지원도 불확실했다. 미국 국무장관 조지 마샬은 '이스라엘의 건국 선포 시 미국은 그 결과에 책임지지 않을 것이며 이웃 아랍인들에게 공격을 당해도 구해주지 않을 것'이라고 선언했다. 그는 신생 이스라엘이 친소 성향을 띤 사회주의 국가가 될 것이라고 우려했기 때문에 이스라엘 건국을 지지하지 않았다. 그런데 기적이 일어났다. 새로운 유대인 국가가 탄생한 바로 그 날 밤, 미국의 해리 트루먼 대통령은 이스라엘을 공식적으로 인정했다. 이스라엘은 당시 국제사회의 어떤 나라로부터도 공식적인 인정을 받지 못한 상태였기 때문에 미국 정부의 전격적인 선언은 큰 힘이 됐다. 제2차 세계대전 후 초강대국 자리에 오른 미국의 공식 인정은 곧 이스라엘이 국제사회의 일원이 될 수 있도록 허용하는 초대장이나 다름이 없었다. 사방이 적으로 둘러싸인 이스라엘로서는 실낱같은 희망이었다.

이스라엘 건국 다음 날인 1948년 5월 15일 오전 5시, 아랍 연합군은 요르단 강 서안 지역으로 진격을 개시했다. 이스라엘 지도부의 머리 위로 아랍군의 폭격기가 날아다녔다. 누가 봐도 거인 대 난쟁이의 싸움이었다. 이집트, 요르단, 시리아, 이라크, 레바논 등이 참전한 아랍 연합군에 비해 이제 막 세워진 신생 이스라엘은 보잘것없는 상대였다. 이 전쟁에서 이스라엘의 우위를 점치는 사람은 거의 없었다. 그러나 실상을 따져보면 아랍 연합군이 반드시 우세했던 것만은 아니다. 병력 면에서 절대적으로 불리한 이스라엘은 전쟁에 동원할 수 있는 모든 인력을 투입했다. 남녀 가리지 않고 전쟁에서 싸울 수 있는 병력이 2만 9,000명 정도였다. 반면에 아랍국가들은 이스라엘과의 전쟁에 소수의 병력만 참전시켰다. 1만 명의 병력을 보낸 이집트를 포함해 각 국에서 차출된 아랍 연합군의 총 병력은 약 2만 3,500명 수준이었다. 물론 아랍 연합군의 병력이 정규군이니까 전투력에서 월등히 앞설 것이라고 생각할 수도 있다. 그러나 전쟁의 승패는 겉으로 보이는 전력 차이가 결정짓는 것이 아니다. 이스라엘군은 싸워야 할 이유가 분명했다. 나치의 집단학살을 피해 도망쳐온 이들을 포함해 유대인들은 어떠한 이유에서든 돌아갈 곳 없는 이들이 대부분이었다. 여기서 패배한다면 그다음은 없었다. 이스라엘 병사들은 목숨을 걸고 이제 막 태어난 조국을 지켜야 했다. 반면 이곳저곳에서 차출되어 전장에 나온 아랍 연합군은 자신들이 왜 싸워야 하는지 그 이유가 분명치 않았다. 동포인 팔레스타인 아랍인들을 돕기 위함이라는 흐릿한 명분이 있기는 했으나 그들을 위해 팔레스타인에 독립 아랍국가를 세워주겠다는 목표는 전혀 없었다. 연합군 사이의 협력체계도 엉성했고, 심지어 한 나라의 군대 내에서도 귀족 출신 장교와 평민 출신 사병 간의 알력이 심해 사기가 낮았다. 당연히 목숨을 걸고 싸우려 하지도 않았다. 사실 이 전쟁에 참전하기로 결정한 아랍국가 지도자들의 진짜 목적은 유대인을 몰아낸 후 팔레스타인 영토를 차지하는 데에 있었다. 시리아와 요르단, 그리고 레바논은 팔레스타인 영토의 전부 또는 일부에 자신들의 권리가 있다고 믿었다. 사실 시리아, 요르단, 팔레스타인, 그리고 레바논은 과거 중동 역사에서 시리아 또는 대(大)시리아라고 불리던 지역이었다. 오랫동안 공동운명체로 여겨져왔던 탓에 영국과 프랑스에 의해 국경이 나뉜 후에도 서로에 대한 동질감이 강했다.

일단 전쟁이 시작되자 상황이 보다 더 극적으로 변했다. 생존을 위협받는 이스라엘군에 매월 1만 명 정도의 유대인이 꾸준히 이주해왔다. 이에 따라 이스라엘 병력도 계속 늘어났다. 전쟁 발발 시 3만 명도 채 안 되던 이스라엘 병력은 개전 후 20일 만에 4만 명 이상으로 늘었다. 이처럼 병력이 꾸준히 증가해 전쟁이 계속된 그해 말에는 이스라엘 병력이 10만 8,000명에 이르렀다. 이렇게 병력이 늘어난 것은 이주민이 늘어난 이유도 있었지만, 이주자가 아님에도 이스라엘군에 자원 입대하는 해외 거주 유대인들 덕분이었다. 그들의 숫자는 5,000명에 달했는데 이들은 숫자 이상의 의미가 있었다. 해외 거주 유대인 지원자 대부분은 특정 분야의 전문가들이었고, 이들의 합류로 이스라엘군은 전문기술을 빠른 속도로 익힐 수 있었다. 그러나 팔레스타인에 거주하던 아랍인들은 점점 더 많이 다른 아랍국가로 빠져나갔다. 자신들의 나라를 세우고 이를 지켜야 한다는 목표의식이 강했던 유대인과는 달리 팔레스타인의 아랍인들은 전쟁 승리로 지켜야 할 목표나 사명감이 모호했다. 시리아와의 통합을 원하는 이들이 많았을 정도로 당시까지는 '팔레스타인 독립국가'라는 개념이 아랍인들에게 매우 어색했기 때문이다.

무기 면에서는 정규군 체제를 갖춘 아랍 연합군이 우세했다. 이스라엘군은 소총과 기관총, 박격포가 주요 무기였지만 아랍군은 이에 더해 야포와 장갑차, 탱크, 폭격기까지 갖추고 있었다. 그러나 이러한 이스라엘군의 열세도 전쟁이 진행되면서 차차 극복됐다. 이스라엘군은 훗날 첫 여성 총리가 될 골다 메이어를 미국에 파견해 무기 구매를 위한 모금운동을 전개했다. 골다 메이어는 5,000만 달러의 기금을 모았고 이 돈으로 다량의 무기를 사들여 이스라엘로 보냈다. 그렇다고 해서 이스라엘이 훨씬 유리했다고 볼 수는 없다. 일단 아랍 연합군과의 전쟁 개시 당시 이스라엘 국민들은 그 이전부터 진행된 팔레스타인 내전으로 이미 지쳐 있는 상태였다. 또한 여러 지역에서 이주해온 이스라엘 병사들 간의 언어소통이 원활하지 않아서 효율적인 작전수행에 어려움을 겪기도 했다. 특히 유럽에서 온 지 얼마 안 된 유대인들에게는 팔레스타인의 무덥고 건조한 날씨가 아랍군과 싸우기도 전에 먼저 이겨내야 할 장애물이었다.

전쟁 개시 후 첫 3주 동안은 이스라엘이 열세였다. 아랍군은 무기와 화력의 우위를 앞세워 이스라엘을 몰아붙였다. 격렬한 전투를 치르면서 이스라엘은 기존의 민병대 조직들을 모두 이스라엘 국방군으로 통합시켜 군의 지휘체계를 일원화했다. 각 민병대 조직의 간부 누구도 기득권을 요구하지 않고 자발적으로 통합된 국방군에 편입됐다. 빠르게 군 조직을 정비한 이스라엘이 반격에 나섰지만 상황은 이스라엘에게 불리했다. 아랍 연합군의 공세에 밀려 이스라엘군은 방어하기에 급급했다.

전세의 변화, 그리고 휴전협정

전쟁 초기, 이스라엘은 고전하며 정신을 차리지 못했다. 바로 그때 때마침 유엔이 이스라엘과 아랍군 간의 휴전을 중재하기 위해 나섰다. 시간이 필요했던 이스라엘은 이를 대환영했지만 한창 유리한 국면을 이끌어가던 아랍군은 유엔의 개입이 달갑지 않았다. 아랍 연합군이 휴전을 거부하자 유엔은 '휴전을 수용하지 않는 측에 유엔 차원의 제재에 나서겠다'고 경고했다. 아랍 연합군은 마지못해 휴전안을 받아들였다. 양측은 1948년 6월 11일 오전 10시부터 한 달 동안 휴전상태에 들어갔다. 휴전기간 동안 이스라엘은 해외에서 자동소총과 박격포 등의 무기를 구입하는 등 전력 강화에 박차를 가했다. 그리고 휴전이 종료되기 이틀 전인 7월 9일 이스라엘은 아랍군을 향해 선제공격을 개시했다. 이후 벌어진 10일 동안의 전투에서 모세 다얀[01]이 이끄는 이스라엘군이 큰 승리를 거두었다. 이를 기점으로 아랍군이 우세했던 전쟁 상황이 서서히 이스라엘 쪽으로 기울기 시작했다.

전쟁은 해를 넘겨 계속됐다. 시간이 흐를수록 이스라엘 병력은 대폭 늘어난 반면 아랍군은 약간 늘어난 데 그쳤다. 양측이 많은 비

---

01 모세 다얀(Moshe Dayan, 1915~1981년) : 이스라엘의 국민 영웅으로 불리는 정치가이자 군인. 팔레스타인 전쟁 및 수에즈 전쟁 시 이스라엘군 사령관 역임. 짧은 기간 동안 이스라엘의 압도적인 승리를 이끌어 국민 영웅으로 추앙받는다.

용과 희생을 치렀지만 아랍 연합군의 피로감이 훨씬 심했다. 점차 강화되는 이스라엘군을 보면서 초조해진 아랍국가들은 결국 휴전 협상에 나설 수밖에 없었다. 그러나 명확한 승자가 없었기 때문에 협상은 난항을 겪었다. 이스라엘도 아랍국가들도 쉽게 양보하려 들지 않았다. 특히 팔레스타인을 떠난 아랍인들이 대거 유입된 시리아는 휴전협상 자체에 응하려 하지 않았다. 팔레스타인인들이 시리아와의 통합을 원했던 것처럼 시리아 또한 팔레스타인에 대한 권리가 있다고 여겼기 때문이다. 결국 이집트 정부는 1949년 2월 24일 가장 먼저 휴전협정에 서명을 했다. 뒤이어 레바논 정부가 3월 23일에, 요르단 정부는 4월 3일에 각각 이스라엘과 휴전협정을 체결했다. 가장 마지막까지 이스라엘과 싸운 시리아도 전쟁이 시작된지 1년 하고도 100일이 다 된 7월 20일 휴전에 돌입했다.

이스라엘은 전쟁 과정에서 당초 유엔이 할당한 영토 외에도 많은 땅을 얻었다. 브엘세바와 에일랏을 포함해 아랍인에게 주어진 팔레스타인 영토들을 점령했다. 아랍국가들 역시 팔레스타인 영토를 점령했다. 이집트는 가자지구를, 요르단은 웨스트뱅크(요르단 강 서안)를 차지했다. 시리아와 레바논은 빈손이었다. 그러나 이 전쟁의 최대 피해자는 팔레스타인에서 살던 아랍인들이었다. 이들은 터전을 잃고 난민이 됐다. 이스라엘은 새롭게 차지한 영토에 유대인 정착촌을 세웠다. 제 코가 석 자였던 아랍국가의 지도자들도 팔레스타인 난민 문제에는 소극적이었다.

전쟁의 결과

전쟁의 승자는 결국 이스라엘이었다. 새롭게 세운 나라를 지켜냈고 거기에 영토까지 확장했다. 비록 전체 인구의 거의 1%에 달하는 5,682명이 사망했지만 거의 전 국민이 전쟁에 직간접적으로 참여하며 함께 승리를 이끌어냄으로써 놀랄 만큼 강한 국가 결속력을 이루는 데 성공했다. 유대인들은 강한 소속감을 가지고 이 나라를 자신의 운명공동체라고 여기게 됐다. 이스라엘은 전쟁을 통해 높은 수준의 국민 통합을 이루면서 이후 전 세계에서 가장 빠른 성장을 이루는 나라 중 하나가 된다. 반면 이스라엘과 계속해서 대결을 벌였던 아랍국가들은 저마다 정체성의 혼란을 겪으며 체제가 흔들렸고 결국 이스라엘에 연속해서 패배했다. 전쟁이 끝난 1950년 6월 5일, 이스라엘 의회는 「귀국법」을 통과시킨다. '모든 유대인은 조국으로 이주할 권리를 갖는다'는 내용을 골자로 한 「귀국법」은 전후 이스라엘에서 통과된 법안 가운데 가장 중요한 의미를 지닌다. 세계 모든 유대인들에게 자동적으로 이스라엘 시민권을 부여하고 국가 건설에 참여하도록 문호를 개방한 것이다.

전쟁 도중에 만들어진 국민군 시스템은 더욱 체계화됐다. 여전히 주변 아랍국가들로부터 안보에 심각한 위협을 당하고 있던 이스라엘은 남성뿐 아니라 여성에게도 징병제를 실시했다. 초기 이스라엘의 군복무 기간은 남성 6년, 여성은 1년 내지 2년이었다. 이스라엘 정부는 이 기간을 단순히 안보를 강화하기 위한 군복무 기간을 넘어 국민들에게 공용어인 히브리어를 가르치는 교육기간으로 삼았다. 당시 이스라엘 국민들은 서유럽, 동유럽, 서아시아, 북아프리카 등 여러 지역에서 이주해왔기 때문에 저마다 사용하는 언어가 달랐다. 1949년 첫 인구조사 당시 이스라엘 국민들이 사용하는 언어는 무려 20가지에 달했다. 따라서 같은 이스라엘 국민끼리도 의사소통이 불편했고 이 문제를 해결하는 것이 사회 통합의 급선무로 떠올랐다. 정부는 군복무 기간 중 장병들에게 이스라엘 공용어 히브리어를 집중적으로 교육시킴으로써 언어장벽을 허물어나갔다.

전쟁은 인구 비중에도 영향을 주었다. 아랍국가들과의 전쟁으로 중동 여러 지역에 대대로 머물러 살던 유대인들은 자신들의 터전을 떠날 수밖에 없게 됐다. 아랍인들의 박해가 더욱 심해졌기 때문이다. 이렇게 터전을 잃어버린 유대인들은 대거 이스라엘로 이주해왔다. 이들은 이스라엘 건국의 주역인 아쉬케나지들과 근본적으로 달랐다. 중동에서 이주해온 유대인들이 경험한 문화가 이슬람권 문화였기 때문에 서구적인 계몽주의를 경험한 아쉬케나지 유대인들과는 사고방식이나 생활습관, 그리고 교육 수준이 모두 달랐다. 이는 향후 이스라엘 내부의 심각한 사회갈등 요인이 된다. 세속적이고 서구적인 아쉬케나지에 비해 중동 지역에서 이주해온 유대인들은 훨씬 더 유대교를 중시하고 전통적인 사고방식을 지니고 있었다. 유럽에서 건너온 아쉬케나지들은 고학력 고소득층으로 자리 잡

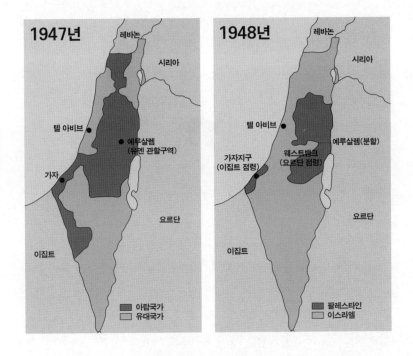

제1차 중동전쟁 전(1947년)과 후(1948년)

있지만 중동에서 이주해온 유대인들은 이스라엘 내에서 낮은 임금
을 받는 하층 노동자들이 됐다. 이들 사이의 사회적 · 계층적 갈등
이 이스라엘 내에서 점점 커져갔다. 또한 중동에서 이주해온 이들
의 인구 비중이 높아짐에 따라 유대교를 중시하는 문화 역시 확산
되어 갔다. 이는 시간이 지나면서 점차 이스라엘 내에서 세속주의
와 유대교 근본주의 간의 갈등으로 비화됐다.

이스라엘-팔레스타인 문제에 대한 세 가지 해법

끝없는 갈등과 충돌의 악순환에 빠져 있는 이스라엘과 팔레스타인. 이스라엘-팔레스타인 문제를 해결하기 위한 방안은 크게 세 가지 대안이 제시되고 있습니다.

우선 '한 국가 해법(one-state solution)'입니다. 이스라엘과 팔레스타인을 하나의 국가로 통합해 유대인과 팔레스타인인들에게 동등한 시민권을 부여하자는 제안입니다. 이에 대해 사실상 팔레스타인이 이스라엘에 흡수되는 것으로 여기는 팔레스타인 민족주의자들은 물론 대부분의 유대인들도 이 방안을 거부하고 있습니다. 유대인들이 반대하는 이유는 이스라엘과 팔레스타인을 완전히 합칠 경우 유대인이 다수 민족의 지위를 잃기 때문입니다. 2016년 기준 이스라엘의 유대인 인구는 약 634만 명, 팔레스타인 인구는 약 482만 명, 그리고 이스라엘 시민권자 중 아랍인 출신이 약 177만 명입니다. 다시 말해, 한 국가 해법을 적용할 경우 팔레스타인인들을 포함한 아랍인 인구(약 659만 명)가 유대인 인구(약 634만 명)보다 더 많아집니다. 이러니 유대인들이 반대할 수밖에요.

다음으로 '두 국가 해법(two-state solution)'입니다. 말 그대로 두 개의 국가, 즉 유대인 국가와 팔레스타인 국가를 세우자는 겁니다. 유대인 국가인 이스라엘은 이미 존재하니까 팔레스타인 국가를 세우는 것이 핵심 과제이지요. 애초 1947년에 유엔은 팔레스타인을 두 구역으로 나누어 유대인 국가와 팔레스타인 국가를 세우는 방안을 통과시켰습니다. 하지만 당시 아랍인들은 유대인 국가 건설 자체를 인정하지 않았기에 유엔의 제안을 거부했습니다.

아랍인들은 유대인 국가가 세워지면 즉시 공격을 감행해 이를 무너뜨리고 유대인들을 팔레스타인에서 쫓아낼 심산이었지요. 그러나 전쟁에서 승리한 이스라엘은 나라를 지켜냈고(1차 중동전쟁), 그때 기회를 놓친 팔레스타인 국가는 오늘날까지 세워지지 못하고 있습니다. 두 국가 해법은 이스라엘과 팔레스타인 간 갈등을 해결하는 데 있어 가장 자주 거론되는 해법입니다. 오늘날 팔레스타인도 이를 찬성합니다. 그러나 해결의 열쇠를 쥔 이스라엘은 부정적입니다. 팔레스타인이 독립국가가 될 경우 합법적으로 군대를 보유할 수 있게 되는데 현재 하마스나 이슬라믹 지하드 등 비정규 무장단체들과의 싸움도 벅찬 이스라엘 정부는 팔레스타인 정규군이 창설되는 것을 가만히 지켜보고 있을 생각이 전혀 없습니다. 두 국가 해법에 진전이 없는 이유입니다.

마지막은 '세 국가 해법(three-state solution)'입니다. 팔레스타인 지역인 웨스트뱅크를 요르단에, 가자지구를 이집트에 합병시키자는 겁니다. 이 경우 이스라엘은 유대인 국가로서 정체성을 유지하는 동시에 요르단과 이집트는 영토를 확장할 수 있습니다. 또한 각각 요르단과 이집트의 국민이 된 팔레스타인인들도 지금보다 더 나은 삶을 보장받을 수 있습니다. 이스라엘도 요르단 정부 및 이집트 정부와 관계가 좋기 때문에 안보 불안을 덜 수 있습니다. 이는 1차 중동전쟁 이후 6일 전쟁이 벌어지기 전까지 18년 동안 실제 존재했던 상황이기도 합니다. 현재 세속주의를 지향하는 웨스트뱅크의 팔레스타인자치정부(PA)와 이슬람주의를 내세운 가자지구의 하마스 사이의 관계가 매우 악화되어 있는 것도 세 국가 해법에 힘을 실어주는 배경입니다. 팔레스타인 국가를 세워봤자 두 세력이 타협하지 못하고 분열할 가능성이 높으니 차라리 두 지역이 각각 요르단과 이집트에 합병되는 게 현실적이라는 거죠. 하지만 팔레스타인자치정부와 하마스 모두 이에 강한 거부감을 갖고 있으며, 이슬람주의 세력과 갈등 중인 이집트 정부도 가자지구의 이슬람주의 세력을 경계하기 때문에 세 국가 해법의 실현 가능성도 미지수입니다.

정체성의 투쟁, 중동사 21장면

12

아랍 민족주의의 절정

이집트와 시리아의 국가 통합

"**많**은 아랍인들이 '전 아랍세계의 연대'라는 나세르의 메시지에 공감했지만 유독 시리아 지역만큼은 더 큰 공감대를 가졌다. 시리아는 계속된 정치적 혼란 탓에 국민들이 지쳐 있었다. 나라를 안정시켜줄 강력하고 유능한 지도자가 나타나기만을 간절히 바랐다. 그러던 중 나세르가 이집트에서 등장해 그가 제국주의 세력을 상대로 나라를 지켜냈다. 시리아 국민들은 나세르에게 환호했다. 심지어 시리아의 정치지도자들까지 나세르에게 매료됐다. 그들은 나세르가 전하는 '전 아랍세계의 연대'야말로 시리아가 진정으로 추구해야 할 가치라고 여겼다."

혼란의 아랍국가들

이스라엘과의 전쟁에서 의외의 패배를 맛본 아랍국가들은 사실 전쟁을 제대로 수행할 만한 전력을 갖추지 못한 상태였다. 유럽의 지배에서 갓 독립했기 때문에 큰 전쟁을 치를 만한 역량이 부족했고 나라 안의 정치 상황도 무척 혼란스러웠다. 그럼에도 이스라엘을 얕보다가 호되게 당한 꼴이 된 것이다. 1930년대 중동 지역의 아랍국가들은 영국과 프랑스의 위임통치에 맞서 거센 독립운동을 전개했다. 그러나 영국과 프랑스의 대응은 달랐다. 왕의 존재를 인정하는 입헌군주제를 따른 영국은 중동의 식민지에 대해서도 왕정을 인정했다. 이라크의 하심 왕가와 이집트의 파루크 국왕[01]의 경우 한편으로는 나라의 독립을 위해 민족주의 세력과 연대하면서도,

---

01   파루크 1세(Farouk I, 1920~1965년) : 이집트의 마지막 국왕. 1952년 자유장교단의 쿠데타
       가 성공하자 이탈리아로 망명해 그곳에서 사망했다.

다른 한편으로는 자신들의 왕권을 유지하고자 식민종주국인 영국과 타협하고자 했다. 영국도 이라크와 이집트 내에서 영국의 우월한 지위를 유지하는 조건으로 제한적인 주권을 이들에게 허락했다. 여전히 민족주의 세력은 반제국주의 운동을 전개하며 영국에 저항했지만 이라크와 이집트에서는 1930년대부터 주권을 가진 입헌군주제가 조금씩 자리를 잡아가고 있었다. 물론 이들 국가 내의 민족주의 세력 가운데에는 하심 왕가나 파루크 왕가가 영국의 꼭두각시 노릇을 한다고 보고 타도해야 할 대상으로 여기는 이들도 존재했다. 그런 이유로 제2차 세계대전이 끝나고 영국이 중동에서 철수한 이후에도 이라크와 이집트의 왕정은 자국의 민족주의 세력들로부터 끊임없는 도전을 받았다. 당연히 내정이 불안할 수밖에 없었다.

이에 비해 혁명을 통해 왕정을 몰아내고 공화정을 채택한 프랑스는 중동의 식민지 시리아와 레바논에 대해서 왕권을 허용하지 않고 직접 지배를 추구했다. 문제는 시리아였다. 역사적으로 '시리아'라는 지역은 중동정치의 거대한 축이었다. 물론 여기서 말하는 '역사적 시리아(대시리아)'가 오늘날의 시리아 국가를 의미하는 것은 아니다. 아랍어로 '빌라드 앗샴(북쪽 땅)'이라고 불렸던 역사적 시리아는 현재의 시리아를 비롯해 시나이 반도 북쪽의 팔레스타인, 요르단, 그리고 레바논까지 모두 포함하는 지역이었다. 오스만 왕조 시기에도 이스탄불의 술탄을 대신해 시리아 총독이 이 지역을 다스렸다. 따라서 공동의 역사적 경험을 해온 그 지역의 주민들 대부분은

'빌라드 앗샴'이 서너 개의 국가로 갈라지는 상황을 동의할 수 없었다. 물론 외세의 지배에 대해서는 더더욱 동의하지 않았다. 시리아는 제2차 세계대전 기간 내내 지속적인 독립투쟁을 벌여나갔다. 결국 1946년 프랑스는 시리아에서 완전히 철수했다.

프랑스와의 독립투쟁에서 승리한 시리아의 민족주의자들이 다음으로 주목한 곳은 팔레스타인이었다. 영국과 프랑스는 자신들의 이해관계에 따라서 대시리아를 이리저리 갈라놓았다. 왕정이 들어선 요르단이나 기독교와 이슬람이 정치적 협정을 맺은 레바논과는 달리 팔레스타인은 시리아 민족주의자들이 양보할 수 없는 영토였다. 그런데 그곳에 유대인들이 세운 이스라엘이 들어섰다. 시리아는 이집트 등과 연합하여 1948년 팔레스타인 수복전쟁을 개시했지만 결과적으로 처참한 패배를 맛보았다. 아랍-이스라엘 전쟁에서 아랍군의 패배는 시리아 지도층에 큰 충격이었다. 막 전쟁이 끝난 1949년 한 해 동안만 해도 3건의 쿠데타가 시리아에서 발생했으며 1956년까지 수차례의 쿠데타와 십여 차례의 내각 총사퇴가 반복되는 극심한 정치적 혼란을 겪었다. 내정 불안이 계속되자 시리아 국민들은 나라를 안정시켜줄 강력한 지도자의 등장을 고대했다. 그러나 카리스마 넘치는 리더십은 시리아가 아니라 홍해 건너 이집트에서 출현했다.

나세르의 등장

1940년대 중동에서 가장 강력한 이념을 꼽으라면 단연 아랍 민족주의였다. 공산주의나 이슬람 근본주의가 이에 도전하기는 했으나, 아랍인들은 영국과 프랑스라는 서구 제국주의와 독립투쟁을 벌이면서 연대의식이 크게 고양됐다. 자주적이고 세속적이며 근대화된 아랍 민족국가 건설이라는 목표를 내세운 아랍 민족주의는 그중 가장 큰 영향력을 발휘했다. 그리고 신생 아랍국가의 젊은 군 장교들이 특히 커다란 영향을 받았다. 이집트의 가말 압델 나세르[02]도 그들 중 한 명이었다. 나세르는 1948년 아랍-이스라엘 전쟁 당시 이집트군 장교로 참전했다. 그리고 이집트군이 신생 이스라엘에 패하는 과정을 직접 목격했다. 나세르는 반문했다.

"왜 이집트가 졌는가? 이집트는 무기도 우세했고 정규군의 수도 더 많았다. 그럼에도 불구하고 '무능한 정치' 때문에 전쟁에서 패했다."

이것이 나세르가 도달한 대답이었다. 그는 영국에 의존적인 파루

---

02   가말 압델 나세르(Gamal Abdel Nasser, 1918~1970년) : 이집트의 군인이자 정치가. 1952년 쿠데타를 일으켜 군주제를 폐한 후, '나세르주의(범아랍주의)'라는 아랍 민족주의를 내세워 서구에 대항한 인물. 이집트의 2대 대통령을 역임했다. 수에즈 운하의 국유화 정책과 나세르주의를 펼친 것으로 유명하다.

환호하는 군중들에게 답하는 나세르

크 왕정과 기득권에 연연하는 의회 때문에 이집트군이 무력했고, 국가 관료가 무능했으며, 이집트 국민들은 도탄에 빠졌다고 생각했다. 그때까지 이집트의 민족주의 운동은 주로 영국에 대항하는 반제국주의 운동이었으나 나세르는 그보다 이집트의 낡고 무능한 정치체제 자체를 뒤집어엎어야 한다는 결론에 이르렀다. 이집트 군부 내에서 나세르와 뜻을 같이 하는 이들은 '자유장교단'이라는 결사체를 조직해 거사를 논의했다. 1952년 7월 23일 자유장교단은 군부 내에서 신망이 높은 무함마드 나기브[03] 장군을 앞세워 쿠데타를

---

03 무함마드 나기브(Mohammed Naguib, 1901~1984년) : 이집트의 군인이자 정치가. 1952년 쿠데타를 일으켜 군주제를 폐한 후 이집트 초대 대통령을 역임했다. 함께 쿠데타를 도모한 가말 압델 나세르에 밀려 가택연금 신세로 지냈다.

감행했다. 쿠데타가 성공하자 파루크 국왕은 해외로 망명했고 군부가 이집트의 권력을 장악했다. 이 소식을 접한 국민들은 환호했다. 나세르가 주도한 쿠데타는 이후 중동 지역뿐만 아니라 우리나라 등 신생독립국들의 군부 쿠데타에도 커다란 영감을 제공한 사건이 되었다.

쿠데타에 성공한 자유장교단은 곧 나세르를 중심으로 혁명평의회를 설치했다. 권력을 장악한 혁명평의회는 일체의 정당 활동을 금지시킴으로써 반대 세력을 억압하고 과감한 토지개혁을 추진해 인구의 절대 다수였던 농민들의 강력한 지지를 이끌어냈다. 그리고 마침내 1953년 6월 18일, 이집트공화국이 선포됐다. 초대 대통령은 무함마드 나기브였지만 여전히 실권은 혁명평의회의 실세 나세르가 쥐고 있었다. 물론 나기브 대통령도 가만히 있지 않았다. 대통령의 권한을 행사하고자 했고 이는 곧 나세르와 나기브 간의 대립으로 이어졌다. 이때 상황을 바꾸는 사건이 벌어졌다. 이집트의 이슬람 근본주의 조직인 무슬림형제단이 나세르 암살을 시도하려다 실패한 것이다. 나세르에 대한 국민들의 지지가 아무리 높더라도 이슬람 근본주의자의 눈에는 나세르가 그저 이슬람을 탄압하는 세속주의자 겸 독재자에 불과했다. 나세르는 이 사건을 빌미로 무슬림형제단뿐 아니라 나기브 대통령까지도 공격했다. 나기브 대통령이 무슬림형제단과 연계됐다고 주장한 것이다. 1954년 결국 나기브는 대통령 자리에서 쫓겨나 카이로 근교에 가택연금됐다. 새 대통령은 나세르였다.

나세르의 등장에 이스라엘 정부는 긴장했다. 이스라엘은 1949년 휴전 이후 제2의 아랍-이스라엘 전쟁에 대비해 군사력을 꾸준히 증강시켜왔다. 당시 팔레스타인 가자지구를 점령하고 있던 이집트 군과 이스라엘군 사이에는 크고 작은 무력충돌이 계속되고 있었다. 이런 상황에서 나세르와 같은 강력한 지도자가 이집트를 집권했다는 것은 이스라엘에 결코 이로울 게 없었다. 이스라엘의 다비드 벤구리온 총리는 이집트에 대비한 군비 증강에 박차를 가하는 한편 미국을 통해 이집트-이스라엘 평화협정을 추진했다.

명실공히 최고 권력자가 된 나세르에게 주어진 시급한 과제는 경제개발과 군비 증강이었다. 이집트의 인구는 늘어났으나 일자리는 제자리였다. 일자리를 마련하려면 산업화를 추진해야 했다. 그러나 이를 위한 전기공급 시설이 턱없이 부족했다. 나세르는 이를 나일 강에 있는 아스완 하이댐 건설로 해결하고자 했고 이를 위해 10억 달러에 이르는 건설비용을 조달해야 했다. 또한 이스라엘과의 상시적인 군사적 대치에 필요한 이집트의 군비도 늘려야 했다. 이 역시 막대한 자금이 필요한 사안이었다. 이집트 정부는 미국과 영국에 손을 내밀었다. 하지만 이들은 원조의 대가로 나세르에게 이스라엘과 평화협정을 체결할 것을 요구했다. 나세르는 고민에 빠졌다. 만약 미국과 영국의 요구대로 이스라엘과 평화협정을 체결한다면 필요한 자금의 상당 부분을 지원받을 수는 있겠지만 주변 아랍국가의 비난을 받게 될 것이 분명했다. 반대로 이를 거부하면 아스완 하이댐 건설과 군비 증강에 필요한 자금줄이 막힐 것이었다. 나세르는 공산권으로 눈을 돌렸다. 당시 세계는 미국과 소련 간의 냉전체제가 확대되던 상황이었고 소련을 비롯한 공산국가들은 나세르에게 또 다른 기회였다. 1955년 9월 이집트는 체코슬로바키아로부터 탱크와 전투기 등을 대량으로 들여왔다. 미국을 필두로 한 서방세계는 이집트의 이러한 행동에 경악했다. 놀란 것은 이스라엘도 마찬가지였다. 미국과 영국은 이집트가 소련과의 관계를 끊고 더 이상 군비를 확장시키지 않는 조건으로 부분적인 재정지원을 약속했다. 그러나 나세르는 소련과의 관계를 단절할 생각이 없었다. 그는 전 세계가 미국과 소련으로 양분되는 상황에서 독자적으로 제3세력의 입지를 다지는 것이 이집트와 아랍국가들에 이로운 노선이라고 믿었다. 이런 나세르의 태도에 미국 정부는 이집트 재정지원을 철회했다. 경제적으로 궁지에 몰린 나세르는 이제 자신의 지도력을 입증해야 하는 시험대에 올랐다.

수에즈 위기, 제2차 중동전쟁

미국의 압박에 나세르는 수에즈 운하 국유화로 대응했다. 선박들의 운하 통행 세입을 아스완 하이댐 건설비용으로 사용하고자 한 것이다. 대서양에서 인도양으로 진출하는 선박이라면 수에즈 운하를 건너는 것이 가장 빠르고 효율적인 방법이었다. 당시 운하를 통과하는 선박들로부터 통행료를 받아 막대한 이윤을 남기고 있던 수에즈 운하법인의 최대주주는 영국 정부였다. 애초 수에즈 운하는 19세기에 프랑스 정부가 주도하여 건설됐으나 이후 영국 정부가 수에즈 운하법인의 주식을 대량으로 사들여 최대 주주가 되어 있었다. 나세르가 수에즈 운하 국유화를 선언하자 영국과 프랑스는 펄쩍 뛰었다. 사실 이집트 정부가 주주들에게 정당한 대가를 지불하기만 하면 수에즈 운하를 국유화하는 것은 법적으로 아무런 문제가 없었다. 그러나 영국과 프랑스 정부는 힘으로 해결하고자 했다. 이스라엘을 끌어들여서 이집트 공격계획을 세운 것이다.

1956년 10월 29일, 이스라엘은 이집트의 영토 시나이 반도에서 군사작전을 개시했다. 이어서 영국과 프랑스도 이집트 공격에 돌입했다. 이른바 '수에즈 전쟁'[04]이 시작된 것이다. 이스라엘은 작전 개시 100시간 만에 시나이 반도를 장악했다. 수에즈 운하 지대를 공격한 영국과 프랑스도 성공적이었다. 이집트군은 전투다운 전투 한번 못 해본 채 궤멸상태에 이르렀다. 그러나 나세르는 굴하지 않았

04　수에즈 전쟁(1956년) : 영국이 이집트에서 철수하자 이집트의 대통령 나세르가 '수에즈 운하를 국유화하여 그 수입으로 댐 공사를 하겠다'고 선언함으로써 벌어진 전쟁. 운하의 운영을 주도했던 영국, 프랑스가 이스라엘을 끌어들여 전쟁을 벌여 수에즈 운하와 시나이 반도에 군대를 주둔시켰다. 군사적으로는 영국과 프랑스가 승리한 듯하지만, 결국 이들 국가가 미국과 소련의 압력으로 군사를 거두게 되어 이집트의 나세르가 정치적으로 승리하는 결과가 나타났다. 이를 계기로 나세르가 아랍 세력 내의 민족주의 영웅으로 부상했다.

다. 나세르는 라디오 방송을 통해 이집트 국민들의 애국심을 자극하는 결연한 항전의지를 선포했다.

"우리는 침략자들에게 항복하지 않고 끝까지 싸울 것입니다!"

이집트 국민들은 자발적으로 민병대를 조직해 영국과 프랑스에 맞서 싸웠다. 이집트의 어린 청소년들까지 화염병을 던지며 저항했다. 이 과정에서 많은 민간인들이 희생됐다. 사망자가 1,000명이 넘자 국제 여론은 영국과 프랑스를 향해 비난 일색이 됐다. 미국 정부도 영국과 프랑스를 옹호하지 않았다. 당시 미국의 아이젠하워 대통령은 소련과 공산주의의 팽창을 저지하는 것을 최우선 국정과제로 삼았다. 그러자면 중동 지역을 비롯한 소위 '제3세계' 국가들을 자신의 편으로 끌어들여야 했다. 이런 상황에서 영국과 프랑스의 이집트 공격은 중동 지역의 민심을 소련에 몰아주는 것과 같았다. 아이젠하워 행정부는 자신들의 노력에 영국과 프랑스가 대놓고 찬물을 끼얹는 행위를 묵과할 수 없었다. 미국은 나토(NATO)에서 영국과 프랑스를 제명시키겠노라 경고했다.

더 큰 위협은 소련이었다. 당시 헝가리를 침공했던 소련 입장에서 수에즈 전쟁은 국제적인 관심을 돌리고 중동 지역의 여론을 포섭할 좋은 기회였다. 소련은 다른 공산권 국가들과 함께 이집트를 공개적으로 지지했다. '영국과 프랑스가 이집트에서 물러나지 않는

다면 우리는 이집트를 돕기 위해 군사적 개입도 마다하지 않겠다.'
소련은 심지어 영국에 미사일 공격을 할 수도 있다는 정보를 슬쩍
흘림으로써 영국인들의 위기감을 고조시켰다. 결국 1956년 11월 7
일 영국과 프랑스는 유엔의 정전 요구를 받아들여 군사작전을 중단
하고, 한 달 반 뒤 이집트에서 철수했다. 이스라엘 역시 이듬해 3월
시나이 반도에서 물러남으로써 수에즈 운하를 둘러싼 위기가 일단
락됐다.

영국과 프랑스로서는 전투에서 승리하고도 전쟁에 패한 것과 같
았다. 수에즈 운하를 얻지 못했을 뿐만 아니라 전 아랍권의 민심도
한꺼번에 잃어버렸다. 아랍인들은 과거 영국과 프랑스가 아랍인들
의 땅에서 저지른 식민통치를 되새기며 분개했다. 영국의 앤서니
이든⁰⁵ 총리는 이에 대한 책임을 지고 사퇴해야 했다. 이스라엘 역
시 잃은 것이 더 많았다. 상대적으로 잘 훈련되고 강한 군사력을 과
시하는 기회가 되기는 했지만 전 세계에 '이스라엘은 제국주의와
한 패거리'라는 인식을 심어주고 말았다. 이 사태의 최대 수혜자는
나세르였다. 이집트군은 비록 단 한 차례의 전투에서도 승리하지
못했지만 결과적으로 영국, 프랑스, 이스라엘의 침략에 맞서 수에
즈 운하와 영토, 그리고 정치적 명분까지 모두 지켜냈다. 이집트 국

---

05 앤서니 이든(Anthony Eden, 1897~1977년) : 영국군 출신의 정치가. 영국 외무부장관 3회 역
임 후 45대 영국 총리를 역임했다. 수에즈 운하 운영의 기득권을 유지하고자 프랑스, 이스
라엘과 함께 수에즈 전쟁에 참여했으나, 미국과 소련의 압력으로 물러선 후 영국 내에서
입지가 좁아져 실각했다.

민들을 넘어서 전 아랍인들이 나세르에게 열광했다. '그 누가 유럽의 제국주의자들에 이처럼 당당히 맞서 승리를 쟁취했던가.' 나세르는 마치 개선장군이라도 된 듯 행동했고 전 아랍 민족주의의 지도자로 급부상했다.

이집트와 시리아의 국가 통합

기세가 오른 나세르는 라디오 방송을 통해 '전 아랍세계의 연대'를 호소했다. 사실 나세르의 등장 이전까지 이집트인들은 스스로를 아랍인이라고 인식하지 않는 편이었다. 그들은 아라비아 반도나 레반트 지역에 살던 이들과 완전히 구분되는 역사적 · 문화적 배경을 가지고 있었으며 이슬람교와 아랍어라는 공통점이 있었음에도 불구하고 아랍인들과는 다른 자신들만의 독자적인 정체성이 있었다. 그러나 범아랍의 지도자를 꿈꾸는 나세르가 등장하자 이집트인들의 생각이 바뀌어갔다. 나세르는 1956년에 헌법을 개정하면서 '이집트는 아랍국가이며 아랍민족의 일부'라는 문구를 개정된 헌법에 삽입하기도 했다.

많은 아랍인들이 '전 아랍세계의 연대'라는 나세르의 메시지에 공감했지만 유독 시리아인들의 공감은 더 컸다. 앞서 설명했듯이 시리아는 계속된 정치적 혼란 탓에 국민들이 지쳐 있었다. 나라를 안정시켜줄 강력하고 유능한 지도자가 나타나기만을 간절히 바랐다. 그러던 중 나세르가 이집트에서 등장해 제국주의 세력을 상대로 나라를 지켜냈다. 시리아 국민들은 나세르에게 환호했다. 심지어 시리아의 정치지도자들까지 나세르에게 매료됐다. 그들은 나세르가 전하는 '전 아랍세계의 연대'야말로 시리아가 진정으로 추구해야 할 가치라고 여겼다. 당시 시리아에는 국정을 장악한 단일한 정치세력이 없었다. 경쟁하는 여러 정치세력이 함께 내각에 참여하고 있었는데, 그중 바트당이 가장 유력한 정당이었다. 바트당은 '아랍 단일국가'를 지향하는 정당으로 민족주의·세속주의·사회주의 노선을 표방했다. 그러나 이러한 바트당의 지위를 위협하는 세력이 있었으니, 바로 공산당이었다. 많은 시리아인들이 군부 내에서 공산당에 동조하는 세력이 늘자 곧 시리아가 공산화될 것으로 우려했다. 이에 바트당은 공산당을 견제하기 위한 방법으로 나세르를 선택했다.

바트당은 단순한 연대가 아니라 시리아와 이집트의 통합을 원했다. 두 나라를 합쳐 새로운 한 나라를 만들자는 것이었다. 그러나 정작 시리아에서 진지하고 심도 있는 국가 통합 논의는 진행되지 않았다. 공산당 세력이 빠르게 성장하자 다급해진 바트당 간부들은 덜컥 나세르를 대안으로 선택했다. 물론 당시 나세르의 인기가 높았고 아랍 민족주의의 영향이 컸기 때문에 이런 결정이 나온 것이기도 하다.

시리아 정부는 대표단을 선발해 이집트로 파견했다. 나세르를 만난 시리아 대표단은 두 나라의 통합을 제안했다. 나세르는 당황했다. 자신이 그동안 주장해온 '전 아랍세계의 연대'는 말 그대로 '연대'였다. 그런데 지금 시리아 대표단이 가지고 온 제안은 정말로 두 나라를 통합해 새로운 나라를 만들자는 것이었다. 제안을 받은 나세르는 유보적인 입장을 보였다. 나세르는 이집트의 참모들을 불러 상의했다. 여러 논의들이 오갔으나 결국 '이집트 정부가 손해볼 것이 없다'는 결론에 이르렀다. 다시 시리아 대표단을 만난 나세르는 오히려 역제안을 했다. 첫째, 통합국가의 통치 기관은 이집트 카이로에 설치해 이집트와 시리아를 통치할 것(두 나라는 하나의 통치 기관에 의해 통치되는 완전한 통합을 이룰 것). 둘째, 시리아군은 이집트군의 지휘를 받을 것. 셋째, 모든 정당을 해산하고 국민연합에 통합되는 일당체제를 받아들일 것.

시리아 대표단은 나세르의 역제안을 들고서 다마스쿠스로 귀환했다. 시리아로서는 굴욕적인 조건이었다. 누가 봐도 이집트와 시리아가 대등하게 통합하는 것이 아닌 시리아가 이집트에 복속되는 모양새였다. 나세르의 제안을 보고받은 시리아 내각에서 격론이 일었다. 그러나 이 제안을 수용하는 방향으로 생각이 모아졌다. 일부 시리아 정치인들은 개탄했다. '우리가 나세르에게 나라를 바치려고 피를 흘려가며 프랑스와 싸워 독립을 쟁취했단 말인가.'

1958년 2월 22일, 그렇게 아랍연합공화국(UAR, United Arab Re-

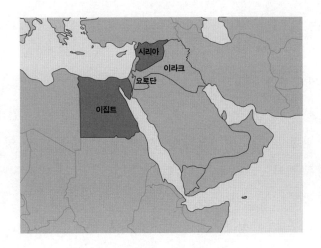

이집트와 시리아의 통합

public)이 탄생했다. 이집트와 시리아가 통합돼 탄생한 새로운 세속적 아랍 민족주의 국가였다. 나세르가 대통령이 됐고, 시리아 측 각료들은 모두 카이로로 거처를 옮겼다. 나세르는 내심 다른 아랍국가들도 아랍연합공화국에 참여하기를 기대했다. 1958년 7월 이라크에서 군부 쿠데타가 일어나 국왕 파이잘 2세[06]가 쫓겨나면서 왕정이 무너지고 공화정이 들어서자 이러한 기대감이 더 커졌다. 많은 아랍 지식인들 역시 통일된 아랍 민족국가를 꿈꾸며 두 나라의 통합에 환호했다. 아랍 민족주의는 절정에 달했다. 하심 왕가가 통

---

06 파이잘 2세(1935~1958년) : 영국이 이라크에 세운 하심 왕가의 마지막 왕이며 친(親)영파였다. 1958년 압둘 카림 카심이 주도한 쿠데타로 왕좌에서 쫓겨나 피살당했다.

치하는 요르단에서도 아랍 민족주의자들이 폭동을 일으켰다. 이에 영국은 후세인[07] 국왕을 보호하기 위해 요르단에 부랴부랴 군대를 파견해야 했다. 레바논에서도 아랍 민족주의자들이 친나세르 소요 사태를 일으켰다. 미국은 대규모 지상군과 항공모함까지 투입해 사태를 진정시켰다. '전 아랍세계의 연대'라는 나세르주의의 영향력이 중동 전역으로 번져나갔다. 나세르는 요르단이나 사우디아라비아 등 중동 지역 왕정국가들이 두려워하는 대상이었다.

반서구 노선을 천명한 나세르의 영향력이 확대되는 것이 달갑지 않은 미국과 서방세계는 이런 상황을 근심 어린 눈으로 바라보았다. 이들은 새로 들어선 이라크공화국이 아랍연합공화국에 참여할까 봐 노심초사했다. 이라크의 참여로 전 중동 지역이 나세르에게 장악당할 수도 있다는 우려가 팽배했다. 그러나 이라크 쿠데타를 이끈 압둘 카림 카심[08] 장군은 시리아의 집권자들과는 달리 나세르에게 자신의 권력을 순순히 넘겨줄 생각이 추호도 없었다. 오히려 그는 아랍 지도자의 자리를 두고 나세르와 경쟁을 원했다. 이러한 카심의 행태에 아랍 민족주의자들은 실망했고 미국과 서방세계는

---

07 후세인(Hussein) 국왕(1935~1999년) : 요르단의 국왕. 대외적으로 친서방 노선을 취함으로써 왕정을 유지하고자 했다. 1967년에 발발한 제3차 중동전쟁 결과 동예루살렘과 요르단강 등의 국토를 잃기도 했다.

08 압둘 카림 카심(Abdul Karim Qasim, 1914~1963년) : 이라크의 군인이자 정치가. 아랍 민족주의에 고취되어 있던 그는 1958년 쿠데타를 일으켜 하심 왕조를 무너뜨린 후 이라크 공화국의 국방장관 겸 총리에 올랐다.

안도의 한숨을 쉬었다. 카심의 비협조로 나세르주의는 더 이상 확산되지 않고 멈추었다.

아랍연합공화국의 붕괴

아랍연합공화국은 불과 2년 만에 안으로부터 무너졌다. 근거지였던 다마스쿠스를 떠나 카이로에 머물던 시리아 지도자들은 자신들의 영향력이 통합 이전보다 현저히 줄었다는 사실을 깨달았다. 아무리 국가가 통합되었다고 해도 카이로는 엄연히 이집트 정치인들의 홈그라운드였다. 시리아 정치인들의 홈그라운드는 다마스쿠스일 수밖에 없었다. 하지만 다마스쿠스의 상황도 그리 좋지 못했다. 시리아로 건너간 이집트 관료들과 군 장교들은 시리아 관료들을 밀어내고 요직을 차지했다. 그러고는 터줏대감인 시리아인들에게 마치 부하직원 대하듯 명령을 내리고 지휘하려 들었다. 시리아인들은 불만을 터뜨렸다. 시리아의 한 군 장성은 '모든 이집트군 장교들이 마치 자신이 나세르인 것처럼 행동했다'며 분개했다.

시리아인들은 정당을 해산한 것에 대해서도 저항했다. 다양한 정치세력들이 경쟁하던 시리아에 나세르식 독재정치를 심으려 한 데 대한 반발이었다. 심지어 통합을 추진했던 바트당 인사들조차 일당제를 반대하기 시작했다. 통합 전에는 바트당이 시리아에서 가장 영향력이 있었으나 일당제를 받아들인 후 바트당 인사들의 영향력은 눈에 띄게 줄었다. 오히려 시리아인들의 불만을 등에 업고 공산당의 영향력이 확대됐다. 결과적으로 나세르와 그의 부하들은 이집트와 시리아의 국민을 통합하는 데 실패했다. 시리아인들의 바람과는 달리 현실의 아랍연합공화국은 이집트가 시리아를 지배하는 것이나 마찬가지였다. 나세르가 추진한 급진적인 토지개혁 등 일련의 사회주의 정책도 시리아 국민들의 반발을 샀다. 이집트와 통합하기 이전의 시리아는 자유경제 체제를 유지해왔지만 나세르는 이집트에서 성공한 토지개혁을 시리아에서도 밀어붙였다. 시리아인들은 반발했고 반이집트 정서가 높아졌다.

시리아인들은 점차 나세르의 환상에서 벗어났다. 아랍 민족주의에 대한 환상 역시 마찬가지였다. 결국 1961년 9월 28일 시리아군 장교들이 반아랍연합공화국 쿠데타를 일으켰다. 아랍연합공화국으로부터 시리아를 독립시키고자 일어선 것이다. 다마스쿠스에서 권력을 장악한 쿠데타 세력은 시리아 임시정부를 수립하고 시리아내 모든 이집트인들을 추방시켰다. 이 사태를 접한 나세르는 군대를 파견해 쿠데타 세력을 진압하려 했다가 곧 마음을 바꿨다. 전 아랍세계의 연대를 부르짖던 그가 같은 아랍인을 상대로 피를 흘리며 내전을 치른다면 아랍인들의 마음이 자신에게서 떠날지도 모른다는 두려움이 뒤따랐다. 나세르는 시리아의 독립을 인정했고 시리아를 잃는 대신 대의명분을 지키는 데 만족해야 했다.

1950년대 내내 승승장구했던 나세르는 아랍연합공화국이 무너지면서 첫 실패를 맛보았다. 통일된 아랍국가라는 비전이 흔들렸고 자신이 아랍세계 대표자라는 지도력도 의심받기 시작했다. 이후 나세르는 아랍 민족주의와 급진적 사회경제개혁을 한데 엮은 '아랍 사회주의'를 새로운 비전으로 제시하면서 아랍세계 지도자라는 지위를 유지하고자 노력했다. 하지만 그의 앞길에 놓인 최대의 과제는 이스라엘이었다. 이스라엘을 제압해야만 아랍세계의 지도자라고 인정받을 터였다.

수에즈 운하 이야기

　수에즈 운하는 홍해와 지중해를 이어주는 이집트의 인공 수로입니다. 193.3킬로미터 길이의 거대한 운하로서 세계에서 가장 많은 선박이 이용하는 운하 가운데 하나입니다. 수에즈 운하는 1869년에 개통되었는데, 그 이전까지 유럽에서 출발해 아시아로 가려는 배들은 아프리카 남단을 우회해서 가는 항로를 이용해야만 했습니다. 수에즈 운하를 통과하는 것보다 무려 7,000킬로미터나 더 돌아가는 거리였습니다. 그러니 유럽 국가들이 수에즈 운하를 얼마나 중요하게 생각했을지는 물어보지 않아도 알 수 있겠지요.

　19세기에 해양 무역이 급증하면서 유럽 열강들은 수에즈 운하에 관심을 보이기 시작했습니다. 그중 특히 운하에 관심을 보인 인물은 프랑스의 외교관 페르디낭 드 레셉스였습니다. 그는 이집트 부영사로 부임해 있던 당시 수에즈 운하 건설에 나서 프랑스 정부와 이집트 총독의 허가를 받아낸 후 1858년에 수에즈 운하 법인(유니버설 수에즈 선박 운하 회사)을 세웠습니다. 이 회사는 이집트 정부로부터 수에즈 운하 건설과 운영에 대한 권리를 부여받고 공사에 착수했습니다. 그 후 10년여에 걸친 공사 끝에 수에즈 운하가 완성됩니다.

　수에즈 운하의 개통식은 화려했습니다. 당시 이집트의 총독 헤디브 이스마일 파샤는 수에즈 운하 개통식을 유럽 강국들의 최고위층과 교분을 쌓는 기회로 활용하려고 했습니다. 오스트리아의 황제 프란츠 요제프와 프랑스의 외제니 황후를 비롯해서 유럽의 저명한 예술가들과 종교 지도자들이 대거 참석했습니다. 이집트를 배경으로 한 베르디의 오페라 〈아이다〉가 이 수에즈 운하 개통식을 기념해 카이로의 오페라 하우스에서 초연될 예정이었죠. 하지만 수에즈 운하 개통 직전 프로이센과 프랑스 간 전쟁, 일명 '보-불 전쟁'이 발발하면서 프랑스 파리에서 제작 중이던 〈아이다〉의 무대 의상과 소품이 제대로 만들어지지 못했고, 부득이하게 개통식 기념 오페라는 베르디의 다른 작품인 〈리골레토〉로 부랴부랴 교체됐습니다. 오페라 〈아이다〉의 초연은 그 후 2년 뒤인 1871년 12월 이집트 카이로에서 막을 올릴 수 있었습니다.

당시 프랑스와 식민지 경쟁을 벌이던 영국은 프랑스가 주도하는 수에즈 운하의 건설을 방해했습니다. 자칫 가장 중요한 식민지인 인도로 가는 직항로가 프랑스의 통제 아래로 들어갈 위험이 있었기 때문입니다. 그러나 1875년 재정난에 시달리던 이집트 정부가 수에즈 운하 법인의 주식을 경매에 붙이자 영국 정부는 적극적으로 주식 매입에 뛰어들어 운하 법인 주식의 44%를 보유하게 됩니다. 사실상 운하의 운영권이 영국으로 넘어간 것입니다. 영국의 수에즈 운하 지배권은 1956년 이집트의 나세르 대통령이 수에즈 운하 국유화를 선언할 때까지 계속되었습니다.

이집트 정부는 2015년에 수에즈 운하 확장 공사를 했습니다. 오늘날 세계 해운 교역량의 8% 가량이 수에즈 운하를 통과해서 이뤄집니다. 물론 수에즈 운하는 이집트 정부의 주요한 수입원이기도 합니다. 2017년 기준 이집트 정부가 수에즈 운하로부터 벌어들인 돈은 53억 달러로 이는 이집트 GDP의 1.5%가 넘는 돈입니다. 우리 돈으로 환산할 경우 약 6조 원에 달합니다. 한번 만들어놓은 운하로 해마다 이렇게 많은 돈을 벌어들일 수 있다니 부럽기도 합니다.

정체성의 투쟁, 중동사 21장면

13

아랍 민족주의의 패배

6일 전쟁 (제3차 중동전쟁)

"이스라엘 공군의 선제폭격은 대성공이었다. 출격 후 3시간 10분이 지나기 전에 이집트 공군기 189대가 파괴됐다. 대부분은 미처 땅에서 이륙하기도 전 이스라엘 공군의 희생제물이 됐다. 이스라엘의 공격이 시작된 하루 동안 파괴된 이집트 공군기는 모두 293대에 달했다. 아랍군 공군의 주력 대부분이 하루 아침에 사라져버린 것이다. 전쟁을 지휘하던 이집트의 압델 하킴 아메르 부통령은 이집트 공군에 '즉각 이스라엘에 반격하라'고 명령했으나 돌아온 것은 '공군 전력이 거의 남아 있지 않아서 의미 있는 작전을 수행할 수 없다'는 절망적인 대답이었다."

이스라엘과 시리아의 국경분쟁

1960년대에 들어서 이스라엘 정부는 나세르가 이끄는 이집트를 늘 경계해왔으나 사실 각종 마찰은 시리아와의 관계에서 더 자주 일어났다. 핵심은 두 나라 간의 국경이었다. 당시 이스라엘과 시리아의 국경은 1920년대 중동 지역을 위임통치하기 위해 영국과 프랑스가 체결한 협약에 근거해 만들어졌다. 따라서 팔레스타인 지역을 역사적 시리아의 일부로 생각하는 시리아인들은 그 국경을 존중할 생각이 없었다. 1948년 아랍-이스라엘 전쟁 과정에서 시리아는 기존의 국경을 침범했고 전쟁이 끝난 후에도 이스라엘 영토 일부분에 대한 점령상태를 유지했다. 자연스레 이스라엘과 시리아 간의 국경분쟁이 일어났고 결국 유엔이 나서 양측 국경지대를 비무장지대로 두도록 하는 합의를 이끌어냈다. 그러나 비무장지대는 시리아와 이스라엘 양측 모두 준수할 생각이 별로 없었다. 시리아 정부는 '파타(Fatah)'와 같은 팔레스타인의 반이스라엘 무장단체를 꾸준히 지원했다. 이들의 연이은 테러로 몸살을 앓던 이스라엘로서는 동쪽 국경 너머에서 이를 배후 조종하는 시리아가 눈엣가시와 같은 존재였다. 파타의 공격에 이스라엘은 시리아에 맞보복으로 공격했다. 따라서 양국의 국경은 늘 긴장감이 감돌게 마련이었다.

그러던 와중에 국경문제가 다시 불거졌다. 1964년 이스라엘은 주요 수자원인 갈릴리 호수의 물을 남부 지역 네게브 사막으로 연결하는 국가대수로 공사를 추진했다. 네게브 사막은 사람이 거주하기 어려운 불모지였는데, 우라늄과 같은 중요한 자원이 많이 매장되어 있다는 사실이 알려지면서 이스라엘 정부가 이 지역에 개발을 집중하기 시작했다. 그런데 문제는 이 프로젝트의 핵심인 갈릴리 호수의 원류 중 상당 부분이 시리아에서 발원한다는 점이었다. 시리아 정부는 이스라엘의 국가대수로 공사를 방해하기 위해 시리아의 하츠바니 강과 바냐스 강에서 갈릴리 호수로 흘러들어가는 물길을 바꿔 갈릴리 호수의 수량을 줄이고자 했다. 이스라엘은 이를 묵과하지 않고 1965~66년에 걸쳐 네 차례나 시리아를 공격해 물길을 돌리는 공사현장과 공사장비들을 파괴했다. 군사적 우위를 앞세운 이스라엘은 가까스로 국가대수로 공사를 진행할 수 있었다.

이런 상황에서 이스라엘은 다시 시리아 국경지대에 있는 골란고원에 눈독을 들였다. 골란고원을 흐르는 야르무크 강 역시 갈릴리 호수의 원류 중 하나였다. 만약 이스라엘이 골란고원을 차지한다면 갈릴리 호수의 수량을 안정적으로 확보할 수 있었다. 또한 군사전략적으로도 고지대를 점령하는 것이 상대의 동태를 살피고 방어체계를 구축하는 데 큰 도움이 될 것이었다. 골란고원이 시리아의 수중에 놓인다면 갈릴리 호수만이 아니라 이스라엘의 주요 도심이 시리아의 사정권에 들어가게 된다. 결국 이스라엘은 의도적으로 시리아와 국경분쟁을 일으킴으로써 골란고원에 대한 야욕을 드러냈다.

전쟁을 주도하는 나세르

비록 아랍연합공화국은 실패로 끝났지만 나세르는 여전히 아랍 민족주의를 이끄는 지도자였다. 아랍인들에게 나세르가 부르짖는 '하나의 아랍'이라는 대의명분은 강력한 호소력을 지녔다. 예언자 무함마드 이후 이슬람 세계를 지배한 관념은 '한 명의 지도자(칼리파)가 이끄는 하나의 이슬람 공동체'라는 생각이었다. 현실에서는 끊임없이 갈라져 서로 피를 흘리며 싸웠지만 '이슬람은 하나의 공동체(움마)'라는 관념만큼은 변함이 없었다. 반면 이슬람 역사 속에서 튀르크인이나 페르시아인과 구별되는 '아랍인'이라는 정체성은 상대적으로 약했다. 이런 결과는 '무슬림들이 모두 평등하다'고 가르친 이슬람 교리의 영향이기도 했다. 그러나 19세기 유럽 열강으로부터 민족주의가 전파되면서 '아랍민족'이라는 새로운 정체성이 서서히 고개를 들기 시작했다. 오스만 제국이나 유럽 제국주의와 싸우는 과정에서 그러한 민족의식은 더욱 강해졌다. 하지만 영국과 프랑스가 멋대로 갈라놓은 새로운 국경선 안에 갇혀 아랍 민족주의가 제대로 발현될 기회를 찾지 못했다. 이때 혜성처럼 등장한 인물이 이집트의 가말 압델 나세르였다.

1967년 당시 나세르는 예멘 내전에 깊숙이 개입하고 있었다. 예멘은 사우디아라비아 및 서방국가들의 지원을 받는 왕당파에 맞서 이집트의 지원을 받는 공화파가 치열한 무력충돌을 벌이고 있었다. 나세르는 공화파를 돕기 위해 이집트 병력의 거의 절반 수준인 8개 여단을 예멘에 투입했다. 상황이 이러하니 이집트는 이스라엘과 직접적인 충돌을 벌일 여유가 없었다. 이스라엘 또한 나세르가 예멘 내전에 발을 담그고 있는 한 자신들을 공격하지 못할 것이고 시리아나 요르단도 이집트의 지원 없이는 감히 이스라엘을 공격해오지 못할 것으로 전망했다. 하지만 나세르는 지난 아랍-이스라엘 전쟁과 수에즈 전쟁에서 당한 치욕을 갚는 것이 자신의 중요한 임무라고 여겼다. 특히 나세르 입장에서는 수에즈 전쟁에서 비록 정치적으로 승리했지만 군사적으로는 무기력하게 패한 기억을 말끔히 지우고 싶었다. 이스라엘보다 군사적으로 우위에 있다는 인상을 아랍인들에게 심어주지 못한다면 그는 결코 확고부동한 아랍의 맹주로 군림하지 못할 터였다. 이에 나세르는 항상 이스라엘에 복수를 꿈꾸며 군사력을 키우고 있었다. 그러나 이집트는 이스라엘에 대한 군사행동을 실행하는 일에 대해서는 주저했다. 이스라엘의 군사력이 만만치 않다는 사실을 잘 알았기 때문이다. 또다시 이스라엘에 패한다면 재기불능의 정치적 상처를 입게 되리라는 것을 누구보다도 나세르 자신이 잘 알고 있었다.

이때 소련이 잘못된 정보를 나세르에게 전해줌으로써 전쟁이 촉발되는 계기가 됐다. 의도적이었는지 또는 실수였는지는 불확실하지만, 소련 정보 당국은 나세르에게 '이스라엘이 시리아를 침공할 준비를 하고 있다'는 첩보를 전해주었다. 그동안 시리아와 이스라엘 간의 국경분쟁을 심상치 않게 지켜보던 나세르는 이를 계기로 이스라엘을 응징하는 군사작전을 개시하기로 마음을 먹었다. 1967년 5월 16일 나세르는 시나이 반도로 이집트 군대를 파견했다. 이후 소련이 전해준 첩보가 사실이 아님이 밝혀졌음에도 그는 '만일의 사태에 대비한다'는 명분을 내세워 군대를 철수시키지 않았다. 아랍국가의 맹주로서 이스라엘을 압박하는 영웅적인 모습을 과시하기 위함이었다.

5월 23일 이집트는 티란 해협을 봉쇄하겠다고 선언했다. 시나이 반도와 아라비아 반도 사이의 항행로인 티란 해협은 이스라엘 선박이 인도양으로 진출하는 데 반드시 지나가야 하는 길목이었다. 만약 정말로 이 지역이 봉쇄된다면 이스라엘의 경제적 타격이 심각할 것이 분명했다. 사실 나세르가 기뢰를 설치하거나 함정으로 둘러싸는 등 티란 해협을 물리적으로 봉쇄하는 조치를 취하지는 않았다. 대신 티란 해협 초입에 위치한 샤름 엘 셰이크 지역에 10만 명의 병력 및 탱크, 야포, 전투기 등을 대대적으로 배치해 이스라엘을 강하게 압박했다. 이집트가 이스라엘에 군사행동을 하자 시리아 역시 군대를 동원했다. 탱크 200대와 소련제 전투기 100대, 그리고 약 6만 명의 병력을 골란고원에 배치했다. 시리아의 목표는 갈릴리 호수 동부 지역 점령이었다. 이스라엘의 젖줄이나 마찬가지인 갈릴리 호수의 통제권을 손에 넣으면 시리아는 이스라엘의 숨통을 쥘 수 있을 것이었다. 다른 아랍국가들도 소극적이나마 전쟁에 가담했다. 이스라엘과 평화관계를 유지하고자 했던 요르단은 이집트의 압박에 못 이겨 5만 6,000명의 병력과 탱크를 배치했다. 이스라엘을 공격하기 위해서라기보다는 팔레스타인 내 요르단 점유 지역인 웨스트뱅크와 동예루살렘을 방어하는 것을 1차 목표로 삼았다. 이라크나 레바논도 소규모이긴 해도 병력을 파견했고, 알제리와 쿠웨이트는 전쟁에 필요한 물자를 지원했다. 나세르를 중심으로 아랍국가들이 또다시 대대적으로 뭉쳐 이스라엘을 공격하는 모양새였다.

전쟁 개시와 이집트의 패배

예멘 내전에 정신이 없는 나세르가 침공할 것이라고 미처 생각지 못한 이스라엘은 큰 충격에 빠졌다. 나세르가 정말로 이스라엘을 침공하려는 의도가 있었는지 아니면 그저 위협하는 모습을 전

세계에 보여줌으로써 위신을 세우고자 했던 것인지에 대해서는 지금도 해석이 분분하다. 하지만 나세르의 의도와 상관없이 이스라엘은 생존에 위협을 느끼는 중대한 상황으로 받아들였다. 이집트군이 시나이 반도로 배치되기 시작한 1967년 5월 16일, 이스라엘은 급히 전시 동원체제를 발령해 전쟁을 준비했다. 이스라엘군 지도부는 이집트를 주적으로 간주하고 핵심병력을 이집트 전선에 배치시켰다. 그러나 당시 이스라엘군의 참모총장 이츠하크 라빈[01]은 국가의 존망이 걸린 이 위기를 어찌 대응해야 할지 확신이 서지 않았다. 그는 극심한 스트레스에 무려 48시간이나 자리를 비우고 깊은 고민에 들어갔다. 군 지도부 또한 확실한 대응태세를 갖추지 못한 상태에서 우왕좌왕했다. 이스라엘의 여론도 불안에 떨었다. 국민들은 아랍국가에 포위된 채 세계로부터 고립됐다고 여겼다. 홀로코스트의 악몽이 이스라엘 국민들 머릿속에 엄습했다. 이 전쟁에서 패한다면 유대인들은 또다시 처참한 대규모 살육을 경험할 것이 분명했다. 이스라엘 국민들은 1948년의 전쟁과 수에즈 전쟁을 모두 승리로 이끈 다비드 벤구리온 전 총리가 다시 이스라엘군을 지휘해주기를 바랐다. 하지만 당시 이스라엘 총리 레비 에쉬콜은 벤구리온과 매우 사이가 나빴다. 에쉬콜은 자신보다 더 인기가 좋은 벤구리온

---

01 이츠하크 라빈(Yitzhak Rabin, 1922~1995년) : 이스라엘의 군인이자 정치가. 두 차례에 걸쳐 총리를 역임했고, 총리 재직 시 야세르 아라파트, 시몬 페레스 등과 '오슬로 협정(Oslo Accords)을 주도함으로써 노벨평화상을 받았다. 1995년 유대인 극우파 청년의 총격으로 사망했다.

을 내각에 불러들일 생각이 없었다. 대신 그는 벤구리온이 만든 새로운 정당 라피당의 모세 다얀을 국방장관으로 임명함으로써 대중의 요구를 무마하려 했다. 전투 중 한쪽 눈을 잃어 애꾸눈이던 모세다얀은 결단력 있는 인물이었다. 그는 이츠하크 라빈 참모총장과 함께 아무도 예상하지 못한 작전계획을 수립했다. 바로 선제공격이었다. 이스라엘 공군이 이집트군을 선제타격하면 이와 거의 동시에 이스라엘 지상군이 시나이 반도로 진격해 들어가는 전략이었다.

반면 먼저 군사작전을 시작했던 이집트군은 시나이 반도에 병력을 배치한 채 움직이지 않고 있었다. 당시 소련이 미국과의 충돌을 우려해서 이집트의 이스라엘 공격에 반대하는 입장이었기 때문이다. 소련은 미국이 참전하는 경우가 아니라면 이 전쟁에 개입하지 않겠다는 소극적인 입장을 보였고 이러한 소련의 태도가 나세르를 위축시켰다. 이스라엘로 진격할 것을 강하게 주장하는 이집트군 참모들의 반발에도 불구하고 나세르는 선제공격을 하지 않기로 결정했다. 당시 나세르는 승리에 대한 열망보다 패배에 대한 두려움이 더 컸던 걸로 보인다. 전쟁에 승리할 경우 그는 아랍의 확실한 맹주로 자리를 잡겠지만, 반대로 패배할 경우 지금까지 쌓아온 모든 명예를 한꺼번에 잃어버릴 위험이 공존하고 있었다.

1967년 6월 5일 오전 7시 45분, 이스라엘 공군이 이집트군 기지를 향해 날아올랐다. 마침 이집트의 레이더 시스템이 고장 난 탓에 이집트군은 이스라엘의 기습을 알아채지 못했다. 이스라엘 공군의 선제폭격은 대성공이었다. 출격 후 3시간 10분이 지나기 전에 이집트 공군기 189대가 파괴됐다. 대부분은 미처 땅에서 이륙하기도 전 이스라엘 공군의 희생제물이 됐다. 이스라엘의 공격이 시작된 하루 동안 파괴된 이집트 공군기는 모두 293대에 달했다. 아랍군 공군의 주력 대부분이 하루아침에 사라져버린 것이다. 전쟁을 지휘하던 이집트의 압델 하킴 아메르[02] 부통령은 이집트 공군에 '즉각 이스라엘에 반격하라'고 명령했으나 돌아온 것은 '공군 전력이 거의 남아 있지 않아서 의미 있는 작전을 수행할 수 없다'는 절망적인 대답이었다.

공군의 선제타격이 대성공을 거두자 이스라엘 지상군 3개 사단이 다른 경로로 나뉘어 시나이 반도로 진격했다. 이집트 지상군은 이미 이스라엘 공군에 큰 피해를 입은 직후인지라 곧바로 공격해오는 이스라엘 지상군과 맞설 정신이 없었다. 시나이 반도의 이집트군은 무질서하게 후퇴하기 시작했다. 이 과정에서 이집트군의 피해는 더욱 커졌다. 이스라엘군과의 교전으로 사망한 이집트군이 2,000명 정도인 데 비해 무질서한 후퇴 도중에 사망한 이집트군은 1만 명에 달했다. 승기를 잡은 이스라엘군은 거침이 없었다. 원래 모세 다얀은 이집트와 전투를 벌여서 승리하더라도 수에즈 운하에

---

02 압델 하킴 아메르(Abdel Hakim Amer, 1919~1967년) : 이집트의 군인. 젊은 시절부터 교류했던 나세르와 쿠데타에 참여해 이집트 정권을 세웠다. 나세르 대통령의 정치적 동지였으며 제2차 중동전쟁, 6일 전쟁 시 군을 지휘했다.

서 진격을 멈추라고 지시한 상태였다. 불필요한 확전이 이스라엘에 이롭지 않다고 판단했기 때문이다. 하지만 막상 이집트군이 일방적으로 후퇴하자 이스라엘군 현장 지휘관들과 이츠하크 라빈 참모총장은 모세 다얀에게 수에즈 운하를 넘어 진격하겠다고 강력히 건의했다. 모세는 아래로부터의 압력에 마음을 바꿨다. 이스라엘군은 수에즈 운하를 건너 진격해 들어갔고 전의를 상실한 이집트군은 계속 밀렸다. 이스라엘군은 순식간에 카이로 110킬로미터 지점까지 이집트군을 밀어붙였다. 그동안 나세르가 떨쳐온 위세를 생각하면 이집트군의 너무나 어이없는 졸전이었다.

요르단과 시리아의 패배

요르단의 후세인 국왕은 내심 이스라엘과의 전쟁에 말려들고 싶지 않았다. 이스라엘 정부도 요르단 정부의 전쟁 개입을 만류했다. 하지만 후세인 국왕은 이를 거절했다. 요르단 인구 중 거의 절반이 팔레스타인 출신이었기 때문에 그는 국내 여론의 눈치를 봐야만 하는 상황이었다. 그럼에도 불구하고 후세인 국왕은 여전히 직접적인 군사행동을 망설였다. 이집트와 이스라엘의 전쟁 진행상황을 지켜보면서 이스라엘 국경을 넘어 진격할지 판단할 생각이었다.

이스라엘이 선제공격을 개시한 6월 5일 상황이 다급해진 이집트 아메르 부통령은 요르단의 후세인 국왕에게 전보를 보냈다.

"적의 공군기 중 약 75%가 파괴됐거나 작동 불능상태다. 우리
군은 지상에서도 적을 밀어붙이고 있다."

상황을 완전히 거꾸로 전달한 거짓 정보였으나 당시 정보력이 형
편없었던 후세인 국왕은 이집트 지도부의 말을 곧이곧대로 믿었다.
그는 요르단군에 이스라엘로 진격할 것을 지시했다. 그러나 요르단
군은 개전 즉시 참패했다. 요르단군이 국경을 넘어오자 이스라엘군
은 곧바로 반격하여 요르단 공군기지를 초토화시켰다. 후세인 국왕
은 자신이 10년 넘게 공들여 키워온 요르단군이 삽시간에 엄청난
전사자를 남긴 채 후퇴하는 것을 그저 지켜보기만 할 뿐이었다. 이
스라엘군은 요르단의 수도 암만에서 50킬로미터 떨어진 지점까지
진군한 후 멈추었다.

시리아는 요르단보다 더 신중했다. 그동안 국경분쟁을 통해 이스
라엘군의 실력을 잘 파악하고 있었던 시리아 정부는 섣불리 군사
적 충돌을 일으키려 하지 않았다. 이집트군과 요르단군이 이스라엘
에 크게 패하는 것을 지켜보면서 더더욱 시리아군은 신중한 태도를
유지했다. 요르단 국왕이 시리아 정부에 공군 지원을 요청하자 시
리아는 '훈련 때문에 불가하다'는 입장을 통보했다. 그러나 이스라
엘이 먼저 시리아를 공격해왔다. 이스라엘의 국방장관 모세 다얀은

애초 '골란고원은 점령하지 않는다'는 원칙을 가지고 있었다. 이스라엘이 골란고원을 점령할 경우 시리아와의 전쟁이 확대될 것이고 자칫 시리아를 지원하는 소련의 군사 개입을 초래할 수도 있다고 우려했기 때문이다. 그러나 전쟁 상황이 예상을 웃돌아 이스라엘에 크게 유리한 상황으로 전개되자 모세 다얀은 기존의 원칙을 번복했다. 그는 이집트군과 요르단군을 물리쳐서 전쟁이 끝났다고 여기던 군 참모들에게 골란고원을 점령하도록 명령했다. 이스라엘군은 6월 8일 시리아를 기습공격했다. 시리아군은 기세가 오른 이스라엘군의 상대가 되지 않았다. 이스라엘은 시리아군을 단숨에 격파하고 골란고원을 수중에 넣었다. 이스라엘군은 거기서 멈추지 않고 다마스쿠스 60킬로미터 지점까지 진격해 들어갔다. 이집트나 요르단과 마찬가지로 시리아에서도 이스라엘의 일방적인 승리였다. 시리아 정부는 소련에 호소했다. 소련은 골란고원을 문제 삼았다. 골란고원은 애초 유엔에서 이스라엘과 팔레스타인에게 분할해준 영토가 아니었다. 따라서 이스라엘의 골란고원 점령은 국제사회의 합의를 위반한 것이었다. 유엔과 소련은 골란고원을 시리아에 반환하라고 이스라엘 정부를 압박했다. 만약 이스라엘이 말을 듣지 않으면 소련이 군사행동을 하겠다고 위협했다. 하지만 이스라엘군은 철수하지 않고 골란고원 점령을 유지했다. 골란고원에 살던 시리아인 10만 명도 보금자리를 잃고 쫓겨났다. 이후 골란고원은 시리아와 이스라엘 간 분쟁을 촉발하는 주요 원인으로 남았다.

전쟁의 결과

1967년 6월 11일 이스라엘은 이집트, 요르단, 시리아와 휴전협정을 맺었다. 이스라엘로서는 꿈같은 승리였다. 이스라엘 전역이 열광의 도가니가 됐다. 전쟁을 이끈 이스라엘 정부와 군 지도부는 영웅이 됐다. 많은 유대인들이 이 승리를 종교적으로 해석했다. 유대교 지도자들은 이 전쟁을 '유대인이 신의 선택을 받은 민족이라는 증거'라며 흥분했다. 전쟁의 승리가 종교적 열정으로 뒤바뀌면서 이스라엘 국민들의 자신감과 자부심은 하늘을 찔렀다. 특히 요르단이 점령하고 있던 예루살렘 올드시티 지역을 이스라엘이 차지하면서 이러한 종교적 열정이 더욱 뜨거워졌다. 올드시티 지역은 과거 솔로몬이 세운 예루살렘 성전이 있는 곳으로 유대교 신자들이 각별한 의미를 부여하는 유대교 최고의 성지였다. 전쟁에 승리한 이스라엘은 거대한 영토를 획득했다. 전쟁 전 이스라엘의 영토는 20,250 km^2였으나 6일 전쟁이 끝난 후에는 88,000km^2로 무려 네 배나 땅이 늘어났다. 이 전쟁을 통해 이스라엘은 시나이 반도, 가자지구, 웨스트뱅크, 동예루살렘, 골란고원 등을 차지했다. 이 지역들은 이스라엘 안보의 완충지대 역할을 했다. 건국 이후 이스라엘 국민들은 줄곧 아랍군대가 어느 날 갑자기 기습해 이스라엘이 멸망해버릴지도 모른다는 두려움을 안고 살아갔다. 이러한 완충지대가 생겼다는 것은 이스라엘 국민들에게 갑자기 나라가 멸망해버릴 위험이 크게 줄

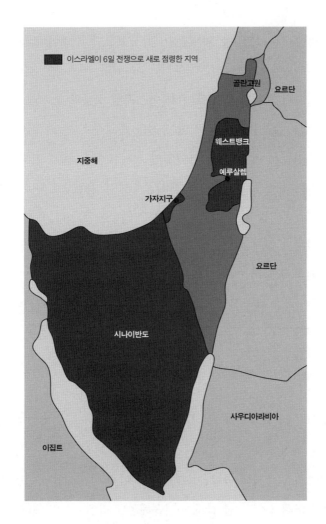

지도 안의 범례 및 라벨:

이스라엘이 6일 전쟁으로 새로 점령한 지역

골란고원
요르단
웨스트뱅크
예루살렘
지중해
가자지구
요르단
시나이반도
사우디아라비아
이집트

6일 전쟁 후 이스라엘의 영토 확장

었다는 의미였다.

이집트와 아랍국가들의 상황은 정반대였다. 아랍인들은 나세르가 병력을 시나이 반도에 배치할 때까지만 해도 이집트와 아랍국가의 승리를 의심하지 않았다. 수에즈에서 영국과 프랑스의 침략도 물리친 나세르가 아니던가. 주변 아랍국가들의 안보 문제에 개입해 무수한 성과를 냈던 이집트군이 아니던가. 아랍인들, 특히 이집트인들은 나세르가 이끄는 이집트가 이스라엘보다 훨씬 강하다고 확신했다. 이번에야말로 이스라엘의 코를 납작하게 만들어줄 기회라고 여겼다. 하지만 그들이 실제로 목격한 것은 믿을 수 없을 만큼 무기력하게 패한 이집트와 아랍군대였다. 지금까지 아랍 민족주의에 열광했던 아랍인들은 6일 전쟁을 보면서 다시 묻기 시작했다. '아랍 민족주의가 아랍국가들이 처한 위기를 해결해줄 올바른 해답인가?' 많은 아랍인들이 다른 해답을 찾기 시작했다. 지금까지 나세르와 많은 지도자들이 역설해온 아랍 민족주의는 허울일 뿐 실제로 나라를 부강하게 만들지 못했다는 평가가 제기됐다. 자연스레 나세르의 위신도 떨어졌다. 그는 더 이상 아랍 세계를 대표하는 지도자가 아니었다. 이제 나세르는 이집트 내에서도 반대세력의 저항에 고민하는 일개 독재자에 불과했다. 6일 전쟁의 패배로 나세르와 아랍 민족주의가 함께 몰락한 것이다.

아랍인들이 모색한 새로운 해답 중 가장 강력하게 대두한 것은 '이슬람주의(이슬람을 국가의 통치 원리로 삼는 정치 이념)'였다. 이슬람을 단지 종교적 가르침이 아닌 정치적 이념 또는 국가 운영 원리로 믿고 현실에 적용하려는 움직임이 이슬람주의다. 이러한 움직임은 18세기 사우드 가문과 동맹을 맺은 와하비즘에서도 나타났으나(16장 참조) 20세기 들어 다시 조직화되어 등장한 것이 이집트의 '무슬림형제단'이었다. 무슬림형제단은 나세르 집권기 내내 강력한 탄압을 받았으나 6일 전쟁의 결과로 나세르와 아랍 민족주의의 위세가 시들자 이를 대체할 경쟁세력으로 떠올랐다. 그리고 이슬람주의의 위력은 이집트를 넘어 전 이슬람권으로 퍼져나갔다. 근대화를 부르짖으며 독재를 정당화하던 세속적 이념이 위기에 몰리자 아랍인들은 '서구적 근대화' 모델을 버리고 자신들의 전통에 뿌리를 둔 종교적 이념을 대안으로 생각해낸 것이다. 이는 근대화를 추구하던 권위주의 정치가 한계에 이르자 '더 나은 근대화'로서 서구적 민주주의를 대안으로 모색했던 대한민국의 경험과는 너무나 다르다.

하산알반나,
무슬림형제단을세우다

현 대 이 슬 람 주 의 운 동 의 성 장

"무슬림형제단은 서구의 사상과 가치에 맞서 이슬람과 근대화를 조화시키는 일에도 힘을 쏟았다. 하산 알 반나는 이집트의 이슬람 근본주의 사상가이자 사회개혁운동가인 무함마드 압두의 영향을 받았다. 무함마드 압두에 따르면, 서양의 침탈을 극복하고 과거 이슬람 제국의 영광을 재현하기 위해서는 이슬람으로 되돌아가야 한다고 주장했다. 하지만 이때 되돌아가는 이슬람은 현재의 이슬람이 아니라 순수한 '본래의 이슬람'이다. '본래의 이슬람'은 이성과 합리성의 전통을 지녔고 인권의 가치도 담고 있었다."

한 초등학교 교사의 신념

1927년 이집트 수에즈 운하 지역인 이스마일리야의 한 초등학교에 갓 대학을 졸업한 젊은 청년이 교사로 발령을 받았다. 당시 수에즈 운하 지역에는 영국군이 주둔 중이었고 많은 외국 기관들이 들어서 있었다. 따라서 이스마일리야는 이집트에서 가장 서구화된 개방적인 곳 중 하나였다. 이제 막 사회생활을 시작한 신임 교사는 온통 유럽 문물로 넘치는 이 지역을 비판적으로 바라보았다.

"어찌 여인들이 사적인 공간에서 가족이 아닌 남성을 자유롭게 만난다는 말인가. 또 사람들이 거리낌 없이 술을 마시고 성매매를 하며 도박을 일삼는데도 정부는 어찌하여 이를 제대로 단속하지 않는다는 말인가."

이 젊은 교사는 신의 뜻에 따라 이 지역을 올바른 이슬람의 길로 이끄는 데 헌신하겠다고 결심을 한다. 그의 이름은 하산 알 반나.[01] 이제 스물한 살인 그는 수업이 없는 시간이면 지역 모스크나 커피하우스에서 대중들을 상대로 연설을 했다. 이슬람으로 돌아오라고 촉구한 것이다. 알 반나는 뛰어난 언변으로 금세 유명해졌다. 점차 상담을 받으러 오는 이들도 늘었고 따로 그를 초빙해 강연을 부탁하는 단체도 생겨났다. 1928년 어느 날 이스마일리야의 영국군 부대에서 일하는 6명의 노동자가 하산 알 반나를 찾아왔다. '선생님의 말씀과 열정에 깊은 감동을 받았습니다. 부디 저희를 알라의 길로 이끌어주십시오!' 그들의 갑작스런 제의에 알 반나는 전율을 느꼈다. 알 반나는 6명의 방문자들을 통해 신이 자신에게 내리는 사명이라고 믿었다. 알 반나는 그들의 요청을 수락해 모임을 만들고 이를 '무슬림형제단'이라고 이름 지었다. 이후 이집트를 넘어 이슬람권 전역을 뒤흔들 거대한 발걸음이 그렇게 시작되고 있었다.

하산 알 반나는 1906년 이집트 카이로에서 태어났다. 이슬람 법학파 중에서 가장 보수적인 한발리 학파의 이맘이었던 아버지의 영향으로 그는 독실한 무슬림으로 성장했다. 그의 아버지는 알 반나가 전통적인 이슬람 교육을 받기 원했지만 당시 쏟아져 들어오는 유럽 문화의 영향을 보며 성장한 알 반나는 근대식 사범학교에 들

---

01   하산 알 반나(Hasan al-Banna, 1906~1949년) : 서양 문물의 영향으로 타락한 이슬람 세계를 이슬람 원리주의로 극복하려 한 사회 · 정치 개혁가. 보수적인 성향이 강했던 그는 '무슬림 형제단'을 조직해 1대 단장을 맡았고 올바른 이슬람 세계를 만들어가고자 했다.

어갔다. 신식교육을 받으면서 알 반나는 영국을 비롯한 유럽의 제국주의적 간섭에 대해 강하게 분노했다. 그러나 동시에 유럽보다 크게 뒤진 이집트의 현실을 개탄했다. 당시 동일한 현실을 보면서 그 해답으로 유럽식 근대화를 추구했던 민족주의자들과는 달리 하산 알 반나는 오히려 순수한 이슬람에서 대안을 찾고자 했다. 무작정 유럽을 흉내 낸 신문과 잡지, 그리고 근대식 교육들이 대중들을 이슬람으로부터 멀어지도록 만든다고 여겼다. 하산 알 반나가 보기에는 서구의 문물과 사상이 이슬람보다 더 위대했기 때문이 아니라 이슬람이 건강하지 못했기에 이집트와 이슬람이 유럽 제국주의의 침탈을 당한 것이었다.

무슬림형제단의 성장

6명의 노동자들과 무슬림형제단을 결성한 이후에도 하산 알 반나의 활동은 그 전과 크게 다르지 않았다. 그는 무슬림형제단 회원들과 함께 모스크와 커피하우스뿐 아니라 개인 주택까지 직접 찾아다니며 개인들을 대상으로 전도활동을 했다. 그러나 점차 무슬림형제단에 가입하는 이들이 늘자 활동의 방향을 바꿨다. 찾아다니는 것이 아니라 찾아오도록 만드는 전도활동을 시작한 것이다. 이스마일리야 지역에 모스크와 학교를 세웠고 소년 클럽과 지역사회 봉사

단체를 만들었다. 대중들의 반응도 좋았다. 마드라사와 같은 기존의 전통 이슬람 교육시설이 아닌 근대화된 사교모임이나 봉사단체를 통해 이슬람을 전파한다는 것에 관심을 가지는 이들이 많았다.

근대적인 사회기관의 모습을 통해 이슬람을 전파하자는 시도는 순식간에 이스마일리야를 넘어 다른 지역으로 퍼져나갔다. 무슬림형제단은 대중에게 이슬람을 모든 인간사의 원리로 지키도록 촉구함과 동시에 빠르게 밀려드는 서양의 문화와 사상, 그리고 라이프스타일에 대항해 싸우는 것을 목표로 삼았다. 그들은 이러한 이슬람의 가치를 전통적인 방식에서 벗어난 근대화된 형식에 담아냄으로써 기존의 나약하고 뒤진 이슬람 문화에 실망한 대중들에게 강력한 호소력을 발휘했다. 무슬림형제단은 1928년 창설된 이래 20년 동안 눈부신 성장을 이루었다. 1940년대 중반 무렵에는 무슬림형제단의 산하 조직이 2,000개에 달했고 회원은 60만 명에 이르렀다. 규모가 커지고 사람들이 늘어난 만큼 무슬림형제단 내에서는 다양한 목소리가 표출됐다. 특히 영국을 등에 업고 독재정치를 펴는 파루크 왕정 타도 운동에 앞장서야 한다는 요구와 이슬람 근본주의를 정치적으로 실현하려면 정당을 만들어 의회에 진출해야 한다는 목소리가 높았다. 그러나 하산 알 반나는 이런 의견에 신중한 입장이었다. 그는 폭력혁명에 찬성하지 않았으며 무슬림 전체를 아우르는 방향으로 무슬림형제단 운동이 전개되기를 바랐다. 만약 특정 정파에 가담할 경우 무슬림의 통합을 저해하고 외세의 지배에 이용될 수 있다고 우려했다. 그렇다고 해서 알 반나가 이집트의 현실을 외면했던 것은 아니다. 당시 이집트는 부의 불평등 문제가 심각했다. 높은 인플레이션과 물자 부족으로 민초들은 비참하고 열악한 삶을 영위해나갔다. 알 반나는 이런 현실을 강도 높게 비판했으며 무슬림형제단을 통해 어려운 계층에게 국가가 제공해주지 못하는 기본적인 사회 서비스를 제공하고자 했다.

무슬림형제단은 서구의 사상과 가치에 맞서 이슬람과 근대화를 조화시키는 일에도 힘을 쏟았다. 하산 알 반나는 이집트의 이슬람 근본주의 사상가이자 사회개혁운동가인 무함마드 압두[02]의 영향을 받았다. 무함마드 압두에 따르면, 서양의 침탈을 극복하고 과거 이슬람 제국의 영광을 재현하기 위해서는 이슬람으로 되돌아가야 한다고 주장했다. 하지만 이때 되돌아가는 이슬람은 현재의 이슬람이 아니라 순수한 '본래의 이슬람'이다. '본래의 이슬람'은 이성과 합리성의 전통을 지녔고 인권의 가치도 담고 있었다. 그는 서양이 발전한 이유가 기독교 때문이 아닌 이러한 이슬람 문명의 우수한 점을 먼저 발견해 수용한 덕분이었고, 반대로 이슬람 국가들은 우월한 본래의 이슬람으로부터 멀어져 쇠락의 길을 걸었다고 보았다. 따라서 본래의 이슬람으로 돌아간다면 이집트를 비롯한 이슬람 국

02　무함마드 압두(Muhammad Abdu, 1849~1905년) : 이슬람 세계를 합리적, 실용적으로 개혁해야 한다고 주장한 이집트의 종교개혁가. 그의 사상은 근대 이슬람 개혁운동의 효시가 되었고 현대 이슬람 사상의 근간을 이룬다. 무슬림형제단의 창시자 하산 알 바나는 무함마드 압두의 영향을 받았다고 한다.

가들이 다시금 찬란한 발전의 길로 들어설 수 있다고 주장했다. 하산 알 반나는 이렇게 주장했다.

"프랑스혁명은 인권을 선언하고 자유, 평등, 박애를 부르짖었다. 러시아혁명은 계급 철폐와 사회 정의를 선포했다. 그러나 위대한 이슬람혁명은 이미 1300년 전에 이 모든 것들을 선언했다."

1930~40년대에 걸쳐 진행된 경제 대공황과 제2차 세계대전은 이슬람 근본주의의 시각에서는 이미 서구 문명이 파산상태에 이른 증거였다. 낡은 이슬람을 버리고 서구의 가치와 문화를 받아들여 발전을 이루고자 했던 아랍 민족주의자들과는 달리 이슬람 근본주의자들에게 서구 문화는 극복의 대상이고 오히려 이슬람의 뿌리에 진정한 발전의 해답이 존재한다고 여겼다.

사이드 쿠틉과 이슬람주의

우선 여기서 용어 정리를 하자. 이슬람 근본주의(Islamic Fundamentalism)와 이슬람주의(Islamism)는 비슷하지만 다른 개념이다. 이슬람 근본주의는 삶의 모든 원리를 《꾸란》과 《하디스》에 근거해 이슬람의 가르침대로 운영해야 한다는 사상이다. 여기에는 국가 운영의 원리뿐 아니라 개인의 사생활과 사고방식까지도 포함된다. 19세기 서구의 이슬람권 침탈에 대한 반발과 반성으로 본격화된 사상이지만 18세기 아라비아 지역에서 발생한 와하비즘처럼 그 이전부터 이러한 사상적 뿌리는 존재해왔다. 이슬람 초기의 선조(살라프)들의 본을 따른다는 의미로 '살라피즘'이라고도 한다. 반면 이슬람주의는 보다 현대적인 현상이다. 즉 이슬람 율법인 샤리아를 실정법화하여 국가의 통치 원리로 삼아야 한다고 주장하는 정치적 이념이다. 이를 실현하기 위해 세속주의 세력이나 외세에 대해 군사적으로 대결을 벌이거나 테러를 벌이는 등의 무력투쟁도 정당화한다. 이슬람주의의 시초는 무슬림형제단 출신의 이슬람혁명 이론가 사이드 쿠틉[03]에서 비롯됐다.

무슬림형제단은 온건한 이슬람 근본주의 운동으로 시작했다. 하지만 이집트 파루크 왕정의 강경한 탄압과 대결하면서 점차 급진 무장투쟁을 옹호하는 이슬람주의의 맹아가 싹트기 시작했다. 1930년대 무슬림형제단의 일각에서는 급진 민족주의 단체들과 함께 자체적으로 준군사조직을 만들어 활동했다. 여전히 하산 알 반나를 비롯한 지도부는 무력투쟁을 반대하는 입장이었지만 이들은 정부의 탄압에 테러로 맞대응했다. 또한 이스라엘이 건국하던 시기에는

---

03   사이드 쿠틉(Sayyid Qutb, 1906~1966년) : 무슬림형제단 지도자 출신으로 이슬람 원리주의, 이슬람혁명 이론 등을 주창했다. 1954년 가말 압델 나세르 이집트 대통령을 암살하려던 계획이 실패한 후 형장의 이슬로 삶을 마쳤다.

이집트 내 유대인들에게 공공연히 폭력을 행사하기도 했다. 급기야 1949년 초 당시 총리였던 누크라쉬 파샤를 무슬림형제단 계열의 무장조직이 암살하자 이집트 정부는 무슬림형제단을 대대적으로 탄압했다. 결국 1949년 2월 하산 알 반나 역시 정부 요원으로 추정되는 괴한이 쏜 총에 맞아 숨지는 비극이 발생했다. 하지만 무슬림형제단은 흔들리지 않았다. 새로운 지도자 하산 알 후데이비가 조직을 이끌며 파루크 왕정과의 싸움을 지속해나갔다.

그러던 와중에 1952년 나세르를 중심으로 한 자유장교단이 쿠데타를 일으켜 왕정을 무너뜨렸다. 무슬림형제단은 무능하고 타락한 파루크 왕정과는 달리 새로운 정권은 무슬림형제단과의 관계를 개선할 것으로 기대했다. 그러나 나세르는 무슬림형제단을 무자비하게 탄압했다. 1954년 나세르가 무슬림형제단을 강제로 해산시키자 이에 반발한 무슬림형제단 조직원들이 나세르를 암살하려다 실패했다. 이를 계기로 이집트 정부는 무슬림형제단에 대한 검거령을 내리고 한층 더 가혹하게 이슬람주의 조직을 탄압했다. 무슬림형제단의 원로들은 여전히 온건정책을 지지했지만 젊은 조직원들은 '무장봉기로 정권을 타도하자'는 주장에 동조했다. 대표적으로 사이드 쿠틉이 그런 부류였다.

사이드 쿠틉은 이집트 정부의 후원으로 1948년 미국 유학을 떠났다. 미국으로 떠나기 전 이미 강력한 이슬람 근본주의자였던 사이드 쿠틉은 2년 동안 교육행정학을 공부하며 보낸 유학 기간 동안 이슬람에 대해 더욱 강한 확신을 가지고 돌아왔다. 그는 미국으로 건너가는 배 안에서 자신을 성적으로 유혹하는 미국 여인에게 충격을 받았다. 그리고 미국에 도착해서 그가 목격한 현실은 경건한 무슬림이라면 도저히 받아들일 수 없는 추악한 모습이었다. 프리섹스, 마약, 술, 노출이 심한 여인이 등장하는 광고판 등등….

쿠틉에게 미국은 도덕이 사라지고 타락으로 가득한 땅이었다. 지성과 성찰이 밀려난 자리에 자본주의의 탐욕과 인간성의 상품화가 들어섰다. 물질문명과 인본주의의 결과였다. 사이드 쿠틉은 이를 해결할 수 있는 대안이 이슬람 외에는 없다고 여겼다. 사이드 쿠틉은 이를 혁명사상으로 발전시켰다. 하산 알 반나를 비롯한 무슬림 형제단 주류는 이슬람을 근대화라는 목표와 결부시켰기에 점진적이고 온건한 개혁을 추구했다. 하지만 사이드 쿠틉에게 이슬람이란 혁명의 목표이자 수단이었다. 그는 자신의 혁명사상을 집대성한 저서이자 훗날 이슬람주의의 교본이 되는 《진리를 향한 이정표》에서 이렇게 주장했다.

"'온전한 신의 주권(하키미야트 알라)'을 이 땅 위에 실현하기 위해서는 '신의 주권을 외면하는 상태(자힐리야)'를 깨부수어야 한다. 서구에서 들어온 민주주의나 타락한 나세르 정권의 독재 모두 '자힐리야'이다. 무슬림들은 신의 주권을 회복하기 위해서 '성스러운 전쟁(지하드)'을 벌여야 한다."

사이드 쿠틉은 나세르 정권이 볼 때 위험천만한 존재였다. 쿠틉은 숱한 협박과 구속, 고문, 회유 등에 시달리면서도 자신의 급진적 이슬람혁명 사상을 계속 전파해나갔다. 결국 1966년 체제 전복을 획책한 혐의로 체포된 쿠틉은 교수형에 처해졌다. 쿠틉이 사형 당하자 무슬림형제단을 비롯한 이슬람 운동단체들은 일제히 정부를 비판했다. 사이드 쿠틉은 순교자로 추앙됐다. 이슬람혁명 사상의 대부 사이드 쿠틉의 죽음으로도 이슬람주의의 성장을 막지는 못했다. '샤리아로 통치되는 이슬람 국가 건설과 이를 위한 무장 투쟁'이라는 목표는 쿠틉 사후 이슬람권 전역에서 오히려 더 크게 메아리쳤다.

아랍 민족주의의 몰락과 이슬람주의의 확산

사이드 쿠틉이 사망한 이듬해 '6일 전쟁'이 벌어졌다. 기세등등하던 나세르와 아랍 민족주의 진영은 전 세계가 지켜보는 앞에서 이스라엘에 허망하게 패하고 말았다. 나세르를 아랍 민족주의의 기수로 생각하던 아랍인들은 크게 실망했다. 더 이상 나세르의 말에 귀를 기울이고 열광하는 아랍인은 존재하지 않았다. 하루아침에 몰락한 나세르는 그저 권좌를 지키기 위해 폭력을 동원하는 독재자에 불과했다. 그러나 아랍인들은 이스라엘에 당한 수모를 되갚고 싶었다. 아랍 민족주의가 아랍을 구원해줄 해답이 아니라면 새로운 대안을 찾아야 했다. 많은 이들이 사이드 쿠틉이 남긴 혁명사상에 주목했다.

"이스라엘에 설욕하려면 이스라엘보다 강해져야 한다! 나라를 강하게 만들 방법은 이슬람으로 돌아가는 길 외에는 없다!"

1960년대 후반 사이드 쿠틉의 사상을 따르는 급진 이슬람주의자들이 늘기 시작했다. 이슬람혁명 사상으로 무장한 이들은 이집트 바깥으로 나가 급진 이슬람주의를 전파했다. 6일 전쟁에서 패한 후 극심한 스트레스에 시달리던 나세르는 1970년 심장마비로 돌연사하고 말았다. 뒤를 이어 집권한 사다트[04] 대통령은 더 이상 이슬람 세력을 억누를 수만은 없다는 사실을 깨달았다. 그는 나세르가 휘둘렀던 채찍을 거두고 무슬림형제단에게 당근을 제시했다. 무슬림형제단 소속 인물에게 사회복지 분야의 고위 공직을 제안하고 헌법에 '샤리아는 입법의 주요한 원천'이라고 명시함으로써 이슬람 세력의 마음을 얻고자 노력했다. 한동안 사다트 대통령과 무슬림형제단은 달콤한 밀월관계를 이어갔다. 특히 사다트가 1973년 이스라

---

04 안와르 사다트(Anwar Sadat, 1918~1981년) : 이집트의 군인이자 정치가. 1952년 나세르 등과 쿠데타를 일으켜 정권을 세웠고 이집트 3대 대통령을 역임했다. 제4차 중동전쟁 시 이집트군을 지휘했고 이후 중동평화의 길을 모색함으로써 노벨평화상을 받기도 했다. 1981년 카이로에서 총격으로 사망.

엘을 상대로 벌인 제4차 중동전쟁(욤 키푸르 전쟁)에서 이스라엘에 큰 피해를 입힘으로써 체면을 회복하자 그에 대한 이슬람 세력의 지지도 높아졌다. 그러나 이후 사다트가 이스라엘과 평화조약 체결을 추진하자 무슬림형제단은 기존의 협조적인 태도를 바꿔 사다트를 강력히 비판하기 시작했다. 사다트 역시 무슬림형제단에게 엄중한 경고를 내리는 한편, 급진 이슬람주의 조직들에 대한 탄압을 재개했다. 1981년 군사 퍼레이드 도중 급진 이슬람주의 단체 조직원들이 사다트 대통령을 암살함으로써 이집트 정부와 이슬람 세력 간의 평화는 완전히 막을 내렸다. 사다트의 뒤를 이어 이집트 대통령이 된 호스니 무바라크[05]는 나세르 못지않게 무슬림형제단을 비롯한 이슬람 근본주의 단체들을 강경하게 탄압했다. 이집트에서 이슬람주의는 다시 긴 겨울로 들어갔다.

그러나 이집트 밖에서는 상황이 달랐다. 오히려 1970년대를 거치면서 이슬람권 전역에서 급진 이슬람주의가 힘을 얻고 있었다. 사이드 쿠틉의 제자들이 가장 먼저 도착한 곳은 사우디아라비아였다. 엄격한 이슬람 근본주의인 와하비즘의 전통을 가지고 있는 사우디아라비아는 나세르의 탄압으로 추방된 이슬람주의 사상가들의 망명을 받아주었다. 줄곧 사우드 왕가는 공화정을 표방하는 나세르의

05　호스니 무바라크(Hosni Mubarak, 1928~현재) : 이집트의 군인이자 정치가. 전직 사다트 대통령이 암살되자 뒤를 이어 대통령에 올랐다. 그 후 4회 연속 대통령 선거에서 압승하여 탄탄대로를 걸었으나, 장기 집권에 염증을 느낀 이집트 국민들의 퇴진 시위를 수용해 2011년 하야했다.

아랍 민족주의가 확산되는 것에 위기감을 느끼고 있었다. 아랍 지역에서 공화정이 확산될 경우 사우디아라비아와 같은 왕정의 존속이 어려워질 수도 있었기 때문이다. 따라서 사우드 왕가로서는 나세르에게 저항하는 이집트의 이슬람주의자를 후대하는 것이 곧 사우디아라비아의 국익에 부합한다고 여겼다. 이렇게 입국한 이집트의 이슬람주의자들은 대학에서 학생들을 가르쳤다. 이들은 사우디아라비아 청년들에게 이슬람주의 사상을 주입했다. 이때 가르침을 받은 학생들 중 한 명이 훗날 알 카에다(al-Qaeda)[06]의 지도자로 '글로벌 지하드'를 펼친 오사마 빈 라덴[07]이다.

1979년 소련의 아프가니스탄 침공이 시작되자 이에 맞서기 위해 자발적으로 아프가니스탄으로 들어가 지하드를 벌인 이슬람 전사들 중 상당수가 당시 널리 퍼졌던 사이드 쿠틉의 이슬람혁명 사상에 매료된 청년들이었다. 아프가니스탄에서 활약한 이슬람 전사들 중 일부는 오사마 빈 라덴처럼 이후 글로벌 지하드에서 핵심 역할을 하는 인물이 된다. 아프가니스탄 전쟁 이후 집권 세력이 된 탈레반은 이슬람주의에 입각해 샤리아에 의한 통치를 실시했다.

---

06 사우디아라비아 출신 오사마 빈 라덴이 만든 과격 이슬람 테러 단체. 미국 9·11 테러의 배후 조직이라고 알려지면서 서방 국가들에게는 표적이 된 반면 급진 이슬람주의자들에게는 영웅시 됐다.

07 오사마 빈 라덴(Osama bin Laden, 1957~2011년) : 사우디아라비아 부유한 집안 출신의 테러리스트. 테러 조직 알 카에다를 이끌며 2001년 9·11 테러를 지휘한 것으로 알려져 있다. 아프가니스탄, 파키스탄 등지에 숨어 알 카에다를 이끌다가 2011년 미 특수부대의 공격을 받고 사망했다.

왜 중동 사람들은 이슬람주의에 매력을 느낄까

중동의 이슬람주의는 단순한 종교적 광신이 아니다. 그들에게 이슬람주의는 실패한 근대화 모델을 대신할 대안이다. 이집트나 이란, 이라크, 시리아 모두 제2차 세계대전이 끝난 후 세속주의 근대국가를 경험했다. 그러나 독재, 저성장, 부의 불평등, 인권 탄압, 부정부패 등의 문제들이 노출됐고 이를 해결하지 못하자 아래로부터의 저항에 직면했다. 근대화의 위기를 경험한 것이다. 여기까지는 우리나라를 비롯한 동아시아나 남미의 신생독립국가들과 여정이 비슷하다. 하지만 우리나라가 서구 선진국을 롤모델로 삼아 '민주주의'라는 보다 더 나은 근대화를 추구해 위기를 극복해낸 반면 중동국가들은 실패한 근대화를 서구의 제도 및 이념의 산물로 보고 전혀 다른 대안을 모색하려는 세력이 등장했다. 이들이 이슬람주의 세력이다. 그들은 실패한 서구 모델을 또다시 수용하는 대신 과거의 성공에서 해답을 찾으려 한다. 한때 아시아, 유럽, 아프리카에 걸쳐 위세를 떨쳤던 이슬람 제국을 떠올리면 수긍이 갈 만도 하다. 큰 성공을 이룬 과거에 향수를 느끼는 이들 또한 존재할 수 있다. 또한 국가와 종교가 분리되지 않은 채 지속되어 온 오랜 역사가 국가 경영의 모델을 종교에서 찾도록 이끄는 또 다른 힘이다.

국가가 종교를 포섭한 기독교와는 달리 이슬람은 종교공동체가 확장되어 국가로 발전했다(1장 참조). 시작부터 국가는 종교와 한 몸이었고 이후에도 계속 그런 상태로 존재해왔다. 중동 지역의 국가들 중 일부는 아예 국교가 이슬람이거나 또는 종교의 자유가 헌법상으로 명시돼 있더라도 절대다수의 국민들이 이슬람 신자다. 사실상 종교적 다양성이 존재하지 않는다. 샤리아로 통치하거나 법으로 종교를 강요하지 않더라도 여전히 국가와 종교가 한 몸을 이룬 전통이 개개인의 정신 속에서 지속되고 있다. 따라서 서구에서 들여온 제도나 사상이 신통한 성과를 내지 못하자 오랫동안 몸에 밴 종교로부터 해결책을 찾으려는 노력이 나타나는 것 또한 자연스러운 현상일 수 있다.

Inside History
이슬람은 자살테러를 정당화하는가

20세기 후반 이후 '이슬람' 하면 '테러'가 떠오를 정도로 이슬람권에서 테러가 자주 발생하고 있습니다. 그것도 '자살폭탄테러'라는 끔찍한 방법이 동원되는 경우가 많아서 세계인들이 이슬람을 바라보는 시선이 곱지 않습니다. 특히 미국에서는 '9·11 테러'의 충격으로 인해 무슬림들에 대한 사회적 혐오가 높아진 상황입니다.

사실 테러는 이슬람의 전유물이 아닙니다. 테러가 자행되는 이유는 여러 가지가 있지만 그중 하나는 압도적으로 우세한 적에 대항해서 싸울 때 적을 심리적으로 위축시키거나 적국을 교란시킬 목적으로 열세에 놓인 측에서 사용하는 것입니다. 세계 어디서나 소수민족이 독립운동을 할 때 식민주의 세력에 대항해 테러를 감행하는 사례가 많다는 점을 떠올리면 금세 수긍이 갈 것입니다. 이런 관점에서 보자면, 오늘날 이슬람권에서 테러가 많이 발생하는 이유는 이슬람권의 대다수 국가들이 독재국가인 탓에 소수 세력이 자신들의 정치적 의지를 표출할 길이 막혀 있는데다가 그들이 상대하는 적이 국가 권력이거나 강대국인지라 정면대결을 할 여력이 없기 때문입니다. 특히 급진 이슬람주의 세력이 그러하죠. 이유야 어찌 됐든 간에 테러는(특히 민간인을 대상으로 한 테러라면 더더욱) 비난을 받아 마땅합니다.

자살공격도 이슬람의 전유물이 아닙니다. 역사적으로 일본, 인도, 스리랑카, 러시아 등 다른 문화권에서도 자살공격이 존재했습니다. 특히 제2차 세계대전 말기 일본의 카미카제 특공대는 악명이 높았죠. 젊은 파일럿들이 전투기에 폭탄을 실은 채 미군 항공모함에 돌진하는 무모한 공격을 집단적으로 자행했습니다. 이것도 일종의 자살공격입니다. 스리랑카의 반군 세력 타밀일람해방호랑이(Liberation Tiger of Tamil Eelam)도 정부와 시민들을 상대로 십수 차례의 자살폭탄테러를 저질러 스리랑카 전역을 공포에 떨게 했지요. '타밀일람해방호랑이'는 사회주의를 지향하는 분리독립 민족주의 세력으로 이슬람과는 아무 관련이 없습니다.

하지만 무력 대결에 종교가 결부될 경우 자살공격을 시도할 확률은 높아집니다. 종교의 내세관과 결부되어 죽음을 신성시하는 '순교'라는 관념 때문입니다. '절대자를 위한 거룩한 죽음'이라는 관념은 종종 대의를 위해 목숨을 바치도록 유도합니다. 자살을 허용하지 않는 이슬람에서는 '자살공격'이라는 용어를 절대 사용하지 않습니다. 대신 '이스티샤드(Istishhad, 순교)'나 '샤히드(Shahid, 지하드를 수행하는 도중 맞이한 거룩한 죽음)'라는 용어를 사용합니다. 이슬람을 수호하기 위한 거룩한 전쟁(지하드)을 위해 목숨을 바치면 내세에서 알라에게 보상을 받는다는 관념입니다. 이러한 종교적 논리를 바탕으로 일부 급진 이슬람주의 세력은 자살공격을 정당화하기도 합니다. 대다수의 무슬림들은 자살공격을 '거룩한 죽음'이라고 여기지 않습니다.《꾸란》에서 언급하는 '이스티샤드'나 '샤히드'는 자살공격처럼 스스로 목숨을 끊는 행위가 아니라 이슬람을 대적하는 자에게 맞서다 죽임을 당하거나 알라를 위해 열악한 환경에서 애쓰다 사망하는 경우를 의미하기 때문입니다. '샤히드'의 근거가 되는《꾸란》의 구절 하나를 소개합니다. 자살공격의 근거가 될 만한지 판단해보시기 바랍니다.

"알라의 길을 위해 이주하고, 후에 살해되고, 또는 죽은 사람들에게는 알라께서 좋은 선물을 주신다. 알라께서는 가장 훌륭한 수여자이시다."(《꾸란》 22:58)

정체성의 투쟁, 중동사 21장면

찢겨진 정체성의 모자이크

레바논공화국의 비극

"프 랑스 망명정부는 레바논의 독립을 약속했지만 제2차 세계대전이 끝난 후 새로 들어선 프랑스 드골 정부는 마음을 바꾸었다. 이미 레바논 독립국가가 선포된 이후임에도 불구하고 1945년 프랑스는 위임통치를 지속하기 위해 레바논에 군대를 파견했다. 그러나 레바논인들의 분위기는 처음 프랑스 위임통치 정부가 들어섰을 때와 사뭇 달랐다. 무슬림뿐 아니라 기독교인들까지 합세해 독립 레바논공화국을 지키고자 프랑스와 싸웠다."

레바논의 기독교

　동서 문명의 교차로였던 레반트 지역의 서쪽 끄트머리에 위치한 레바논. 이곳은 역사적으로 동방의 제국과 서방의 제국이 세력을 확장하기 위해 거쳐서 갈 수밖에 없는 땅이었다. 평화로운 시대에는 무역 루트였지만 동과 서 어느 한쪽의 팽창기에는 다른 쪽을 침략하기 위해 딛고 지나야 하는 발판이기도 했다. 레바논은 고대의 무역상 페니키아인들의 땅이었다가 앗시리아, 바빌로니아, 알렉산더 제국, 로마 제국 순으로 주인이 바뀌었고 결국 이슬람 제국이 차지했다. 한때 십자군의 수중에 들어간 적도 있었지만 곧 다시 이슬람 제국이 탈환했다. 고대 유대 왕국의 솔로몬 왕이 레바논산 백향목으로 예루살렘 성전을 지었다는 기록이 남아 있기도 한 이곳은 오랜 기독교 문화권이었으나 7세기 이후 줄곧 이슬람 제국의 지배를 받았다.

　레바논을 거쳐간 주인들은 저마다 이 땅에 자신들의 흔적을 남겼다. 그 결과 지중해 동쪽의 작은 해안 지역인 레바논은 여러 기독교 종파들과 이슬람 종파들이 갈등하면서도 공존하는 지역이 됐다. 이곳 사람들은 레바논인, 시리아인, 아르메니아인, 쿠르드인, 팔레스타인인 등 인종의 정체성도 다양했고 마론파 기독교,[01] 멜키파 기독교,[02] 정교회, 수니파 무슬림, 시아파 무슬림, 드루즈파,[03] 유대교 등 다양한 종교가 섞여 있었다. 이런 배경 탓에 레바논 지역 전체를 아우르는 공통된 정체성은 존재하지 않았다. 종교와 인종은 다양했지만 그중 이 지역을 대표할 만한 세력도 없었다. 이처럼 레바논 지역은 단일한 민족국가를 만들 수 있는 환경이 아니었다. 그러나 1920년 프랑스가 이 지역을 위임통치하면서 불안정한 레바논 국가가 형성되기 시작했다.

7세기 이슬람이 탄생하기 전만 해도 레바논을 포함한 대시리아 지역에서 가장 큰 영향력을 가진 종교는 기독교였다. 이 땅이 오랫동안 비잔틴 제국의 영토였기 때문이다. 레바논에는 크게 세 가지 종파의 기독교 인구가 있었다. 5세기 시리아의 수도사 마론을 따르

---

01   마론파(Maronites) : 성 마론(St. Maroun, ?~410년)에 의해 5세기 무렵 형성된 오늘날 레바논 최대의 기독교 종파. 마론파 기독교인 중 3분의 1정도가 레바논에 거주하며 나머지 마론파 신자는 시리아, 키프러스, 이스라엘, 요르단 등지에 분포한다. 명상과 은둔을 강조한 성 마론을 따르며 단성론을 지지했던 기독교 교파를 마론파라고 한다.

02   멜키파(Melkites) : 1장 멜키파(왕당파) 주석 참조.

03   드루즈파(Druzes) : 이슬람교의 시아파에서 갈라진 분파이지만, 이슬람교가 전하는 코란이나 사상과 달라 이단 취급을 받는 종교로 인식된다.

는 마론파, 비잔틴 제국 황제에게 충성한 멜키파, 그리고 그리스 정교회. 이들 중 다수를 차지했던 것은 마론파였다. 셈족(시리아와 소아시아 지역에 살던 아시아인)의 정체성이 강했던 마론파는 비잔틴 제국의 지배가 달갑지 않았다. 이슬람 제국이 대시리아에서 비잔틴 제국을 몰아내자 마론파는 오히려 이를 반겼다. 초기 이슬람 제국은 기독교인들에게 일종의 인두세인 지즈야를 물렸을지언정 기독교 공동체의 전통과 권리를 보호하려 했다(1장 주석 21번 참조). 하지만 시간이 흐르면서 서서히 이슬람 제국하에서 기독교는 불이익을 받기 시작했다. 교회 재산의 상당 부분이 국가에 귀속되기도 하고 기독교 예배당이 모스크로 바뀌는 일도 있었다. 기독교의 포교활동이 일체 금지됐고 무슬림이 기독교로 개종할 경우 처벌받았다. 또한 시리아 지역의 기독교를 약화시키기 위해 아라비아 반도의 무슬림들을 시리아로 이주시키는 정책도 실시됐다. 간헐적으로 기독교인들에 대한 박해와 탄압도 발생했다. 이런 배경 탓에 기독교는 자연스럽게 쇠퇴했다. 마론파는 이러한 무슬림의 압박에서 스스로를 보호하기 위해 험준한 고원지대인 마운트 레바논으로 이동했다. 그리고 그들은 끊임없이 외부로부터 동맹세력을 찾으려고 애썼다. 온 사방이 무슬림으로 둘러싸인 상황에서 자신들의 힘만으로는 생존이 불안하다고 여겼기 때문이다. 그래서 십자군이 예루살렘을 되찾고자 이 지역에 발을 내딛었을 때 마론파는 기꺼이 십자군의 안내자 역할을 수행했다. 이를 계기로 로마 가톨릭과 교류하기 시작한 마론파는 결국 1736년 로마 가톨릭 교회 산하로 편입됐다. 교황청의 보호를 받을 수 있게 된 것이다. 로마 교황청이 볼 때 레바논 마론파는 무슬림 일색인 중동 지역으로 진출하는 데 반드시 필요한 교두보였다. 이처럼 로마 가톨릭 산하로 들어간 마론파는 유럽 열강들 중에서도 프랑스와 각별한 관계를 맺었다. 역시 가톨릭 국가인 프랑스는 17세기 예수회 선교사를 레바논에 파견했고 이후 프랑스는 레바논 마론파의 보호자 역할을 자처했다. 이렇듯 로마 가톨릭과 프랑스 등의 보호를 받았지만 지리적으로 멀리 떨어진 프랑스가 오스만 제국 내에 존재하는 마론파의 생존 위협을 막아주기란 현실적으로 어려운 일이었다. 오스만 제국 내 무슬림들의 위협도 끊이지 않았고 레바논의 소수 이슬람 종파인 드루즈파와의 치열한 분쟁도 마론파 기독교인들을 불안하게 만들었다. 마론파는 마운트 레바논에서 내려올 수 없었다.

마론파 기독교인들은 환경적으로 이슬람 문화권에 거주하며 아랍인들에 둘러싸여 살아갈 수밖에 없었다. 그들은 이슬람을 기반으로 한 거대한 아랍문명에 동화될까 봐 늘 전전긍긍했다. 이에 대한 반대급부로 마론파들은 자신들만의 독특한 정체성을 만들어갔다. '지중해 문명'과 '페니키아인의 후손'이라는 의식이 그것이었다. 마론파는 아랍문명과 다른 '지중해 문명'에 속해 있으며 자신들에게는 아랍인들과 달리 페니키아인의 피가 흐른다고 믿게 됐다. 물론 이는 허구에 가까운 주장이지만 마론파는 스스로 상상한 정체성을 근거로 자신들이 무슬림들보다 우월하다고 믿었다. 그들의 상상 속에서 마론파는 열등한 아랍문명의 무슬림들에게 둘러싸인 채 생존의 위협을 당하는 뛰어난 지중해 문명의 기독교인들이었다. 한편 마론파 기독교인들은 상대적으로 부유했다. '페니키아인의 후손'으로서 마론파 중 상당수가 상업에 종사했다. 특히 중동에 진출하려던 유럽 국가들은 레바논의 기독교인들을 사업 파트너로 선호했다. 프랑스와 영국이 중동에 진출한 이후 마론파는 경제적으로 풍요했고, 이런 상태는 20세기로 넘어와서도 계속됐다. 부의 축적은 마론파의 우월의식을 더욱 부추겼다. 상업에 종사하는 마론파들은 베이루트와 같은 해안가 도시에 거주하며 마치 자신들이 유럽인인 것처럼 행동했다. 그럴수록 주변의 가난한 무슬림들은 마론파에 대한 적대감을 더욱 키워나갔다.

레바논의 이슬람

레바논 지역은 프랑스가 위임통치하기 전까지 오스만 제국의 영토였다. 오스만 제국과 마찬가지로 수니파가 이슬람의 주류세력이었다. 수니파는 이 지역의 상류층을 차지했다. 수니파 상류층은 훗날 프랑스가 위임통치를 한 이후에도 권력과 부에서 소외되지 않았다. 이들은 점차 경제적으로 성공한 마론파와 결탁해 레바논의 경제를 장악했다. 반면 인구가 수니파보다 더 많았던 시아파 무슬림들은 레바논의 빈민층이었다. 이들 대부분은 레바논 지역에 애착이 없었다. 프랑스 위임통치 시기에 터져나온 '레바논 독립국가 건설'과 같은 구호는 시아파들의 관심 밖이었다. 오히려 이라크 남부의 시아파 밀집 지역이나 시아파 종주국 역할을 하는 이란에 대한 충성심이 더 컸다. 레바논 시아파는 자신들을 소외시키고 부유하게 살아가는 마론파와 수니파에 강한 적개심을 품었다.

레바논에서 가장 독특한 이슬람 종파는 드루즈파였다. 시아파 가운데 이스마일파에서 갈라진 일단의 무리들이 11세기경 이집트에서 건너와 레바논 남부 슈프 산맥에 정착한 것이 드루즈파였다. 이웃 산악 지대에 거주하는 마론파의 일부가 외국과 무역하면서 해안가로 내려온 것과는 달리 드루즈파는 높고 험준한 슈프 산맥을 철통같이 방어할 뿐 그곳에서 벗어나려 하지 않았다. 주변의 다수 무슬림 세력이 이들을 동화시키려 하거나 또는 박해하려 들었기 때문에 드루즈파는 늘 생존에 대한 두려움을 안고 살아갔다. 드루즈파는 비록 레바논 전체 인구의 6%에 불과한 소수였지만 낯선 환경에서 살아남기 위해 강한 결속력을 지녔고 오랜 산악 생활 탓에 강인한 전투력도 갖추고 있었다. 또한 자신들의 결속력을 굳건히 다지기 위해 긴 세월 동안 독특하고 고유한 종교 교리와 예배 방식을 지켜왔다. 드루즈파는 비록 이슬람교에서 파생되었지만 그들의 교리는 정통 이슬람 교리와는 큰 차이가 있었다. 우선 그들은 《꾸란》과 다른 경전을 사용한다. 또 하루에 다섯 번 기도해야 하는 의무에 대해 '우리는 항상 기도한다'며 따르지 않고, '메카는 우리 마음속에 존재한다'고 주장하며 성지순례도 거부한다. 무엇보다 정통 이슬람에서 도저히 받아들일 수 없는 부분은 최고의 예언자로서 무함마드가 아닌 모세의 장인 이드로를 섬긴다는 점이다. 이처럼 드루즈파는 여러 종교와 사상이 혼합돼 독특한 교리를 이루고 있다. 가장 대표적인 것이 '윤회'다. 드루즈파는 '마치 옷을 갈아입는 것처럼 사람이 죽는 순간 또 다른 생명으로 태어난다'고 믿는다. 이 윤회는 최후의 심판 때까지 계속된다. 이처럼 드루즈파 고유의 교리 때문에 정통 이슬람 신학자들은 이단으로 간주하거나 심지어는 이교도 취급을 했다.

프랑스의 위임통치

제1차 세계대전 이후 오스만 제국이 붕괴되자 레반트 지역은 영국과 프랑스의 손에 들어갔다. 그리고 시리아와 레바논을 통치한 나라는 오랫동안 이 지역과 교류해온 프랑스였다. 프랑스 위임통치 정부는 중동 지역에 기독교 국가를 세우려 했다. 따라서 시리아로부터 레바논의 해안 지역과 마운트 레바논을 분리해 독자적인 영토를 부여했다. 그리고 무슬림들이 대부분이던 시리아와는 달리 프랑스 위임통치 정부는 레바논 지역에서 마론파 기독교도들을 주요 파트너로 삼았다. 당시 마론파는 주변 아랍 지역들처럼 레바논에 무슬림 정부가 들어설까 봐 두려워하고 있었기 때문에 프랑스의 통치를 환영했다.

프랑스의 위임통치가 확정되자 상업에 종사해온 마론파들은 영토를 확대해 자신들의 시장을 넓히고 이익을 극대화하려 했다. 그래서 주변 지역을 통합해 대레바논을 만들자고 프랑스에 건의했다. 프랑스는 가톨릭 세력인 마론파를 중동 지역 최고의 우군으로 여겼고 그들의 제안을 받아들였다. 그리하여 1920년 9월 1일, 프랑스 위임통치 정부는 마론파가 주로 거주해온 기존의 마운트 레바논 지역(마운트 레바논과 서부 해안 지대)에 더해 동쪽의 베카 계곡과 북부 및 남부 지역을 통합해 레바논의 영토로 선포했다. 위임통치 아래에서 '대레바논'이 만들어진 것이다. 그런데 문제가 발생했다. 새로 통합한 지역은 무슬림이 다수인 곳이었다. 인구상으로 마운트 레바논에서의 마론파의 우위가 흔들릴 수밖에 없었다. 대레바논은 기독교인들과 무슬림들이 서로 비슷한 비율로 존재하는 모자이크 국가가 됐다. 마론파는 넓은 시장을 얻었지만 반대로 그들을 경계하고 시샘하는 무슬림 집단을 불러들인 셈이 됐다. 대레바논의 무슬림들은 프랑스의 지배에 반발했다. 그들에게는 레바논 지역이 대시리아의 일부였으며 프랑스인들은 과거 이 지역을 침공했던 십자군과 다를 바 없었다. 이후 레바논의 무슬림들 중 상당수는 지속적으로

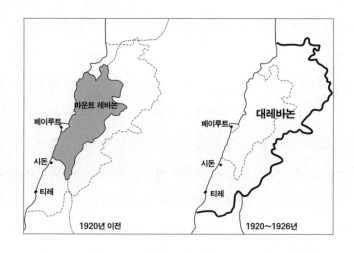

마운트 레바논
베이루트
시돈
티레
1920년 이전

대레바논
베이루트
시돈
티레
1920~1926년

프랑스 통치하 레바논

시리아와의 통합을 요구했다. 반면 마론파를 비롯한 기독교인들은 어떻게든 독립된 레바논으로 남고자 했다. 프랑스 위임통치령 레바논은 하나의 간판만 달았을 뿐 사실상 두 개의 국민으로 분열해 있었다.

프랑스는 레바논에 근대적 교육기관을 세웠다. 신식학교의 공식 언어는 프랑스어였고 각급 학교에서는 프랑스어 교육에 열을 올렸다. 레바논 학생들은 프랑스인으로 교육받았을 뿐 새로 만들어진 '레바논 국민'으로서의 교육은 전혀 받지 못했다. 이질적인 정체성을 가진 여러 집단들이 모여 새 나라를 만든 상황이었음에도 공통의 정체성을 함양하는 교육이 전혀 이루어지지 않은 것이다.

프랑스의 통치방식 또한 통합된 레바논 국민을 만드는 데 방해 요소로 작용했다. 프랑스는 과거 오스만 제국이 다양한 종파를 통치했던 방식을 레바논에 적용했다. 오스만 제국은 각 종교공동체의 지도자에게 일정한 권한을 부여해 종파별로 제한적인 자치권을 갖도록 한 밀레트 제도를 운영했는데, 프랑스 역시 레바논 내의 각 지역과 종파의 지도자들에게 일정한 권한을 부여하는 '주아마 제도(zuama system)'를 도입했다. 주아마 제도는 '자임(zaim)'이라고 불리는 지역의 실력자에게 해당 지역에서 행정 권한을 갖도록 인정하는 제도다. 프랑스는 이 제도가 다양한 종파가 서로 갈등하는 레바논을 편히 다스릴 수 있는 방안이라고 여겼다. 한 지역 내에서 각 종파의 지도자인 '자임'이 실질적으로 행정 권한과 책임을 지기 때문에 무슬림 관리가 기독교인을 관할하거나, 반대로 마론파 지배자가 무슬림을 다스릴 경우 발생할 수 있는 갈등과 충돌을 예방할 수 있었다. 그러나 이 시스템은 레바논 전체를 하나의 국민으로 통합하는 데 큰 도움이 되지 않았다. 끼리끼리 구분지어 사는 기존의 행태가 건국 이후에도 계속된 셈이다. 레바논은 종파와 인종별로 갈라진 채 프랑스에 의해 억지로 통합된 모자이크에 불과했다. 그럼에도 불구하고 프랑스와 마론파 간의 협력관계 덕분에 레바논은 중동의 여러 나라들 중 가장 서구화된 지역으로 변모해갔다. 서양식 건물과 상업시설들이 들어섰고 프랑스어를 사용하는 이들이 늘어났다. 특히 수도 베이루트는 아랍 지역에서 가장 현대적이고 아름다운 도시로 발전했다. 유럽과의 교역으로 부유층이 늘고 경제성장의 혜택이 기독교인들뿐 아니라 무슬림들에게까지 돌아가자 서서히 시리아와 통합하자는 여론도 수그러들었다. 무슬림들 입장에서도 레바논이 시리아보다 더 부유해졌기에 굳이 시리아와 합칠 이유가 없었다. 프랑스의 통치에 대한 여론도 다른 중동 지역과 비교하면 나쁘지 않은 편이었다. 유럽 여러 나라들은 레바논을 중동 지배의 성공 사례로 평가했다.

하지만 이런 평화는 오래 가지 못했다. 1925년 드루즈파가 참정권과 자치권을 요구하면서 무장시위를 벌인 것이 계기가 됐다. 그 결과 무슬림 사회는 기독교의 지배를 두려워했기에 프랑스의 지배에 저항하기 시작했다. 이런 반발을 달래고자 프랑스 위임통치 정부는 레바논에 입헌공화정 수립을 추진했다. 그 출발은 레바논 국민들이 선출한 의회를 구성하는 것이었다. 선거를 치르자면 선거구를 구성하고 의석 규모를 산정해야 한다. 특히 레바논처럼 여러 정체성을 지닌 집단이 모여 사는 경우라면 선거구를 책정할 때 각 종파별 인구통계를 반영해야 한다. 그리하여 프랑스 위임통치 정부는 1932년 최초로 레바논의 인구 총조사를 실시했다. 그런데 이때 레바논을 중동 지역 유일의 기독교 국가로 만들고자 했던 프랑스가 인구 총조사를 마론파에 유리하도록 조작했다. 레바논 시민권을 가졌으나 외국에 나가 살던 기독교인들과 엄연히 종교가 다른 유대인들까지 레바논 기독교 인구에 포함시킨 것이다. 조사 결과 레바논 전체 인구 793,226명 중 기독교인이 396,746명인 것으로 나타났다.

나머지 집단(대부분 무슬림)에 비해 기독교 인구가 250여 명 더 많은 것으로 집계된 것이다. 억지로 짜 맞춘 통계였음에도 불구하고 레바논의 기독교 인구는 근소한 우세를 보이며 가까스로 다수 세력을 차지했다. 프랑스는 이 조사 결과를 근거로 레바논 의회의 의석 배분에서 기독교도와 무슬림을 각각 6대 5로 결정했다. 이 비율은 레바논이 프랑스로부터 독립한 이후에도 계속 이어져 레바논에서 기독교도의 우위를 보장하는 시스템으로 작용했다.

국민협약의 체결

1930년대 아랍 지역 전역에 아랍 민족주의 바람이 휘몰아쳤고 독립국가 건설을 요구하는 아랍인들의 목소리가 드높았다. 시리아, 이라크, 팔레스타인 등 곳곳에서 독립을 요구하는 시위가 벌어졌다. 인종적으로 복잡한 레바논에도 아랍 민족주의의 열기가 전해졌다. 무슬림들이 레바논 독립운동에 앞장섰다. 레바논 독립에 대한 열망이 점점 더 강해졌고 마론파를 비롯한 기독교인들까지 레바논 독립운동에 동참했다. 마침 제2차 세계대전이 발발했고 레바논의 식민 종주국 프랑스가 독일에 함락됐다. 영국으로 망명한 프랑스 임시정부는 레바논의 독립을 약속했다. 레바논 사람들은 기뻐했지만 곧 현실을 깨달았다. 프랑스가 물러가면 레바논 안에서 마론파와 수니파, 시아파 등 각 종파가 새 정부를 구성해야 한다. 어떤 국가를 만들 것인가. 기독교인들은 이슬람 국가가 들어설까 봐 두려웠고 무슬림들은 기독교 국가가 들어설까 봐 두려웠다. 양자가 모두 안심할 수 있는 타협이 필요했다.

1943년 여름 마론파 기독교와 수니 및 시아 이슬람 지도자들이 모여서 추후 독립 레바논 국가의 정치적 설계도에 합의했다. 일명 '국민협약(the National Pact)'으로 불리는 이 정치적 타협안은 당시 각 종파의 실력자인 '자임'들이 모여서 합의한 내용을 구두로 동의했을 뿐 문서로 작성하지는 않았다. 그럼에도 불구하고 이때 결정된 사안들이 향후 레바논의 국가 운영에서 움직일 수 없는 철칙으로 작용했다. 1944년 1월 레바논은 국민협약에 기초해 레바논 독립국가를 선포했다.

국민협약의 주요 내용은 다음과 같다. 첫째, 마론파는 레바논에 외국 세력을 끌어들이려는 시도를 중단할 것. 둘째, 수니파는 시리아와의 통합을 포기할 것. 셋째, 1932년 인구 총조사에 의거해 레바논의 대통령은 인구의 가장 다수인 마론파 출신이 맡을 것. 넷째, 총리는 수니파 출신이 맡을 것. 다섯째, 국회의장은 시아파 출신이 맡을 것. 여섯째, 국회의석은 지금까지와 마찬가지로 기독교도와 무슬림을 6대 5의 비율로 배분할 것.

언뜻 보기에는 이 국민협약이 종파 간 갈등을 최소화시키는 무난한 타협안처럼 보이지만, 사실 이는 매우 문제가 많은 시스템이었다. 레바논의 정치체제를 1932년 상황에 고정시킴으로써 신생 레바논 독립국가 내에서 마론파의 우위를 영구적인 것으로 만들었기 때문이다. 국가를 구성하는 제도는 세월의 변화를 포용할 수 있도록 유연하게 만들어져야 한다. 세월이 흘러 인구 구성 비율에 변화가 생긴다면(예컨대, 마론파 인구가 줄고 무슬림 인구가 늘 경우) 당연히 사회적 갈등을 유발할 수밖에 없는 위험 요소를 태생부터 지니고 있었다. 레바논 국민협약의 문제점은 그뿐만이 아니었다. 국민의 뜻에 따라 정치 지도자를 선출한다는 민주주의의 기본원칙을 완전히 무시한 발상이었다. 사실 프랑스가 철수한 이후 레바논의 정치는 앞서 소개한 각 지역의 실력자들인 '자임'이 장악했다. 자임 가문들이 대를 이어 의회에 진출했고 의회의 주요 직책까지 도맡았다. 대통령도 직선제가 아닌 의회에서 선출했는데, 마론파 자임들이 결정한 인물이 결국 대통령이 됐다. 총리 선출도 수니파 자임들이 뽑은 인물을 대통령이 임명하는 식이었다. 장관들 역시 일부 자임 가문들이 돌아가면서 자리를 맡았다. 선거를 도입했지만 레바논은 사실상 민주주의가 아닌 자임들이 지배하는 과두제였다. 그리고 권한이 막강해진 자임들은 자신들의 권력을 유지하고자 매관매직과 금권선거를 자행했다. 선거구 유권자들은 자임에게 충성과 뇌물을 바치는 대가로 자신의 청탁을 들이밀었다. 정치는 부패했고 바닥 민심은 국정에 반영되지 못했다. 공무원과 군 장교들도 상관 대신 자임에게 복종했다. 국가기관이 비효율적으로 운영될 수밖에 없었다. 사회의 기득권을 보호하는 울타리가 높았기에 정부 권력으로 이를 타파하거나 이들의 이익에 반하는 개혁 조치를 시행하는 것이 애초부터 불가능했다. 레바논 정부는 무능했고 국가는 허약했다.

분열과 갈등

1946년 프랑스가 레바논에서 완전히 철수했다. 물론 그 과정이 순탄했던 것은 아니다. 애초 프랑스 망명정부는 레바논의 독립을 약속했지만 제2차 세계대전이 끝난 후 새로 들어선 프랑스 드골 정부는 마음을 바꾸었다. 이미 레바논 독립국가가 선포된 이후임에도 불구하고 1945년 프랑스는 위임통치를 지속하기 위해 레바논에 군대를 파견했다. 그러나 레바논인들의 분위기는 처음 프랑스 위임통치 정부가 들어섰을 때와 사뭇 달랐다. 무슬림뿐 아니라 기독교인들까지 합세해 독립 레바논공화국을 지키고자 프랑스와 싸웠다. 최초로 '레바논 민족주의'라고 할 만한 정서가 내부 구성원들을 단합시켰다. 결국 대내외 비난 여론 속에서 프랑스가 물러갔고 레바논은 명실상부한 독립국가가 됐다.

1950년대부터 1970년대 초까지 독립 레바논공화국에 황금기가 찾아왔다. 미국과 유럽 등 서방국가들과 갈등을 빚고 있는 다른 아랍 지역과는 달리 레바논은 가장 서구화된 중동국가였다. 레바논은 아랍 전 지역에서 교육시설이 가장 잘 마련, 보급된 국가였고 국민들의 문자해독률이 88%에 이를 만큼 압도적인 교육 수준을 자랑했다. 또한 미국인과 유럽인들에게 레바논은 잠시 들러 안락하게 중동을 경험할 수 있는 최고의 여행지였다. 레바논의 수도 베이루트는 외국인들에게 '동방의 파리'로 알려졌다. 서구식 호텔과 레스토랑, 그리고 바가 곳곳에 들어섰다. 유럽의 호화여객선이 베이루트를 경유했고 미국 잡지에는 할리우드 여배우의 사진이 걸린 베이루트의 호텔을 소개한 기사가 종종 실렸다. 베이루트의 밤거리는 외국인들로 넘쳐났다.

그러나 화려함과 부유함을 레바논 모든 국민이 누리는 것은 아니었다. 마론파가 모여 있는 베이루트와 마운트 레바논 지역을 벗어나면 이와는 대조적으로 극심한 가난에 고통을 받는 이들로 넘쳐났다. 레바논의 부를 거머쥔 것은 마론파와 일부 수니파인 데 비해 나머지 수니파 대중과 시아파, 드루즈파 그리고 쿠르드족 등은 다른 아랍 지역의 극빈층과 다를 바 없는 삶을 살고 있었다. 시간이 흐를수록 이 지역 주민들의 불만이 커져갔다. 마론파와 일부 수니파들이 정치적 권력과 경제적 부를 모두 차지한 반면 대다수 주민들은 부에서 소외된 채 착취당한다고 여겼기 때문이었다. 레바논 사회는 정치적, 경제적, 종교적, 지역적으로 균열이 점차 커지고 있었다. 그리고 그 균열의 중심에 마론파와 그들의 우위를 보장한 국민협약이 존재했다.

레바논은 중동의 정치격변으로부터 한발 물러나 있었다. 이스라엘과 아랍국가 간의 전쟁에 개입하지 않았고, 거대하게 소용돌이쳤던 아랍 민족주의와도 거리를 유지하려고 애썼다. 주로 레바논의 수니파 무슬림 사회는 주변 국가들의 정치 상황에 술렁거렸으나 마론파가 다수 세력인 정치권은 냉정함을 유지했다. 그러나 아랍 민족주의가 절정기였던 1958년 외부로부터 위기가 찾아왔다. 그 해에 이집트와 시리아는 합병을 해 아랍연합공화국(UAR, United Arab Republic)을 선포했다. '하나의 아랍'이라는 대의가 중동 전역을 흔들었다(12장 '이집트와 국가의 통합' 참조). 이집트 대통령 나세르의 권위는 그 어느 때보다 높았다. 레바논을 자신의 영향권이라고 여기던 시리아가 아랍연합공화국에 합병된 후 이집트-시리아를 통치하게 된 나세르는 레바논의 국민협약을 정조준했다. '왜 아랍인들이 2등 국민의 지위를 받아들여야 하는가?'

나세르의 공개적인 비판에 레바논의 무슬림 사회가 들썩였다. 특히 가난한 무슬림들이 더욱 민감하게 반응했다. 그들은 당시의 대통령 카밀 샤문[04]에게 국민협약을 개정하라고 요구했다. 일부 시아파 무슬림들은 더 나아가 레바논을 아랍연합공화국과 합병하자고 주장했다. 카밀 샤문 대통령은 이러한 무슬림들의 요구를 거절

---

04 카밀 샤문(Camille Chamoun, 1900~1987년) : 민주정치를 지향한 레바논의 대통령. 여의치 않은 환경 아래에서 정치 개혁을 시도했으나 큰 빛을 볼 수는 없었다.

했다. 마론파 역시 무슬림들의 요구에 대해 집단적으로 거부의사를 밝혔다. 오랫동안 소수세력으로 핍박당한 역사를 기억하는 마론파들에게 국민협약은 자신들의 안전을 지켜줄 최후의 보루였다. 무슬림들의 반감이 커졌고 이때를 기회라고 여긴 나세르는 레바논 무슬림들에게 무기를 지원해 반란을 부추겼다. 다급해진 카밀 샤문 대통령은 미국에 도움을 요청했다. 해외의 친서방 정권을 수호하는 데 전력투구했던 미국 아이젠하워 대통령은 레바논에 해병대를 급파했다. 미군은 베이루트를 장악해 반란을 진압했다. 카밀 샤문 대통령이 미국의 보호 아래 자신의 임기를 채운 후 푸아드 쉬하브[05]가 신임 대통령으로 취임하면서 사태가 일단락됐다. 이 과정에서 4,000여 명이 사망했다. 1958년 위기는 레바논이 얼마나 취약한 지반 위에 세워졌는지 알게 해준 계기였다. 한 차례 위기를 넘긴 레바논에 한동안 평화가 지속됐다. 잠시 주춤했던 관광객들이 다시 베이루트를 찾았고 움츠렸던 경기도 회복됐다. 그러나 1967년 '6일 전쟁' 이후 팔레스타인 난민들이 대거 레바논으로 밀려들면서 상황은 또다시 악화됐다. 게다가 1970년 요르단에 머물던 팔레스타인 해방기구(PLO, Palestine Liberation Organization) 조직원들이 후세인 국왕을 몰아내려는 음모를 꾸미다 적발되자 이들이 급히 피난처로

---

05 푸아드 쉬하브(Fuad Chehab, 1902~1973년) : 레바논 제8대 대통령. 레바논의 근대화와 경제개발에 공을 세운 정치인으로 평가된다.

삼은 곳이 레바논이었다. 이들 대부분은 수니파 무슬림이었다. 팔레스타인 사람들의 유입으로 마론파 우위의 레바논 인구 구성이 깨졌다. 무슬림이 기독교 인구보다 더 많아진 것이다. 국민협약을 개정하라는 무슬림들의 요구에 다시 불이 붙었고 레바논 사회는 폭발 직전의 불안정한 상태로 내몰렸다. 급격한 인구 유입으로 일자리가 부족해졌고 치안도 불안했다. 무슬림들은 모든 문제가 권력과 부를 차지한 마론파 때문이라고 주장했다. 소수세력이 되어버린 마론파는 스스로를 보호하기 위해 무장하기 시작했다. 마론파 무장단체인 팔랑헤당과 PLO 사이에 공공연하게 무력충돌이 발생했다. 그러나 허약한 레바논 정부는 이런 문제들을 해결할 능력이 없었다.

1975년 마론파와 PLO가 일련의 무력충돌을 빚은 것이 도화선이 되어 지금까지 수면 아래서 불안정하게 금이 가 있던 레바논 사회가 완전히 깨져버렸다. 레바논 내전이 벌어진 것이다. 이에 시리아와 이스라엘 등 외세가 차례대로 개입하면서 레바논 내전 상태는 1990년대 초까지 지속됐다. 그 과정에서 레바논의 종파 집단들 간의 갈등은 돌이킬 수 없을 정도로 커졌다. 정부는 자국 내에서의 통제력을 잃었고 각 종파들에 뿌리를 둔 무장 집단들이 영토 곳곳을 장악했다. 시아파 이슬람주의 조직 헤즈볼라가 대표적인 사례다. 사실상 레바논에는 무정부 상태가 지속됐다. 한때 '동방의 파리'라고 불리던 베이루트도 황폐해졌다. 한동안 다양한 정체성을 가진 집단들이 타협하면서 조화롭게 지내는 듯 보였던 레바논의 허상은 이렇게 완전히 붕괴됐다.

　민족국가로서 레바논의 가장 커다란 문제는 국가를 구성하는 주류 세력이 존재하지 않는다는 점이었다. 대부분의 중동국가들이 다양한 정체성 간의 갈등이라는 문제를 안고 있지만 레바논을 제외한 다른 나라들은 그 나라를 구성하는 주류세력이 비주류를 억압하거나 동화시킴으로써 국가를 유지해나간다. 반면 레바논은 확고히 다른 집단을 압도하는 주류세력이 없는 상태에서 여러 세력들 간에 불완전한 타협으로 갈등을 봉합하는 방식을 취해왔다. 하지만 갈등이 분출되면 국가가 이런 갈등을 힘으로 누르거나 조정할 능력이 없었다. 프랑스가 인위적으로 짜 맞춘 모자이크 국가 레바논은 오늘날 중동의 가장 실패한 민족국가라는 표본이 됐다.

팔라비 왕정, 무너지다

이란의 이슬람혁명

"1979년 1월 16일 무함마드 레자 샤는 이란을 떠났다. 팔라비 왕정이 무너졌고 이란혁명은 성공했다. 이란혁명은 진정한 의미의 민중혁명이었다. 다수 대중의 행동이 구체제를 무너뜨렸고 그들의 의지가 혁명 성공이라는 결과를 만들었다. 그러나 구체제를 무너뜨리는 것과 새로운 사회를 건설하는 것은 별개의 문제다. 구체제가 사라진 자리에는 혼란이 찾아오게 마련인데, 이를 수습해서 새로운 질서를 세우려면 카리스마 있는 지도자가 필요했다. 이란 국민들은 호메이니를 기다렸다."

시아파 위계조직의 발달

　이란의 이슬람혁명을 이해하려면 먼저 이란의 핵심 종파인 시아 이슬람부터 이해해야 한다. 2장에서 살펴본 것처럼 시아파 신학에서 세속권력이란 '올바른 권력을 찬탈한 정당성 없는 권력'이다. 이런 시각은 역으로 세속권력에 저항하는 시아파 종교 지도자들에게 높은 도덕적 권위를 부여했다. 통치자의 권위를 존중해온 수니파 울라마들과는 달리 시아파의 종교지도자들은 권력을 비판하는 것이 정당하다고 여겼다. 시아파의 신학에서 최고지도자인 이맘은 12명으로 끝이 난다. 따라서 어디에선가 재림의 때를 기다리는 마지막 이맘을 대신해 시아파 공동체를 이끌어갈 지도자가 필요했다. 이를 위해 《꾸란》과 《하디스》를 바탕으로 이슬람 신학을 체계적으로 공부한 사람에게 주어진 현실에 대해 종교적 유권해석(이즈티하드)을 할 수 있도록 권위를 부여했다. 이런 권위를 가진 사람을 법학자(무즈타히드)라고 한다. 그러나 무즈타히드가 여러 사람이기에 이들 사이에도 일정한 위계질서가 필요했다. 사파비 왕조 이후 이란의 왕조들이 자주 교체되면서 왕권은 실추됐고 오히려 이슬람의 권위가 올라갔다. 19세기 초 카자르 왕조는 시아파 종교지도자들의 권위를 빌리지 않으면 왕위의 정당성을 내세울 수 없는 지경에 이르렀다.

카자르 왕조하에서 시아파 신학은 모든 시아파 무슬림은 반드시 살아 있는 사람들 가운데 '모방의 원천(마르자에 타끌리드)'을 가져야 한다고 선언했다. 즉 누구나 종교적 롤모델을 가져야 한다는 것이었다. 이러한 신학적 해석을 기반으로 시아파 법학자들 사이에 서열이 만들어진다. 일반적인 무즈타히드들보다 권위를 가진 이를 '호자톨레슬람(이슬람의 증거)'으로 부르고, 이보다 더 잘 알려지고 다른 법학자들에게 인정받는 이를 '아야톨라(신의 신호)'라고 불렀으며, 시아 이슬람 최고의 권위자를 '아야톨라 우즈마(대아야톨라)' 또는 '마르자에 타끌리드(모방의 원천)'라고 칭했다. 이는 주교, 대주교, 추기경, 교황 등으로 서열화된 가톨릭과도 유사하다. 마르자에 타끌리드 또는 대(大)아야톨라는 정해진 절차에 따라 선출되거나 임명되는 것이 아닌 무즈타히드들의 합의로 결정된다. 따라서 동시에 여러 사람이 마르자에 타끌리드가 되기도 한다. 마르자에 타끌리드의 영향력은 막강해서 국왕조차 이들의 눈치를 보았다. 이와 같은 시아파의 위계조직은 종교적 영향력뿐 아니라 점차 정치적 영향력도 커졌다.

무함마드 레자 팔라비의 철권통치와 이란의 근대화

근대 이란은 외세의 끊임없는 수탈과 개입에 시달렸다(9장 참조). 핵심은 석유였다. 영국과 소련은 페르시아 만에 매장된 석유를 차지하기 위해 대립했고, 이후 미국까지 가세하면서 이란의 팔라비 왕정은 자주적이고 독립적인 국가운영에 어려움을 겪었다. 이를 비판하던 모사데그 총리가 석유국유화를 추진했으나 얼마 가지 못해 쿠데타 세력에 내쫓기고 다시 무함마드 레자 샤가 권좌에 복귀했다. 무함마드 레자 샤는 미국 CIA와 이스라엘 모사드의 도움을 받아 비밀경찰 사바크(SAVAK)를 창설해 반대세력을 억압했다. 사바크의 인권유린은 당대 최악의 수준이었다. 반정부 인사에 대한 불법체포는 물론이고 신체를 절단하는 등의 가공할 고문을 자행했다. 이란 국민들은 공포에 떨었고 샤는 초헌법적 권력을 휘둘렀다. 그러나 무함마드 레자 샤가 퇴행적인 정치로만 일관한 것은 아니었다. 그는 1963년 '백색혁명'으로 불리는 일련의 개혁 프로그램들을 발표했다. 토지개혁, 국영기업 민영화, 여성 참정권 허용, 문맹퇴치 등이 주요 내용이었다. 백색혁명은 발표 당시 이란 국민 중 투표권을 가진 610만 명 중에서 550만 명이 찬성할 정도로 압도적인 지지를 받았다. 그리고 이후 이란 사회가 발전하는 데 큰 기여를 했다. 이란은 백색혁명 이후 무함마드 레자 샤가 집권했던 1970년대 말까지 큰 경제성장도 이루었다. 1963년 이란의 1인당 GNP는 200달러 수준이었으나 1979년에는 2,000달러에 이르러 무려 10배나 상승하기도 했다. 무함마드 레자 샤는 권력에 복귀한 이후 의료개선에도 공을 들였다. 그 덕분에 영유아 사망률이 크게 낮아졌고 1970년대 중반에는 젊은층 인구 비중이 눈에 띄게 늘었다. 아이러니한 것은 이렇게 늘어난 젊은 세대가 이후 팔라비 왕정을 몰아내고 이란혁명을 이끈 중심 역할을 했다는 점이다.

어느 나라든 간에 빠른 근대화는 짙은 그늘을 만들어낸다. 이란도 예외가 아니었다. 토지개혁이 이루어져 약 200만 명의 소작농들에게 농지가 분배됐지만 생계유지조차 힘들 정도로 작은 땅을 받은 이들과 처음부터 경작권이 없었던 사람들은 농촌을 떠나 도시로 일자리를 찾아 나섰다. 때마침 기계화된 농업기술이 보급되면서 농촌은 더더욱 일자리가 줄었고, 도시로 몰려든 농민들은 저소득 임금노동을 하는 빈민층으로 전락했다. 경제가 성장하면서 물가도 가파르게 올랐다. 생필품 비용과 주거비가 오르자 한때 백색혁명을 지지했던 민심이 정부에 등을 돌렸다. 그러나 팔라비 왕정은 일련의 문제들을 해결할 능력이 없었다. 사바크가 폭력배들을 동원해 시장 상인들에게 가격을 낮추라고 협박하는 게 전부였다. 상인들에게 대대적인 과태료가 부과됐고 무려 8,000명의 상인이 금고형 이상의 형사처벌을 받았다. 그러나 이런 물가억제 대책은 큰 효과를 발휘하지 못했다. 물가는 더 올랐고 일자리를 찾지 못해 아우성치는 이들도 늘었다. 서민들의 불만은 쌓여만 갔다.

그런 와중에도 경제성장의 달콤한 열매를 만끽하는 이들이 존재했다. 1970년대 테헤란에는 부유층들이 모여 살았다. 그들은 서유럽의 부유층처럼 지냈다. 코카콜라와 펩시를 어디서든 구입할 수 있었고 미국 자동차와 미국 기업들의 광고가 테헤란에 넘쳤다. 이란에 거주하는 미국인의 수도 점점 늘었는데, 1970년만 해도 8,000명 미만이던 미국인 거주자가 1979년에는 약 5만 명에 이르렀다. 이들 중 많은 이들이 이스파한의 군수산업에 종사하고 있었다. 이들은 미국에서 누리던 생활을 이란에서도 똑같이 영위했다. 이란에 거주하는 영국인들 또한 비슷한 모습으로 지냈다. 외국인들은 그들만을 위한 학교와 병원을 짓고 특권층처럼 누리며 살았다. 인플레이션과 실업으로 고통을 받던 이란의 서민들은 자기 나라에서 떵떵거리며 잘 지내는 외국인들을 지켜보면서 분노하는 게 당연했다. 여기에 이란 근대사에서 오랫동안 이란의 자주권을 억압했던 외세에 대한 반감이 더해져 1970년대 후반 이란 국민들의 반외세 정서가 최고조에 달했다.

정부에 대한 서민층의 불만과 분노도 날로 높아졌다. 이런 불만은 시민들의 자유를 억압하는 독재정치에 대한 불만과 결합해 대규모 반정부 시위로 번졌다. 1970년대 초반 반정부 운동의 중심은 마르크스주의 세력 또는 마르크스주의와 이슬람을 혼합한 저항단체들이었다. 아직 이슬람주의 세력은 큰 영향력을 발휘하지 못했다. 이란의 시아파 세력은 무함마드 레자 샤, 팔라비 왕정에 대한 태도를 두고 입장이 갈렸다. 상당수 중견 신학자들은 정부를 제한적으로만 비판하는 입장이었다. 반면 젊은 신학생들은 보다 적극적으로 반정부 시위 세력과 연대해 저항을 펼쳐나가고자 했다. 이러한 젊은 신학생들을 이끌던 인물이 바로 아야톨라 루홀라 호메이니[01]다.

호메이니의 반정부 활동과 탄압

1963년의 호메이니는 대중들이 잘 모르는 인물이었다. 그는 쿰에서 반정부 메시지를 담은 설교를 시작했다.

> "샤 왕정은 부패했다. 그들은 가난을 구제하라는 《꾸란》의 가르침을 따르지 않고 미국이나 이스라엘 등의 이교도들과 굴욕적인 외교를 펼치고 있다."

어느 날 비밀경찰 사바크 요원들이 설교 현장에 들이닥쳐 호메이니를 체포했다. 이 과정에서 강연을 듣던 학생 여러 명이 사망하는 사건이 터졌다. 이를 계기로 이란 반정부 운동에 참여하는 이들의

---

01 아야톨라 루홀라 호메이니(Ayatollah Ruhollah Khomeini, 1902~1989년) : 시아파 이란 종교 지도자, 정치가. 호메이니는 배후에서 이란혁명을 이끌었다고 평가받는다. 팔라비 왕조가 무너지자 그는 약 15년간의 해외 망명생활을 접고 이란의 최고 지도자에 올랐다. 이슬람 혁명의 성공은 아랍권 이슬람주의 운동단체들에게 자극과 영감을 제공했다.

눈길이 호메이니에게 쏠렸다. 며칠 후 호메이니는 석방됐다. 샤 왕정이 폭압적인 정치를 했지만 이란의 이슬람 종교지도자에 대해서는 조심스러워한 덕분이었다. 그러나 호메이니는 곧바로 반정부 설교를 다시 시작했다. 아슈라 기념일인 1963년 6월 3일, 이 고집스러운 아야톨라는 그 어느 때보다 강력한 반정부 설교를 했다. 이틀 뒤 그는 또다시 체포됐다. 호메이니 체포 소식이 전해지자 테헤란과 몇몇 주요 도시에서 대규모 군중시위가 발생했다. 이맘 후세인을 추모하는 아슈라의 분위기와 맞물려 시위의 규모는 정부가 깜짝 놀랄 만큼 커졌다. 샤는 계엄령을 선포하고 군대를 투입해 시위를 해산시켰다. 이에 저항하던 수백 명의 시위참가자들이 사망했다.

이번에도 호메이니는 석방됐다. 샤 왕정은 호메이니로부터 앞으로는 반정부 활동을 하지 않겠노라는 약속을 받아냈다고 발표했다. 그러나 호메이니는 반정부 활동을 재개했다. 결국 정부는 1964년 호메이니를 국외로 추방했다. 샤는 이걸로 한시름 덜었다고 생각했는지 모르지만 결과적으로 좋은 선택이 아니었다. 호메이니는 터키와 이라크를 거쳐 1978년 프랑스 파리로 망명지를 옮겨다니며 더욱 왕성한 활동을 전개했다. 그는 이란 반정부 운동의 중심인물로 떠올랐다.

1971년 팔라비 왕정은 세계 각국 정상들을 초청해 고대 아케메네스 왕조의 수도 페르세폴리스 유적 현장에서 '이란 왕정 2500주년 기념식'을 개최했다. 이 희한한 이벤트는 이란 전역에 텔레비전으로 생중계됐다. 샤가 최고급 샴페인을 터뜨리며 외국 정상들과 어울리는 모습이 이란뿐 아니라 전 세계로 보도됐다. 이 엉뚱한 쇼의 목적은 이란이 이슬람의 전통을 부인하고 세속주의를 옹호하겠다는 캠페인의 일환이었다.

'이란의 전통은 이슬람 이전부터 존재했다!'

이 기념식은 이란의 왕권이 이슬람 전파 이전부터 존재했음을 알리기 위함이었다. 고대 아케메네스 왕조로부터 이란의 왕권이 이어져 왔음을 강조함으로써 이란의 민족주의 정서를 부각시키고 호메이니 등으로 대표되는 이슬람 반정부 세력의 힘을 약화시키겠다는 것이 이 행사의 진짜 목적이었다. 샤는 이 행사를 계기로 이란의 공식 달력을 교체하기까지 했다. 헤지라를 원년으로 하는 기존 이슬람력 대신 키루스 대왕의 탄생을 원년으로 하는 키루스력으로 바꾸고자 한 것이다. 그러나 이미 오랫동안 이슬람력에 익숙해진 국민들의 혼란만 키우고 말았다. 당시 이라크에 머물던 호메이니는 이 중계 장면을 보고 격분했다. 그는 이란에서 이슬람의 전통과 정통성을 부인하려는 샤의 의도를 알아차렸다. 이에 호메이니는 다음과 같은 성명을 발표했다.

"이슬람은 근본적으로 왕정에 반대한다. 이란의 왕들이 저지른

범죄행위들은 역사의 한 페이지를 검게 물들였다."

호메이니가 생각하는 반정부 투쟁의 전선은 '반민주 대 민주'가
아니라 '세속왕정 대 이슬람 신권정치'였다. 그는 샤 왕정을 타도한
후 서구적인 민주주의 정부를 수립하는 대신 이슬람주의에 기반한
신권정치를 펴야 한다고 생각했다. 호메이니는 이라크에 머물면서
이런 생각을 담은 반정부 강연을 이어갔다. 또한 호메이니의 지지
자들은 호메이니의 강연을 녹음한 테이프와 생각을 담은 책을 이란
내로 밀반입해 대중에게 전파했다.

이란혁명

1977년 미국에서는 카터 행정부가 출범했다. 인권외교를 내세운
카터 대통령은 이란 정부에도 인권 개선을 요구했다. 이에 미국을
맹방으로 생각해온 샤 왕정은 부분적으로 자유화 조치를 발표했다.
오랫동안 억눌려 있던 사회적 요구들이 자유화 조치를 계기로 곳곳
에서 터져 나오기 시작했다. '헌법과 대의제를 복원하라!' 당시 반
정부 운동의 중심에 있던 국민전선은 헌법과 대의제를 핵심 요구사
항으로 내걸었다. 그동안 사바크의 압제를 피해 지하로 숨어들었던
여러 결사체들이 정체를 드러낸 채 활동하기 시작했다. 어찌 보면

샤 왕정에도 기회였다. 사회적 요구를 일부 수용해 헌법을 되살리고 의회정치를 열었다면 이후 이슬람혁명으로 번진 파국을 막을 수 있었는지도 모른다. 그러나 샤는 이런 요구들에 억압으로 대응했다. 그 결과 1977년 말에 이르자 샤는 대부분의 이란 내 계층과 세력으로부터 고립되고 말았다. 사바크와 군부 등 일부 국가 기관들만 무함마드 레자 샤에게 충성을 바쳤다.

1978년 1월 이란의 한 보수 성향 일간지에 호메이니를 비난하는 사설이 실렸다. 이 사설은 호메이니의 할아버지가 인도에서 태어났다는 사실을 교묘하게 부풀려 호메이니가 사실은 외국인이며 과거에는 영국 스파이였다고 주장했다. 물론 이 사설은 샤 왕정의 사주에 따라 게재된 글이었다. 사설을 접한 쿰의 신학생들은 정부의 사과와 헌법 복원, 그리고 호메이니의 귀환을 요구하며 대규모 시위를 벌였다. 경찰은 시위대를 향해 발포했고 시위대 중 20명 이상이 경찰이 쏜 총에 맞아 숨졌다. 결국 분노한 여론이 끓어올랐다. 다음 날 호메이니는 시위를 벌인 학생들의 용기를 칭찬하고 더 많은 시위를 촉구하는 성명을 냈다. 지금까지 소극적인 자세를 취해온 원로 성직자들도 경찰의 발포를 강력히 성토했다. 쿰에서 일어난 대학생 시위는 계속 확산됐다. 쿰 시위 희생자들에 대한 40일 간의 애도 기간이 지난 후 이란 내 전국 12개 도시에서 평화시위가 열렸다. 그런데 이들 도시 중 타브리즈에서 경찰이 또다시 시위대에 발포했다. 사망자는 쿰 시위 때보다 더 많았다. 다시 40일 간의 애도가 진행됐다. 40일이 지난 후 재개된 시위는 더 규모가 컸고 더욱 폭력적이었다. 지금까지 헌법 복원과 정부의 사과를 요구하던 시위대의 구호가 거칠게 바뀌었다.

'샤에게 죽음을!'

폭력 사태가 번져 희생자가 늘어날 것을 우려한 일부 원로 성직자들이 시위 자제를 촉구하면서 일시적으로 시위가 잦아들었으나 여전히 반정부 시위는 산발적으로 이어졌다. 바로 그 해 라마단 기간에 이르자 시위가 다시 확대됐다. 불안해진 정부는 계엄령을 선포하고 집회와 시위를 금지했다. 그럼에도 불구하고 테헤란을 비롯한 일부 도시에서 대규모 시위가 발생했다. 특히 노동자들이 많은 남부 테헤란 지역에는 바리케이드가 설치됐다. 정부는 탱크와 기관총으로 무장한 헬기를 투입해 시위대 진압에 나섰다. 시위대 역시 화염병을 던지며 진압병력과 맞섰다. 곳곳에서 희생자가 발생했고 시위 군중의 분노는 극에 달했다. 누가 보더라도 시위대와 샤 왕정 간의 타협은 불가능한 지경이었다.

1978년 가을 이란 내에서 시위를 주도하던 세력들이 프랑스 파리에서 거주하던 호메이니를 중심으로 뭉쳤다. 국민전선 등 민족주의 진영의 반정부운동 지도자들이 파리로 날아가 호메이니를 만나 그의 견해를 듣고 호메이니에 대한 지지를 선언했다. 여러 진영이 모인 시위대가 공통으로 신뢰할 수 있는 인물을 찾는다는 게 쉽지 않았기에 비록 호메이니가 민족주의자가 아닌 이슬람주의자였음에도 불구하고 그에게 반정부 진영의 구심점 역할을 맡기려 한 것이었다.

테헤란에 칩거하던 샤는 사실 암 투병 중이었다. 그러나 이 사실을 대중에게 알리지 않은 채 그는 텔레비전에 출연해 대국민 담화를 발표했다. '국민들의 뜻을 이해합니다. 선거를 실시하고 지난 잘못을 뉘우치겠습니다!' 하지만 너무 늦은 조치였다. 만약 이 담화가 1년 전에 나왔더라면 상황이 크게 달라졌을 것이다. 그 1년 만에 상황은 걷잡을 수 없이 악화돼 있었다. 반정부 진영은 대국민 담화를 접하고는 샤가 궁지에 몰렸다는 신호로 받아들였다. 시위가 더욱 격해졌고 점점 더 많은 노동자들이 파업에 동참했다. 아슈라 당일인 12월 11일, 테헤란에서는 100만 명의 시위대가 거리를 가득 메웠다. 이제 군부조차 샤를 따르지 않을 것처럼 보였다. 미국의 카터 대통령도 샤의 하야를 지지한다는 의견을 전달해왔다. 샤는 고립무원이었다. 이제 시위대의 분노는 미국으로 향했다. 이란의 석유를 통해 배를 불리면서 무함마드 레자 샤의 후견인 역할을 해온 미국이 이란 국민들을 억압했다고 생각한 것이다. 미국 대사관과 미국 기업에 대한 공격이 자행됐다. 이란에 거주하던 미국인들은 화들짝 놀라 대거 이란을 떠났다. 팔라비 왕정이 붕괴되기 일주일 전, 샤는 국민전선의 지도자 샤푸르 박티아르를 총리로 임명하고 그에게 새로운 내각 구성을 맡겼다. 박티아르는 반정부 운동을 벌여 여러 차례 구속된 바 있는 인물이었다. 그는 입헌정부를 수립하기 위한 자유선거를 치르겠다고 발표했다. 그러나 시위대는 냉담했다. 국민전선은 박티아르를 비판하며 그에게 등을 돌렸다. 호메이니 역시 박티아르 내각이 위법한 정부라고 발표했다. 샤의 마지막 승부수가 실패로 돌아간 것이다.

1979년 1월 16일 무함마드 레자 샤는 이란을 떠났다. 팔라비 왕정이 무너졌고 이란혁명은 성공했다. 이란혁명은 진정한 의미의 민중혁명이었다. 다수 대중의 행동이 구체제를 무너뜨렸고 그들의 의지가 혁명 성공이라는 결과를 만들었다. 그러나 구체제를 무너뜨리는 것과 새로운 사회를 건설하는 것은 별개의 문제다. 구체제가 사라진 자리에는 혼란이 찾아오게 마련인데, 이를 수습해서 새로운 질서를 세우려면 카리스마 있는 지도자가 필요했다. 이란 국민들은 호메이니를 기다렸다.

그때까지 파리에 머물던 호메이니는 비행기를 타고 테헤란으로 돌아왔다. 호메이니가 귀국하던 날 약 300만 명의 환영 인파가 몰려들었다. 호메이니가 해외에서 고생하며 반정부 운동을 한 것은 사실이지만 시위대가 목숨을 걸고 총구 앞에 나설 때 그는 프랑스 정부의 보호 아래 상대적으로 안전하게 모든 상황을 지켜보는 입장이었다. 그러나 직접 몸으로 맞서 거대한 독재왕정을 무너뜨린 군중은 호메이니를 원했다. 대중의 희망으로 떠오른 호메이니는 순식간에 엄청난 권위를 지닌 지도자로 떠올랐다. 이때 호메이니를 환영하기 위해 모인 군중들은 '알라후 아크바르(신은 위대하다)'를 외쳤지만, 일부는 '호메이니, 오 이맘이시여!'라고 연호했다. 시아파에서는 12번째 이맘 이후 그 누구도 이맘의 칭호를 받지 못한다. 당시 이란 고위 성직자들 중 호메이니를 이맘으로 부르는 데 동의한 사람은 없었다. 시아파에게 이맘이란 신의 대리인으로서 '오류가 없는 존재'라는 어마어마한 의미를 갖기 때문이었다. 그러나 호메이니는 이러한 군중들의 환호를 들으면서도 가타부타 의사표시를 하지 않았다. 만약 그가 스스로 '이맘'을 자임했다면 신성모독으로 몰렸을 테지만 이렇듯 대중의 추앙을 그저 묵인함으로써 호메이니는 별다른 신학적 시비에 휘말리지 않은 채 자신의 카리스마를 한껏 높였다. 아마 그런 상황을 호메이니는 즐기고 있었던 듯하다. 이후 새로운 이란을 건설하는 과정에서 이 같은 호메이니의 카리스마가 사태의 향방에 결정적인 역할을 한다.

구체제 청산과 이슬람 공화국의 건설

고국으로 돌아온 호메이니는 지난 수년 동안 반정부 시위 과정에서 숨진 희생자들의 무덤을 찾아 추모하는 것으로 자신의 첫 일정을 소화했다. 호메이니는 재빨리 혁명을 완수하는 작업에 착수했다. 그는 기존 박티아르 내각과 별개로 민족주의 계열의 지도자인 메흐디 바자르간을 총리로 지명했다. 이란 전 지역에 혁명위원회를 세우고 군 내부의 혁명지지 세력 및 사회주의 계열의 야당과 공조해 경찰서와 사바크 조직을 공격했다. 샤 왕정과 관련 있는 기관들도 공격의 대상이었다. 군은 중립을 선언했고 혁명 직전 샤에 의해 임명된 박티아르는 총리에서 사임한 후 피신했다. 두 달 뒤 그는 해외 망명길에 올랐다. 혁명위원회는 팔라비 왕정의 간부들을 체포해 혁명재판을 통해 처형했다. 물론 여기에는 사바크의 간부들도 포함되어 있었다.

각 혁명위원회들을 통솔하는 혁명평의회가 건설됐고 호메이니는 스스로 혁명평의회 의장에 취임했다. 혁명위원회는 각 지역의 이슬람법학자들이 책임자로 임명됐다. 서서히 이슬람주의자들이 권력을 장악해나간 것이다. 이제 혁명을 이끈 여러 세력들 간의 권력투쟁이 시작됐다. 자유주의자들과 중도파들은 권력의 핵심에서 밀려났다. 이란 북서부의 쿠르드족은 이란혁명을 분리독립의 기회로 판단하고 반란을 일으켰다. 그러나 호메이니의 명령을 받고 출동한 이란군이 쿠르드족의 반란을 진압했다. 빠르게 권력을 장악한 호메이니와 급진 이슬람주의 세력은 구체제 숙청을 지속해나가는 동시에 정규군을 견제할 수 있는 또 다른 군사조직을 만들었다. 호메이니가 혁명수비대(이란어로 '파스다란')를 만든 이유는 과거 샤 왕정에 충성을 바쳤던 정규군을 의혹의 눈초리로 바라보고 있었기 때문이었다. 샤 왕정은 국민들에게 지지를 받지 못함에도 불구하고 상당 기간 동안 군부에 기대어 유지됐다. 호메이니는 정규군 내부에 존재하는 구체제 지지세력들이 언제든 쿠데타를 일으킬 수도 있다고 우려하고 있었기 때문에 정규군을 약화시키는 대신 새로이 친혁명 군대를 키우고자 했다. 각 지역별로 조직된 혁명수비대가 그 역할을 담당했다. 이와 동시에 호메이니는 대대적인 군부 숙청에 돌입했다. 약 250명의 군 간부들을 처형하고 병력도 축소했다. 1979년 여름까지 대략 60%의 정규군 병력이 축출됐다. 그러나 이처럼 급격한 군부 청산은 이란의 국방력을 약화시키는 결과가 됐다. 호메이니의 탈군사화 정책은 근시안적이고 순진한 발상이었다. 훗날 이라크의 사담 후세인이 이란을 상대로 전쟁을 일으킨 이유 중 하나가 이란의 정규군이 약해졌다고 판단했기 때문이다.

호메이니는 정치적 입지도 강화했다. 자신에게 충성하는 이슬람 법학자들을 중심으로 이슬람공화당을 창당, 혁명헌법 초안을 마련했다. 혁명헌법은 '이슬람법학자 통치 원리'를 근간으로 만들어졌다. 외형적으로 혁명헌법은 대통령 선거와 의회 선거, 지방자치의회 선거를 치르는 민주공화정의 형태를 담고 있었다. 그러나 이 제도들은 혁명수호평의회의 통제를 받는다. 12명의 성직자와 재판관으로 구성된 혁명수호평의회는 선거 전 후보자의 적격성을 심사할 수 있으며 의회를 통과한 법률을 승인할 수 있는 권한도 갖는다. 혁명수호평의회에서 승인된 법안만 효력을 갖도록 한 것이다. 사실상 선거와 입법을 좌우할 수 있는 막강한 권한이 혁명수호평의회에 부여됐다. 이 같은 체계의 꼭대기에 '최고지도자', 즉 호메이니가 존재했다. 이란 최고지도자는 혁명수호평의회 구성원의 절반인 6명을 임명할 권한을 가지며, 선거를 통해 당선된 대통령을 승인하는 권한과 혁명수비대 대장 및 기타 군사조직의 수장을 임명할 권한도 가진다. 사실상 공화정 위에 새로운 샤가 군림하는 셈이었다. 다만 새로운 샤는 세속주의 원리가 아니라 이슬람의 원리로 통치하며 세습하지 않는다는 것이 차이점이었다.

이란은 전혀 새로운 국가가 됐다. 세계 어디에도 없는 유일한 이슬람주의 공화정. 이슬람 법학자들이 국가 권력의 최상층에 존재하면서 통치의 핵심을 장악해 역할하는 구조였다. 종교가 사실상 국가기관이 된 것이었다. 이는 종교의 정치적 영향력을 극대화시켰으나 반대로 훗날 종교가 세속화하는 부작용을 낳기도 했다. 호메이니는 이런 목표를 이루기 위해 폭력을 사용하는 일도 주저하지 않았다. 샤 왕정의 앞잡이 노릇을 한 사바크를 해체하고 주요 간부들을 숙청했지만, 1984년 유사한 기능을 하는 정보안보부(MOIS, Ministry Of Intelligence and Security)를 신설했다. 사바크의 주요 조직을 재활용한 것이었다. 또한 호메이니는 언론자유도 철저히 통제했다. 국민들 삶의 전반에 이슬람의 원리가 적용됐다. 여성들은 차도르를 착용해야만 했으며 세속주의에 입각해 비종교적인 지식을 가르치던 대학도 일시적으로 폐쇄됐다. 폐쇄된 대학들은 이슬람 원리에 따라 가르치고 운영되도록 개조작업을 거친 후 1982년에 다시 문을 열었다.

이란의 이슬람혁명은 전 이슬람권에 큰 충격을 주었다. 특히 아랍권의 이슬람주의 운동단체들에게 큰 자극과 영감을 제공했고 이슬람주의 운동이 더욱 급진적인 방향으로 가도록 이끌었다. 1979년에 사우디아라비아에서 대모스크 점거 사태가 일어난 것이나, 소련의 아프가니스탄 침공에 대해 이슬람주의 전사들이 자원해 참전한 것 역시 이란의 이슬람혁명의 영향을 직간접적으로 받은 결과였다. 이슬람 원리에 따라 운영되는 국가 건설이 현실화되자 중동 각국의 이슬람주의자들은 자신이 발 딛고 있는 지역을 변혁하기 위해 더더욱 분발했다.

승자 없는 8년 전쟁

이 란 · 이 라 크 전 쟁

"**이**란 · 이라크 전쟁으로 호메이니와 사담 후세인 모두 야망이 꺾이고 말았다. 혁명을 수출하려던 호메이니의 야심은 그의 체면이 구겨지면서 막히고 말았다. 이란은 국제사회로부터 고립당할 위기에 처했고 시아파 이슬람혁명도 빛을 잃었다. 이란으로서는 혁명의 수출이 아니라 피폐해진 국내 상황을 수습하는 일이 급선무였다. 사담 후세인 역시 아랍권의 리더가 되겠다는 포부를 접어야 했다. 8년 동안의 전쟁은 이라크를 전 아랍권에서 가장 황폐한 국가로 만들었다."

이란과 이라크의 국경 분쟁

이란·이라크 전쟁은 정반대의 정체성을 가진 두 나라 사이에 벌어진 전쟁이었다. 시아파 이란과 수니파 이라크 간의 전쟁이자, 페르시아인과 아랍인 간의 오랜 역사적 투쟁의 일부였다. 또한 이슬람혁명을 통해 신정국가 체제를 이룬 이란과 세속주의 국가인 이라크의 충돌이기도 했다. 1980년 전쟁이 시작될 당시 이 전쟁이 8년 동안이나 지속될 것으로 예상한 사람은 없었다. 긴 전쟁이었고 양측이 각각 수십만 명의 사상자를 냈지만 실질적인 소득은 거의 없이 허무하게 막을 내렸다.

전쟁이 일어나기 전부터 이란과 이라크의 사이는 좋지 못했다. 1937년 영국에 의해 강제로 맺어진 조약에 따라 이라크와 이란 간의 국경이 정해졌다. 이때 남부 지역의 국경은 샤트알아랍(이란 명 '아드반드 루드')이라는 강의 동쪽 강변을 따라 그어졌는데, 이 덕분에 샤트알아랍 강은 이라크 영토에 편입됐다. 샤트알아랍은 티그리스 강과 유프라테스 강이 합류해 페르시아 만을 향해 흐르는 강으로 석유 수송에 매우 전략적인 위치다. 따라서 이란으로서는 영국의 강압으로 맺어진 1937년 국경 조약을 무효화시키고자 기회만 엿보고 있었다. 마침내 영국이 중동에서 물러난 뒤 이란에 기회가 왔다. 팔라비 왕정하의 이란은 군비 지출을 늘리며 꾸준히 군사력을 키워온 반면 이라크는 잦은 쿠데타와 정치적 혼란으로 상대적 열세에 놓였다. 1969년 이란의 샤는 1937년의 국경 조약이 무효임을 선언했고 이란 선박이 샤트알아랍을 통해 이동하도록 조치했다. 이에 이라크 정부가 반발한 건 당연했다. 샤트알아랍의 영유권을 놓고 이란과 이라크 사이의 긴장감이 높아졌다.

1968년부터 이라크 내에서 이라크 정부와 쿠르드족 간의 격렬한 유혈분쟁이 진행되고 있었다. 이라크 정부가 쿠르드족의 자치권을 제한적으로 인정해 잠시 소강상태에 들어갔으나 1974년 다시 내전 수준의 분쟁이 재현됐다. 이란의 팔라비 왕정은 이를 기회로 인식해 이라크 내의 쿠르드족을 지원했다. 이란의 지원을 받은 쿠르드족 역시 이라크로부터 독립을 성취할 기회로 여기고 이라크 바트당 정부에 대항해 적극적인 투쟁에 나섰다. 사실 이란 정부 입장에서 이라크의 쿠르드족을 지원하는 일은 일종의 꽃놀이패였다. 쿠르드족이 승리할 경우 이라크 정부가 약화될 것이기에 좋고, 이라크 정부가 승리한다면 쿠르드족이 약화될 것이기에 좋았다. 이란 역시 자국 내 쿠르드족의 독립 요구로 골머리를 앓고 있었기 때문이다.

결국 이라크 정부가 팔라비 왕정에 협상을 요청해왔다. 샤트알아랍 강의 중간선을 양국의 국경으로 인정하는 대신 이라크 내 쿠르드족의 지원을 중단해달라는 것이었다. 샤는 이 요청을 수용했다. 그리고 마침내 1975년 3월 알제리의 수도 알제에서 협정이 체결되었다(알제 협정). 샤트알아랍 강의 서쪽은 이라크가 동쪽은 이란이 영유권을 가진다는 내용이었다. 그 대가로 이란 정부는 이라크내 쿠르드족에 대한 지원을 거두었다. 이란은 알제 협정의 승자였지만 반면에 이라크 정부로서는 쿠르드족으로 인한 위기상황에서 어쩔 수 없이 맺게 된 치욕이었다. 물론 알제 협정의 최대 피해자는 이라크 정부에 대항해 독립투쟁을 벌이던 쿠르드족이었다. 이란의 지원이 끊기자 다시 우위를 점하게 된 이라크 정부가 쿠르드족을 잔혹하게 짓밟고 탄압했다. 불타올랐던 이라크 쿠르드족의 독립 열망은 꺾이고 말았다.

전쟁 전 이라크의 상황

오스만 제국 해체 후 영국은 하심 가문의 파이잘을 국왕으로 삼아 이라크를 건국했다(7장 참조). 그러나 영국은 중동 지역에 대한 충분한 지식이 없었고 영국이 인위적으로 정한 이라크 국경 내에는 언어·인종·종교가 다른 부족들이 섞여 있었다. 이들은 티그리스 강과 유프라테스 강 유역에 살고 있다는 점 말고는 아무런 공통점이 없었다. 남부 지역은 대부분 시아파 부족들이 살았고 북부의 여러 지역에서는 쿠르드족이 살았으며 중부 지역에는 수니파 부족들이 거주했다. 신생 이라크 왕국은 공동의 정체성을 갖춘 민족국가 구성이 힘든 이질적 집단의 조합이었다. 게다가 수니파인 파이잘 국왕을 중심으로 이라크 정부가 수립되자 시아파 부족들은 건국에 참여하기를 거부했다. 이에 인구가 더 적은 수니파가 이라크의 국가권력을 장악하게 됐다. 하지만 국가 구성원들은 이라크 왕국에 애국심이 없었다. 사실 '이라크'라는 나라 이름조차 이들에게는 낯선 단어였다.

1933년 초대 국왕 파이잘이 서거한 후 이라크는 국가권력에 저항하는 부족들의 반란이 일어나면서 사실상 내전에 빠졌다. 이런 상황을 통제할 수 있는 유일한 집단이 군부였다. 군부는 저항세력을 무자비하게 진압함으로써 국가를 안정시켰다. 아버지에 이어 왕위를 이어받은 파이잘 2세 또한 군부의 쿠데타로 권력을 잠시 잃기도 했으나 영국의 도움으로 왕좌에 복귀하는 등 불안한 치세를 보냈다. 결국 1958년 7월 군부 쿠데타가 발발해 이라크 왕정은 완전히 몰락했다. 애초 쿠데타 주도 세력들은 쿠데타가 성공할 경우 파이잘 2세를 국외로 망명시킬 계획이었으나 쿠데타 과정에서 항복한 왕족들을 집단적으로 살해했다. 쿠데타 이후 또다시 쿠데타가 이어지는 등 이라크는 극심한 혼란에 빠졌다.

이렇듯 혼란스러운 정국을 장악한 세력은 사회주의와 아랍 민족주의를 이념적 기반으로 하는 바트당이었다. 1968년 7월 17일, 바트당의 지도자 아흐메드 하산 알 바크르[01]는 군부를 장악하고 쿠데타를 성공시켜 이라크의 국가권력을 거머쥐었다. 바트당을 이끄는 핵심세력들은 티크리트 출신들이었다. 바그다드 북부의 도시 티크리트는 이라크의 새로운 최고통치자가 된 알 바크르의 고향인 동시에 제2인자였던 사담 후세인[02]의 고향이기도 했다. 사담 후세인은 1950년대 후반부터 바트당의 행동대장 역할을 담당했다. 그는 요인 암살 등 궂은일을 도맡아 처리하면서 당내 입지를 구축해나갔고 바트당 집권 이후에도 비밀경찰을 지휘하면서 군부와 사회 각 기관의 반정부 세력을 숙청하는 등 주로 손에 피를 묻히는 일을 담당했다. 정보기관을 장악한 사담 후세인은 1970년대 중반 이후 알 바크르 대통령에 이은 이라크 내 2인자 위치를 굳혔다. 그리고 1979년 알 바크르 대통령이 병으로 권좌에서 물러나자 사담이 그 뒤를 이어 대통령에 취임했다. 그는 집권 후 반란을 모의했다는 혐의를 씌

01　아흐메드 하산 알 바크르(Ahmad Hassan al-Bakr, 1914~1982년) : 압둘 카림 카심과 함께 1958년 쿠데타를 일으켜 이라크의 하심 왕조를 무너뜨리는 데 일조했다. 1963년 카심 정권을 타도한 후 아리프 대통령 시절 총리를 역임한 뒤 1968년 대통령에 올랐다.

02　사담 후세인(Saddam Hussein, 1937~2006년) : 1979년 이라크 대통령에 올랐다. 1980년 이란을 침공해 이란–이라크 전쟁을 촉발시켜 8년간 승자 없는 전쟁을 지속했다. 1990년 쿠웨이트를 선제 공격했으나 이 싸움이 연합군과의 싸움으로 번져 전쟁에 패했다. 일명 걸프전이다. 2003년 미국은 이라크가 대량살상무기(WMD)를 보유했다는 이유로 다시 전쟁을 벌였고 후세인 정권의 참담한 패배로 끝이 났다. 후세인은 2006년 말 미군에 체포된 후 반인권 행위와 전쟁범죄 등의 혐의로 재판을 받고 사형을 당했다.

워 당내 라이벌들을 대대적으로 숙청해 명실공히 이라크의 최고 권력자 입지를 굳혔다.

이라크를 완전히 장악한 사담 후세인은 이제 눈을 아랍권 전체로 돌렸다. 당시 아랍권에는 아랍 민족주의를 이끌 만한 지도자가 없었다. 아랍국가들의 맏형 노릇을 했던 이집트의 나세르 대통령 이후 그를 이어 대통령이 된 무함마드 안와르 알 사다트는 '6일 전쟁'의 치욕을 설욕하고 싶었다. 그는 아랍국가들과 동맹을 맺고 1973년 '욤 키푸르 전쟁'[03]을 일으켜 이스라엘에 상당한 타격을 입혔다. 비록 전쟁은 미국의 도움을 받은 이스라엘의 승리로 끝났지만 사다트 대통령은 6일 전쟁의 굴욕을 만회했다고 여겼다. 이스라엘과 대등한 관계가 되었다는 자신감을 회복한 사다트는 이스라엘과 평화협정을 추진했고 1978년 9월 캠프 데이비드 협정에서 이스라엘과 이집트의 관계를 정상화시켰다. 이집트를 제외한 전 아랍권은 캠프 데이비드 협정에 분노했다. 사다트 대통령과 이집트 정부는 아랍국가들의 따돌림을 당했다. 이로 인해 나세르 대통령 이후 이어져온 '아랍 민족주의 지도자'의 자리가 공석이 됐다. 사담 후세인은 그 자리에 자신이 앉고 싶었다. 이를 위해서는 이스라엘을 제압해야 했지만 당시 이라크의 전투력은 이스라엘보다 한참 뒤져 있었다. 그렇다면 새로운 대안이 필요했다. 이슬람혁명 이후 극심한 혼란을 겪

03　　욤 키푸르 전쟁(Yom Kippur War) : 10장 '욤 키푸르 전쟁' 주석 참조.

고 있는 이란이 사담의 눈에 들어왔다.

전쟁 전 이란의 상황 /

혁명을 일으켜 팔라비 왕정을 몰아낸 이란에서는 호메이니가 권력자였다. '신정 공화국'을 표방한 호메이니 체제에 세계의 관심이 쏠렸다. 냉전이 한창이던 국제정세 속에서 새로운 이란은 과연 어떠한 행보를 보일 것인가. 호메이니는 미국에 대해 비판적이었다. 그는 팔라비 왕정의 후견세력이 미국이라 여겼고 세속주의의 외피를 쓴 서구적 기독교 문명이 이란을 망쳐놓았다고 생각했다. 1979년 11월 이집트에 망명해 있던 레자 팔라비 샤가 암 치료를 위해 미국에 입국했다는 소식이 이란에 전해졌다. 이란 내에서는 미국이 샤의 입국을 허락한 것을 두고 성토하는 여론이 들끓었다. 급기야 일부 대학생들이 테헤란의 미국 대사관을 점령하고 외교관들을 인질로 잡는 사태가 발생했다. 처음에 사람들은 이를 그저 또 하나의 학생 시위라고 생각했다. 하지만 호메이니가 이 사태를 지지하자 상황이 달라졌다. 인질극이 장기화됐고 미국의 서방 세계는 이란의 새 정권에 적대감을 드러내기 시작했다. 이란 내에서 이 사태를 원만하게 해결하려는 중도세력들이 몰락하고 오히려 호메이니를 위시한 강경파들의 목소리가 높아졌다. 호메이니는 미국 대사관 인질

사태를 이용해 혁명 열기를 지속시키고 반대 세력을 숙청함으로써 자신의 권력을 공고히 했다. 하지만 그 여파로 이란은 국제사회에서 고립됐다. 인질들은 1981년 1월에 석방됐지만 이때 악화된 미국과 이란 간의 관계는 이후 수십 년 동안 해결의 실마리를 찾지 못했다. 과도한 혁명 열기가 외교적 자충수로 이어진 셈이다.

한편 1979년 혁명이 성공한 이후 호메이니는 꾸준히 이란의 군부를 숙청했다. 그는 과거 팔라비 샤가 군부의 후원자였기에 군부 내에 여전히 몰락한 왕정을 지지하는 반혁명 세력이 존재한다고 의심했다. 1979년 여름까지 대략 60%의 군 병력이 축출됐다. 과도한 군 숙청 결과 이란의 국방력은 빠른 속도로 약해졌다. 혁명 전 28만 명이 넘었던 이란의 정규군 병력이 이란-이라크 전쟁 발발 직전 10만 명 수준으로 크게 줄었다. 병력이 부실해지면서 보유한 무기 또한 절반 정도만 실전에 배치되어 있었다. 호메이니는 이란 내부의 정치에만 몰두했을 뿐 국제정치를 바라보는 눈이 어두웠다. 이라크의 정보조직은 이 같은 이란의 상황을 사담에게 보고했다. 보고를 받은 사담은 1975년 알제 협정의 굴욕을 씻고 아랍 세계의 새로운 지도자로 발돋움할 기회라고 생각했다. 당시 이라크군은 과거 아랍 국가들과의 전쟁에서 이스라엘이 보여준 체계적인 군 전술운용과 무기체계를 모방해 군의 현대화에 공을 들이고 있었다. 이 시기 이라크군 병력은 20만 명에 육박하는 수준으로 이란을 앞질렀다. 때마침 이웃 나라 이란의 군이 내부 숙청으로 허물어지고 있으니 사담으로서는 본때를 보여줄 기회가 온 것이었다.

호메이니도 국방력 약화를 걱정하지 않은 것은 아니었다. 그는 이란 정규군을 대체할 새로운 군사조직을 만들었다. 이란어로 '파스다란'이라 불리는 혁명수비대였다. 팔라비 왕정 시절부터 이어져 온 이란의 정규군을 견제함과 동시에 약해진 국방력의 공백을 메우려는 생각이었다. 이에 더해 이란의 혁명지도부는 1979년 11월 혁명수비대 산하에 바시즈 민병대를 별도로 창설했다. 이들은 주로 12세 이상의 빈곤층 소년들로 이루어졌는데, 훗날 이란-이라크 전쟁에서 제대로 된 무기도 없이 수류탄만 들고 중화기로 무장한 이라크군에 육탄돌격을 함으로써 많은 희생자가 나오기도 했다. 한편 호메이니는 이란의 이슬람혁명을 국외로 수출하고자 했다. 굳이 이란 정부의 노력이 아니더라도 시아파가 주도한 이란혁명에 자극을 받은 여러 아랍국가들의 시아파들이 소요사태를 일으켰다. 사우디아라비아, 쿠웨이트, 바레인 등 수니파가 다수를 차지한 국가에서 시아파들의 시위가 발생했고 아랍국가들은 이런 상황을 걱정의 눈으로 주시했다. 특히 시아파가 거의 인구의 60%를 차지하는 이라크의 경우 상황이 보다 더 심각하게 전개됐다. 1980년 4월 호메이니는 이라크의 군과 인민들을 대상으로 바트당 정권을 타도하라고 촉구하는 메시지를 내놓았다. 이라크에 대한 노골적인 내정개입이었다. 이런 호메이니의 선동에 이라크 시아파들은 고무됐다. 이라크의 시아파 정당인 다와당의 지도부는 사담 후세인의 오른팔인 타리크 아지즈 부총리를 암살하려다 실패하기도 했다. 이라크 정부는 다와당 지도부를 살해하고 시아파들을 대대적으로 탄압했다. 이 과정에서 수만 명의 시아파들이 이라크에서 추방됐다.

이라크의 침공

　이란-이라크 전쟁의 발발 원인을 두고 크게 두 가지 견해가 대립한다. 하나는 혁명을 수출하려던 호메이니의 시도가 사담 후세인을 격동시켰다는 주장, 다른 하나는 아랍권의 지도자가 되기를 바란 사담 후세인의 야심 때문이라는 주장이다. 아무튼 이란과 이라크의 지도자들이 가진 각각의 욕망과 의지는 결국 충돌하고 말았다. 전쟁이 시작되기 전부터 이라크 사담 후세인 정권과 이란의 혁명정부 사이에 적대감과 긴장감이 높아지더니 1980년 들어 양국은 국경 지대에서 간헐적으로 무력충돌을 하기도 했다. 심지어 그 해 8월에는 이란과 이라크의 공군기가 국경을 넘어 상대 국가의 영공을 침범하는 사태가 벌어졌고 서로에게 포격을 벌이기도 했다. 전쟁이 언제든 발발할 수 있는 분위기였다.

　1980년 9월 17일, 이라크 정부는 '1975년의 알제 협정은 무효이며 샤트알아랍은 이라크의 영토'라고 선언했다. 그리고 9월 22일 이라크가 먼저 이란을 침공했다. 이라크 공군은 이란의 공군기지

10곳을 폭격했다. 이 같은 선제공격은 과거 6일 전쟁 당시 이스라엘군의 전술을 모방한 것이었으나 이라크 공군 조종사들의 미숙으로 큰 성과로 이어지지는 못했다. 다음 날이 되자 이라크 지상군이 국경을 넘어 이란으로 진격했다. 전쟁 발발 직전까지 이라크군과 적대적인 대치상황이었음에도 불구하고 이란군은 이라크의 침공에 제대로 된 대비책도 갖추지 못했다. 오히려 이란군 주력부대는 때마침 발생한 쿠르드족 소요사태 진압에 동원돼 이라크 접경 지역이 아닌 쿠르드인 거주 지역에 배치되어 있었다.

이라크군은 전쟁 초반 파죽지세로 밀고 들어왔다. 전황이 어려워지자 이란군 당국은 총동원령을 내리고 대대적으로 징집을 실시하는 한편 남부전선에 혁명수비대를 투입했다. 혁명수비대의 훈련 수준은 낮았다. 이들 중 일부는 징집 후 겨우 보름 남짓한 훈련을 받고 전선에 투입된 이들도 있었다. 게다가 혁명수비대에 지급된 전투장비도 열악했다. 그럼에도 불구하고 종교적 열정에 불타는 혁명수비대원들은 몸을 사리지 않고 전투에 임했다. 전쟁 발발 한 달 만에 이라크군은 이란 남부 후제스탄 주의 항구도시 호람샤르를 점령하는 데 성공했다. 이 과정에서 혁명수비대의 희생도 컸지만 이라크군 역시 만만치 않은 피해를 입었다. 훈련도와 무기 수준에서 이라크군이 월등히 앞섰음에도 불구하고 물불 안 가리고 전진하는 혁명수비대의 용맹은 이라크군을 질리도록 만들었다. 이라크군은 개전 후 3개월이 지나도록 호람샤르를 장악한 것 외에 이렇다 할 성과를 내지 못했다. 페르시아 만의 석유수출 항구인 아바단을 포위해 공격했으나 이란 해군의 방어력에 막혀 교착상태에 빠졌다. 애초 사담 후세인은 이란을 공격하면서 이스라엘의 6일 전쟁을 모델로 삼아 속전속결로 이란군을 격파하고 샤트알아랍을 되찾는 정도의 제한적인 성과를 거둔 뒤 전쟁을 마무리 짓고자 했다. 만약 이 계획이 성공한다면 위신이 떨어진 호메이니 정권이 몰락하고 이후 덜 호전적인 지도부가 이란에 세워질 것으로 사담 후세인은 생각했다. 물론 이란의 혁명세력을 무찌른 사담 후세인 자신이 아랍권의 새 지도자로 떠오를 것이라고 여겼다. 그러나 이런 사담의 기대와는 달리 전쟁은 장기화됐다. 이란군은 홈그라운드라는 이점이 있었고, 반대로 이라크군은 원정에 대한 부담을 가질 수밖에 없었다.

1981년 9월 이란의 정규군과 혁명수비대는 이라크군을 격퇴하고 아바단의 포위를 풀었다. 1982년 4월 30일 기세가 오른 이란군은 대대적인 호람샤르 수복 작전에 돌입했다. 약 7만 명의 병력과 200대의 탱크로 이라크군을 공격했다. 양측의 치열한 공방전이 벌어졌는데, 2만 명에 이르는 많은 사망자가 발생했다. 5월 23일 결국 이란군은 호람샤르를 되찾았다. 이라크군은 아무 소득도 없이 이란 영토에서 철수했다. 사담 후세인의 오판으로 시작된 전쟁이 그의 발목을 잡는 순간이었다. 여기서 전쟁이 마무리된다면 오히려 영토와 혁명을 지켜낸 호메이니의 입지가 강화될 터였다. 그러나 이번에는 호메이니가 전쟁을 멈추려 하지 않았다.

이란의 반격

호메이니는 전쟁을 국내 반대파 숙청의 기회로 이용했다. 이미 이라크와의 전쟁 과정에서 호메이니의 신정정치에 반감을 갖고 있던 중도세력들이 몰락했고 호메이니에 대한 국민들의 지지가 더욱 높아졌다. 호메이니는 '전쟁 계속'을 외쳤다. 반면 사담 후세인의 이라크 내 입지는 위태로웠다. 그는 호람샤르 패배 후 국내 여론을 의식해 보복전을 외쳤지만 한편으로는 이란과의 휴전협정을 추진하기 위해 교섭을 시도했다. 이에 대해 호메이니는 다섯 가지 평화교섭 조건을 내세웠다. 첫째, 이라크에서 사담 후세인 정권이 물러나고 '적절한' 후임 정부가 수립될 것. 둘째, 이라크는 1,000억 달러의 전쟁배상금을 이란에 지불할 것. 셋째, 알제 협정에 의거한 국경을 인정할 것. 넷째, 사담이 추방했던 10만 명의 시아파 난민들이 이라크로 돌아가도록 보장할 것. 다섯째, 이 전쟁이 이라크의 전쟁범죄라는 사실을 인정할 것. 이 다섯 가지 조건들 중 사담 후세인이 수용할 수 있는 내용은 단 하나도 없었다. 사담은 현상 유지에 기반한 평화교섭을 원했다. 단순히 전쟁 직전 상태로 되돌아가고자 한 것이다. 결국 평화교섭은 결렬됐다.

1982년 7월 12일 이란 정부는 '이라크 내의 시아파 성지 카르발라를 점령하기 위해 이라크 영토로 진격할 것'이라고 선언했다. 이란에서 카르발라로 가는 길은 이라크의 유전지대인 바스라를 통과해야만 했다. 이라크군은 처음부터 이란이 바스라를 노릴 것으로 예상해 방어병력을 바스라에 집중 투입했다. 이란과 이라크가 공수 교대를 한 셈이었다. 동시에 홈그라운드의 이점을 누리는 쪽 역시 이라크로 바뀌었다. 이란은 약 9만 명의 병력을 동원해 바스라를 여러 차례 공격했지만 모두 실패했다. 그러나 호메이니는 바스라에서의 실패에 굴하지 않고 병력을 더 증강해 전쟁을 계속 수행했다. 전쟁 직전 10만 명을 조금 넘었던 이란군은 이제 50만 명에 육박할 만큼 늘어났다. 그러나 문제는 무기였다. 미국 대사관 점거사태로 미국과의 관계가 악화된 이란은 다른 서유럽 국가들로부터의 무기 수입 루트가 모두 막혀 있었다. 주로 북한, 시리아, 리비아 등으로부터 무기를 구매했으나 소총과 탄환 등이 대부분이었고 중장비 화기는 거의 없는 형편이었다. 반면 이라크는 전쟁 기간 동안 프랑스 무기를 대폭 사들였다. 물론 전쟁이 길어지면서 미국과 이스라엘이 암암리에 양측에 무기를 판매한 것으로 알려졌으나 이는 제한적이었다. 병력은 우세했으나 무장상태가 열세인 이란군은 인해전술로 밀어붙였다. 혁명수비대는 물론 바시즈 민병대까지 동원됐다. 이들은 소총과 수류탄을 지급받고 탱크와 야포로 무장한 이라크군을 향해 돌진했다. 당연히 이란군의 희생자가 월등히 많았다. 특히 바시즈 민병대의 중심은 주로 종교적 열정에 고취된 12~18세의 소년들이었다. 그들은 바시즈 민병대에 지원하는 것이 곧 '천국으로 가는 열쇠'라는 종교 지도자들의 꼬드김에 넘어갔으며 전쟁터로 향하기 전에 실제로 플라스틱 열쇠를 지급받기도 했다. 이 어린 소년들을 훈련시켜 전장으로 내모는 성직자들은 이렇게 가르쳤다.

"이 전쟁은 이라크를 이기기 위한 것이 아니라 신에게 더 가까이 가기 위한 것이다."

바시즈 민병대와 혁명수비대를 움직이는 것은 일종의 종교적 광신이었다. 훗날 이라크와 시리아에서 '이슬람 국가' IS(Islamic State)가 젊은이들을 자살 폭탄테러로 내몰며 종교적 순교의 이미지를 동원한 것과 유사한 행태가 이미 30여 년 전 이란에서 등장했던 것이다. 전쟁이 길어지면서 다양한 형태의 공격들이 병행됐다. 이란과 이라크는 서로의 도시를 향해 미사일을 발사했다. 미사일 공방전에서는 이란이 더 유리했다. 이라크의 주요 도시들은 대부분 이란의 미사일 사정권인 반면 이란의 주요 도시인 테헤란과 쿰은 이라크의 사정권 밖에 위치했기 때문이다. 미사일 공방전은 상대의 군사시설을 파괴하기보다는 오히려 민간인들을 타격하는 일이 더 많았다. 사담은 호메이니를 협상 테이블로 끌어내고 싶었다. 이를 위해서는 테헤란을 사정권에 두는 장거리 미사일처럼 호메이니를 강하게 압박할 무기가 필요했다. 이라크는 이를 소련으로부터 구입하고자 했으나 소련의 거부로 무산됐다. 그 후 사담은 장거리 미사일의 자체 개발을 지시했다. 이라크 정부는 지속적으로 이란에 휴전협상을 제안했으나 호메이니

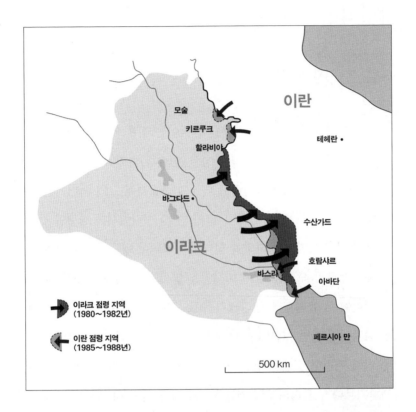

이란-이라크 전쟁 지도

는 이 제안을 번번이 물리쳤다. 그는 사담 후세인 정권을 붕괴시키고 바스라와 카르발라를 점령하겠다는 목표를 포기하지 않았다.

사담 후세인은 전쟁에서 화학무기를 사용하기도 했다. 이란의 바스라 공격을 막는 과정에서 이라크군이 머스타드 가스로 공격해 약 2,500명의 이란군 사상자가 발생했다. 이라크의 화학무기 공격은 이란인들의 복수심을 자극했으며 이로 인해 양측이 타협할 여지가 더욱 줄어들었다. 이라크의 화학무기 사용은 이때로 끝나지 않았다. 1988년 초 이란은 이라크 북부의 쿠르드족 거주지인 쿠르말과 할라비야에서 승리하고 이 지역을 점령했다. 사담 정권에 적대적이던 이라크 내 쿠르드족이 이란군에 협조했기에 가능한 결과였다. 이에 분개한 사담 후세인은 할라비야에 화학무기 공격을 가해 쿠르드족 민간인 수천 명이 사망하는 참사가 일어났다.

휴전 그리고 그후

이란과 이라크의 공방전은 교착상태에 빠졌다. 해를 거듭하면서 뚜렷한 성과 없이 양측의 사상자만 늘어갔다. 이라크보다 이란의 인명 피해가 더 컸다. 간간이 이란군의 승리소식이 들려오기는 했지만 이란의 전사자는 감당할 수 있는 수준을 넘어갔다. 이란 국민들의 사기도 떨어졌다. 누적된 인명 피해가 늘면서 혁명수비대나

바시즈 민병대에 입대하고자 지원하는 청년들도 눈에 띄게 줄었다. 보다 못한 한 이란의 고위 성직자가 호메이니를 찾아가 전쟁을 계속하는 것에 대해 비판하며 말했다. "무슬림이 무슬림을 죽이는 것은 옳지 않습니다. 수십만 명이 아무 목적도 없고 선한 이유도 없이 죽어가고 있습니다." 그러자 호메이니는 이렇게 답했다. "그대는 지진이 나면 신을 비판하는가?" 호메이니는 전쟁을 지속하는 자신의 결정을 곧 신의 뜻에 비유했다. 스스로를 신의 대리인 자리에 앉힌 호메이니로서는 자신이 사담 정권을 무너뜨리는 것이 신의 뜻이라고 주장해온 입장을 번복하기가 쉽지 않았다. 만일 휴전협상에 응한다면 호메이니 자신이 신의 뜻을 어기는 것이거나 또는 스스로가 신의 대리인 자격이 없음을 시인하는 꼴이 되기 때문이었다. 결국 호메이니의 체면을 위해 수십만 명의 젊은이들이 계속 죽어나가는 셈이었다.

전세는 서서히 이란에 불리하게 돌아갔다. 1988년 4월 바스라 인근에서 이란군은 이라크군에게 궤멸 수준의 타격을 입었다. 이라크 영내에서 이란군이 점령했던 지역들도 다시 이라크군의 수중에 들어갔다. 1988년 7월 결국 이란군은 이라크 영토에서 철수했다. 일부 이라크군이 후퇴하는 이란군을 쫓아 이란 영토로 진입했으나 사담은 이들에게 이라크로 철수하도록 명령했다. 사담은 휴전을 원했다. 호메이니로서도 도리가 없었다. 그는 휴전을 권고한 유엔 결의안 598호를 수용하기로 결심했다. 1988년 8월 20일 이란과 이라크는 휴전에 돌입했다. 전쟁이 시작된 지 거의 8년 만이었다.

호메이니로서는 굴욕적인 상황이었다. 국민들에게 '이맘'이라고 불리며 존경을 받았던 그의 위신도 빛이 바랠 수밖에 없었다. 하지만 호메이니의 체면이 문제가 아니었다. 너무 많은 사람들이 죽거나 다쳤고, 경제는 황폐화됐다. 이란은 8년의 전쟁 동안 사망자 45만~73만 명, 부상자 60만~120만 명, 포로 4만 5,000명이라는 큰 인명피해를 입었다. 전쟁으로 인한 경제적 비용은 약 690억 달러(약 75조 원)에 이르렀다. 이라크 역시 파산 직전에 몰려 있었다. 사망자 15만~34만 명, 부상자 40만~70만 명, 포로 7만 명의 인명피해는 물론 약 1,590억 달러(약 173조 원)의 경제적 피해를 입었다. 전쟁 비용을 대느라 이라크 정부는 걸프국가들에 막대한 부채를 지고 있었으며, 석유 관련 인프라를 비롯한 산업시설들도 크게 훼손됐다. 사담 후세인은 이런 상황을 단기간에 만회하고자 휴전 후 3년 뒤 또다시 쿠웨이트를 침공했다. 그리고 이는 미국을 주축으로 한 연합군들이 걸프전을 일으키는 계기가 됐다.

이란-이라크 전쟁으로 호메이니와 사담 후세인 모두 야망이 꺾이고 말았다. 혁명을 수출하려던 호메이니의 야심은 그의 체면이 구겨지면서 막히고 말았다. 이란은 국제사회로부터 고립당할 위기에 처했고 시아파 이슬람혁명도 빛을 잃었다. 이란으로서는 혁명의 수출이 아니라 피폐해진 국내 상황을 수습하는 일이 급선무였다. 사담 후세인 역시 아랍권의 리더가 되겠다는 포부를 접어야 했다.

8년 동안의 전쟁은 이라크를 전 아랍권에서 가장 황폐한 국가로 만들었다. 쿠르드인들 또한 피해자였다. 이라크는 휴전 후 쿠르드족에 대해 집요한 복수를 했다. 1989년 1월 쿠르드족에 대대적인 군사작전을 벌였을 뿐 아니라 화학무기 공격까지 가해 무려 15만~20만 명에 이르는 쿠르드인이 사망하는 끔찍한 일이 벌어졌다. 이라크 정부의 보복을 피해 수많은 쿠르드인들이 터키나 이란의 쿠르드족 밀집 지역으로 떠났다. 미처 떠나지 못한 이들은 이라크인들과 싸우다가 죽거나 잡혀서 처형당했다. 이들 중 상당수는 이라크 남부로 이송되어 여러 쿠르드족 수용소로 흩어졌다. 1991년 걸프전 패배로 사담 정권이 이라크 북부 쿠르디스탄에서 물러날 때까지 쿠르드인들은 커다란 고통을 겪어야 했다.

18

팔레스타인의 저항

인 티 파 다

"인티파다가 수그러들 기색이 없이 계속되자 이스라엘 정부는 전례 없이 강력한 진압정책을 폈다. 가자지구와 웨스트뱅크에 전기와 통신선을 끊고 야간 통행금지를 실시했다. 시위를 주동한 인물의 경우 수배령을 내렸고 나아가 아예 그의 집을 철거해버리는 강력한 보복정책을 병행했다. 시위대가 매복하는 것을 막기 위해 가로수를 모두 뽑아버리기도 했는데, 심지어 과수원 전체가 사라지기도 했다. 1988년 한 해 동안 올리브 나무와 유실수가 모두 2만 5천 그루나 뽑혀버렸다."

점령

　1967년 이스라엘은 이집트와 시리아 등 주변 아랍국가들과 치른 '6일 전쟁'에서 기적적으로 승리한 후 넓은 영토를 갖게 되었다. 기존의 이스라엘 영토가 아닌 시나이 반도, 가자지구, 웨스트뱅크(요르단 강 서안), 동예루살렘, 골란고원 등의 지역이었다. 전쟁 전 시나이 반도와 가자지구는 이집트가, 웨스트뱅크와 동예루살렘은 요르단이 다스렸으며, 골란고원은 시리아의 땅이었다. 가자지구와 웨스트뱅크, 동예루살렘은 원래 팔레스타인인들에게 주어진 땅이었으나 이스라엘과 아랍국가 간 '제1차 중동전쟁'의 결과 이집트와 요르단이 점령하게 되었다. 이 지역을 이스라엘이 빼앗았을 뿐만 아니라 원래 이집트의 영토였던 시나이 반도와 시리아의 영토였던 골란고원까지 추가로 점령한 것이다(265p 그림 참조).

　그러나 이스라엘로서는 좋아하기만 할 일은 아니었다. 영토 점령이 새로운 분쟁의 씨앗을 품고 있었기 때문이다. 우선 이집트가 문제였다. 나세르가 사망한 후 새 이집트의 통치자가 된 사다트 대통령은 '6일 전쟁' 패배로 추락한 이집트의 위신을 세우고자 새로운 전쟁을 벌였다. 1973년에 발발한 욤 키푸르 전쟁이 그것인데, 결과적으로 이스라엘이 전쟁의 승자였으나 이집트로부터 선제공격을 당한 이스라엘 역시 큰 피해를 입었다. 사다트 대통령은 무너진 이집트의 위신을 세웠고 이스라엘과 대등한 관계에 올라섰다고 생각했다. 자신감을 회복한 사다트는 이후 이스라엘과의 평화협정을 추진했고 1978년 캠프데이비드 협정을 통해 시나이 반도를 돌려받는 데 성공했다.

그러나 반환은 그것으로 끝이었다. 이스라엘이 6일 전쟁으로 점령한 지역 중 시나이 반도만 원래 주인에게 돌려주었을 뿐 다른 지역은 여전히 이스라엘의 통제 아래 있었다. 특히 유엔에서 팔레스타인인들에게 분할해준 가자지구와 웨스트뱅크에서는 많은 주민들이 1차 중동전쟁과 6일 전쟁 등의 난리를 피해 요르단, 시리아, 레바논 등으로 피난을 떠났으나 전쟁이 끝난 후에도 상당수 팔레스타인인들이 돌아오지 못하고 타지에서 난민생활을 해야만 했다. 이스라엘 정부가 팔레스타인인들의 귀환을 사실상 막았기 때문이다. 이스라엘은 「소유주 부재 토지법」을 제정해 가자지구와 웨스트뱅크 내의 주인이 돌아오지 못하여 비어 있는 토지 소유권을 유대인들에게 넘기는 정책을 시행했다. 가자지구와 웨스트뱅크에 남아 있는 팔레스타인인들도 상황이 암담하기는 마찬가지였다. 1948년 이스라엘이 세워진 후 1차 중동전쟁이 일어나면서 이스라엘 땅에 살던 아랍인들이 쫓겨나 새로 정착한 지역이 가자지구와 웨스트뱅크였다. 이들 지역에는 임시로 지은 난민캠프에서 살아가는 사람들이 많았다. 그들 대부분은 절대빈곤 계층이었다.

1차 중동전쟁 이후 요르단과 시리아, 레바논 등지에 거주하던 팔레스타인 난민들, 그리고 가자지구와 웨스트뱅크로 쫓겨난 팔레스타인인들 대부분은 주변의 아랍국가들이 자신들을 이스라엘로부터 해방시켜줄 것으로 믿었다. 아랍 민족주의가 한창이던 당시 분위기로 인해 주변 국가들 역시 팔레스타인 문제 해결에 관심을 갖는 듯했다. 그러나 6일 전쟁으로 이스라엘과의 압도적인 힘의 격차를 확인한 아랍국가들은 서서히 팔레스타인 문제에서 발을 빼기 시작했다. 물론 정정이 불안하고 경제적으로 어려웠던 그들 국가 내부의 사정도 그들이 팔레스타인 문제에 등을 돌리는 계기가 됐다. 특히 요르단에서는 1970년 체제 전복을 시도한 '검은 9월 사건'[01]에 팔레스타인해방기구(PLO)가 연루되었음이 드러나자 이에 분노한 요르단 국왕이 팔레스타인인들에 대한 일체의 지원을 중단했다. 이스라엘과 평화협정을 맺은 이집트 역시 팔레스타인인을 모른 체했다. 쿠데타에 시달렸던 시리아와 이라크도 팔레스타인 사람들에

01　1970년 이집트 카이로 소재 호텔에서 요르단 총리가 암살당한 사건. 이 사건의 주동자들은 스스로를 '검은9월단'이라고 명명했다. 즉 팔레스타인해방기구에서 분리해서 나온 극좌파 테러 단체이다. 이들은 2년 후인 독일 뮌헨올림픽에서 이스라엘 선수들을 테러함으로써 전 세계인들에게 자신들의 존재를 각인시켰다.

신경을 쓸 여유가 없었다. 가자지구와 웨스트뱅크의 팔레스타인인인들은 주변 아랍국가들로부터 소외당했다. 서서히 팔레스타인 해방을 팔레스타인인들 스스로 이루어야 한다는 목소리가 힘을 얻기 시작했다. 그리고 이러한 해방운동의 중심에 야세르 아라파트[02]라는 인물이 우뚝 섰다. 일찍부터 무장투쟁을 통해 팔레스타인 독립국가를 세우겠다는 목표가 있었던 아라파트는 팔레스타인 민족주의 무장조직 파타(Fatah)를 조직했다. 1964년 아랍 정상들은 카이로에 모여 이스라엘에 맞서 게릴라전을 펼칠 팔레스타인 무장조직을 만들기로 결의했다. 이로 인해 향후 팔레스타인 독립운동의 중심이 될 PLO가 결성됐다. 아라파트가 이끄는 파타는 PLO의 핵심정당이었다. 1970년대와 1980년대 기간 동안 PLO는 대이스라엘 항쟁의 구심점이 됐다. 주변 아랍인들이 팔레스타인의 현실을 외면하자 팔레스타인 사람들 스스로가 투쟁에 나선 것이다.

점령지의 현실

6일 전쟁 이후 이 지역을 점령한 이스라엘 정부는 자신들이 팔

---

02   야세르 아라파트(Yasir Arafat, 1929~2004년) : 팔레스타인의 독립운동을 이끈 지도자, 팔레스타인해방기구(PLO) 의장. 이스라엘의 라빈 총리와 협상을 벌여 팔레스타인 자치기구의 인정을 이끌어내는 평화협정을 맺기도 했다. 1994년 노벨평화상을 수상했다.

레스타인을 지배한 후부터 이곳이 크게 개선되었음을 외국과 자국민들에게 홍보하고자 했다. 그래서 비록 많은 수량은 아니지만 팔레스타인 사람들을 위한 집을 짓고, 웨스트뱅크에는 대학도 설립했다. 이스라엘 정부는 이런 정책을 히브리어로 '키부시 나오르(Kibush Naor)', 즉 '계몽된 점령'이라고 불렀다. 자신들이 억압적으로 군림하는 지배자가 아니라 낙후한 팔레스타인의 발전을 돕는 자애로운 통치자라고 알리고 싶었던 것이다. 그러나 실상은 달랐다. 점령지의 빈곤은 크게 나아지지 않았고, 팔레스타인인들은 이스라엘 점령군으로부터 부당한 인권탄압을 당하기 일쑤였다. 무엇보다 열악한 경제 상황이 가장 큰 문제였다. 이스라엘 정부는 점령지를 실질적으로 개발하려는 의지가 전혀 없었다. 웨스트뱅크와 가자지구의 주민들은 만성적인 실업난에 시달렸다. 1980년대 가자지구의 실업률은 50~60%에 달했다. 난민캠프의 자그마한 방에서 할아버지부터 손자까지 3대가 모여 살았다. 가난과 질병이 이들을 괴롭혔다. 그나마 웨스트뱅크에서 대학교를 졸업한 팔레스타인인들은 주로 부유한 걸프 지역으로 일자리를 찾아 떠났다. 하지만 1970년대 오일쇼크 이후 이들 국가에서 일자리가 줄었고 결국 팔레스타인인의 대졸자 실업률도 계속 올라갔다. 당연히 가자지구와 웨스트뱅크는 젊은 실업자들의 불만과 증오로 들끓었다.

운 좋게 취업을 한 팔레스타인인들도 불만이 쌓이기는 마찬가지였다. 그들의 주요 수입원은 이스라엘에서 '3D 업종'에 종사하면서 받는 급여였다. 이들은 분명 이스라엘 고용주에게 고용된 노동자였음에도 정당한 권리를 누리지 못했다. 예컨대 각종 사회보험료를 납부했음에도 불구하고 실질적으로 사회보장 혜택을 누리는 이들은 거의 없었다. 게다가 팔레스타인 노동자들은 노조를 설립하거나 기존 노조에 가입하는 일 모두 법적으로 금지되어 있었다. 물론 임금 수준도 유대인보다 훨씬 낮았다. 이들이 웨스트뱅크나 가자지구에서 이스라엘 지역으로 건너가기 위해 반드시 거쳐야 하는 검문소에서도 수시로 인권 유린이 일어났다. 우선 이스라엘로 일하기 위해 떠나는 팔레스타인인들은 아무 설명도 듣지 못한 채 검문소에서 여러 시간을 기다리는 경우가 다반사였다. 종종 이스라엘 군인들은 팔레스타인인들에게 개나 염소 등 동물 울음소리를 내도록 강요하기도 했다. 이에 불응하면 다른 트집을 잡아서 이스라엘로 건너가는 것을 허락하지 않았다. 가족의 생계를 위해 이스라엘로 가야 했던 그들이기에 날마다 검문소에서 반복되는 인권침해를 이를 악물고 견딜 수밖에 없었다. 점령지의 삶의 질이 열악해질수록 그에 비례해 팔레스타인인들의 저항도 늘어갔다. 1980년대 중반에 이르러 웨스트뱅크와 가자지구에서는 매일 10건 이상의 폭력시위가 발생했다. 시위대는 돌을 던지고, 타이어를 태우고, 길을 막고, 당시 금지되었던 팔레스타인 깃발을 게양했다. 이 과정에서 수많은 팔레스타인인이 체포되었고 심지어 사망자가 발생하기도 했다. 시간이 흐를수록 시위를 진압하는 이스라엘 군경도 공포탄을 발사하는 정도의 조치로는 도저히 막을 수 없을 만큼 시위는 점점 더 격렬해졌다. 심지어 이스라엘군이 시위대가 쏜 총에 맞아 숨지는 사건도 발생했다. 하지만 진압 군경의 위협에 대해 팔레스타인인들은 전혀 겁을 먹지 않았다. 이스라엘 정부 당국은 알아채지 못했으나 조금씩 시위의 성격이 달라지고 있었다.

인티파다[03]의 시작

1987년 12월 8일, 이스라엘에서 가자지구로 넘어가는 에레츠 검문소에서 이스라엘의 탱크를 운반하던 차량이 이스라엘에서 하루의 노동을 마치고 돌아가던 팔레스타인 노동자들이 타고 있던 자동차들을 들이받는 사고가 있어났다. 이로 인해 4명의 팔레스타인 노동자가 죽고 여러 명이 부상을 당했다. 사망자들은 가자지구에서 가장 가난한 자발리야 난민캠프에서 사는 이들이었다. 평범한 교통사고로 볼 수도 있었지만 자발리야 난민캠프에서는 다른 소문이 퍼졌다. "유대인 운전기사가 고의로 그랬다더라. 알고 보니 그 유대인 운전기사의 친척이 이틀 전 팔레스타인 사람에게 살해당했는데 그

---

03 인티파다(intifada) : 아랍어로 '반란', '봉기'라는 뜻을 가진 팔레스타인인들의 반(反)이스라엘 저항운동을 일컫는다.

에 대한 복수라고 하더라." 자발리야 캠프는 분노로 들끓었다.

사건 다음 날 가자지구에서 희생자 장례식이 치러졌고 이들을 추모하는 대규모 집회가 열렸다. 이 집회는 금세 거친 시위로 발전했다. 시위대는 이스라엘 군경에게 돌과 유리병을 던졌다. 이날 시위에서 17세 소년 하템 아부시시가 이스라엘군이 쏜 총에 맞아 숨지는 일이 벌어졌다. 어린 소년의 죽음은 더 큰 분노를 유발시켰다. 마른 초원에 들불이 번지듯 가자지구의 다른 캠프로 시위가 확산됐다. 시위대 사이에서 하템 아부시시는 최초의 '순교자'가 됐다. 수일 후 당시 튀니스에 망명해 있던 아라파트 PLO 의장이 '단순한 사고가 아니라 사전에 기획된 이스라엘의 공격'이라는 성명을 내자 시위는 웨스트뱅크까지 번졌다. 동시다발적으로 가자지구와 웨스트뱅크 거의 모든 지역에서 시위가 일어났다. 이스라엘군이 이 지역을 점령한 이래 이처럼 큰 규모의 시위는 처음이었다. 10대 청소년들도 시위에 동참했다. 시위대 중 상당수가 1967년 이스라엘의 점령 이후에 태어났거나 그 시기에 유년시절을 보낸 이들이었다. 삶의 전부 또는 대부분을 이스라엘의 점령 통치를 경험하며 살아온 이들이었다. 강요된 밑바닥 인생에 지친 젊은이들은 돌을 들고 총과 탱크로 무장한 이스라엘 군경에 맞섰다. '1차 인티파다'의 시작이었다. 인티파다는 아랍어로 '떨림, 각성'이라는 의미로 불현듯 일어나는 민중봉기에 쓰이는 말이다.

시위는 가자지구와 웨스트뱅크 바깥으로도 확산됐다. 동예루살렘에서 5,000명 이상의 팔레스타인인이 참여한 시위가 발생했고 이스라엘 군경은 폭력적으로 이를 진압했다. 이에 맞서 시위대도 폭력으로 저항했다. 이날의 생생한 시위 현장은 외국 기자들의 카메라에 포착되었고 전 세계로 인티파다의 실황이 노출됐다. 이스라엘 당국은 사태의 성격과 원인을 파악하지 못한 채 기존에 그랬던 것처럼 이번에도 일시적으로 일어나는 시위 중 하나 정도로만 여겼다. 당시 국방장관 이츠하크 라빈 역시 가자지구 시위에 대한 보고를 받고도 크게 신경 쓰지 않았다. 그는 시위가 발생한 후에도 최첨단 전투기 F-16 구매를 논의하고자 미국으로 날아갔다. 라빈은 귀국길에 가진 기자회견에서 '이란과 시리아가 이 소요사태의 배후'라고 주장했다. 물론 이는 엉뚱한 분석이었다. 이란도, 시리아도, 심지어 그동안 독립투쟁을 이끌었던 PLO조차 인티파다의 배후가 아니었다. 아라파트를 비롯한 PLO 지도부 역시 갑작스런 저항의 물결에 놀라기는 마찬가지였다. 가난과 억압, 이에 대한 억눌린 불만과 분노가 이 거대한 민중저항의 진짜 배후였다. 인티파다가 가장 격렬하게 진행되었던 곳이 점령지의 가장 가난한 지역과 거의 일치한다는 점이 알려주듯 극심한 실업률과 가난 탓에 미래가 막혀버린 청년들의 절망이 인티파다의 원동력이었다. 적어도 초기 인티파다의 진짜 목적은 '더 나은 삶'에 대한 요구였을 뿐 팔레스타인 독립국가 건설과 같은 정치적 목적은 뚜렷하지 않았다. 그러나 이에 대한 성찰이 없었던 이스라엘 당국은 점령지에 계엄령을 선포하고 진압 병력을 늘리는 것으로 대응했다.

저항 운동의 발전

웨스트뱅크와 가자지구는 비슷하지만 달랐다. 웨스트뱅크에서는 팔레스타인 민족주의 단체들이 커다란 영향력을 행사했다. 그 지역에 집중적으로 대학교가 세워진 것도 서구적 이념인 민족주의가 전파되는 데 큰 역할을 했다. 반면 가자지구는 한결 더 종교적이었다. 이슬람주의 세력이 저항을 주도해나갔다. 훗날 이스라엘에 저항하는 중심세력이 된 하마스도 가자지구에서 뿌리를 내리고 성장했다. 이러한 지역적 성격 차이는 운동 노선의 차이를 가져왔다. 두 지역은 서로 떨어져 있었기 때문에 실질적인 연대가 어렵기도 했지만 저항 운동을 이끄는 지도부의 성격이 서로 달랐기에 이후 전개된 운동의 방향에도 차이가 났다. 웨스트뱅크에서는 저항 운동을 효율적으로 이끌기 위해 여러 민족주의 단체들이 한데 뭉쳐 '전국봉기지도부연합(UNLU)'을 결성했다. 당시 튀니스에 있던 아라파트는 자칫 팔레스타인 저항의 주도권이 파타와 PLO가 아닌 UNLU로 넘어갈 것을 우려했다. 그렇게 되면 지금까지 팔레스타인 저항의 상징이던 아라파트를 대체할 새 지도자가 등장할지도 모를 일이었다. 이를 우려해 아라파트가 이끄는 파타 역시 UNLU에 동참했다.

그러나 멀리 해외에 있던 아라파트가 팔레스타인 현장에서 숨 가쁘게 진행되는 인티파다에 직접 관여하기에는 어려움이 많았다. 그런 와중에 UNLU는 1988년 1월에 첫 번째 공식성명을 발표했다.

"… 팔레스타인 민중을 불타오르게 한 이 폭발적인 봉기는 예루살렘을 수도로 하는 팔레스타인 국가의 독립을 쟁취할 때까지 결코 중단되지 않을 것임을 전 세계에 알리자!"

이후 UNLU는 다음의 사항들을 요구했다. 첫째, 점령지에서 이스라엘군이 철수할 것. 둘째, 점령지에 대한 계엄령을 해제할 것. 셋째, 점령지 내에 유대인 정착촌 건설을 중단할 것. 넷째, 웨스트뱅크와 가자지구에서 민주적 선거를 치르고 팔레스타인인들에게 자치권을 부여할 것.

UNLU의 영향력은 가자지구에 미치지 못했다. 가자지구에서 뿌리를 내린 이슬람주의 운동 조직들 일부가 연합지도부 구성에 동의하지 않았기 때문이었다. 인티파다가 진행되면서 가자지구에서 급성장한 조직이 하마스(Hamas)였다. 하마스는 원래 무슬림형제단 팔레스타인 지부에서 갈라져 나온 조직이다. PLO가 세속주의를 지향하는 민족주의 독립운동 조직이라면, 하마스는 이슬람주의를 지향하는 독립운동 조직이었다. 하마스의 목표는 '팔레스타인에 독립된 이슬람 국가를 세우는 것'이었다. 쉽게 말해, 팔레스타인에 독립 국가를 건설하겠다는 점에서는 PLO와 하마스가 뜻을 같이 했지만, PLO는 세속주의 국가를 지향한 반면 하마스는 이슬람 율법인 샤리아에 의해 통치되는 국가를 만들려고 했다는 점이 서로 달랐다. 이렇듯 이슬람주의 세력이 강해진 데에는 사실 이스라엘 정부가 일조한 측면이 있었다. 1970년대 이후 팔레스타인 민족주의 세력인 PLO가 저항의 중심으로 급부상하자 이를 약화시키고자 이스라엘 정부는 점령지 내에서 전략적으로 이슬람주의 세력을 지원했다. 팔레스타인 민족주의 세력보다는 이슬람주의 세력이 덜 위험하다고 판단한 것이다. 그래서 이슬람주의 단체의 조직원들을 이스라엘 행정기관에 취직시키기까지 했다. 이스라엘 정부가 이슬람주의에 대해 얼마나 무지했는지를 알 수 있는 대목이다. 아무튼 1980년대 중반 가자지구에서는 이슬람의 영향력이 크게 성장했다. 모스크가 늘고 예배에 참석하는 팔레스타인인들의 수도 증가했다. 웨스트뱅크에서도 이슬람 신학교가 세워지고 모스크가 건설됐다. 이스라엘 정부는 이런 흐름을 묵인했다.

　인티파다가 수그러들 기색이 없이 계속되자 이스라엘 정부는 전례 없이 강력한 진압정책을 폈다. 가자지구와 웨스트뱅크에 전기와 통신선을 끊고 야간 통행금지를 실시했다. 시위를 주동한 인물의 경우 수배령을 내렸고 나아가 아예 그의 집을 철거해버리는 강력한 보복정책을 병행했다. 시위대가 매복하는 것을 막기 위해 가로수를 모두 뽑아버리기도 했는데, 심지어 과수원 전체가 사라지기도 했다. 1988년 한 해 동안 올리브 나무와 유실수가 모두 2만 5천 그루나 뽑혀버렸다. 팔레스타인 지역에 대한 경제적 압박도 가해졌다. 이스라엘 당국은 세금을 늘리고 점령지역 내 농산물을 이스라엘 지역으로 수출하지 못하도록 막았다. 원래 열악했던 팔레스타인 사람의 생활 수준이 더욱 바닥으로 떨어졌다. 소득이 크게 줄고 실업률은 더욱 높아졌다. 이스라엘에서 일하는 팔레스타인 노동자의 수는 25% 이상 크게 줄었다. 그래도 시위는 줄어들지 않았다. 가두 시위대에 보병 병력으로 맞서는 데 한계를 느낀 이스라엘군이 지프차와 작전 차량을 동원하면 시위대가 바닥에 못을 깔아 이를 막았다. 또한 웨스트뱅크와 가자지구에 인민위원회라는 자치조직을 설치해 이스라엘 정부가 손놓아버린 교육, 치안, 보건 등 행정서비스를 팔레스타인 주민들에게 제공했다. 심지어 팔레스타인 주민들의 사업 상담도 실시했다.

이츠하크 라빈 국방장관은 진압병력에게 초강경 진압정책을 주문했다. 일명 '뼈 부러뜨리기(Break their bones)' 정책으로 알려진 이 진압방식은 시위 해산을 목표로 삼지 않고 진압봉으로 시위 가담자를 직접 가격해 부상을 입히는 것을 목표로 삼았다. 돌을 던진 시위대의 손목을 부러뜨렸고 심지어 체포되어 포승줄에 묶여 더 이상 저항할 수 없는 시위 가담자에게도 무차별 폭행이 자행됐다. 또한 가운데 철심이 박혀 있는 고무탄환을 발포해 시위 가담자들이 큰 부상을 입기도 했다. 시위대가 피를 흘리며 쓰러지는 장면들이 해외 언론의 카메라에 포착되면서 이스라엘의 잔인한 진압방식에 대한 국제 여론이 크게 악화됐다. 이에 이스라엘 정부는 어쩔 수 없이 '신체의 민감한 부위에는 가격하거나 총을 쏘지 말라'고 정책을 수정했다.

인티파다 발생 후 첫 18개월 동안 체포된 팔레스타인 사람들은 5만 명에 달했다. 이스라엘은 수용시설이 부족해 부랴부랴 새로운 수용소를 만들어야 했다. 그러나 이러한 대규모 체포는 역효과를 불러왔다. 팔레스타인 사람들에게 감옥은 정치학교였다. 좁은 공간에 한데 모인 팔레스타인 시위 가담자들은 그곳에서 더욱 급진적인 의식화 교육을 받고서 풀려났다. 대규모 수감을 통해 시위가 줄어드는 것이 아니라 오히려 저항 운동이 더욱 정교화되고 이념화됐다. 이런 과정에서 많은 사상자가 발생했다. 인티파다 발생 후 1년 동안 모두 311명의 팔레스타인 사람이 사망했다. 같은 기간 이스라엘군 관계자는 4명이 죽었고 이스라엘 민간인 6명도 팔레스타인인들의 공격을 받아 사망했다. 부상자는 헤아릴 수 없을 만큼 많았다. 그리고 526채의 팔레스타인 가옥이 철거됐다. 웨스트뱅크와 가자지구의 일상은 정지되었고 거의 모든 지역에서 폭력 충돌이 반복됐다.

저항의 결과

당시 이스라엘에는 이스라엘 시민권을 취득한 아랍인 비율이 이스라엘 전체 인구의 약 17%를 차지하고 있었다. 한때 이들은 이스라엘 정부의 자랑거리였다. 이들은 이스라엘 통합정책의 성공 사례로 여겨졌다. 아랍인 시민권자들은 히브리어를 사용하고 이스라엘에서 학교를 졸업했으며 이스라엘 직장에 취업했다. 이스라엘 국민이라는 신분증도 가지고 있었다. 인티파다가 발생하기 전만 해도 이스라엘 사람들은 이 아랍인 시민권자들을 이스라엘인으로 여겼다. 그러나 인티파다가 발생한 후 시간이 흐르면서 이들 아랍인 시민권자 중에서도 인티파다에 동조하는 이들이 서서히 늘어났다. 이들 중 일부가 인티파다에 동조하는 총파업을 벌였고, 또한 많은 이들이 점령지에 식량과 의료품을 제공했다. 또한 팔레스타인 부상자를 치료하기 위한 헌혈도 활발히 이루어졌다. 심지어 해외에 있는 PLO 계좌로 후원금을 보내 그 돈으로 웨스트뱅크와 가자지구를 구호하는 운동을 펼치기도 했다. 이들은 인티파다를 지켜보면서 자신들의 정체성이 이스라엘이 아닌 팔레스타인 사람에 가깝다는 사실을 깨달았다. 이는 이스라엘인들에게 큰 충격으로 다가왔다.

모든 이스라엘 국민들이 지금까지 정부가 홍보해온 '키부시 나오르', 즉 '계몽된 점령'이 허구였음을 알게 됐다. 또한 점령지는 결코 이스라엘의 영토가 아니라는 사실도 자각하는 계기가 됐다. '웨스트뱅크와 가자지구에는 팔레스타인 국가 건설을 요구하는 팔레스타인 사람들이 존재한다'는 사실을 이스라엘 사람들이 새삼 깨달은 것이다. 이스라엘 사회는 인티파다를 겪으면서 내부적으로 극심한 논쟁이 벌어졌다. 팔레스타인인에 대한 폭력 진압과 그동안 자행돼 온 반인권적 정책에 대한 이스라엘인들의 비판 목소리가 높아졌다. 그러나 반대로 폭력시위를 자행하는 팔레스타인인들에게 혐오감을 표현하는 이들도 늘어났다. 인티파다가 이스라엘 내부의 갈등을 부추긴 셈이다. 이러한 여파로 1989년 77명의 이스라엘 군인들이 점령지 복무를 거부해 투옥되기도 했다. 또한 이스라엘 텔아비브에서 많은 시민들이 정부의 반인권적 점령정책에 항의하는 시위를 벌이기도 했다. 여론이 변하고 있었던 것이다. 이러한 여론의 변화로 1990년대 초에 들어서면서 이스라엘 정부는 팔레스타인 지도부와 평화 논의에 나설 수밖에 없었다.

하지만 시위대와 진압 군경의 충돌은 계속 이어졌다. 훗날 공식적으로 1차 인티파다가 종료된 1993년 9월 '오슬로 평화협정'[04] 체결 시까지 인티파다로 인한 팔레스타인인 사망자는 1,100명을 웃돌았다. 이스라엘인도 군경과 민간인을 합쳐 160명이 사망했다. 팔레스타인 사람들의 피해가 압도적으로 많았으나 이스라엘 측에도

---

04 오슬로 협정(Oslo Accords, 1993년) : 아라파트 팔레스타인해방기구 의장과 이스라엘 라빈 총리가 오슬로에서 맺은 협정. 협정 내용은 상호 존재를 인정하고 평화로운 공존을 모색하자는 것이었다.

무시할 수 없는 피해가 발생했다. 큰 피해를 경험한 후 양측은 오랜 충돌을 마감하고 평화를 모색하기 시작했다.

오슬로 평화협정과 불완전한 이행

평화의 계기는 밖으로부터 왔다. 1990년 사담 후세인이 쿠웨이트를 침공하자 미국은 동맹국을 결성해 이를 물리쳤다. 걸프전이 벌어진 것이다. 걸프전의 승리로 미국의 위상은 세계 유일 초강대국 수준으로 높아졌다. 조지 부시 미국 대통령의 정치력 또한 절정에 달해 있었다. 부시 대통령은 그러한 역량을 이용해 자신이 공언해온 중동 평화를 마무리 짓고자 했다. 그는 이스라엘과 아랍 지도자들을 협상 테이블로 끌어냈다. PLO를 대화 파트너로 인정하지 않으려는 이스라엘의 태도로 회담이 여러 차례 좌초될 위기도 겪었다. 하지만 중동 평화에 대한 신념으로 가득 찬 노르웨이 외교관 테리에 뢰드라르센의 중재 노력으로 오슬로에서 이스라엘과 PLO 간의 비밀회담이 진행됐다. 그리고 1993년 9월 13일 이스라엘의 총리 이츠하크 라빈과 PLO 지도자 야세르 아라파트 사이에 역사적인 오슬로 평화협정이 체결됐다. 협정의 주요 내용은 다음과 같다.

'PLO는 이스라엘을 국가로 인정하고 테러를 포함해 이스라엘에 대한 모든 폭력적 공격을 포기할 것, 이스라엘은 팔레스타인 지역에서 이스라엘군을 철수하고 팔레스타인 정부 수립에 동의할 것, 이 모든 절차는 1993년 12월부터 5년 안에 마무리 될 것.'

비록 동예루살렘의 지위와 유대인 정착촌 문제에 대한 논의가 이 협정에 포함되지 않았음에도 불구하고 외형상 꽤 훌륭한 평화협정 이었다. 양측은 팔레스타인 정부 수립에 원칙적으로 합의하고 오 랜 갈등과 대립을 끝내기 위한 역사적 협정안에 사인을 했다. 이 조 인식은 빌 클린턴 미국 대통령이 지켜보는 가운데 워싱턴에서 진행 됐다. 그러나 오슬로 협정은 제대로 이행되지 않았다. 이스라엘군 은 약속대로 철수했지만 그 이후 웨스트뱅크에서는 오히려 유대인 정착민이 증가했다. 이스라엘 정부는 유대인들이 점령지 안에 정착 촌을 건설하는 일을 의도적으로 방기하거나 주변 도로들을 정비해 줌으로써 오히려 부추기기까지 했다. 많은 팔레스타인인들은 오히 려 점령체제가 공고해졌다고 느꼈다. 또한 새로 들어선 팔레스타인 자치정부(PA, Palestine Authority)는 무능하고 부패했다. 지도부가 내 부 권력투쟁에 골몰하는 동안 팔레스타인 지역의 경제 여건은 크게 나아지지 않았다. 팔레스타인인들 역시 오슬로 협정이 기대 이하 의 성과를 내자 불만이 쌓여갔다. 하마스 등 강경세력은 오슬로 협 정을 비난했다. 하마스 지도부는 독립국가 건설이라는 목표에 견주 어보았을 때 오슬로 협정은 아무것도 얻지 못한 것이나 다름없다고 보았다.

이스라엘 내 우익세력들도 오슬로 협정을 무효화시키기 위해 노력했다. 그나마 오슬로 협정을 이끌던 이츠하크 라빈 총리가 1995년 11월 극우파의 손에 암살되면서 이스라엘과 팔레스타인 간의 짧았던 평화에 또다시 위기가 찾아왔다. 팔레스타인 자치정부의 통제를 거부하는 하마스가 이스라엘에 자살폭탄 테러를 저지르자 이스라엘의 극우파는 팔레스타인 자치정부가 의도적으로 평화를 깨뜨렸다며 오슬로 협정을 흔들어댔다. 결국 2000년 9월 28일 이스라엘의 우익 리쿠드당의 지도자 아리엘 샤론[05]이 예루살렘의 성전산을 방문한 것을 계기로 2차 인티파다가 일어나게 된다. 인티파다 세력들이 1차 인티파다 당시엔 돌을 던지면서 저항했다면 2차 인티파다 시에는 저항세력들이 총과 수류탄, 박격포, 그리고 자살폭탄 공격으로 이스라엘에 맞섰다. 이 과정에서 이스라엘은 강경보수파 아리엘 샤론이 선거에서 승리해 총리가 되었고, 팔레스타인 자치정부에서는 하마스가 자치 선거에서 승리해 집권세력이 되기도 했다. 양측 모두 강경파들이 득세하면서 평화는 다시 멀어졌다.

05　아리엘 샤론(Ariel Sharon, 1928~2014년) : 이스라엘의 군인 출신 정치가로 이스라엘 총리 (2001~2006년)를 역임했다. 수에즈 전쟁, 6일 전쟁, 욤 키푸르 전쟁 등 이스라엘 현대사에 등장하는 거의 모든 전쟁에 참전해 무공을 인정받았다. 국방장관 재임 시 팔레스타인 내 난민촌에서 벌어진 학살사건 책임자로 은퇴했다.

정체성의 투쟁, 중동사 21장면

압둘라 오잘란 체포되다

쿠르드노동자당의 투쟁

"오잘란은 터키 정보당국의 추적을 피해 급히 또 다른 나라로 떠나야만 했다. 지구상 어느 나라에서도 받아주지 않는 오잘란의 모습은 무수한 독립 요구가 번번이 묵살당하는 쿠르드족의 애처로운 현실을 압축적으로 잘 보여주었기에 당시 많은 인권단체들의 주목을 받았다. 오잘란은 러시아로 갔다가 다시 그리스로 향했다. 오랫동안 터키와 앙숙관계인 그리스 정부라면 자신을 도와줄 것이라고 생각한 것이다. 그러나 그리스 정부 역시 오잘란을 꺼렸다."

기구한 쿠르드족의 역사

    1999년 2월 15일 케냐의 나이로비에서 한 거물급 국제 지명수배자가 체포되어 터키로 압송됐다. '쿠르드노동자당(PKK)'[01]의 지도자 압둘라 오잘란.[02] 그가 체포됐다는 소식이 전해지자 유럽 곳곳에 흩어져 있는 쿠르드인들은 방화를 저지르고 관련 국가 대사관에 난입하는 등 거세게 항의했다. 시리아에서 쿠르드 민족운동을 지휘하다가 추방된 오잘란은 자신의 목숨을 노리는 터키를 피해 어딘가로 망명하고자 했다. 그러나 지구상 어느 나라도 그를 받아주지 않았다. 처량하게 이곳저곳을 떠돌던 그는 끝내 케냐에서 터키의 정

---

01   쿠르드노동자당(PKK, Partiya Karkeren Kurdistane) : 1978년 압둘라 오잘란이 만든 무장단체. 쿠르드족만의 민족국가를 수립한다는 목적을 갖고 있다. 미국과 유럽 등 대부분의 서방 국가들은 이 단체를 테러 조직으로 간주한다.

02   압둘라 오잘란(Abdullah Ocalan, 1948년~현재) : 쿠르드노동자당(PKK)을 창설한 인물. 1978년 소아시아와 아라비아 반도 곳곳에 흩어져 살던 쿠르드족을 하나로 흡수해 민족국가를 세운다는 이념 아래 PKK를 만들었다.

보기관 요원에게 붙잡혔다. 20여 년에 걸친 터키와의 싸움에 마침 표를 찍은 것이다. 평생을 쿠르드족 해방운동에 헌신한 한 남자의 체포로 전 세계는 한동안 잊고 지냈던 중동의 나라 없는 민족, 쿠르 드족에 주목했다. 오잘란은 왜 그리도 격렬한 투쟁을 했을까. 그 이 유를 알기 위해서는 우선 그들의 역사부터 살펴보아야 한다.

현재 쿠르드족은 중동에만 약 3,000만 명 이상 거주하는 것으로 알려져 있다. 가장 많은 쿠르드 인구가 사는 나라는 터키이며 이란, 이라크, 시리아에 각각 수백만 명의 쿠르드족이 살고 있다. 그러나 국경을 지우고 보면 결국 이들이 사는 지역은 한 곳에 집중적으로 몰려 있다. 이른바 '쿠르디스탄'으로 불리는 곳으로 터키 동남쪽, 이 라크와 시리아 북부, 그리고 이란 북서부에 걸친 지역이다. '쿠르드 인의 땅'이라는 의미의 쿠르디스탄은 조상 대대로 쿠르드인들이 살 아온 터전이다. 제1차 세계대전 직후 영국과 프랑스에 의해 중동의 국경이 정해질 때 쿠르드인들의 터전은 독립된 국경을 부여받지 못 했다. 중동 지역에 튀르크인, 페르시아인, 아랍인들의 나라로 새롭 게 지도가 그려졌으나 쿠르디스탄은 터키, 이란, 이라크, 시리아 등 네 나라의 국경으로 쪼개졌다. 따라서 '쿠르디스탄'이라는 지역은 네 나라 모두에 걸쳐 있다. 물론 각 나라 정부는 '쿠르디스탄'이라 는 용어의 사용을 매우 꺼린다. 지명 자체가 쿠르드족의 존재감을 강하게 부각시키기 때문이다. 쿠르드족은 고유한 언어와 전통을 지 켜오고 있기 때문에 분할된 네 나라 안에서 각각의 정부와 예외 없

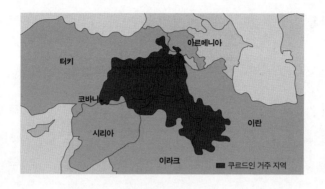

쿠르드족 밀집 지역(쿠르디스탄)

이 갈등을 빚고 있다.

　그럼에도 불구하고 터키를 비롯한 네 나라 정부가 쿠르드족의 분리독립을 필사적으로 막는 이유는 그들이 각 나라 안에서 차지하는 인구 비중이 적지 않기 때문이기도 하지만, 쿠르드족이 거주하는 지역에 많은 석유가 매장되어 있기 때문이다. 물론 1,200만 명 이상의 쿠르드족이 살고 있는 터키의 경우 쿠르디스탄 지역이 유일하게 석유가 생산되는 지역이라는 점에서 더더욱 분리독립을 인정하지 않는다. 물론 쿠르드인들이 독립국가 건설에 실패한 데에는 쿠르드족의 오랜 분열이 한 몫 했음을 인정하지 않을 수 없다. 과거 오스만 제국과 사파비 왕조가 서로 패권을 다툴 때에도 쿠르드 각 부족들은 양측 사이에서 줄타기를 하며 자신들의 이익을 극대화하려 들었다. 그러다 보니 오스만 제국과 사파비 왕조가 전투를 벌일 때 쿠르드 부족들은 전장을 사이에 두고 적대하는 양측에 서서 서로에게

칼끝을 겨누곤 했다. 이러한 분열은 제1차 세계대전 이후 중동이 새로운 지도를 그리는 상황에서도 지속됐고 오늘날까지 쿠르드족이 더 강력한 힘을 발휘하지 못하도록 막는 고질병이 되고 있다.

이 가운데 이라크의 쿠르드족은 그나마 가장 성공한 사례로 꼽힌다. 거의 완전한 자치권을 행사하고 있기 때문이다. 모술과 키르쿠크 등 이라크 북부 지역에 쿠르드 자치정부를 세우고 '페쉬메르가'로 불리는 별도의 군대도 보유하고 있다. 이라크의 쿠르드족은 역대 이라크 정부와 무수한 갈등을 빚었고 수많은 희생자들이 발생했지만 사담 후세인 정권이 몰락하는 과정에서 미국에 협조한 공로로 자치정부를 세울 수 있었다. 이러한 이라크 쿠르드 자치정부의 성공 사례는 이웃 시리아의 쿠르드족에게도 좋은 모델이 됐다. 시리아 내전 상황에서 쿠르드족은 미군을 대신해 IS와 치열하게 전투를 벌였고 결국 IS를 몰아내는 데 많은 공을 세웠다. 이에 대한 보상으로 자신들의 거주지인 로자바 지역에 대한 자치권을 획득하고자 했다. 이런 전략 역시 부분적으로 성공했다고 평가받는다.

그러나 터키의 경우는 완전히 다르다. 터키는 무스타파 케말이 건국한 순간부터 쿠르드족의 존재 자체를 인정하지 않았다. 케말은 '터키 국민'이라는 하나의 정체성으로 나라를 통일하고자 했고 쿠르드족을 비롯한 모든 소수민족의 고유한 정체성을 인정하지 않았다. 터키 정부는 마치 쿠르드족이 세상 어디에도 존재하지 않는 듯 정책을 폈다. 쿠르드어 사용이 금지됐고, 쿠르드 민요조차 터키어로 바꾸어 불러야만 했다. 케말 이후로 오랫동안 터키공화국에서 쿠르드인을 지칭하는 용어는 '산악 터키인'이었다. 이러한 케말의 억압에 맞서 쿠르드인들은 1925년과 1930년, 그리고 1936~1938년까지 모두 세 차례에 걸쳐 대대적인 반란을 일으켰다. 하지만 터키군은 압도적인 화력으로 쿠르드인들의 반란을 모두 진압했다. 이 과정에서 약 100만 명 이상의 쿠르드인이 사망하거나 터키 국경 밖으로 쫓겨났다. 이후 터키에서 쿠르드인들은 1970년에 이르기까지 더 이상 저항다운 저항을 하지 못했다. 오히려 터키인들과 동화되면서 쿠르드인이라는 민족의식도 희미해져 갔다.

쿠르드노동자당과 쿠르드 민족운동의 급진화

터키에서 쿠르드인의 존재를 처음 인정한 이들은 터키노동당이었다. 1965년 마르크스-레닌주의를 이념적 기반으로 삼은 터키노동자당이 창당될 때 다수의 쿠르드 지식인들이 참여했다. 이들의 노력 덕분에 터키노동자당은 1971년 쿠르드인의 존재를 인정하고 쿠르드들이 터키 정부의 박해를 받는다는 내용의 성명서를 발표했다. 터키 정부는 가만히 있지 않았다. 이는 터키 국민이라는 정체성으로 나라를 만든 케말주의에 정면으로 도전하는 행위였다. 터키노동자당 지도부가 체포됐고 당도 해산됐다. 그러나 이를 계기로 터키 내에서의 쿠르드 민족운동이 급진 사회주의와 연계되기 시작했다. 이후 쿠르드 민족운동을 이끄는 지식인들 중 다수가 마르크스-레닌주의를 받아들였고 쿠르드인들을 조직해 터키 정부에 맞서 투쟁했다.

이처럼 터키의 쿠르드인들이 급진 사회주의 이념을 받아들이게 된 것은 당시 열악했던 쿠르드인들의 생활 수준과 밀접한 관련이 있다. 터키의 남동부 지역인 쿠르디스탄은 매우 가난하고 낙후돼 있었다. 쿠르드인들의 주요 산업은 농업이었는데, 그나마도 소수의 쿠르드 지주들의 착취와 횡포로 쿠르드 소작농들의 삶의 질은 더욱 낮았다. 사실 이 지역은 터키의 유일한 석유 생산 지역이었으나 쿠르드인들은 그 혜택을 누리지 못했다. 터키 정부도 쿠르디스탄의 석유에서 나오는 이익에만 관심이 있었을 뿐 쿠르드인들의 생활 수준을 향상시키는 일에는 큰 관심이 없었다. 그런데 농민들과는 달리 쿠르드의 청년들은 쿠르디스탄 외부의 세계를 경험하면서 생각이 달라졌다. 일자리를 얻기 위해, 그리고 대학에 진학하기 위해 큰 도시로 나간 쿠르드 출신 젊은이들은 쿠르드족이 얼마나 부당한 차별과 억압 아래에서 살고 있는지 보다 객관적으로 바라볼 수 있었다. 특히 쿠르드 대학생들은 급진 사회주의 계열의 학생운동을 접하면서 착취와 계급투쟁이라는 돋보기를 통해 자신들의 현실을 들여다보았다. 이념적으로 의식화된 젊은 쿠르드 지식인들은 쿠르디스탄으로 되돌아와 주민들을 의식화하기 시작했다. 이 과정에서 쿠르드인들의 민족의식이 서서히 깨어나기 시작했다. 그런데 이들 중 가장 뛰어난 역량을 보인 젊은이가 압둘라 오잘란이었다. 1948년 시리아와의 접경 지역에서 가난한 농부의 아들로 태어난 그는 앙카라 대학교에서 정치학을 전공했다. 오잘란은 대학생활 도중에 급진 학생운동 조직에 가담해 마르크스-레닌주의와 중국 마오쩌둥의 혁명사상에 깊이 빠져들었고 혁명으로 쿠르드인들을 해방시켜야 한다는 목표의식을 갖게 됐다. 1975년이 되자 오잘란은 뜻을 같이하는 이들과 함께 쿠르디스탄으로 돌아와 농민들 속으로 침투해 들어갔다. 배우지 못하고 두려움 많은 쿠르드 농민들을 의식화하는 것은 쉬운 일이 아니었다. 이들을 각성시키고 혁명으로 이끌려면 더욱 조직적인 저항운동을 전개해야 했다. 이를 위해 오잘란과 동지들은 1978년 쿠르드노동자당(PKK)을 창당했다. PKK의 목표는 터키에 마르크스주의에 기반한 쿠르드 독립국가를 세우고 궁극적으로는 터키뿐 아니라 이란, 이라크, 시리아에 걸쳐 있는 쿠르디스탄을 하나의 독립국가로 만드는 데에 있었다. PKK는 농민들을 선동하고 의식화시키기 위해 직접 행동에 나섰다. 그들은 농민들을 괴롭히는 악덕 쿠르드 지주를 살해하고 쿠르드인들을 결집시켜 파업하도록 부추겼다.

　1980년 9월에는 터키에 군부 쿠데타가 발생했다. 군사정권은 대대적으로 쿠르드 분리주의 운동을 탄압했는데, 대표적인 표적으로 PKK를 지목했다. 터키 경찰의 검거선풍 속에서 PKK 관련자만

1,800명가량 체포됐다. 군사정권은 쿠르드 언어 사용 금지정책을 한층 더 강화해 심지어 쿠르드식 이름조차 사용하지 못하도록 법을 개정했다. 새로 태어난 신생아의 이름을 쿠르드식으로 지으려 하면 출생신고를 받아주지도 않았다. 터키 당국은 아예 PKK를 말살하고자 했다. 쿠르디스탄을 샅샅이 뒤져 당 간부들을 체포해나갔다. 이에 오잘란을 비롯한 PKK 핵심 지도부는 국경을 넘어 인근의 쿠르디스탄 지역으로 몸을 피할 수밖에 없었다. 그들의 대안은 이라크와 시리아였다. 그런데 터키와 이라크 국경지대는 험준한 산들이 많아 PKK가 군사작전을 수행하기에 적절하지 않았다. 이에 오잘란은 자신들의 은둔지로 시리아를 선택했다. 터키 정부와 사이가 나빴던 시리아의 아사드 정부는 오잘란과 PKK 인사들을 반갑게 맞이했다. 이후 오잘란은 훗날 시리아에서 추방되기 전까지 18년간 시리아에 머물면서 PKK의 투쟁을 지휘했다.

시리아 정부는 PKK 대원들을 레바논의 동부 베카 계곡으로 인도했다. 당시 레바논은 내전 중이었고 시리아는 이런 혼란을 틈타 베카 계곡 일대를 점령한 채 군대를 주둔시키고 있었다. PKK 대원들에게 이곳은 터키의 추적을 피할 수 있는 최적의 요새였다. 그들은 베카 계곡에 훈련캠프를 설치했다. 때마침 레바논 남부를 점령하고 이스라엘과 투쟁을 벌이던 팔레스타인해방기구(PLO)의 전사들이 PKK 대원들에게 게릴라 전술을 가르쳐주었다. 베카 계곡에서 훈련을 받은 PKK 전사들의 기량은 일취월장했다.

1983년 베카 계곡의 PKK 전사들은 국경을 넘어 다시 터키로 잠입했다. 쿠르디스탄에서 근거지를 마련한 그들은 터키 정부군을 공격하기 시작했다. 그리고 1년 후인 1984년 무렵에는 PKK의 공세가 본격화됐다. PKK는 베카 계곡에서 훈련한 게릴라식 전법으로 터키군과 정부기관에 기습폭탄 공격이나 매복 공격을 가했다. 또한 정부인사와 군 장교, 그리고 터키 정부에 협력하는 쿠르드 인사들을 암살하거나 납치하는 일도 병행했다. 심지어 터키 정부의 지침대로 학생들을 교육시키는 학교 교사들조차 테러의 대상이 됐다. 이후 10년간 PKK의 공격으로 터키에서 발생한 희생자만 1만 2,000명에 이르렀다. PKK로 인한 터키의 내정 불안은 단순히 인적 피해만이 아니라 국가 경제에도 타격을 입혔다. 무엇보다 터키의 관광산업에 막대한 지장을 주었고 터키 정부가 쿠르드 반군 소탕에 쏟아 붓는 비용만 연간 70억 달러에 달했다.

그 결과 PKK는 쿠르드인들에게는 큰 인기를 얻은 반면, 터키인들에게는 공포와 증오의 대상이 됐다. 마치 9·11 테러 이후 미국인들이 오사마 빈 라덴을 증오한 것 이상으로 압둘라 오잘란은 터키인들이 언젠가는 반드시 제거해야 할 악당이었다. 터키 정부는 PKK를 뿌리 뽑기 위해 쿠르드인들이 거주하는 지역에 터키군을 크게 늘려서 투입했다. 1990년대 초에는 무려 20만 명에 달하는 터키군이 쿠르디스탄에 상주했다. 이곳에 배치된 터키군은 민간인에 대한 수색, 체포, 수사를 자유롭게 할 수 있는 권한이 부여됐다. 그 결과 터키 남동부 지역은 사실상 군정이 실시되는 것과 같은 상황에 놓였다. 쿠르드 민간인들에 대한 인권 침해는 심각한 수준이었다. 무차별 체포와 고문이 자행됐다. 그러나 터키 정부는 자신들이 원하는 효과는 얻지 못했다. 오히려 PKK에 대한 쿠르드인들의 지지만 날로 높아졌다. 쿠르드인에게 가하는 터키 정부의 인권 침해는 국제적인 논란거리가 될 정도였다. 1990년대 들어 터키는 EU 회원국이 되고자 노력 중이었지만 여의치 않았다. EU 가입이 거절당한 이유 중 하나가 바로 소수민족에 대한 터키 정부의 인권 탄압이 유럽의 인권 기준에 걸맞지 않는다는 것이었다. 대표적인 사례가 쿠르드족에 대한 탄압이었다. EU 가입이 절실했던 터키 정부로서는 새로운 변화가 필요했다.

짧은 평화

1990년대 들어 터키 정부는 쿠르드족에게 유화정책을 펴기 시작했다. PKK와 쿠르드 민족운동을 강력하게 탄압해도 효과가 없었을 뿐만 아니라 오히려 국제 여론만 악화되었기 때문이다. 당시 터키의 투르구트 외잘[03] 대통령은 어머니가 쿠르드족 혈통인 인물이었으며 그 스스로 쿠르드족에 온건한 태도를 보이고 있었다. 1991년 1월 25일 터키 정부는 쿠르드어 사용을 합법화하는 조치를 발표했다. 지금까지 공식적으로 쿠르드인의 존재조차 인정하지 않았던 터키 정부의 획기적인 변화였다. 그리고 이라크 내의 양대 쿠르드 정당인 쿠르드민주당(KDP)과 쿠르디스탄애국동맹(PUK)과의 관계를 정상화했다. 이는 쿠르드인들에 대한 유화조치이기도 했지만 이들로부터 PKK를 고립시키려는 전략이기도 했다.

PKK도 노선 변화가 불가피했다. 우선 공산권이 무너지고 냉전이 해체된 것이 하나의 원인이었다. 애초 마르크스주의에 입각해 당을 세웠던 PKK로서는 이러한 변화에 무관심할 수 없었다. 내부 노선 투쟁을 거친 PKK는 급진 사회주의 혁명 노선을 버리는 한편, 이슬람에 대해서는 개방적인 태도를 취했다. 마르크스주의는 종교를 부정했지만 이슬람 수니파가 대다수인 쿠르드인들의 지지를 얻으려면 이슬람을 수용할 수밖에 없다고 판단한 것이다. 터키로부터 분리독립하겠다는 기존의 입장에도 변화가 생겨 터키와 쿠르드자치국가의 연방제를 대안으로 천명했다. 또한 PKK는 터키 내에서 쿠르드인들의 정치활동을 자유롭게 보장해준다면 즉시 휴전에 들어

---

03 투르구트 외잘(Turgut Ozal, 1927~1993년) : 쿠르드족 출신의 터키 정치인으로 총리 역임 후 대통령에 올랐다. 대(對)쿠르드족 온건 정책과 국가 이념인 정교분리 원칙을 완화시켰다.

가겠다는 제안도 내놓았다. 그러나 터키 정부와 정당들은 선뜻 이 제안을 수용할 수 없었다. 여전히 쿠르드족에 대한 부정적인 여론이 강했기 때문이다. 많은 터키인들은 PKK의 제안을 받아들인다면 '단일한 터키 국민'이라는 정체성으로 나라를 세운 케말주의를 포기하는 것이라고 여겼다.

평화는 짧았다. 쿠르드족에게 유화정책을 펼치던 외잘 대통령이 1993년 4월 갑작스럽게 사망했다(독살설이 나돌았으나 지금까지 정확한 사인은 밝혀지지 않았다). 역대 가장 온건한 대쿠르드 정책을 펼치던 대통령이 사망한 것이다. 뿐만 아니라 외잘 대통령이 추진하던 PKK와의 평화협정을 지지하는 정치인들도 암살당하거나 석연치 않은 죽음을 맞이했다. 이 같은 일련의 사건들 배후에 보수강경파가 있다는 주장이 지금까지도 제기되고 있다. 아무튼 외잘 대통령의 죽음과 더불어 터키 정부와 PKK 간의 화해 무드는 끝이 났다. 터키의 정계는 보수세력이 다시 집권했고 PKK와 쿠르드족에 대한 입장도 기존 케말주의로 되돌아갔다. 터키 정부와 PKK 간에는 다시 긴장이 감돌았다. 1994년 터키 정부는 쿠르드족의 정체성을 부인하는 정책으로 돌아갔다. 이에 PKK도 테러 공격으로 맞섰고 터키 정부의 강경진압도 재개됐다. 모든 것이 옛날로 복귀하고 있었다.

이러한 터키 정부의 초강경 토벌정책에도 불구하고 PKK는 건재했다. PKK는 1996~1999년까지 3년간 터키의 군대와 경찰을 상대로 수백 건의 폭탄 공격을 가했고 그 결과 터키의 치안이 매우 불안정해졌다. PKK가 이처럼 터키 정부의 압박을 이겨낼 수 있었던 이유는 작전을 지휘하는 지도부가 터키 국경 밖에 존재했기 때문이다. PKK 내에서 절대적인 영향력을 행사하는 지도자 압둘라 오잘란을 시리아 정부가 계속 보호하고 있는 한, 터키 정부는 결코 마음을 놓을 수 없었다. 터키는 이미 1980년대 초부터 지속적으로 시리아 정부에 '시리아에서 PKK를 추방하라'는 압력을 넣었다. 계속 PKK를 보호할 경우 군사행동을 벌일 수 있음을 경고하기도 했다. 한동안 이를 모른 척하던 시리아 정부는 자신들의 후원세력이던 소련이 무너지고 오랜 동안 적대관계를 이어온 미국이 1991년 걸프전에서 초강대국의 위력을 발휘하자 터키와의 관계 개선이 필요했고 결국 입장을 바꾸어야 했다. 시리아 정부는 1991년 베카 계곡의 쿠르드 훈련캠프를 폐쇄하기로 결정했다. 그러나 PKK 지도부는 당황하지 않고 북부 이라크의 쿠르디스탄으로 본부를 옮겼다. 당시 이라크는 걸프전 패배 이후 쿠르드족에 대한 사담 후세인의 통제력이 약해진 상황이었다.

오잘란의 체포, 그리고 PKK의 변화

1998년 10월 터키 정부는 병력 1만 명을 시리아와 터키 간 국경에 배치하는 초강경책을 쓴다. 시리아 정부에 보내는 'PKK를 쫓아

내고 오잘란을 우리에게 넘겨 달라'는 압박이었다. 바샤르 알 아사드[04] 시리아 대통령은 터키보다 군사력이 열세라는 점을 잘 알았고 다른 선택의 길이 없었다. 결국 아사드는 압둘라 오잘란을 터키에 넘기는 대신 국외로 추방하고 시리아에서 PKK의 활동을 금지하기로 결정했다. 오잘란은 몰래 모스크바행 비행기에 몸을 실었다. 러시아에 정치적 망명을 요청할 생각이었다. 그러나 과거의 소련 정부는 좌파 정당인 PKK에 대해 우호적이었던 데 반해 소련이 해체된 후의 러시아 보리스 옐친 정부는 입장이 달랐다. PKK는 미국과 EU 등에 테러 단체로 등록돼 있었고, 오잘란은 1급 국제 지명수배자였다. 옐친 대통령은 골치 아픈 문제에 엮이기 싫었다. 러시아 하원이 오잘란의 망명을 받아들이기로 결정했음에도 불구하고 러시아 정부는 그를 다시 추방했다. 오잘란은 곧바로 로마로 향했다. 당시 이탈리아에는 좌파 정부가 집권하고 있었다. 오잘란은 좌파 혁명 활동가인 자신에게 이탈리아 정부가 온정의 손길을 보내줄 것으로 기대했지만 이탈리아 정부는 오히려 불법여권 소지죄로 그를 체포했다. 터키 정부는 이탈리아 정부에 오잘란을 넘겨달라고 요청하는 한편 무역보복까지 거론하며 이탈리아 정부를 압박했다. 그러나 이탈리아 정부는 '사형이 집행될 것이 확실한 사람을 본국으로 송환할

04　바샤르 알 아사드(Bashar al-Assad, 1965년~현재) : 시리아 대통령. 1965년 다마스쿠스에서 태어났다. 부친 하페즈 알 아사드의 뒤를 이어 시리아 대통령에 올랐다. 영국 유학파로 의학을 공부했으며 처음엔 정치를 할 생각이 없었다고 한다.

수 없다'는 헌법조항을 들어 오잘란을 석방하고 다시 국외로 추방했다. 오잘란은 터키 정보당국의 추적을 피해 급히 또 다른 나라로 떠나야만 했다. 지구상 어느 나라에서도 받아주지 않는 오잘란의 모습은 무수한 독립 요구가 번번이 묵살당하는 쿠르드족의 애처로운 현실을 압축적으로 잘 보여주었기에 당시 많은 인권단체들의 주목을 받았다. 오잘란은 러시아로 갔다가 다시 그리스로 향했다. 오랫동안 터키와 앙숙관계인 그리스 정부라면 자신을 도와줄 것이라고 생각한 것이다. 그러나 그리스 정부 역시 오잘란을 꺼렸다. 터키와의 관계도 문제이지만 미국과 EU의 압박도 무시할 수 없었다. 그리스 정부는 오잘란에게 케냐의 그리스 대사관으로 가면 도와줄 수 있다고 언질을 주었다. 지푸라기라도 잡는 심정으로 그 말을 믿고 케냐로 향한 오잘란은 잠시 주케냐 그리스 대사관에 머물렀다가 다시 나이로비 공항으로 떠났다. 그리고 나이로비 공항에 잠복 중이던 인터폴에게 체포돼 터키 정부로 넘겨졌다. 이 나라 저 나라로 떠돌며 지칠 대로 지친 탓인지 오잘란 역시 저항하지 않고 순순히 체포에 응했다. 오잘란 체포 과정에서 이스라엘의 정보기관 모사드, 터키 정부, 그리스 정부, 그리고 미국 CIA 등이 상호 협조해 작전을 벌인 것으로 알려지자 해당 국가들은 유럽에 흩어져 살던 쿠르드인들의 격렬한 항의를 받기도 했다.

1999년 6월 터키 법원은 오잘란에게 사형을 선고했다. 그러나 오잘란은 터키 법원에 항소하는 한편 유럽인권법원에 사형의 부당함을 알리며 제소했다. 유럽인권법원은 터키에 사형집행을 보류하도록 요청했고 EU 가입을 위해 애쓰던 터키 정부는 이를 수용했다. 이후 최종심에서도 오잘란의 사형이 확정됐지만 터키에서 사형제가 폐지되었고 오잘란의 형량도 종신형으로 낮추어졌다. 그는 현재까지 터키 임랄리 섬의 독방에 수감 중이다.

오잘란은 옥중에서 상당한 심경의 변화를 겪는다. 1998년 8월 그는 수감된 상태에서 PKK 지도부를 향해 '일체의 군사 행동을 중단하라'고 지시했다. PKK도 무력 투쟁이 오잘란을 위험에 빠뜨릴지 모른다고 우려해 그의 지시에 따라 1999년 일방적인 휴전을 선언했다. 그러나 터키 정부는 PKK에 대한 강경진압을 멈추지 않았다. 그러자 PKK 또한 휴전을 폐기하고 대터키 정부 투쟁으로 선회하기도 했다. 1990년대 이후 현재까지 PKK는 더 이상 터키로부터 분리독립을 추진하지 않는 대신 쿠르드 지역의 자치권 확대와 쿠르드인의 평등한 권리 확보를 요구하고 있다. PKK의 지도자 세밀 베이크는 2016년 4월 영국의 〈BBC〉와의 인터뷰에서 "우리는 터키로부터 분리독립을 원하지 않는다. 우리는 터키 내의 우리 땅에서 자유롭게 살고 싶다. 쿠르드인들은 자신들의 천부적인 권리가 받아들여질 때까지 계속해서 싸울 것이다"라고 밝히기도 했다. 그럼에도 불구하고 터키 정부와 보수파들은 여전히 PKK가 겉으로만 변화를 말할 뿐 사실상 분리독립을 도모한다고 의심한다. 지금까지 4만 명이 넘는 희생자가 발생한 터키와 PKK의 갈등은 현재진행형이다.

단명했던 쿠르드 독립국가, 마하바드공화국

중동의 쿠르드인들은 끊임없이 독립국가를 건설하기 위해 싸워왔습니다. 그런데 20세기에 쿠르드 독립국가가 존재했던 적이 있습니다. 1946년 건국이 선포됐던 마하바드공화국이 그것입니다. 마하바드공화국은 소련에 협조했던 일부 쿠르드 부족이 이란 내 쿠르디스탄의 도시 마하바드를 중심으로 세운 국가로서 쿠르드인 전체를 대표한다고 볼 수 없습니다. 그리고 1946년 말에 이란군의 공격으로 무너지면서 채 1년도 존속하지 못한 초단명 국가이기도 합니다. 그럼에도 불구하고 마하바드공화국은 쿠르드인들이 자신들의 독립국가를 가져본 최초의 경험이기에 이후 쿠르드인들의 독립국가 건설 투쟁에 이정표가 되고 있습니다.

쿠르드인들이 모여 사는 터키, 이라크, 시리아, 이란 중 쿠르드인의 힘이 가장 약한 지역이 이란입니다. 그럼에도 불구하고 이란의 쿠르드인들이 독립국가 수립을 선포할 수 있었던 배경은 1941년 영국과 소련이 이란을 침공한 사건 때문입니다(9장 참조). 이때 소련은 이란의 소수민족들의 자치권 획득을 약속했습니다. 쿠르드 부족들 중 일부도 이를 기회로 파악하고 소련에 협력했습니다. 쿠르드민주당(KDP)의 지도자 카지 무함마드(Qazi Muhammad)가 중심이 된 쿠르드 민족주의자들은 소련의 지원 아래에 1946년 1월 22일 마하바드공화국 수립을 선포하고 카지 무함마드를 대통령으로 선출했습니다. 그러나 마하바드공화국은 이란 내 쿠르드인들 가운데서도 3분의 1 정도만을 아우르는 작은 규모의 국가였습니다.

이란은 쿠르드인들의 독립국가 건설을 좌시하지 않았습니다. 당시 이란의 아흐마드 카밤(Ahmad Qavam) 총리는 소련에 석유 이권을 넘겨주는 대가로 소련이 이란으로부터 철수할 것과 소수민족에 대한 지원을 중단할 것을 요구했습니다. 물론 마하바드공화국도 그 대상에 포함됐지요. 애초 마하바드공화국에 대해 군사적 지원을 약속했던 소련은 슬그머니 지원을 미룬 채 이란으로부터 철수했습니다. 소련이 떠난 후 이란 정부는 독립운동을 하는 소수민족 정치세력에 대해 대대적인 탄압에 나섰습니다. 1946년 12월 이란군은 마하바드공화국을 공격했고 몇 차례의 전투가 벌어진 끝에 마하바드공화국은 패하여 역사 속으로 사라지고 말았습니다. 카지 무함마드 대통령은 체포되어 이듬해 사형에 처해졌습니다.

마하바드공화국 건국을 주도한 이들은 기본적으로 소련이라는 강대국에 의존해 자치와 독립을 보장받으려는 전략을 썼습니다. 강대국의 대리인 역할을 수행하고 그 후광으로 자치권을 보장받고자 하는 전략은 현재까지 쿠르드 민족주의자들의 기본적인 전략입니다. 이라크의 쿠르드 자치정부도 이라크 전쟁 때 미국을 도와 사담 후세인 정부를 물리치는 데 나섬으로써 미국을 비롯한 국제사회로부터 자치권을 인정받은 것이고, 시리아의 로자바 자치정부 역시 시리아 내전 시기 미군을 대신해 IS와 싸움으로써 미국의 후견 하에 자치권을 획득한 셈입니다. 하지만 그동안 강대국의 이해관계가 달라지면서 쿠르드인들의 독립 노력이 수포로 돌아가고 마는 경우가 많았습니다. 이라크와 시리아의 쿠르드 자치정부의 앞날을 밝게 점칠 수만은 없는 이유이기도 합니다.

20

지하드, 미국을 습격하다

알 카에다와 9 · 11 테러

"**후**방에서 상대적으로 안전한 업무를 하던 오사마 빈 라덴은 1986년경부터 전장에서 실전 경험을 조금씩 축적해갔다. 빈 라덴이 이끄는 분대가 작은 승리를 거둘수록 그의 이름이 아프가니스탄 내에 조금씩 알려지기 시작했다. 그즈음 빈 라덴은 압둘라 아잠과 함께 아프가니스탄 현장에서 이슬람 전사 훈련캠프를 만들기도 했다. 아프가니스탄 지하드가 끝난 후 전 세계에 지하드를 전파할 전사들을 양성하기 위함이었다. 이 훈련캠프는 훗날 서방 세계에 악명을 떨친 '알 카에다'로 발전한다."

사우디로 건너온 무슬림형제단

이집트의 나세르는 무슬림형제단을 비롯한 이슬람주의 운동단체들을 가혹하게 탄압했다. 이집트 내 많은 이슬람주의 인사들이 정부의 압박을 피해 나라 밖으로 도피했다. 당시 나세르와 갈등을 겪고 있던 사우디아라비아의 파이잘 국왕은 이들에게 도피처를 제공했다. '세속주의 권력으로부터 박해받는 경건한 무슬림을 구원하는 이슬람 왕정국가'라는 면모를 아랍 세계에 과시하고 싶었던 것이다. 1966년에 처형을 당한 이슬람주의 혁명가 사이드 쿠틉의 동생 무함마드 쿠틉 역시 이집트 나세르 정권의 블랙리스트에 올라 있었다. 사우디의 파이잘 국왕은 무함마드 쿠틉의 사우디 입국을 허용하고 그를 사우디의 항구도시 제다에 자리한 압둘아지즈 왕립대학교에서 강의하도록 선처했다. 무함마드 쿠틉은 형의 사상을 이어받아 이슬람혁명 신학을 강의했다.

당시 제다에는 또 한 명의 걸출한 급진 이슬람주의 사상가 압둘라 아잠**01**이 강의를 하고 있었다. 팔레스타인 웨스트뱅크 출신인 그는 10대 시절에 이미 무슬림형제단에 가입해 이슬람주의에 눈을 떴다. 아잠은 6일 전쟁 후 가족들과 함께 웨스트뱅크를 떠나 요르단으로 이주했고 이집트에서 이슬람 신학을 공부한 뒤 다시 요르단으로 돌아와 대학에서 강의를 했다. 그는 고향 팔레스타인에서 유대인에게 유린당하는 무슬림들의 처지에 큰 관심을 가졌고, 이 문제를 해결하기 위한 급진 이슬람주의 이념을 설파했다. 오래지 않아 아잠의 사상을 위험하게 여긴 요르단 정부는 그를 추방했다. 이때 아잠을 받아준 국가 역시 사우디아라비아였다.

많은 젊은이들이 무함마드 쿠틉과 압둘라 아잠의 강의를 듣기 위해 자리를 가득 메웠다. 혁명적 열기로 가득한 이들의 강의는 새로운 세상을 갈구하는 아랍 청년들의 심장을 요동치도록 만들었다. 강의를 듣는 이들 중 조용하고 내성적이지만 축구광이기도 한 마른 체형의 학생이 한 명 있었다. 바로 오사마 빈 라덴이었다. 건축 사업으로 큰 부를 일군 무함마드 빈 라덴의 아들이었다. 오사마 빈 라덴의 아버지 무함마드는 사우디의 압둘 아지즈 국왕의 최측근으로 1940~50년대 사우디아라비아에 개발 붐이 일자 건설업을 시작해 큰 기업을 일구었다. 사업가 집안답게 가족들 대부분 세속적이었으

---

01 압둘라 유수프 아잠(Abdullah Yusuf Azzam, 1941~1989년) : 팔레스타인 웨스트뱅크 출신의 이슬람주의 사상가. '글로벌 지하드의 아버지'로 불린다. 1979년 소련이 아프가니스탄을 침공하자 전쟁에 참전했으며 오사마 빈 라덴에게 큰 영향을 끼쳤다.

나 오사마 빈 라덴만은 종교에 큰 관심이 있었다. 오사마의 어머니는 그를 낳은 직후 남편으로부터 이혼을 당했고, 오사마는 배다른 형제들 틈에서 자랐다. 아마도 그런 환경 탓에 그가 사색적이고 종교적인 성향으로 성장했는지도 모른다. 아무튼 청소년기의 오사마는 시리아 출신의 체육교사로부터 이슬람주의를 처음 접했다. 그러나 오사마가 본격적으로 이슬람주의에 심취한 시기는 제다에서 압둘라 아잠과 무함마드 쿠틉의 강의를 들으면서부터다. 당시만 해도 그는 이슬람의 정의로 세상을 바로잡고 싶어 하는 수많은 열혈청년들 중 하나에 불과했다.

지하드의 현장, 아프가니스탄

1979년 12월 소련은 아프가니스탄 정부의 요청에 따라 대규모 병력을 아프가니스탄으로 파견했다. 당시 쿠데타로 집권한 아프가니스탄의 친소련 정부는 거의 전 지역에서 이슬람 세력의 반란에 직면했고 궁지에 몰린 아프간 정부는 소련에게 손을 내밀 수밖에 없었다. 소련의 침공에 맞서 아프가니스탄의 무슬림들은 지하드를 선포하고 뭉쳐 싸웠다. 전력과 무기 면에서 소련군이 압도적으로 우세했지만 무슬림 반군들은 게릴라전을 전개하며 끈질기게 소련군을 괴롭혔다.

외세에 맞서 이슬람을 지키기 위해 싸우는 아프간 '무자헤딘(지하드에서 싸우는 전사)'의 소식이 전해지자 아랍 지역과 파키스탄 등 아프가니스탄 주변 이슬람 국가들의 피 끓는 이슬람주의자들이 지하드에 동참하기 위해 그곳으로 몰려들었다. 소련의 아프간 침공 직전, 이란에서 일어난 이슬람혁명은 중동 모든 지역을 혁명의 열기로 몰아넣음으로써 이슬람주의자들을 열광시키기에 충분했다. 그들은 저마다 혁명의 주역이 되기를 원했다. 이런 상황에서 아프가니스탄 이슬람의 땅에 무신론자 소련군이 침공하자 수많은 젊은이들이 '진정한 지하드의 현장'에 참여하기 위해 학업과 생업을 중단한 채 아프가니스탄으로 달려갔다. 사우디에서 학생들을 가르치던 이슬람학자 압둘라 아잠도 책을 내려놓고 아프가니스탄으로 향했다. 그는 파키스탄 페샤와르에서 아프가니스탄 사람들을 구호하고 무자헤딘 전사들을 지원하는 활동을 펼쳤다. 그는 특히 아프간 지하드를 홍보하는 책자를 발간하고 언론에 기고문을 쓰는 등 홍보 활동에도 주력했는데, 이 시기 아잠이 설파한 지하드 이론은 많은 이슬람 청년들을 지하드로 이끄는 데 큰 역할을 했다. 오사마 빈 라덴도 그들 중 하나였다. 이미 제다에서부터 압둘라 아잠을 적극적으로 따르던 빈 라덴은 파키스탄 내 아잠의 캠프에 합류했다. 그리고 오사마 빈 라덴은 아잠으로부터 큰 영향을 받아 이슬람주의 이론가로 성장했다. 아프가니스탄에 모인 무슬림 지원자들은 사우디아라비아, 이집트, 파키스탄, 예멘, 팔레스타인, 요르단, 시리아, 레바논, 터키, 알제리, 리비아, 모로코, 말레이시아 등 이슬람권 각지에서 모인 국제적 혼합부대였다. 이렇게 다양한 국적과 인종이 모여 공동의 적과 전투를 벌인 사례는 20세기 들어 처음이었다. 이슬람의 깃발 아래 전 세계에서 모인 무슬림들이 하나로 뭉쳤다는 것만으로도 이들은 정신적으로 크게 고양됐다. 각 나라에서 온 아프간 전사들의 무용담은 압둘라 아잠이 이끄는 홍보팀의 칼럼을 통해 아랍 세계 곳곳으로 전설처럼 퍼져나갔다.

후방에서 상대적으로 안전한 업무를 하던 오사마 빈 라덴은 1986년경부터 전장에서 실전 경험을 조금씩 축적해갔다. 빈 라덴이 이끄는 분대가 작은 승리를 거둘수록 그의 이름이 아프가니스탄 내에 조금씩 알려지기 시작했다. 그즈음 빈 라덴은 압둘라 아잠과 함께 아프가니스탄 현장에서 이슬람 전사 훈련캠프를 만들기도 했다. 아프가니스탄 지하드가 끝난 후 전 세계에 지하드를 전파할 전사들을 양성하기 위함이었다. 이 훈련캠프는 훗날 서방 세계에 악명을 떨친 '알 카에다'로 발전한다. 그러나 오사마 빈 라덴과 압둘라 아잠은 이 시기부터 노선의 차이로 서로 다른 길을 걷기 시작했다. 빈 라덴은 아프가니스탄에서 시작된 지하드를 사우디아라비아나 이집트 등 주변 아랍국가들에도 적용하고자 했다. 그 지역의 부패한 지배자들을 몰아내고 이슬람혁명을 일으키기를 바랐다. 그러나 아잠은 같은 무슬림끼리 총부리를 들이대는 행위를 지하드라고 보지 않았다. 그에게 지하드란 이교도들에게 탄압당하는 무슬림의 저항이었다. 아잠은 아프간 전쟁이 끝난 이후에는 아프간 전사들이 비무슬림 세력으로부터 위협당하는 무슬림들을 돕는 특수부대로 운영되기를 원했다. 특히 팔레스타인 출신인 그에게 그 주요 대상은 이스라엘에서 고통받는 팔레스타인 동포들이었다. 하지만 1989년 아잠이 의문의 테러로 죽자 그가 지녔던 영향력과 인적 네트워크의 상당 부분이 오사마 빈 라덴에게 흡수됐다. 빈 라덴은 지하드 전사들 사이에서 상당한 영향력을 미치는 인물이 됐다. 결국 1989년 2월 소련은 아프가니스탄에서 물러갔다. 그러나 곧이어 내전이 발발해 아프가니스탄은 극심한 혼란을 이어갔다. 소련이 물러간 후 전쟁에서 활약한 대부분의 아랍 출신 지원자들은 본국으로 귀환했다. 그들은 사우디아라비아, 시리아, 요르단 등으로 돌아가 이슬람주의 운동에 헌신했다. 시민들은 아프간 전통 복장을 입고 거리를 활보하는 참전용사들을 영웅으로 대접했다. 하지만 해당 국가 정부 입장에서는 이들이 골치 아픈 존재였다. 급진 이슬람주의 이념으로 철저히 무장한 이들은 실전에서 초강대국 소련을 상대로 승리한 경험을 가진 베테랑 전사들이었기에 해당 국가 정부로서는 이들이 집단행동을 할 경우 자칫 정권이 위험해질 수 있을 거라고 우려했다. 오사마 빈 라덴도 사우디아라비아 정부의 골칫덩어리였다. 빈 라덴은 마치 선교사처럼 지하드를 다른 지역에 전파하는 것을 자신의 사명으로 여겼다. 빈 라덴은 아프간 전쟁이 끝나자 예멘에 아프간 무자헤딘 훈련캠프를 본 따 만든 지하드 전사 양성소를 설치하고 '알 카에다('토대'라는 의미)'라고 명명했다. 1992년 오사마 빈 라덴은 알 카에다 본부를 수단의 수도 하르툼으로 옮겼다.

걸프전과 미군의 사우디 주둔

1990년 8월 2일 이라크가 쿠웨이트를 침공하자 쿠웨이트 왕정은 저항해보지도 못한 채 사우디로 망명했다. 사담 후세인 이라크 대통령은 이란-이라크 전쟁으로 피폐해진 경제 상황을 만회하고자 풍부한 유전을 갖고 있는 쿠웨이트를 장악하려 했다. 전 세계가 이라크의 난데없는 침략 행위에 놀랐지만 가장 충격을 받은 나라는 사우디아라비아였다. 사우드 왕가는 사담 후세인의 쿠웨이트 침공을 아랍 공화정이 아랍 왕정을 공격한 것으로 받아들였고 이라크의 다음 목표는 사우디아라비아일 거라고 생각했다. 당황한 것은 사우드 왕가만이 아니었다. 정부의 보호 아래 평안한 삶을 누리던 사우디의 와하비 울라마들 역시 '이슬람을 무시하는 후세인이 사우디를 점령한다면 울라마를 박해할 것'이라며 부산을 떨었다. 그들은 무엇인가 대책이 필요했다.

사우디 정부는 미국에 파병을 요청하고자 했다. 이는 이라크를 물리치기 위한 가장 확실한 방법이었지만 사우디 내 많은 와하비 울라마들과 이슬람주의 세력은 미군을 불러들이는 것에 적극 반대했다. 이때 오사마 빈 라덴은 사우디의 파흐드[02] 국왕에게 알 카에다 요원들을 쿠웨이트에 투입하겠다고 제안했다. 아프가니스탄에서 소련을 물리친 것처럼 게릴라전을 벌여 이라크군을 물리치겠다는 제안이었다. 비록 시간은 오래 걸리겠지만 미군에 도움을 요청하는 것보다 이것이 더 낫다고 빈 라덴은 생각했다. 그러나 사우디 정부는 국내의 많은 반대를 물리치고 결국 미국 측에 파병을 요청했다. 미국은 이 요청에 따라 페르시아 만에 54만 명의 대규모 병력을 파견했다. 미국과 함께 참전한 동맹국의 병력까지 모두 합치면 80만 명이 넘는 대군이 페르시아 만에 진주했다. 전쟁은 '사막의 폭풍 작전'을 주도한 미군의 일방적인 승리였다. 이라크군은 제대로 된 저항도 못 해보고 쿠웨이트에서 쫓겨났다. 걸프전은 냉전이 해체된 이후 힘의 중심이 미국에 있음을 확인한 전쟁이었다. 그러나 또 다른 전쟁이 아라비아 반도에서 시작되고 있었다. 사우디의 와하비 울라마들은 파흐드 국왕이 미국에 도움을 요청한 것을 두고 '이슬람 성지를 품은 땅에 십자군이 들어오도록 허락했다'며 비판했다. 이슬람 근본주의의 관점에서는 같은 무슬림인 사담 후세인이 아니라 이교도인 미국이 진짜 적이기 때문이다. 미군의 주둔에 항의하는 시위가 사우디아라비아 일부 지역에서 벌어지기도 했다. 시

---

02 파흐드(Fahd bin Abdulaziz Al Saud, 1921~2005년) 국왕 : 사우디아라비아의 제5대 국왕. 이븐 사우드 국왕의 여덟째 아들이자 '수다이리 세븐'으로 불리는 수다이리 왕비의 일곱 아들 가운데 장남으로 사우디 왕권을 수다이리 형제들이 장악하는 데 초석을 놓았다.

위대는 반이슬람적이라고 보이는 비디오 대여점이나 여성자선단체 등에 불을 지르기도 했다. 당시 수단에서 트럭운수회사와 가죽공장 등을 운영하며 알 카에다 대원들을 양성하고 있던 오사마 빈 라덴도 미군의 사우디아라비아 주둔에 분노했다. 그는 파흐드 국왕을 비롯한 사우드 왕가가 이슬람의 적인 미국의 앞잡이 노릇을 함으로써 이슬람을 심각하게 오염시키고 있다며 사우디 정부를 매섭게 성토했다. 결국 1994년 사우디 정부는 오사마 빈 라덴의 시민권을 박탈하고 그의 국내 계좌와 자산을 동결하는 동시에 빈 라덴 일가에게 압력을 넣어 그를 가문에서 쫓아내도록 종용했다.

시간이 흐르면서 사우디 내 급진 이슬람주의 단체들이 본격적으로 저항하기 시작했다. 1995년 리야드에서 폭탄 테러가 발생해 5명의 미군과 2명의 인도인 장교가 사망했다. 이는 1979년 일부 극단적 이슬람주의 집단이 메카의 대모스크를 점거하면서 벌어진 유혈 사태 이후 사우디아라비아에서 발생한 최초의 테러였다. 사우디 정부는 충격을 받았다. 그러나 이는 시작에 불과했다. 이로부터 8개월 후 사우디 내 가장 서구화된 도시 다란에서 폭탄을 실은 트럭이 미군 시설로 돌진해 19명의 미군이 사망하고 무려 370여 명이 부상을 당하는 참사가 일어났다. 사우디 내에서의 미군에 대한 반감은 점점 커져만 갔다. 사담 후세인의 쿠웨이트 침공으로 촉발된 걸프 전이 결국 중동 지역 내 반미 감정에 불을 지르면서 급진 이슬람주의 운동 세력이 덩달아 힘을 얻는 형국이 됐다.

오사마 빈 라덴이 이끄는 알 카에다가 미군에 지하드를 선포한 것도 이 무렵이었다. 1996년 알 카에다는 '이슬람 성지를 침범한 미군을 이슬람 땅에서 몰아내기 위한 지하드를 시작한다'고 공식적으로 선언했다. 이 선언은 1998년 또 다른 선언으로 이어진다. 알 카에다는 다른 지하드 조직들과 연대해 유대인과 십자군에 대해 지하드를 선포하고 '군인이든 민간인이든 가리지 않고 이들을 죽이는 것이 모든 무슬림의 의무'라고 선언했다. 이 1998년의 선언은 훗날 9·11 테러의 기초가 되었다고 평가를 받는다. 알 카에다를 비롯한 급진 이슬람주의의 적은 이스라엘이나 나세르 또는 소련이 아니라 미국이었다.

탈레반과 알 카에다, 그리고 9·11 테러

소련이 물러간 뒤 아프가니스탄은 내전으로 치달았다. 친소련 정부를 이끌던 나지불라[03] 대통령은 여전히 카불에서 자신들의 세력을 유지한 채 북부의 반군세력과 싸웠다. 이 내전에서 '탈레반('학생' 또는 '제자'라는 의미)'이라고 불리는 파슈툰족 출신 이슬람 근본

03　나지불라(Najibullah Ahmadzai, 1947~1996년) : 아프가니스탄의 2대 대통령. 무함마드 나지불라 혹은 나지불라 아흐메디자이로 불린다. 친(親)소련주의자로서 소련이 아프가니스탄을 침공한 후 정치적 실권을 장악해 대통령이 되었다. 이후 탈레반이 카불을 점령하자 탈출을 시도하다가 잡혀서 처형되었다.

주의자 집단이 아프간 남부의 칸다하르를 중심으로 급성장했다. 이들은 내전 과정에서 승승장구하며 세력을 넓히더니 급기야 카불을 점령한 후 나지불라 대통령을 처형했다. 탈레반은 북부 반군세력까지 물리친 후 사실상 아프가니스탄의 최대 세력으로 입지를 굳혔다. 탈레반을 이끄는 지도자 물라 오마르[04]는 철저한 이슬람 근본주의자였는데, '아프간 전체가 신의 법에 따라 살아갈 때까지 투쟁할 것'을 탈레반의 목표로 삼았다. 탈레반은 1400년 전 예언자 무함마드가 살던 방식대로 살아감으로써 그 시대의 영광을 재현하겠다며 아프가니스탄 지역에 이슬람 원리를 극단적으로 적용했다. 길게 수염을 기르고 한 손에는 《꾸란》을 든 채 다른 한 손에는 소련제 칼라시니코프 자동소총으로 무장한 탈레반 전사들은 비무슬림적 문화를 금지하는 포고령을 내렸다. 여성들에게 온 몸을 가리는 부르카 착용이 의무화되었고 여학교가 폐쇄됐다. 또한 일체의 여성 노동도 금지했는데, 이는 아프간 전쟁으로 남편을 잃고 홀로 자녀를 키워야 하는 수많은 과부들의 생계를 위협하는 조치였다. 심지어 연 날리기, 음악, 댄스, 손톱 꾸미기, 치약 사용, TV 시청, 면도, 서구적 헤어스타일, 비둘기 키우기까지 금지 목록에 포함되면서 탈레반은 해외에서 조롱거리가 되기도 했다.

---

04 물라 무함마드 오마르(Mullah Mohammed Omar, 1960~2013년) : 아프가니스탄 내에서 활동했던 탈레반의 최고 지도자. 탈레반 근거지에 알 카에다의 리더인 오사마 빈 라덴을 숨겼다는 이유로 미국과 크게 대립했다.

그러나 이슬람 근본주의 세력인 탈레반이 아프가니스탄에서 집권했다는 소식이 전해지자 사우디아라비아를 비롯한 중동 전역의 경건한 무슬림들은 열광했다. 당시 수단에 머물던 오사마 빈 라덴은 일면식도 없던 물라 오마르를 만나기 위해 1996년 5월 아프간 행 비행기에 몸을 실었다. 처음 만난 오마르와 빈 라덴은 마치 오랜 친구처럼 의기투합했다. 오마르는 예배 자리에서 대중들에게 빈 라덴을 '아프간의 영적 지도자'로 소개했고 신학자도 아닌 빈 라덴은 그 자리에서 설교를 했다. 이후 빈 라덴은 수단에 있던 알 카에다 캠프를 아프가니스탄으로 옮겼다. 알 카에다는 탈레반의 보호를 받으며 전사들을 양성했고 탈레반 역시 알 카에다를 통해 정예병사들을 훈련시켰다.

오사마 빈 라덴은 탈레반의 그늘 아래에서 거대한 계획을 짜고 있었다. 아프가니스탄에서 게릴라전으로 소련을 몰아낸 경험은 오사마에게 어떤 적이든 같은 방법을 통해 물리칠 수 있다는 자신감을 주었던 듯하다. 그가 이번에 타깃으로 삼은 적은 미국이었다. 전면전이 아닌 테러가 주요 전투방식이었다. 빈 라덴은 '성지를 더럽히고 유대인을 앞세워 팔레스타인인을 유린하며 부패한 아랍 독재자들을 보호하는 미국을 처단해야만 이슬람혁명이 가능하다'고 여겼다. 그는 사우디 왕정과 미국에 적대감을 가진 사우디아라비아 출신 이슬람주의자들을 알 카에다 요원으로 포섭해 적극적으로 훈련시켰다. 그리고 2001년 9월 11일, 총 19명의 아랍인이 4대의 미국 민간 여객기를 공중에서 납치했다. 그중 2대는 뉴욕 월드트레이드센터에 충돌해 건물을 붕괴시켰으며 1대는 미 국방성 건물인 펜타곤과 충돌했다. 마지막 1대는 승객의 저항으로 중간에 추락했다. 이 테러로 2,996명이 사망, 6,000명 이상이 부상을 당했다. 제2차 세계대전 당시 일본의 진주만 폭격 이후 미국이 당한 최악의 공격이었으며, 단일 테러로는 세계에서 가장 많은 희생자가 발생한 참사이기도 했다. 비행기를 공중에서 납치한 19명 가운데 15명이 사우디아라비아 출신이었다. 이들 대부분이 중산층 이상의 고학력자임이 밝혀지면서 배후세력이 누구인가에 대해 관심이 쏠렸다. 미국 정보당국은 오사마 빈 라덴을 주범으로 지목했다. 미국 정부는 9·11 테러 직후 오사마 빈 라덴이 이 테러에 관여했다는 충분한 증거를 제시하지는 못했지만 훗날 빈 라덴 스스로 자신이 테러를 지시했다고 밝힘으로써 9·11 테러 배후에 알 카에다와 빈 라덴이 존재한다는 사실이 명확해졌다.

미국 부시 행정부는 '테러와의 전쟁'을 선포하고 탈레반에게 아프가니스탄에 머물던 오사마 빈 라덴을 넘겨줄 것을 요구했다. 하지만 탈레반의 지도자 오마르는 빈 라덴이 테러를 지시했다는 증거를 제시하라고 반박했다. 그는 '만약 증거가 타당하다면 빈 라덴을 아프가니스탄의 이슬람 법정에 세우겠다'며 미국의 요구를 거부했다. 그러자 미국은 2001년 10월 7일 아프가니스탄을 침공했다. 이때 미군은 1979년에 아프간을 침공했던 소련군보다 훨씬 강했지만 탈레반의 군사력은 과거 소련과 싸우던 무자헤딘 수준에서 벗어나지 못했다. 미국의 압도적 우위 속에서 전쟁이 진행됐다. 미군은 탈레반에 적대적인 아프간 북부의 부족들을 앞세워 전쟁 개시 약 한 달 만에 카불을 함락시켰다. 탈레반은 몰락했고 북부 부족 연합은 새로운 아프간 정부를 수립했다. 빈 라덴은 미군의 포위망을 뚫고 달아났으나 미군의 추격도 계속됐다. 결국 2011년 5월 1일 미군 특수부대가 파키스탄 아보타바드에 은신해 있던 오사마 빈 라덴을 사살했다.

이라크 전쟁과 판도라의 상자

아프가니스탄에서의 성공으로 자신감을 얻은 부시 행정부는 이라크를 다음 목표물로 삼았다. 미국이 내세운 전쟁의 명분은 이라크의 대량 살상무기 개발과 사담 후세인 정권의 인권 탄압이었다. 미국 부시 대통령은 '미국에 위협이 될 것으로 보이는 나라에 대해 선제공격을 할 것'이라는 독트린을 발표했다. 그리고 이 원칙에 따라 2003년 3월 20일 이라크에 선제공격을 개시했다. 이라크 전쟁역시 미군의 일방적인 승리처럼 보였다. 공격이 시작된 지 20일 만에 바그다드의 사담 후세인 동상이 철거됐고 5월 1일 부시 대통령은 캘리포니아 근해의 항공모함 위에서 '임무 완수'를 선언했다. 사담은 바그다드에서 빠져나갔지만 결국 2003년 12월 고향 티크리트 인근에서 체포된 후 재판을 거쳐 2006년 12월 사형에 처해졌다. 미군이 이라크군을 이겼고 사담 후세인 정권은 패망했다.

그러나 거기까지였다. 부시 행정부는 이라크군을 이길 계획은 확실하게 세웠지만 후세인이 물러난 이후 이라크를 어떻게 재건할지에 대한 정밀한 구상은 없었다. 강력한 독재자였던 사담 후세인은 이슬람주의를 철저히 억압했다. 그런데 사담 정권이 붕괴되자 그동안 권력의 무자비한 탄압에 숨죽이던 이슬람주의가 깨어나기 시작했다. 여기에 기름을 부은 것은 이라크 신정부의 차별정책이었다. 미국의 후원을 등에 업고 세워진 이라크 신정부는 시아파가 주도하고 쿠르드족이 참여하는 형태였다. 기존의 지배세력 수니파가 권력에서 배제된 것이다. 특히 군에서 갑자기 강제로 전역당한 수니파 병사들의 불만이 매우 컸다. 급진 이슬람주의는 이런 불만을 흡수해 급성장했다. 시아파와 수니파 간 내전에 빠져들게 된 이라크는 치안이 무너지고 무정부 상태가 지속됐다. 아부 무사브 알 자르카위[05]는 이러한 상황에서 이라크 내에 '알 카에다 이라크지부'를 조직하고 미군과 이라크 신정부에 테러 공격을 감행, 지휘했다. 탈레반과 함께 사라질 줄 알았던 알 카에다가 이라크의 혼란 상황에서

05　아부 무사브 알 자르카위(Abu Mussab al-Zarqawi, 1966~2006년) : 요르단 출신으로 이라크 무장단체 '알 타우히드 왈 지하드(일신교와 성전)'의 지도자. 2001년 9·11 테러 사건 이후 오사마 빈 라덴을 대신해 알 카에다를 지휘했다. 2004년 한국인 선교사 김선일 피살사건의 배후자로 추정된 인물이기도 하다.

오히려 세력을 크게 키운 것이다.

　미국의 이라크 침공은 판도라의 상자를 연 셈이었다. 원래 이라크는 시아파 아랍인, 수니파 아랍인, 쿠르드족이라는 각기 다른 정체성을 지닌 세 집단을 인위적으로 묶어놓은 국가였다. 이라크에서는 장기간 수니파의 독재가 이어졌으나 사담 후세인이 축출된 후 시아파와 쿠르드족이 새롭게 권력을 장악했고 이에 수니파가 저항하는 구도가 됐다. 게다가 이슬람주의가 발호하면서 상황이 더욱 어지러워졌다. 이라크에 주둔 중이던 미군이 연일 크고 작은 테러에 시달리자 '이라크가 제2의 베트남이 될 것'이라는 우려가 미국 내에 비등했다. 결국 오바마 대통령은 2010년 이라크에서 철수하겠노라 공식적으로 선언했다. 이라크 침공 개시 후 철수까지 약 8년 동안 4,500명의 미군이 사망했고 7,500억 달러 이상의 전쟁 비용이 들었다. 같은 시기 이라크인 사망자는 적게는 수십만 명에서 최대 200만 명에 이를 만큼 많은 이들이 희생됐다. 당연히 이라크 경제는 파탄 상태에 이르렀고 이라크에서 시작된 급진 이슬람주의 세력은 이웃 시리아로 침투해 중동 지역을 비롯해 전 세계를 더욱 혼란에 빠트렸다.

Scene

21

모든 정체성의 충돌

시리아 내전

"시리아 내전은 결과적으로 아사드 정권의 승리로 끝났다. 아사드를 지지한 국가들이 훨씬 더 적극적으로 전쟁에 개입했고 끝까지 흔들림 없이 지원했기 때문이다. 반면 시리아 반군들이 가장 기대했던 미국의 참전은 끝내 이루어지지 않았다. 이미 이라크 전쟁 이후 이라크에 주둔 중인 미군들이 철수를 진행하고 있던 시점이었다. 미국 내 여론은 이라크에 미군이 주둔하는 것에 매우 비판적이었다. 미국인들은 미국 병사들이 의미 없이 이라크에서 희생당하고 있으며 미국이 감당해야 할 재정 부담도 지나치게 크다고 생각했다."

어떤 전쟁인가

시리아 내전은 21세기 들어 발생한 최악의 참사다. 시리아 내전으로 2018년까지 50만 명 이상이 죽고, 200만 명을 웃도는 부상자가 발생했다. 시리아를 떠나 세계 곳곳으로 흩어진 이들도 500만 명에 이른다. 시리아는 완전히 파괴되어 남은 이들이나 떠난 이들이나 고통 속에서 하루하루를 지내고 있다. 이런 참사의 원인이 무엇일까. 이를 알려면 전쟁의 성격부터 살펴봐야 한다.

흔히 이 전쟁을 '시리아 내전'이라고 부르지만 이 전쟁의 성격은 우리 생각보다 훨씬 복잡하다. 이 전쟁에는 시리아 국민 말고도 미국, 러시아, 이스라엘, 이란, 터키, 영국, 프랑스 등 여러 나라의 군대가 직접 공습이나 전투에 가담했다. 또한 국가 단위의 전투부대는 아니지만 외부의 무장조직들도 시리아 내전에 가담했다. 이라크의 시아파 민병대, 레바논의 헤즈볼라[01]가 대표적이다. 게다가 이라크와 시리아 국경에 걸쳐 등장한 급진 이슬람주의 세력인 이슬람 국가 'IS'도 마치 별개의 국가처럼 이 전쟁의 한 축으로 등장했다.

물론 이 전쟁은 애초 내전으로 시작됐다. 시리아 내의 반정부 시위가 점차 규모를 더해 반란으로 번졌고 여기에 쿠르드족이 분리독립을 하겠다며 아사드 정권과 맞서면서 시리아의 국가 권력을 둘러싼 내전의 양상을 보였다. 그리고 주변국들도 기본적으로 내전 당사자 중 어느 한 세력을 지원하거나 억제하기 위해 이 전쟁에 개입했다. 하지만 그 과정에서 터키가 시리아의 북부 아프린 지역을 점령하는 등 외국이 시리아 영토를 직접 점령하는 사례도 나타났다. 그리하여 시리아 내전의 성격은 정확한 성격을 진단하기 어려울 만큼 복잡해졌다.

그러나 한 가지 분명한 사실은 시리아 내전에는 중동에서 벌어지는 온갖 정체성의 투쟁이 모두 등장한다는 점이다. 처음 시리아 사태는 세속 독재정부에 맞서 국민들이 민주주의를 요구하면서 시작됐다. 독재 대 민주주의의 싸움이었다. 그러나 곧 알라위파[02]인 아사드 대통령을 위시한 시아파 집권세력에 저항하는 다수 수니파의

---

01 헤즈볼라(Hezbollah) : '신의 당'이라는 의미로서, 레바논의 대표적인 시아파 이슬람주의 무장단체.

02 알라위(Alawi)파(派) : 시리아 인구의 10% 정도 차지하는 시아파 이슬람의 한 분파로서 4대 칼리파인 알리를 신격화한다. 아사드 시리아 대통령도 알라위파이다.

싸움으로 변질됐다. 시아파의 맹주 이란이 아사드 정권을 지원하면서 전쟁에 개입하자 종파 간 분쟁의 성격이 더욱 명확해졌다. 여기에 쿠르드족이 독립국가 건설을 이루겠다는 목표로 전쟁에 참여하면서는 소수민족 독립전쟁의 성격도 가미됐다. 이뿐만 아니라 '이슬람 국가' IS가 발호하면서 전쟁이 크게 달라졌다. 이슬람 근본주의 대 세속주의의 전쟁으로 변한 것이다. 또한 두 강대국인 미국과 러시아의 대리전 양상으로까지 치달아 전쟁의 관계망이 거미줄처럼 얽혀 있다.

시리아 내전 전부를 다루는 데에는 한계가 있다. 따라서 여기에서는 전쟁에 참여하게 된 여러 주체, 세력들의 정체성과 그들의 속내를 살펴보고자 한다. 복잡하게 뒤엉킨 정체성의 실타래를 하나씩 풀다보면 중동 전체를 휘감고 있는 여러 가지 갈등들이 하나씩 제 모습을 드러낼 것이다.

아사드 정부의 명과 암

시리아는 제1차 세계대전 이후 영국과 프랑스에 의해 '급조'된 나라이다. 시리아는 한때 자발적으로 나세르가 통치하던 이집트와 국가 합병을 원했을 만큼 국민들의 국가 정체성이 약하다. 게다가 건국 이후 오랫동안 계속된 쿠데타와 경제 실패로 극심한 불안정을 경험한 나라이며, 서구 열강들이 국경을 멋대로 그어 나라가 세워졌기에 식민주의에 대한 반감이 큰 나라이다.

시리아는 다양한 정체성을 가진 부족 중심으로 사회가 구성되어 있다. 따라서 시리아 국민들은 '우리는 시리아인'이라는 공통된 정체성 의식이 희박했다. 아랍인이 90%가량 차지했지만 10%의 쿠르드인들이 시리아 북동부 지역에 살고 있었다. 종교적으로는 더 이질적이었다. 다수인 수니파는 오스만 제국 시절부터 종종 소수인 시아파와 여타 종파들을 탄압했다. 이에 소수종파들은 스스로를 보호하기 위해 종파별로 특정 지역에 모여 살았다. 주로 방어하기 유리한 산악 지대였다. 서부해안의 산악 지대에는 알라위파가, 남부 산악 지대에는 드루즈파가 살았다. 시아파인 이스마일파와 12이맘파는 각각 고립된 지역에 자리를 잡았다. 기독교인들은 대체로 도시에서 상업과 무역에 종사했다.

프랑스 식민통치의 잔재도 오늘날의 시리아에 큰 영향을 미쳤다. 식민통치가 대체로 그러하듯 프랑스는 시리아 인민들에게 참정권을 부여하는 데 인색했다. 당연히 의회가 발달하지 못한 반면 인민을 지배하고 억압하는 핵심인 군부의 힘이 크고 강했다. 이러한 영향은 이후로도 계속되어 독립 후에도 강력한 군부 탓에 의회주의와 정당정치가 발달하지 못했고 권위주의 정치 문화가 이어졌다. 민주주의를 요구하는 국민들의 요구가 번번이 군부정권의 억압에 가로막혀 정치가 늘 불안했고 경제는 낙후됐다.

1970년 11월 하페즈 아사드[03] 대통령이 쿠데타로 집권한 이후 시리아의 상황은 조금 나아졌다. 아사드 대통령은 2000년 사망할 때까지 강력한 독재정치를 펼쳤다. 그 덕분에 시리아에서는 더 이상의 쿠데타 없이 정치 상황이 조금이나마 안정됐다. 아사드 정부는 시리아 정치의 불안 요소 중 하나였던 급진 사회주의 세력과 이슬람 근본주의 세력을 철저히 억압함으로써 중산층의 지지를 이끌어냈다. 아사드 대통령은 시아파의 하나로 분류된 소수종파 '알라위파'였는데, 핵심 요직에 자신의 친족과 알라위파 출신을 앉혀 권력을 공고히 했다. 한편 아사드는 드루즈파와 기독교인들에게도 총리직 등의 권력을 나눠줌으로써 안정된 지지기반을 확보하려 했다. 그리고 인구의 65%를 차지한 수니파들이 소외되지 않도록 주요 부족 지도자들에게도 후원을 아끼지 않았다. 반면에 아사드는 폭력도 주저하지 않고 사용했다. 1982년 무슬림형제단이 하마에서 반란을 일으키자 그는 눈도 깜빡하지 않고 1만 명을 학살하기도 했다. 정보기관을 통한 감시와 체포가 시리아 국민들의 일상이었다. 아사드 정부는 국가 권력에 도전하는 세력이 있다면 가혹한 탄압으로 응수했다.

하페즈 아사드 대통령은 경제적으로도 성공을 거두었다. 국가가

---

03 하페즈 알 아사드(Hafez al-Assad, 1930~2000년): 군 출신으로 시리아에서 오랜 세월 독재를 시행한 대통령. 1973년 4차 중동전쟁 시 이집트와 연합해 이스라엘을 공격했다. 후임 바샤르 알 아사드(Bashar al-Assad) 대통령의 부친.

주도한 사회주의 경제정책으로 시리아는 빠르게 변해갔다. 경제성장의 주요 원동력은 1970년대 후반부터 개발된 시리아 동부의 유전 지대였다. 석유 수출을 토대로 시리아는 산업을 부흥시켰고 많은 일자리도 만들어내었다. 자연스럽게 중산층이 증가했다. 아사드 정권은 시아파와 소수 종파들뿐 아니라 경제성장의 수혜 계층이 된 수니파 노동자, 농민들로부터도 큰 지지를 이끌어냈다.

하페즈 아사드는 장남 바셀 아사드에게 권력을 승계하고자 했지만 1994년 바셀이 교통사고로 사망하자 당시 런던에서 유학 중이던 차남 바샤르 아사드를 급히 시리아로 불러 후계 수업을 받도록 했다. 그리고 하페즈 아사드가 사망하자 시리아에서는 2000년 7월 차기 대통령 선출을 위한 국민투표가 치러졌다. 단독 후보로 나선 바샤르 아사드가 거의 만장일치로 시리아의 새 대통령으로 선출됐다. 당시 바샤르 아사드는 34세의 젊은 나이였다. 시리아 안팎에서는 유럽에서 자유의 공기를 마시며 공부한 젊은 대통령이 그의 아버지보다 훨씬 더 개혁적이고 합리적인 지도자가 될 것이라고 기대해 마지않았다.

그러나 바샤르 아사드는 집권 초기부터 운이 따르지 못했다. 미국에 이란과 이라크를 '악의 축'으로 규정하는 부시 행정부가 들어섰기 때문이다. 이란 및 이라크와 이웃해 있는 시리아는 이러한 국제적 역학관계에 휘말릴 수밖에 없었다. 그리고 2001년 9월 11일 급진 이슬람주의 조직 알 카에다가 미국의 월드트레이드센터와 펜

타곤 등을 공격하는 초유의 사태가 발생하자 중동은 말 그대로 화약고 상태로 돌변했다. 부시 행정부는 알 카에다를 지원한 혐의로 아프가니스탄의 탈레반 정부를 겨냥했고 이라크의 사담 후세인 정권 역시 테러 지원과 대량살상무기 보유 혐의로 미국의 공격 리스트에 올랐다. 이들을 제거하기로 결심한 미국은 동맹세력이 필요했고 부시 대통령은 시리아 정부에 러브콜을 보냈다. 그러나 젊은 바샤르는 미국의 이라크 침공에 반대 입장을 분명히 했다. 이를 계기로 바샤르는 부시 행정부의 눈 밖에 나고 말았다. 부시 대통령은 적과 아군을 분명히 가르는 스타일이었다. 그러한 부시에게 미국의 동맹이 되기를 거부한 시리아는 곧 적일 수밖에 없었다. 미국은 시리아에 대해 경제 제재를 가했다.

미국을 등진 바샤르는 생존 방안을 찾아야 했다. 그는 미국의 의도대로 이라크에서 사담 후세인이 물러난 후 이라크 내에 친미 세력 정권이 수립된다면, 미국의 그 다음 목표는 시리아가 될 것이라고 생각했다. 미국과 함께 시리아를 압박하는 이스라엘도 바샤르에게는 큰 위협이었다. 이에 시리아 정부는 레바논의 시아파 급진 이슬람주의 세력인 헤즈볼라를 지원하여 이스라엘을 견제하려 했다. 자발적으로 이라크에 입국해 미국과 싸우기 원했던 지하디스트[04]

---

04   지하디스트(Jihadist) : '성전(聖戰)' 지하드를 정치 이념으로 삼는 이들을 의미하는 말. '이슬람주의 무장단체'와 유사한 표현이다.

들도 지원했다. 이제 시리아의 바샤르 아사드 정권은 미국의 공식적인 적으로 분류됐다. 부시 행정부는 시리아에 경제제재 조치를 취했으며 유엔을 통해서는 레바논에 주둔한 시리아군이 철수하도록 압박했다. 이렇듯 고립 상황에 직면한 바샤르 아사드는 시리아와 마찬가지로 미국으로부터 제재를 당하고 있던 이란과 긴밀한 관계로 발전했다.

2003년 미국은 이라크를 침공해 사담 후세인을 제거했다. 그러나 문제가 더욱 커졌다. 사담 집권 시절 권력에서 밀려나 있던 시아파를 중심으로 이라크에 새로운 정부가 들어섰다. 시아파 정부는 수니파를 철저히 박대했고, 이에 분개한 수니파 병사들은 대거 이슬람 급진주의 세력에 포섭돼 반란을 일으켰다. 이라크 내 종파 간 갈등이 내전으로 치달은 것이다. 이웃 나라 이라크가 엉망이 되고 있을 무렵 시리아의 바샤르 아사드 대통령은 괄목할 만한 성과를 내고 있었다. 러시아, 터키, 카타르 등과 관계를 개선함으로써 미국이 주도하는 제재를 극복해내려 노력했다. 바샤르 아사드는 집권 이후 기존의 사회주의 노선을 버리고 시장 경제로의 이행을 추진했고 시리아의 경제가 살아나기 시작했다. 또한 그는 걸프 국가들로부터 투자를 받아냈으며 관광산업도 활성화시켰다. 2005년도 당시 279억 달러에 머물던 GDP가 2010년에는 601억 달러로 급증했다. 5년 사이 2배 이상 가파르게 성장한 것이다. 경제성장은 인구 증가를 가져왔고 그에 따라 젊은층의 인구 비중도 높아졌지만 이러한 시리아의 외형적 성장에도 불구하고 국민들은 이를 체감하지 못했다. 시리아의 청년실업률은 기존 사회주의 시절보다 더 늘었고 기존에 국가가 제공하던 다양한 복지제도 역시 축소됐다. 시장경제가 확대되면서 빈부격차 역시 확대됐다. 국민들의 불만은 점점 쌓여갔다.

권력의 핵심을 독점해온 알라위파에 대한 사회적 반감도 커졌다. 알라위파는 시리아 인구의 12% 정도를 차지한 데 반해 수니파는 65%에 이르렀다. 물론 아사드 정권에 협조한 수니파들도 상당수 존재했으나 많은 수니파들이 아사드 정권의 후원으로 사회적·경제적으로 지위가 향상된 알라위파를 분노의 눈으로 바라보고 있었다. 하지만 아사드 정권은 견고해보였다. 이질적인 구성원들로 이루어진 시리아 사회가 지난 40년 동안 비교적 안정적인 통합을 이룰 수 있었던 이유는 역설적으로 아사드 정권의 독재가 그만큼 촘촘하고 강력했기 때문이다. 2011년 '아랍의 봄'[05]이 상륙하기 직전의 시리아에서는 독재정권에 대항할 만큼 시민사회가 충분히 성장해 있지 못했다. 그러나 아랍의 봄이 시리아인들의 가슴에 불을 당기면서 시리아는 빠르게 내전으로 빠져들었다.

---

05   2010년 12월 북아프리카의 튀니지에서 발화되어 북아프리카뿐 아니라 아랍 및 중동국가들로 번진 반정부 시위의 총칭이다.

시리아에 상륙한 '아랍의 봄'

시작은 튀니지였다. 노점상을 하던 청년 무함마드 부아지지가 경찰의 단속에 항의하며 분신자살을 한 사건이 계기가 되어 튀니지 시민들이 대거 반정부 시위에 동참했고 결국 24년간 철권통치를 휘둘러온 벤 알리 대통령을 몰아냈다. 튀니지 사태는 북아프리카 이웃나라들로 번져갔는데, 강력한 독재정치 국가였던 이집트의 무바라크와 리비아의 카다피 정권도 무너지고 말았다. 서방 언론들은 이 일련의 사태를 '아랍의 봄'이라고 불렀다. 그리고 그 봄이 홍해를 건너 중동에 상륙했다. 걸프 왕정과 요르단 등에서도 시위가 일어났지만 가장 큰 충돌은 바샤르 아사드 대통령이 집권하고 있는 시리아에서 발생했다.

2011년 3월 초 시리아 남부의 데라 시(市)의 한 마을에서 정부를 비판하는 낙서가 발견됐다. '의사, 다음은 네 차례다!' 누가 봐도 영국 유학 시절 안과의학을 전공했던 바샤르 아사드 대통령을 비판하는 낙서였다. 시리아 경찰은 즉각 범인 색출에 나섰고 붙잡힌 범인은 북아프리카에서 일어난 아랍의 봄에 고무된 학생들로 밝혀졌다. 경찰은 이들을 체포해 끌고 갔다. 학생들은 구속된 후 심한 고문을 당했다. 저지른 죄에 비해 너무 무거운 형벌이었다. 이들의 가족이 나서서 석방을 탄원했으나 받아들여지지 않았다. 아사드 정부는 일벌백계를 통해 아랍의 봄을 싹부터 제거하겠다는 심산이었다. 3월

15일 데라 시 중심부의 모스크 앞에서 구속자 석방을 요구하는 시위가 벌어졌다. 학생들의 가족과 시민들 수백 명이 참여한 시위였다. 경찰들이 시위대를 향해 발포했고 그 과정에서 시민 4명이 사망했다. 다음 날 희생자들의 장례식이 치러지면서 다시 시위가 전개됐다. 시위대 숫자가 크게 늘었고 그들의 저항은 더욱 과격해졌다. 단순히 구속자 석방만을 요구하는 데 그치지 않고 시리아의 집권당인 바트당 사무실과 정부 기관까지 공격했다. 정부 역시 초강경으로 대응했다. 군대를 동원해 도시를 포위하고 도시의 수도와 전기, 그리고 통신망을 끊었다. 그러나 시위대는 쉽게 물러서지 않았다. 데라 시 주민들 대부분은 같은 부족이었고 모두 수니파였다. 이들은 강한 연대의식을 가지고 서로를 도왔다.

한편 데라에서 경찰들이 시민에게 발포했다는 소식이 전해지자 시위는 홈스, 바니아스, 락까, 하마, 그리고 다마스쿠스 일부 지역 등 시리아 전국으로 확산됐다. 시리아 내 반정부 시위는 북아프리카에서 건너온 아랍의 봄 뉴스에 잔뜩 고무되었고 데라에서 벌어진 사태로 분노까지 겹쳐져 금세 달아올랐다. 독재정치에 대한 염증과 빈부격차, 그리고 높은 실업률 등 사회경제적 불만이 이 시위의 원동력이었다. 그런 만큼 시위는 가난한 지역에서 더 빠르게 확산됐다. 그러나 모든 시리아 국민이 반정부 시위를 지지한 것은 아니었다. 아사드 정부를 지지하는 이들 또한 많았다. '이라크 학습효과'의 영향이 컸다. 사담 후세인 정부가 몰락한 후 이라크에는 오히려 극심한 종파갈등과 사회적 혼란으로 몸살을 앓았고 심각한 경제난과 무너진 치안 속에서 급진 이슬람주의 세력이 기승을 부렸다. 이웃 나라 이라크에서 벌어진 일련의 사태를 지켜본 수많은 시리아인들은 아사드 정부가 무너지면 시리아 역시 똑같은 혼란과 어려움을 겪게 될지도 모른다고 걱정했다. 이런 우려는 특히 시리아 중산층에서 강하게 나타났다. 바샤르 아사드가 추진한 경제개혁의 수혜계층인 중산층은 종파와 부족에 관계없이 대체로 친정부 세력이었다. 일반적으로 중산층은 독재정부에 비판적인 성향을 보이곤 하지만 시리아의 중산층은 '이라크 학습효과'로 인해 독재일망정 혼란보다 안정이 낫다고 여겼다. 시리아의 중산층은 정부를 적극 지지하거나 또는 지지하지는 않더라도 최소한 시위에 참여하지는 않았다. 따라서 반정부 시위의 주도층은 가난한 서민들이었다.

알라위파와 드루즈파, 그리고 시아파 등 소수종파에 속한 시리아인들 역시 친아사드 세력이었다. 아사드 정권의 요직을 맡으며 상대적으로 많은 혜택을 누린 소수종파들은 아사드 정권이 무너지고 새로운 정부가 들어설 경우 다수 세력인 수니파가 자신들에게 보복할 것이라고 두려워했다. 아사드 정부는 세속주의 정부였다. 따라서 수니파에 속하더라도 세속주의를 지지하는 이들 또한 아사드 정부를 지지하거나 최소한 중립을 지키는 경우가 많았다. 이들은 급진 이슬람주의 세력이 이라크에서 크게 성장하는 것을 목격했기에 아사드 정부의 몰락 결과 이슬람주의 세력이 시리아를 차지할 것이라고 걱정했다. 또한 시리아의 군부가 끝까지 정부에 등을 돌리지 않았다는 점도 기억해야 한다. 개별적으로 반정부 세력에 가담하는 군 장교나 병사들이 존재했지만 군부 자체는 끝까지 아사드 정권에 충성했다. 아랍의 봄이 발생했던 북아프리카 국가들은 대체로 군부가 독재자에게 등을 돌림으로써 무너졌던 것에 비해 시리아는 그렇지 않았다는 점이 큰 차이다. 요컨대, 시리아 내전의 시작은 독재에 저항하면서 민주주의를 요구하는 시위였다. 여기까지는 다른 독재 국가에서 벌어지는 민주화 시위와 크게 다르지 않았다. 그러나 시리아의 반정부 시위는 사회적 갈등의 경계선을 타고 알라위파 등 소수종파의 지배에 대해 다수의 수니파가 저항하는 종파 분쟁의 성격이 더해졌다.

내전으로의 확대

시리아의 반정부 세력은 터키에 자리를 잡았다. 오랫동안 시리아와 앙숙관계인 터키의 지원 덕분이었다. 시위가 확산되면서 전국적으로 반정부 투쟁을 이끌어갈 조직된 지도부가 필요하다는 의견이 제기됐고 2011년 8월 터키 이스탄불에서 '시리아국민회의'가 발족했다. 그러나 시리아국민회의는 역할을 제대로 감당하지 못했다. 무엇보다 시리아 내의 지역별 상황이 모두 달랐다. 시위의 목표도 달랐고, 참여하는 이들의 성격도 제각각이었다. 결정적으로 이들을 통솔할 만한 걸출한 지도자가 없었다. 시리아국민의회가 제 기능을 못하자 반군세력은 이를 극복하기 위해 연합지도부를 여러 차례 개편했다. 2013년 3월 시리아국민회의에서 시작한 연합지도부는 수차례 개편을 거쳐 터키에서 '시리아임시정부'로 재탄생했다. 그러나 이질적인 세력들로 구성된 탓에 여전히 효율적이고 단일한 전략을 만들어내지 못했다.

이와 별개로 거리에서 벌어지던 시위는 점차 무장투쟁으로 변해갔고 시위대는 반군이 됐다. 무장투쟁을 벌이던 반군 역시 연합체를 만들었다. 2011년 7월 반군에 가담한 전직 시리아군 장교들이 주축이 되어 '자유시리아군'을 결성했다. 이후 다른 반군 민병대들과 정부군에서 이탈한 병사들이 속속 자유시리아군에 합류하면서 빠르게 성장했다. 그러나 자유시리아군 역시 시리아국민회의와 마찬가지로 모든 반군세력을 효율적으로 통합한 조직이 아니었다. 명령체계나 연락체계를 잘 갖추지 못한 채 각 지역의 반군들이 '자유시리아군'이라는 간판을 달고서 독자적으로 활동했다.

자유시리아군의 깃발 아래 모인 각 민병대의 성격도 서로 달랐다. 급진 이슬람주의로 무장한 세력이 있는가 하면 세속주의 이념을 가진 민병대도 존재했다. 밀수업자 등 전직 갱단이 반군으로 정체성을 바꾸거나 지역 명망가가 자신의 영향력으로 모은 민병대도 자유시리아군으로 활동했다. 여러 작은 그룹들을 흡수해 규모를 키운 민병대가 있는 반면에 지역 부족 중심으로 모인 소규모 민병대도 존재했다. 2012년 중반에는 시리아 내에 1,000여 개의 민병대가 활동했고 이는 2013년 중반까지 4,000여 개로 크게 늘었다. 시리아 전체가 무법천지의 전쟁터로 변해갔다. 이들 민병대는 각 지역의 반정부 투쟁을 보호하기 위해 자생적으로 만들어진 것이었고 이들의 활동 범위 역시 해당 지역에 국한된 경우가 대부분이었다.

체계적인 전략 없이 모인 반군들이 기대했던 것은 미국의 군사 개입이었다. 이라크에서 사담 후세인 정권을 무너뜨린 주체가 미군이었기에 시리아 반군세력들은 아사드 정권도 미군이 개입하면 무너질 거라고 예상하고 봉기했다. 그러나 자유시리아군들은 만약 미국이 참전하지 않는다면 어떻게 할 것인지에 대한 구체적인 대안이 없었다. 이처럼 엉성한 군대였지만 자유시리아군은 나름대로 상당한 전과를 올렸다. 2012년 중반까지 시리아 동부 지역 상당 부분이 반군에 넘어갔다. 시리아 정부군은 농촌이 대부분인 동부 지역을 사수하는 전략 대신 인구가 밀집된 서부로 병력을 집결시켰다. 특히 시리아 서부에는 천연가스 매장지와 발전소가 모여 있기도 했는데, 이곳을 잃는다면 아사드 정권은 버틸 재간이 없었기 때문이다. 그러나 전반적으로 아사드 정부군은 수세에 몰렸고 아사드 정권도 흔들리고 있었다. 이러한 상황에서 쿠르드족이 나서면서 상황이 훨씬 더 복잡해졌다.

쿠르드족의 봉기

시리아에서 반정부 시위가 계속 확산되자 쿠르드족 내부에서는 독립국가를 건설할 기회라고 생각하는 이들이 늘어났다. 결국 쿠르드족은 2011년 하반기에 독립국가 건설을 위한 운동에 적극적으로 뛰어들었다. 시리아의 쿠르드 민족운동 진영은 전통적으로 아사드 정부와 친했던 민주동맹당(PYD)과 여러 쿠르드계 정당이 모여 결성한 '쿠르드국민회의', 이렇게 양대 세력으로 재편됐다. PYD와 쿠르드국민회의는 서로 경쟁하며 쿠르드 민족운동을 이끌었다.

PYD는 터키의 쿠르드 반군인 쿠르드노동자당(PKK)과 연계된 정당이다. 단순한 정당이 아니라 별도의 무장병력인 인민수비대(YPG)까지 갖추고 있다. 비록 PYD가 시리아 내 쿠르드 민족주의 정당을 표방하지만 많은 희생자를 내면서 오랫동안 PKK와 싸워온 터키 정부는 테러조직과 연계된 위협으로 간주한다.

시리아 정부군은 YPG가 주로 활동하는 로자바(시리아 북서부 지역)에서 순순히 물러났다. 그 덕분에 YPG는 정부군이 물러난 코바니, 아프린, 알레포 일부 지역 등을 손쉽게 점령했다. 이후 YPG는 정부군과 싸우기보다는 주로 이슬람 국가, 즉 IS를 상대로 전투를 벌였다. 분리독립을 원하는 쿠르드족 민병대에 영토를 거저 넘기다시피 한 시리아 정부군과 이후 좀처럼 정부군을 공격하지 않는 YPG를 두고 시리아의 반군세력은 물론 터키 정부까지 나서서 '아사드와 (YPG의 배후인) PYD 사이에 밀약이 존재한다'며 강력하게 비난했다. 물론 PYD는 이러한 의혹을 공식적으로 부인했다. 왜 아사드 정부군은 YPG에게 로자바를 넘겨준 것일까. 어차피 쿠르드족의 봉기를 막을 수 없는 상황이라면 자신들에게 적대적인 쿠르드국민회의 세력보다는 PYD가 주도권을 잡는 것이 자신들에게 더 유리하다는 현실적 판단을 했을 가능성이 있다.

2013년 11월 PYD는 정부군이 물러남으로써 차지하게 된 로자바 지역을 쿠르드 자치지역으로 선포했다. 로자바는 석유가 나오는 유전지대인 동시에 터키와 국경을 맞댄 접경지대였다. PYD로서는 터키의 쿠르드 저항세력인 PKK 및 이라크의 쿠르드 세력과 접촉하기 위해서 반드시 차지해야 하는 전략적 요충지였다. 이들로부터 무기와 자금이 보급되었고 전투에 참가하는 전사들도 충원되었기 때문이다. 특히 터키와의 접경지대는 다른 반군들에게도 돈벌이 수단이었다. 시리아의 산업이 정지되다시피 하면서 부족해진 물자를 주로 터키에서 몰래 들여왔는데, 접경지대를 장악한 반군들은 이 밀수업자들로부터 통행세를 받아 쏠쏠한 재미를 보고 있었다. 또한 생명을 위협하는 참혹한 전쟁을 피해 터키로 밀입국하려는 피난민들로부터 받는 통행세도 짭짤한 수입원이었다. 따라서 로자바는 쿠르드족뿐 아니라 시리아 내전에 참여한 세력이라면 누구나 눈독을 들이는 지역이었다.

특히 '지하드 그룹'인 알누스라 전선과 IS 역시 이 지역을 차지하기 위해 필사적으로 싸움을 걸어왔다. 이곳의 석유를 손에 넣어 전쟁자금을 마련해야 했고 이곳이 물자를 주로 들여오는 터키와 연결되는 통로였으며 이라크의 지하드 그룹과 접촉하는 데에도 유리한 고지였기 때문이다. YPG는 이들 지하드 그룹과 치열한 전투를 벌인 끝에 로자바 지역을 사수했다. 이후 급진 이슬람주의 세력과 쿠르드족 간에 진행된 혈투는 시리아 내전의 커다란 한 축을 구성한다. 또 다른 쿠르드 민족운동 세력인 쿠르드국민회의 역시 로자바에서 자리를 잡고 IS와 주로 전투를 벌였다.

한편 시리아 반군세력의 연합체인 시리아민족회의 내부에서는 쿠르드국민회의와 연대하여 아사드 정부에 대항하자는 의제를 놓고 치열한 논쟁이 벌어졌다. 애초에 아사드 정부와 밀약 의혹을 받았던 PYD는 연대 대상에서 제외됐다. 하지만 쿠르드족의 분리독립 움직임에 대한 거부감을 드러낸 의견들이 많았던 탓에 시리아 반군세력은 결국 쿠르드족을 끌어안는 데 실패했다.

이렇듯 민주화 시위로 시작한 시리아 내전은 정부군과 반군 간의 전투가 벌어져 내전으로 발전한 데 이어 쿠르드인과 아랍인, 두 민족 사이의 갈등으로까지 이어졌다. 여기에 IS가 뛰어들면서 시리아 내전은 훨씬 더 복잡한 사태로 진행된다.

'이슬람 국가' IS의 성장

　IS의 흥망성쇠는 시리아 내전의 가장 독특한 부분이다. IS는 애초 시리아 내전의 직접적인 이해관계 당사자가 아니었다. 반정부 세력과도 관련이 없고 분리주의 세력인 쿠르드족과도 아무 상관이 없었다. 시리아의 이웃 국가인 이라크에서 빠르게 성장하고 있던 급진 이슬람주의 세력이 시리아의 혼란을 틈타 세력을 확장한 것이다. 그런데 그 성장세가 빨라 세계를 놀라게 했다. 이들은 이라크와 시리아뿐 아니라 전 세계 지하드 그룹과 연계해 곳곳에서 테러를 자행함과 동시에 뉴미디어를 잘 이용해 세련된 방식으로 자신들을 홍보함으로써 역대 그 어느 조직보다 강력한 존재감을 과시했다.

　IS의 시작을 살펴보려면 우선 이라크 전쟁으로 거슬러 올라가야 한다. 사담 후세인 정권 몰락 후 이라크에서는 시아파가 주도하는 신정부가 기득권 세력인 수니파에 대해 보복하면서 국가가 극심한 종파 갈등을 겪었다. 게다가 치안이 무너진 공백으로 '지하드(성전)'를 외치는 급진 이슬람주의 세력이 빠르게 스며들었다. 특히 이라크 신정부가 들어서면서 갑자기 일자리를 잃거나 군대에서 강제로 전역당한 수니파 이라크인들의 불만은 하늘을 찔렀다. 지하드 그룹은 이들을 재빨리 포섭했다. 가장 눈에 띄게 성장한 조직이 알 자르카위가 이끄는 '알 카에다 이라크지부(AQI, al-Qaeda in Iraq)'이다. 물론 이들은 알 카에다의 산하조직이었다. 알 카에다 이라크지부는 다른 이슬람주의 조직을 규합해 '이라크 이슬람 국가(ISI, Isalamic State of Iraq)'를 창설했는데, 알 자르카위가 미군의 공습으로 죽자 여러 지도자를 거쳐 아부 바크르 알 바그다디가 조직을 이끌었다. 알 바그다디는 시리아가 내전 상황으로 치닫자 이를 기회라고 생각했다. 그는 아부 무함마드 알 줄라니를 시리아로 파견해 알 카에다 연계조직을 만들도록 지시했다. 알 줄라니는 시리아 태생이자 알 카에다의 멤버로 이라크에서 활동하다가 알 바그다디의 지시에 따라 2011년 여름에 다시 시리아로 숨어들었다. 알 줄라니는 수개월에 걸쳐 조직 건설에 매달린 끝에 '알누스라 전선'을 만들어 활동에 돌입했다. 그는 알누스라 전선이 알 카에다와 연계된 조직이라는 사실을 숨겼다. 알 카에다와 관련되어 있다는 사실이 알려지면 미국을 비롯한 서방 국가들의 타깃이 될까 우려했기 때문이다.

2012년 여름부터 2013년 3월까지 알누스라 전선은 자살폭탄테러를 동원한 공격으로 시리아 정부군에 여러 차례 승리를 거두면서 최강의 반군 조직 중 하나가 됐다. 2013년 3월 알누스라 전선은 시리아 동부의 큰 도시인 락까를 점령하는 데에도 성공했다. 그러자 이라크에서 ISI를 이끌던 알 바그다디는 알누스라 전선이 시리아에서 충분한 영토와 지지자들을 확보했다고 판단하고 2013년 4월 이라크-시리아 이슬람 국가(ISIS, Islamic State of Iraq and al-Sham)를 세상에 알렸다. 알 바그다디는 '알누스라 전선은 나의 명령에 의해 조직되었으며 이제 알누스라 전선을 이슬람 국가(ISIS)에 흡수한다'고 발표했다. 그러나 알 줄라니는 알 바그다디의 일방적인 선언에 반발했다. 그는 알누스라 전선과 알 카에다가 연계되어 있음을 밝히며 '나는 알 카에다의 지도자 알 자와히리에게 충성한다'고 선언했다. 오사마 빈 라덴이 사망한 후 알 카에다의 제1인자가 된 아이만 알 자와히리 역시 알 바그다디의 선언에 분노하며 '알 바그다디는 이라크에 집중하라'고 명령했다. 알 바그다디가 독자적으로 세력화하는 것을 허락하지 않은 것이다. 그러나 알 바그다디는 흔들림 없이 자신의 계획을 밀어붙였다. 2013년 6월 29일 그가 이끄는 ISIS는 세상이 깜짝 놀랄 만한 선언을 했다.

"칼리파가 통치하는 새로운 이슬람 국가(IS)를 건설할 것이며 아부 바크르 알 바그다디를 칼리파로 추대한다."

IS를 세우고 칼리파 제도를 도입하겠다는 것이었다. 21세기에 칼리파라니! 서방 언론들은 이 황당한 선언을 미심쩍은 눈길로 바라보았다. 그러나 IS는 이라크와 시리아에서 보란 듯이 세력을 확장해나갔고 2013년 8월 흡수통합을 거부하는 알누스라 전선과 대결해서 그들이 점령하고 있던 락까를 빼앗는 데 성공했다. 이어 이라크에서 팔루자와 모술을 함락시키며 미국과 이라크 정부를 긴장시켰다. 서방 언론들 역시 더 이상 IS가 무시할 수 없는 세력임을 깨달았다. IS는 이후 더욱 대담하게 행동했다. 포로들을 참수형에 처하고 그 영상을 인터넷으로 세상에 공개했다. 중동국가들과 유럽에서 테러를 일으킨 후 그 배후가 IS라고 스스로 밝히기도 했다. 세상은 경악했지만 이에 매력을 느끼며 자원해서 합류하겠다는 세계 곳곳의 지하디스트들이 줄을 이었다. 물론 자유시리아군 등 시리아 반군 중에서도 많은 이들이 IS로 넘어갔다. 시리아와 이라크 밖에서는 IS의 급성장을 우려의 눈으로 바라보았지만 IS는 거침없이 팽창했다. 그들은 이라크의 사마라와 티크리트를 점령하고 키르쿠크와 바그다드까지 압박해 들어갔다. 이라크 정부군과 쿠르드 자치정부의 군대인 페쉬메르가가 IS에 맞서 치열한 전투를 벌였다. IS는 시리아에서도 로자바 지역을 두고 쿠르드족과 치열한 전투를 벌였다. 이렇듯 승승장구한 IS는 2015년 중반까지 이라크 모술과 알-카임 등 서북부 지역에서부터 시리아 락까와 알레포 인근까지 영토를 크게 넓혔다. 시리아 전체 영토의 거의 절반에 가까운 넓이였다.

어떻게 IS가 급성장할 수 있었을까? 우선 IS의 주무대였던 이라크와 시리아가 극심한 혼란을 겪고 있던 상황이었음을 주목해야 한다. 극도의 혼란 상황에서 인간은 오히려 절대적인 도그마를 찾음으로써 심리적 안정을 추구하는 경향이 있다. 내전을 겪고 있던 이라크와 시리아의 사람들에게는 토론이 아닌 순종을 요구하는 종교적 근본주의가 다른 어떤 이념이나 주장보다 더 매력적으로 다가왔을 것이다. 원래 뚜렷한 종교적 신념이 없던 이들조차 전장에서 생사를 오가는 체험을 하면서 누가 굳이 권하지 않아도 훨씬 더 종교

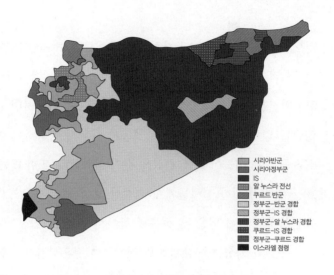

시리아반군
시리아정부군
IS
알 누스라 전선
쿠르드 반군
정부군-반군 경합
정부군-IS 경합
정부군-알 누스라 경합
쿠르드-IS 경합
정부군-쿠르드 경합
이스라엘 점령

2015년 1월 시리아 내전 상황

적인 인간이 되게 마련이다. 매일 매 순간 죽음을 떠올려야 하는 상황이라면 누군들 그렇지 않을까.

마침 이라크와 시리아의 반군 대부분은 수니파 무슬림이었다. 이라크의 신정부는 시아파가 주도했고 기존 집권세력인 수니파는 탄압의 대상이었다. 당연히 불만을 가진 수니파들이 반군에 가담했다. 시리아도 아사드 정권에게 차별 받았던 수니파들이 반군의 주축이었다. 자연스레 반군들은 수니파 이슬람 근본주의인 IS의 종교적 이념에 매료됐다. IS가 구체적인 목표와 보상을 제시한 것도 효과가 컸다. 그들은 우선 '새로운 칼리파 국가 건설'이라는 단기적인 비전을 내세웠다. 알 카에다가 뉴욕의 빌딩을 파괴하자 많은 아랍인들이 환호했지만 그뿐이었다. 그것으로 미국과 기독교 문명이 사라진 것도 아니었고 오히려 더 강하게 보복해왔다. 하지만 IS는 일견 시대착오적 발상으로 보이는 '칼리파 국가'라는 구체적이면서도 자극적인 비전을 제시했다. IS가 초기 전투에서 승승장구하며 단기간에 영토를 넓히자 기존의 지하드 그룹뿐 아니라 방황하던 아랍 젊은이들 중 많은 이들이 IS에 관심을 갖기 시작했다. 또한 IS는 이런 목표를 위해 헌신한 전사들에게 적절한 보상을 제공했다. 이라크의 유전지대를 손에 넣은 후 석유를 팔아서 번 돈으로 전사들에게 봉급을 주었고 여성들을 강제로 IS 전사들과 결혼시키기도 했다. 국제사회는 경악했지만 이런 혜택에 끌려 IS에 합류하는 이들이 늘고 있었다.

마지막으로, IS는 단지 정치세력만이 아니라 종말론적 세계관을 가진 종교단체이기도 했다. 곧 세상의 종말이 오고 이맘 마흐디가 나타나 최후의 심판을 할 것이라는 믿음이다. IS는 이와 같은 종교적 신념을 교묘하게 이용했다. 즉 전사들에게 '성전을 통한 죽음이 곧 엄청난 축복과 보상으로 이어질 것'이라는 관념을 지속적으로 세뇌시켰다. 계속되는 전쟁과 죽음의 공포 앞에 선 이라크인과 시리아인들은 하루하루 불안하고 고통스러운 삶을 영위하느니 빨리 공을 세운 후 신에게 가고 싶다는 생각이 들었을 것이다. IS가 시리아에 집착한 이유 중 하나는 시리아와 터키 국경지대의 작은 마을 '다비크' 때문이다. 이슬람의 종말론에서 다비크는 최후의 전쟁이 벌어지는 장소이다. 기독교의 '아마겟돈'과 같은 상징성을 지닌다.

《하디스》에는 예언자 무함마드가 이렇게 예언한 것으로 전해진다.

"무슬림 군대가 다비크나 알-아마크에서 로마군을 무찌를 때까지는 최후의 날이 도래하지 않으리라."

이 예언에 등장하는 다비크와 알-아마크 모두 시리아에 존재한다. 최후의 성전을 준비하기 위해서 IS가 시리아를 장악해야 하는 이유를 설명하는 대목이기도 하다. 시리아 내전의 와중에 이슬람

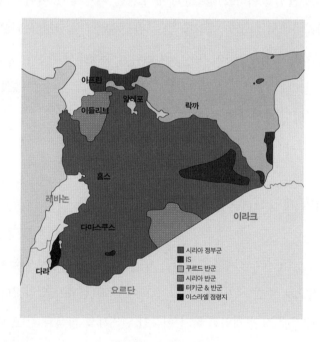

2018년 8월 시리아 내전 상황

근본주의를 표방한 유사국가 IS가 탄생함으로써 반군들은 아사드 정부군 외에도 지하드 그룹과도 힘겨운 싸움을 벌여야 했다. 또한 지하드 그룹의 영향력이 강력해질수록 세속주의 아사드 정부를 지지하는 이들의 응집력도 더불어 강해졌다. 친정부 세력들로서는 아사드 정부가 무너지면 과거 탈레반이 장악했던 아프가니스탄처럼 IS로부터 시대착오적인 통치를 받으며 살아야 할지도 모른다는 두려움이 커졌기 때문이다. 그러나 IS는 미국이 이라크 정부군과 시리아 쿠르드 민병대를 지원하면서 이들에게 점차 밀리기 시작하더니 2017년 7월 이라크 정부군에게 모술을 빼앗긴 데 이어 10월에는 시리아에서 미군의 지원을 받는 반군세력에게 락까를 잃고 말았다. 이라크 정부는 2017년 12월 IS와의 전쟁에서 완전히 승리했음을 선포했고 2018년에는 시리아 거의 대부분의 지역에서도 IS가 세력을 잃고 사실상 붕괴됐다.

외세의 개입 : 주변 강국들의 대리전

시리아 내전의 승패를 결정지은 요인은 시리아 외부로부터 왔다. 결과적으로 주변 국가들의 개입 정도에 의해 결과가 달라졌다. 시리아 내전에 직접 개입한 국가 이름만 열거해도 다음과 같다. 미국, 영국, 프랑스, 이스라엘, 터키, 러시아, 이란, 카타르. 그리고 국가 단위로 개입한 것은 아니지만 레바논의 헤즈볼라 민병대와 이라크의 시아파 민병대가 아사드 정권을 돕기 위해 참전했다. 이라크의 쿠르드 자치정부도 시리아의 쿠르드 반군을 지원하면서 전쟁에 영향력을 보탰다. 이란의 영향력 확대에 촉각을 곤두세우고 있는 사우디아라비아와 걸프 왕정들 역시 간접적으로 반군을 지원했다. 시리아 내전은 거대한 전쟁이었다. 주변 국가들이 저마다의 이해관계를 따져 개입했지만 전쟁은 시리아 국경 안에서 벌어졌다. 결국 가장 큰 고통을 당한 이들은 시리아인들이었다.

시리아 내전은 결과적으로 아사드 정권의 승리로 끝났다. 아사드를 지지한 국가들이 훨씬 더 적극적으로 전쟁에 개입했고 끝까지 흔들림 없이 지원했기 때문이다. 반면 시리아 반군들이 가장 기대했던 미국의 참전은 끝내 이루어지지 않았다. 이미 이라크 전쟁 이후 이라크에 주둔 중인 미군들이 철수를 진행하고 있던 시점이었다. 미국 내 여론은 이라크에 미군이 주둔하는 것에 매우 비판적이었다. 미국인들은 미국 병사들이 의미 없이 이라크에서 희생당하고 있으며 미국이 감당해야 할 재정 부담도 지나치게 크다고 생각했다. 오바마 행정부는 미군이 이라크에서 철수하는 마당에 시리아 내전에 또다시 개입할 생각이 거의 없었다. 미국은 시리아 정부에 대한 경제 제재조치를 가해 압박했고 반군에 자금과 무기를 지원하기도 했으나 오바마 대통령은 2013년 9월 '미군은 시리아 땅을 밟지 않을 것'이라고 연설함으로써 미 지상군의 참전 가능성을 배제했다. 그러나 IS가 등장하면서 상황이 달라졌다. IS가 알 카에다와 연계된 조직이라는 점 하나만으로도 미국으로서는 수수방관할 수 없는 노릇이었다. 하지만 직접 참전을 꺼린 미국은 지상군을 투입하는 대신 이라크와 시리아의 쿠르드족을 지원함으로써 이들이 IS를 퇴치하도록 대리전을 벌이는 전략을 세웠다. 특히 시리아에서는 잘 조직된 쿠르드 민병대 YPG를 적극적으로 지원했다. YPG는 IS와 치열한 전투를 벌였고 결과적으로 IS를 몰아내는 데 가장 큰 공을 세웠다. 미국 공군도 IS를 공습해 YPG를 도왔다. 하지만 거기까지였다. 미국은 끝까지 시리아 땅을 밟을 계획이 없었다.

가장 적극적으로 아사드를 도운 나라는 이란이었다. 사담 후세인이 몰락한 후 이라크에도 시아파가 주도하는 정부가 들어섰다. 그러면서 이란-이라크-시리아-헤즈볼라(레바논)로 이어지는 일명 '시아파 초승달지대(Shia crescent)'가 만들어졌다. 이는 주변의 다른 이슬람 국가들에게 커다란 위협이었다. 사우디아라비아, 쿠웨이트, 터키, 예멘, 파키스탄 등에도 시아파 인구가 무시할 수 없을 만큼 존재하기 때문이다. 시아파 초승달지대가 이들 국가의 소수세력인 시아파들과 연대해 정치적 혼란을 가져올 수도 있다는 두려움이 주변 수니파 국가들로 번졌다. 그런데 시리아에서 내전이 발생하면서 시아파 초승달지대가 깨질 위험에 처했다. 시아파의 맹주 격인 이란은 특수부대 '쿠드스'를 급파해 위기에 몰린 아사드 정부를 살려내는 데 핵심 역할을 했다. 쿠드스의 사령관 카셈 술레이마니는 레바논의 시아파 민병대 헤즈볼라와 이라크의 시아파 민병대까지 동원해 시리아 반군에 맞섰다. 아사드 정부군이 잃어버린 주요 거점 상당 부분을 탈환한 것도 카셈 술레이마니가 지휘한 시아파 연합군이었다. 술레이마니는 이후 계속 시리아에 남아 아사드 정부를 막후에서 좌지우지하는 막강한 영향력을 행사하는 것으로 알려져 있다.

러시아 역시 시리아 내전에 적극적으로 개입함으로써 아사드의 승리를 도왔다. 시리아 내전이 발발할 당시 러시아의 대통령은 메드베데프였지만 실질적인 권력자는 푸틴이었다. 푸틴은 미국이 주도해 이라크의 정권을 교체한 일에 부정적이었다. 러시아에서 사실상 독재에 가까운 권력을 휘두르던 푸틴 입장에서는 미국이 중동의 독재자들을 끌어내리는 것이 위협적으로 보였을 것이다. 게다가 '아랍의 봄'으로 튀니지, 리비아, 이집트 등에서 독재자들이 연쇄적으로 몰락한 상황도 거슬렸을 것이다. 미국의 오바마 행정부는 이처럼 아래로부터의 권력교체를 지지하고 나섰다. 푸틴은 미국이 주도하는 중동국가들의 정권교체가 계속된다면 언젠가 아랍의 봄이 러시아에 상륙할지도 모른다고 경계했다. 따라서 러시아 지도부는 시리아에서 미국의 영향력을 저지하는 것을 궁극적인 목표로 삼았고 아사드 정부가 승리해야 했다. 러시아는 아사드 정부에 무기를 지원하는 한편 반군과 IS에 대한 공습도 여러 차례 전개했다. 게다가 러시아 정부는 이미 체첸의 분리주의 세력과 러시아 내의 급진 이슬람주의 세력이 벌인 테러로 골머리를 앓던 상황이었다. 만약 시리아에서 IS와 같은 지하드 그룹이 승리한다면 이들이 체첸 반군과 러시아 내의 무슬림들을 자극해 언제 또 테러나 분리주의 운동을 촉발시킬지 알 수 없었다. 러시아 정부는 IS뿐 아니라 자유이슬람군 내부에조차 꽤 많은 이슬람주의자들이 활동하고 있다고 보았다. 러시아는 이러한 급진 이슬람주의의 위협을 막기 위해서라도 아사드 정부의 승리를 도와야 했다.

터키는 시리아 내전을 거치면서 입장이 바뀌었다. 처음에는 미국을 따라 시리아에 대한 경제 제재에 동참했고 시리아 반군을 적극적으로 지원했다. 시리아국민회의, 자유시리아군, 시리아임시정부 모두 터키에서 출범했다. 터키 정부가 오래전부터 아사드 정부와 적대적인 관계에 있었던 것을 떠올린다면 쉽게 이해할 수 있다. 그러나 IS가 등장하면서 상황이 달라졌다. 미국이 IS를 물리치기 위해 시리아 내의 쿠르드 민병대인 YPG를 지원하자 터키 정부는 경악을 금치 못했다. 터키 정부가 볼 때 YPG와 그 배후세력인 PYD는 터키 정부를 향해 오랫동안 게릴라식 공격을 가해온 PKK와 한통속이었다. 그런데 터키가 PKK와 얼마나 적대적 관계에 있는지를 뻔히 잘 아는 미국이 YPG를 지원한 것이다. 이를 계기로 미국과 터키의 관계에 조금씩 틈이 벌어졌다. 터키 정부는 미국을 따르지 않고 독자적으로 행동했다. 시리아 내의 IS를 공격한다는 명분으로 터키 공군기가 출격한 후 실제로는 YPG의 군사시설에 폭격을 하는 등 아사드 정부에 득이 되는 군사작전을 벌였다. 미국과 터키의 작전이

엇박자를 낸 것이다. 급기야 터키는 2018년 3월 시리아 북부 쿠르드족 점령 지역인 아프린에서 대대적인 군사작전을 펴 YPG 등 쿠르드 병력을 몰아냈다. 그리고 터키의 지상군이 직접 아프린에 진입해 이 지역을 점령했다. 터키가 엄연히 국제법상 시리아의 영토인 지역을 점령한 셈이다. 이후 터키의 에르도안 대통령은 러시아의 푸틴 대통령 및 이란의 로하니 대통령과 보조를 맞춰 아사드의 승리에 힘을 실어주었다. 원래 미국과 동맹세력이던 터키가 시리아 내전을 거치면서 러시아와 가까워진 것이다.

이스라엘은 아사드보다 헤즈볼라와 이란에 더 관심을 가졌다. 사실 시리아 내전 중반까지 상대적으로 이스라엘은 평화를 누렸다. 이스라엘에 적대적인 이란과 헤즈볼라가 시리아에 정신이 팔려 이스라엘에 대한 적대행위를 자제했기 때문이다. 그러나 IS가 쇠퇴하고 아사드 측이 승기를 잡자 이스라엘은 다시 불안해졌다. 시리아 전쟁이 끝나면 시리아에 주둔하고 있는 헤즈볼라가 이스라엘을 목표로 군사행동을 감행할 수도 있었다. 이란이 영향력을 확대하는 것 역시 이스라엘의 안보에 위협이 되는 상황이었다. 이에 이스라엘은 수차례에 걸쳐 시리아 영토 안으로 공군기를 보내 헤즈볼라의 기지를 파괴하거나 시리아 정부군의 시설을 파괴했다.

끝나지 않은 전쟁

이상에서 살펴본 것처럼 시리아 내전에는 오늘날 중동 정치에서 나타나는 주요 정체성 갈등이 모두 등장했다. 민주화에 대한 요구, 수니파와 시아파 간 분쟁, 쿠르드족의 독립 요구, 이슬람주의와 세속주의 간 갈등, 그리고 외세의 대리전까지….

아사드 정부의 승리로 귀결되는 듯 보이지만 위에서 열거한 갈등 중 어느 하나 해결된 것이 없다. 시리아인들은 더욱 빈곤해졌고 수니파는 여전히 핵심 권력 바깥으로 밀려나 있으며 시리아 정부는 쿠르드족이 장악한 로자바 지역을 반환하라고 요구할 가능성이 여전히 열려 있다. 튼튼한 뿌리를 가지고 있는 이슬람주의 또한 잠시 잦아들었을 뿐 어디에선가 약한 껍질을 뚫고 싹을 내밀지 알 수 없다. 시리아에서 강력한 영향력을 휘두르게 된 이란에 대해 이스라엘과 사우디아라비아는 강력히 견제하고 있는 입장이다. 이들 사이의 군사적 충돌이 언제 벌어지더라도 이상하지 않을 만큼 팽팽한 긴장상태가 계속되고 있다. 이 모든 상황들로 인해 시리아는 언제 폭발할지 모르는 시한폭탄과 같은 위험을 여전히 갖고 있다.

그건 이웃나라 이라크도 마찬가지다. 미국의 도움으로 이라크 정부군이 IS를 물리치고 정국을 다시 장악했지만 밀려난 수니파나 급진 이슬람주의가 모두 사라졌다고 생각하는 사람은 거의 없다. 이라크 내전 상황에서 독립국가를 건설하려고 마음을 먹었던 쿠르드 자치정부의 독립 열망은 주변 강국들의 봉쇄정책에 의해 가로막혔다. 이라크 역시 화약고라는 점이 시리아와 별반 다르지 않다.

100여 년 전 영국과 프랑스에 의해 중동에 신생국가의 경계선이 만들어졌다. 이들은 유럽식 국민국가(Nation State)라는 외피를 입었으나 실제로 그 안에 '국민(Nation)'이 존재하지 않았다. 국민이란 공통의 정체성을 가진 국가 구성원을 의미한다. 국민들 간에는 자신들이 국가로부터 동등하게 법적 대우를 받으며 공통의 역사·언어·문화를 가졌다는 관념을 공유해야 한다. 그러나 시리아와 이라크는 이 같은 국민을 만들어내지 못했다. 시아파와 수니파는 서로를 적대하고 쿠르드족은 따로 나라를 만들고자 하며 이슬람주의자들은 시리아와 이라크의 기존 국경을 무시한 채 독자적인 영토를 가진 새 나라를 선포했다. 그들은 시리아와 이라크의 영토 안에 살고 있었지만 진정한 '국민'은 아니었다. 이런 문제점들은 중동의 다른 아랍국가들에서도 나타난다. 이라크는 물론이고 레바논도 처참한 내전을 겪으며 아직까지 통합된 국가를 만들어내지 못하고 있다. 팔레스타인 사람들과 갈등 중인 이스라엘도 그렇고 부족 간 내전이 벌어지는 예멘 또한 처지가 비슷하다. 중동에서의 정체성 싸움은 아직 끝나지 않았다.

참고 문헌

- 구니에다 마사키, 《시리아 : 아사드 정권의 40년사》, 한울아카데미, 2012, 이용빈 역
- 데이비드 리버링 루이스, 《신의 용광로》, 책과함께, 2010, 이종인 역
- 도널드 쿼터트, 《오스만 제국사》, 사계절, 2012, 이은정 역
- 마크 마조워, 《발칸의 역사》, 을유문화사, 2014, 이순호 역
- 무함마드 아히마드 지아드, 《성경과 대비해서 읽는 코란》, 비봉출판사, 2001, 김화숙, 박기봉 역
- 아론 브레크먼, 《6일 전쟁 50년의 점령》, 니케북스, 2016, 정회성 역
- 아리 샤비트, 《약속의 땅 이스라엘》, 글항아리, 2016, 최로미 역
- 앙드레 클로, 《술레이만 시대의 오스만 제국》, W미디어, 2016, 배영란, 이주영 역
- 앤드류 망고, 《무스타파 케말 아타튀르크》, 애플미디어, 2012, 곽영완 역
- 앨버트 후라니, 《아랍인의 역사》, 심산, 2010, 김정명, 홍미정 역
- 유재원, 《터키, 1만 년의 시간여행》, 책문, 2013
- 유진 로건, 《아랍 : 오스만제국에서 아랍 혁명까지》, 까치, 2016, 이은정 역
- 이강근, 《이스라엘 정치사》, 예영커뮤니케이션, 2008
- 이근욱, 《이라크 전쟁》, 한울아카데미, 2011
- 이노우에 고이치, 《살아남은 로마, 비잔틴제국》, 다른세상, 2010, 이경덕 역
- 이형기, 《세계교회사 1》, 한국장로교출판사, 2011
- 장 콩비, 《세계 교회사 여행 1 – 고대, 중세 편》, 가톨릭출판사, 2012, 노성기, 이종혁 역
- 장병옥, 《쿠르드족 배반과 좌절의 역사 500년》, 한국외국어대학교 출판부, 2005
- 정의길, 《이슬람 전사의 탄생》, 한겨레출판, 2015
- 파와즈 게르게스, 《지하디스트의 여정》, 아산정책연구원, 2011, 장지향, 신지현 역
- 완역본 《코란》, 명문당, 2002, 김용선 역

- Adeed Dawisha, 《Arab Nationalism in the Twentieth Century》, Princeton University Press, 2005
- Ahron Bregman, 《Israel's Wars : A History Since 1947》, Routledge, 2010
- Asef Bayat, 《Revolution without Revolutionaries : Making Sense of the Arab Spring》, Stanford University Press, 2017

- Carrie Rosefsky Wickham, 《The Muslim Brotherhood》, Princeton University Press, 2013

- Chaim Herzog (updated by Shlomo Gazit), 《Arab-Isreali Wars》, Vintage Books, 2005

- Christopher Phillips, 《The Battle for Syria》, Yale, 2016

- Colin Shindler, 《A History of Mordern Isreal》, Cambridge, 2013

- David Pratt, 《Intifada : The Long Day of Rage》, Casemate, 2006

- Erik J. Zürcher, 《Turkey : A Modern History》, I.B.Tauris, 2017

- Fareed Zakaria, 《The Future of Freedom》, Norton, 2007

- Graham E. Fuller, 《A World Without Islam》, Back Bay Books, 2010

- Jesse Harasta, Charles River Editors, 《The History of the Sunni and Shia Split》 Charles River Editors, 2011

- Loretta Napoleoni, 《The Islamist Phoenix》, Seven Stories Press, 2014

- Marc Lynch, 《The Arab Uprising》, Public Affairs, 2013

- Marc Lynch, 《The New Arab Wars》, Public Affairs, 2016

- Michael Axworthy, 《A History of Iran》, Basic Books, 2008

- Mitchell Bard, 《Death t the Infidels : Radical Islam's war against the Jews》, Palgrave Macmillan, 2014

- Mohammed Ayoob, 《The Many Faces of Political Islam》, The University of Michigan Press, 2011

- Richard Engel, 《And Then All Hell Broke Loose》, Simon&Schuster, 2017

- Robert Lacey, 《Insie the Kingdom》, Penguin Books, 2009

- Sandra Mackey, 《Lebanon : A House Divided》, W.W.Norton&Company, 2006

- Simon Mabon, 《Saudi Arabia and Iran》, I.B.Tauris, 2013

- Soner Cagaptay, 《The New Sultan : Erdogan and the Crisis of Modern Turkey》, I.B.Tauris, 2017

- William Hale, 《The Political and Economical Development Of Modern Turkey》, Routledge, 2014

- William L. Cleveland, Martin Bunton, 《A History of the Mordern Middle East》, Westview Press, 2009

- Williamson Murray, Kevin M. Woods, 《The Iran - Iraq War 》, Cambridge, 2014

「이 도서의 국립중앙도서관 출판예정도서목록(CIP)은
서지정보유통지원시스템 홈페이지(http://seoji.nl.go.kr)와
국가자료공동목록시스템(http://www.nl.go.kr/kolisnet)에서 이용하실 수 있습니다.
(CIP제어번호: CIP2018033781)」

중동은 왜 싸우는가?

1쇄 발행 2018년 11월 16일
13쇄 발행 2023년 11월 10일

지은이 박정욱

발행인 윤을식
펴낸 곳 도서출판 지식프레임
출판등록 2008년 1월 4일 제2023-000024호
전화 (02)521-3172 ㅣ **팩스** (02)6007-1835

이메일 editor@jisikframe.com
홈페이지 http://www.jisikframe.com

ISBN 978-89-94655-69-7 (03910)